于無聲潤物
瑾芳華築才

全国优秀教师于瑾纪念文集

于瑾教育基金会 编

对外经济贸易大学出版社
中国·北京

图书在版编目（CIP）数据

于无声润物　瑾芳华筑才：全国优秀教师于瑾纪念文集 / 于瑾教育基金会编. —北京：对外经济贸易大学出版社，2021.3

ISBN 978-7-5663-2184-8

Ⅰ. ①于…　Ⅱ. ①于…　Ⅲ. ①于瑾–纪念文集　Ⅳ. ①K825.46-53

中国版本图书馆 CIP 数据核字（2020）第 140806 号

于无声润物　瑾芳华筑才

全国优秀教师于瑾纪念文集

YuWuShengRunWu　JinFangHuaZhuCai

QuanGuo YouXiu JiaoShi YuJin JiNian WenJi

于瑾教育基金会　编

责任编辑：王　煜　强晓洁

出版发行：对外经济贸易大学出版社
社　　址：北京市朝阳区惠新东街 10 号
网　　址：www.uibep.com
资源网址：www.uibepresources.com

邮政编码：100029
邮购电话：010－64492338
发行部电话：010－64492342
E-mail：uibep@126.com

成品尺寸：170mm×240mm
印　　张：38.5　　插页：8
字　　数：597 千字
ISBN 978-7-5663-2184-8

印　　刷：三河市少明印务有限公司
版　　次：2021 年 3 月北京第 1 版
印　　次：2021 年 3 月第 1 次印刷
定　　价：160.00 元

全国优秀教师于瑾教授

教 育 部 文 件

教师〔2019〕7号

教育部关于追授于瑾同志“全国优秀教师”荣誉称号的决定

于瑾，女，汉族，1966年2月出生，生前系对外经济贸易大学国际经济贸易学院教授、博士生导师。2018年5月24日上午，于瑾同志在校指导博士生论文后回家，中午继续以微信方式指导本科生论文，在午休中猝然离世，年仅52岁。

于瑾同志对党的教育事业无限忠诚，几十年如一日，扎根三尺讲台，坚守教书育人初心，把服务国家、奉献社会的家国情怀贯穿于课堂内外，用丰厚学养和高尚人格魅力影响塑造学生，培养出一大批专业领域优秀人才。她潜心钻研、精益求精，坚持将理论与实务紧密结合，讲好每一堂课，深入浅出为学生解答前沿问题，在新兴市场微观金融学领域卓有建树，对我国现代金融学科建设发展作出突出贡献。她爱生如子、立德树人，从教28年来始终将学生放在第一位，当好学生成长成才的引路人，先后为近1.8万名本硕博学生授课，培养硕士博士100余名，在她言传身教影响下，更多学生毕业后选择赴西藏锻炼、山区支教、担任扶贫驻村“第一书记”，在服务祖国发展中贡献才智。她无私奉献、默默耕耘，执教金融学数十年，却从不计较个人得失、不图回报，矢志不渝为祖国、为人民服务，为学生指导论文直到生命的最后一刻，在平凡的教学岗位上创造了不平凡的业绩。

在于瑾同志身上，集中体现了一名人民教师绝对忠诚的政治品格、心怀大我的家国情怀、为人师表的高尚师德、潜心问道的治学精神、勤勉务实的工作作风，集中展示了有理想信念、有道德情操、有扎实学识、有仁爱之心的人民教师时代风采。于瑾同志是践行“四有”好老师要求的杰出代表，为大力表彰和学习宣传于瑾同志的先进事迹，教育部决定追授于瑾同志“全国优秀教师”荣誉称号。

全国广大教师和教育科研工作者要以于瑾同志为榜样，学习她恪尽职守、教育报国的崇高信念，学习她无私奉献、默默耕耘的高尚情怀，学习她著书立说、潜心问道的治学精神，学习她立德树人、诲人不倦的仁爱之心。要自觉将学习于瑾同志先进事迹与学习贯彻习近平总书记等中央领导同志教师节重要讲话精神相结合，与开展“不忘初心、牢记使命”主题教育相结合，围绕教育报国守初心、立德树人担使命要求，以高度的责任感使命感和更加昂扬的精神状态，投身教书育人事业，为党育人、为国育才，努力做党和人民满意的“四有”好老师，为加快推进教育现代化、建设教育强国、办好人民满意的教育不懈努力。

教育部

2019年9月20日

（此件主动公开）

发送范围：各省、自治区、直辖市教育厅（教委），新疆生产建设兵团教育局，部属各高等学校、部省合建各高等学校
部领导，办公厅，驻部纪检监察组

教育部办公厅 2019年9月24日印发

于瑾教授用科研创造知识，用教育传递知识，用实践影响社会。她的著作涵盖资产定价、公司治理、公司金融、行为金融学等各方面，同时将研究与传统金融学研究相结合，既有深度，又有广度。于瑾教授在20世纪90年代开始从事利率期限结构研究，而当时中国还没有金融衍生品市场。她敏锐地意识到了这一研究领域的重要性，让学生在金融衍生品的重要性得以凸显之前就对它有所了解，这为学生打开了视野，这是她作为伟大教育家的独到之处。在实践上，很多学生在于瑾教授的支持和鼓励下投身于偏远地区的建设和教育，这是教育为实践做准备的最好例子。在金融领域，科研与实践的关系更加密切，教学与科研最终都通过实践影响社会。随着科技和人工智能的发展，金融行业所需的技能可能会改变，但像她一样敬业的优秀教师仍然无可取代。

——罗伯特·默顿

诺贝尔经济学奖获得者

麻省理工学院荣誉教授

对外经济贸易大学名誉教授

于瑾教育基金名誉理事长

“瑾基金”名誉主席、学术委员会主席

于瑾把自己平凡又伟大的短短的一生，活成了我们所有人心里的传奇！她美好卓越的风姿才情美德，她传递的敬业善良爱心，她与生俱来的冰清玉洁，她高雅端庄的品性操守，她深厚的文化修养内涵，她所有的一切，都让我们仰望和倾慕。她有限的52年生命是如此地完美。我有的只有感恩，曾与这样美好的生命相遇！一个人，有口皆碑，为人为友为师，皆为楷模，所有与她有过交集的人，无不感念她高华的品行，她是一个真正的传奇！

——于瑾教授本硕七年同学张沛冰

于瑾教育基金揭牌仪式（对外经济贸易大学，2019 年 9 月 16 日）

瑾基金成立仪式（南开大学，2019 年 9 月 18 日）

代序

向于瑾学习，践行育人初心使命*

在举国上下欢庆新中国 70 华诞，弘扬尊师风尚迎来第 35 个教师节之际，教育部决定追授于瑾同志“全国优秀教师”荣誉称号，号召全国广大教师和教育科研工作者以于瑾同志为榜样，学习她的先进事迹，投身教书育人事业，为党育人、为国育才，努力做党和人民满意的“四有”好老师。这既是对于瑾老师平凡而伟大的一生的褒扬，也是对对外经济贸易大学全体教师的肯定，更是激励全国教育战线教师投身教育事业，加快推进教育现代化、建设教育强国的再动员。学习于瑾老师先进事迹，对于教育和激励广大教师紧扣立德树人根本任务，坚守育人初心，勇担时代使命，努力培养德智体美劳全面发展的社会主义建设者和接班人，具有重大而深远的意义。

深刻理解“向于瑾学习”的丰富内涵

深入学习于瑾老师先进事迹，是深入学习贯彻落实习近平总书记关于教育的重要论述，扎实开展好“不忘初心、牢记使命”主题教育的具体体现。

（一） 守初心。学习于瑾老师，就要学习她忠于国家、扎根教育的坚定

---

* 资料来源：《中国教育报》2019 年 12 月 23 日第 5 版。

大力践行“向于瑾学习”，努力培育时代新人

当前，全球经济格局深度调整、科学技术快速迭代，高等教育承担着更加重要的任务，而人才培养是高校的根本任务，世界一流大学首先是培养出一流人才的高校。我们要进一步从战略高度认识教师队伍建设的重大意义，坚持把加强教师队伍建设作为基础性关键性工作，着力加强新时代教师队伍建设，为广大教师安心从教、热心从教、静心从教营造良好环境。

一要坚定育人育才的初心，立德树人，形成更高水平的人才培养体系。对外经济贸易大学设立了统筹师德建设工作的党委教师工作部和统筹高层次人才队伍建设的党委人才工作办公室，大力推进“五位一体”师德长效工作机制，以高层次人才队伍建设为引领，以青年英才培育为基础，实施教师队伍建设工程，努力培养一批新时代贸大“四有”好老师。做新时代的“四有”好老师，不仅要传授学生“谋事之才”，更要传授学生“立世之德”；不仅要成为专业扎实、学识渊博的“学问之师”，更要成为高尚品格、引领方向的“人生之师”，全心全意做学生锤炼品格、学习知识、创新思维、奉献祖国的引路人。

二要坚定人民教师的初心，潜心治学，争当国家对外开放事业的奋进者和领航者。贸大始终与祖国发展的脚步同向而行，贸大人始终与祖国发展的脉搏同频共振。我们要加强基础学科研究，聚焦经贸前沿，努力成为国际经贸、国际金融等对外领域发展新方向的重要理论策源地，为推动中国经济高质量发展、全球经济有效治理新路径提供科学的理论指导和学理方法支撑。要把爱国之情、报国之志融入祖国改革发展的伟大事业之中、融入人民创造历史的伟大奋斗之中，从自己做起，从本职岗位做起，为实现“两个一百年”奋斗目标、实现中华民族伟大复兴的中国梦贡献智慧和力量。我们要像于瑾老师那样早早种下理想信念的种子，养成高尚情操，练就过硬本领，成为实现中华民族伟大复兴中国梦的“筑梦人”。

三要坚定学科建设的初心，内涵发展，加快推进高校“双一流”建设。开展“双一流”建设，是国家教育战略布局的重大举措，是提升学校改革发

展水平的“全面战”，也是一场“持久战”。没有广大师生员工的广泛参与和勠力同心，“双一流”建设不可能成功。“功以才成，业由才广”，我们要在于瑾老师这种“平凡岗位铸就不平凡”的精神感召下，以“功成不必在我”的境界和胸怀，担当起“双一流”建设的使命和责任，积蓄澎湃的精神动力投入教学和科研工作，创造一流的新知识和新成果，做世界一流大学的建设者和推动者，加快开放型经济学科群建设。

四要坚定教育报国的初心，把准方向，将党的政治建设摆在首位。高校要全面贯彻党的教育方针，坚持社会主义办学方向，以党的政治建设统领“不忘初心、牢记使命”主题教育，不断完善、建立健全加强党对高校工作领导的组织体系、制度体系、工作机制，加强党的领导。切实履行好管党治党主体责任，保证党的路线方针政策不折不扣得到贯彻执行。用习近平新时代中国特色社会主义思想武装头脑，选优配强教师党支部书记，实施教师党支部书记“双带头人”培育工程，充分发挥基层党组织作用，充分发挥教师党支部教育管理监督党员和宣传引导凝聚师生的战斗堡垒作用，充分发挥党员教师的先锋模范作用，使基层党组织成为师生最贴心、最信赖的组织依靠。把抓好党建工作作为办学治校的基本功，把党的教育方针全面贯彻到学校工作各方面。以高度的责任感使命感和更加昂扬的精神状态，投身教书育人事业，加快推进教育现代化、建设教育强国。

对外经济贸易大学党委书记

蒋庆哲

2019 年 12 月 23 日

目录

上编　追怀懿行，肃然起敬

下编　品读嘉文，造诣精深

上　编

追怀懿行，肃然起敬

人物小传

于瑾：育来桑梓苗成栋，大爱无言自成荫*

《南开经济百年百人》

渤海之滨，白河之津，巍巍南开，泱泱学府。20 世纪 30 年代，诗人柳亚子在南开大学赋诗称道，“水影林光互抱怀”，南开大学的水影林光固然令人心仪，然而支撑一所大学的精神、成就一所大学的气质的，却是呼吸传承于其中的人。“大学之大，大师为根、大爱为魂”，南开大学的杰出校友、对外经济贸易大学国际经济贸易学院金融学系于瑾教授，就是这样一位有大爱的老师，她用 28 年教坛人生和宝贵生命的代价，诠释了一位人民教师“大爱无言”的师德风范。

于瑾（1966—2018），南开大学经济学学士、经济学硕士，对外经济贸易大学经济学博士。自 1991 年于南开大学金融系毕业后，在对外经济贸易大学国际经济贸易学院金融学系任教，2005 年被评为教授、博士生导师。于瑾在学校首创开设了投资学、证券投资基金等全新课程，在微观金融领域特别是新兴市场微观金融领域成果丰硕，为推进现代金融前沿学科建设做出了巨大贡献。著名诺贝尔经济学奖获得者、美国麻省理工学院终身教授罗伯特·默顿（Robert Merton）对于瑾的研究给予了高度评价，并亲自担任于瑾教育基金会学术委员会主席。于瑾坚守讲坛，为国育才，先后为近 15 000 名本科生和近 3 000 名硕博研究生开设了国际金融、货币银行学、金融市场与金融机构等课程，自 2000 年起，直接指导、培养了 94 名硕士研究生和 7 名博士研究生，呕心沥血直至生命最后一息。对外经济贸易大学党委书记蒋庆哲深情地评价说：“于瑾老师平凡中不失伟大，是学生心目中的好老师，是我们身边看得见、学得来的榜样。”北京市委常委、副市长殷勇在对外经济贸易大学开

---

* 资料来源：刘禹东主编：《传承——南开经济百年百人》，商务印书馆 2019 年版。

展高校党的政治建设调研时，了解到于瑾事迹后评价说：“于瑾老师是‘不忘教书育人初心，牢记立德树人使命’的英雄和楷模，真正体现了习近平总书记提出的‘有理想信念、有道德情操、有扎实学识、有仁爱之心’的新时代‘四有’好教师标准，是全国教师共同的光荣。”于瑾一生致力于高等教育事业呕心沥血的精神，甘于奉献淡泊名利的伟大人格，是南开“允公允能、日新月异”精神的生动写照，这样一位“心中有大爱，润物细无声”的优秀教师永远活在广大师生的心中。

书香世家，车中扬名

于瑾生于河北省唐山市的一个教师家庭，自幼受父母培养熏陶，天资聪颖，喜读诗书。12 岁初露才华，以优异成绩考入河北丰润车轴山中学。车轴山林深草密，因辽代“轴辕”木材主要产地而得名。这所闻名遐迩的中学始建于 1903 年，前身是清末遵化州官立中学堂，是“戊戌变法”后，走教育救国之路而设立的新式学堂之一。车轴山校园淳厚安静，古朴的殿阁和典雅的罗马式图书馆，分布在清幽的院落里，是著名的艺术园林式学校。校园里六棵古槐种植于辽代应历时期，距今已有 1 000 多年。那粗粗的树身，深邃、苍老、布满褶皱的树皮纹，无不记录着丰富的文化内涵和厚重的历史底蕴。优良的师资和勤奋有为的学子使车轴山中学成为全国一流水平的名校，早在民国时期就享有“南无锡、北车中”的美誉。于瑾后来常自喻车中岁月就是来“上山修行”，她修的是心，行的是路，成的是愿。

“风动槐龙舞交翠，细细槐花暖欲零。”于瑾在车轴山六年的中学时光，得名师言传身教，虚心好学，手不释卷，自强不息，追求卓越，成绩始终名列前茅，既打下了勤勉纯朴、练达坚韧的品格根基，也继承了车轴山中学严谨治学、志存高远的优良传统。车轴山中学具有悠久的济世救民的优良校风，早在 20 世纪 20 年代，大批有志学生受到革命的熏陶，投笔从戎，先后奔赴国内革命战争、抗日战争、解放战争的前线，为国家的独立、民族的解放做出了卓越的贡献，并为国家培养了一批又一批的栋梁之材。全国人大原常委会副委员长吴德、王兆国等都是车轴山中学走出的杰出校友。对于瑾来说，母校的传奇，母校的坚忍，母校的灵秀，是她源源不绝的精神力量，也通过她的无私付出，传承给学子不尽的智慧和力量，带给学子无限的憧憬和希望。

七载南开，立志铸魂

1984 年河北省文科高考中，于瑾以极其优异的成绩考入南开大学金融系。这所享誉海内外的历史名校一直是于瑾向往的高等学府，从 1919 年南开校父严修和第一任校长张伯苓直到今天，“心存大公、报国为志”“知中国、服务中国”的宗旨和“文以治国、理以强国、商以富国”的理念，在一代代南开人身上接续传承、赓续发扬。他们那种求实探索、允公允能的奋斗精神和扎根深处的家国情怀，从踏入南开的第一天起，就在于瑾心中生根发芽。从本科到硕士，于瑾在南开度过了她最美好的青春岁月，七载南开缘，永世南开人。新开湖畔、思源堂前，于瑾聆听大师春风化雨，南开人守好自己一方净土、日复一日恪守职责的君子风范，谦和善良、居高就低、独立而不媚俗的心灵坚守，时刻滋养浸润着她年轻的心。“以霜雪之洁求其品，以岱宗之高求其志，以潭壑之深求其学，以大地之厚求其德”，于瑾从此孕育了坚持了一生的人格和信念。

于瑾是南开大学金融系的“黄埔优生”。1988 年，她以优异成绩考入南开大学金融系货币银行学专业硕士研究生，师承龙伟娟教授和王兰先生（中国农业银行总行原副行长），1991 年 7 月毕业，获得经济学硕士学位。20 世纪 80 年代的南开金融学系，开时代学问风气之先，在西方国际金融理论的引进、中国金融改革的研究方面，走在全国的最前列，正处在一个激情澎湃、高歌猛进的时代。著名经济学家钱荣堃教授在此力行改革，大量引进高层次研究人才，从 1979 年起不到十年的时间，使南开国际金融专业就有了本科生、硕士生、博士生，1986 年南开的国际金融专业还被国家教委确定为全国唯一的重点金融学科。在这个中国最早建立的金融教育基地，滕维藻、钱荣堃等老先生凝聚起一大批经济学者，提倡研究实际问题，提出了理论金融学与应用金融学并重、国际金融学与国内金融市场齐驱并驾的办学方针，这个方针的提出，既是南开大学金融学系适应时代要求、与时俱进的表现，也是经济社会转型期对于金融学教育变革的内在吁求。正是在这样的学术氛围中，于瑾如饥似渴地学习，打下了终身受益的学术根基。她熟读西方微观经济学、西方宏观经济学、国际金融理论专题、西方经济思想史、中国社会主义经济专题研究等核心课程和名家名著，中西并重，兼容并包，在那个意气风发的年代不经意间站在了我国国际金融研究领域的最前沿。

在南开的求学生活，于瑾自选的研究题目是“货币、财政政策协调与宏观总量均衡”。从20世纪80年代中期开始，我国开始建立中央银行制度，第一次有意识地运用财政政策、货币政策手段进行宏观调控，也是第一次自觉地进行现代意义上的财政政策、货币政策协调配合。虽然实务领域开始了一些探索，但多是西方经济理论的初步尝试，对中国特色的宏观调控理论还缺乏系统的研究。正是在这种时代背景下，于瑾选择了这个既能追踪世界前沿、又能紧贴国家需求的研究题目。王兰等老师给予她的研究工作以无私的帮助，也给了她攀登第一个学术高峰的信念。在这篇硕士论文中，她提出财政、货币政策的协调与配合具有重要的理论价值和现实意义，两者协调配合的状况总在随时随势而变，需要结合国家面临的具体经济环境和经济形势来进行具体分析。针对20世纪80年代后期我国通货膨胀比较严重的情况，于瑾从宏观经济理论上分析，认为货币政策对总量调控具有直接效果，尤其擅长针对通货膨胀实行总量紧缩。但是，于瑾认为，我国通货膨胀问题存在着许多结构性或制度性的根源，财政政策擅长结构调整的特点使其在总量调控方面具有特殊优势，此外，财政政策对国际收支平衡的影响比较明显，在总量调控方面将具有更大的作用空间。两大政策需要进行更复杂的协调配合，才能实现社会总供给与总需求均衡，保障国民经济稳定、快速、健康发展。这是一篇高层次的论文，在当时的学术环境下，研究视角独特，将宏观经济调控与经济体制改革、外汇改革等总体部署结合起来分析问题，尝试一条从大政府的视角研究当代财政金融问题发展变迁的学术路径。

学高为师，声望斐然

1991年，于瑾毕业后来到对外经济贸易大学国际经济贸易学院金融系任教。在对外经贸大学的三尺讲台，于瑾一直在不断求学、不断充实、不断提升学术研究能力，追随知识更新的潮流。1996 年，30 岁的于瑾作为访问学者赴英国曼彻斯特大学开展为期半年的学术研究，与国外学者交流和开展合作研究，大大开阔了视野。在这一时期，她敏锐地意识到金融衍生品在微观金融理论和金融市场实务领域的巨大影响，率先开展了对互换、期货、期权问题的研究，吸收了费雪·布莱克（Fisher Black）、罗伯特·默顿（Robert Merton）、迈伦·斯科尔斯（Myron Scholes）等大师的成果，并在 1999 年发表了衍生品定价方面的论文和专著，成为国内研究金融衍生品定价问题的第一批学者。与此同时，为了系统地提高理论水平，1999 年 9 月至 2003 年 1 月，于瑾一边教书，一边求学，在对外经济贸易大学攻读博士，取得经济学博士学位。2005 年，她再次赴美国伊利诺伊州立大学做访问学者，开展商品和金融期货定价方面的研究，回国后还与海外金融研究同行保持了多年的通信往来，切磋学术，畅叙友情。

进入 21 世纪后，国外定量研究和微观金融研究开始进入我国学术界和高校教育人士的视野。于瑾对新知识的渴求和自信使她决定改变研究方向，致力于微观金融研究。在博士生导师、学术泰斗王绍熙教授的悉心指导下，于瑾迅速掌握了利率实证模型的推导与证明，并将这些实证模型运用于金融领域，完成了博士论文“利率期限结构研究”，这是她转向微观金融研究的一个重要的阶段性成果。在论文中，她系统地综述了利率期限结构理论最新成果，在各种复杂的数学模型中理出清晰的脉络，准确地抓住利率水平的期限结构、利率波动率的期限结构和不同到期日的远期利率之间相关性的期限结构这三大主题，紧紧围绕现代金融理论均衡定价法和无套利定价方法等基本方法，对利率期限结构的模型建立、参数拟合与实证检验等方面做出全面的剖析。她娴熟地运用众多数学模型和统计方法，并将其应用于利率衍生品定价和资产管理的实务之中，这在当时定量研究刚刚起步的中国学术界，实属难得，显示出其深厚的实证研究能力。于瑾将这些研究成果以《衍生工具定价理论》《利率期限结构研究》等专著的形式公开出版，提供了比较先进的方法论指导，推进了国内相关领域学术研究的前沿发展。

在治学方法上，于瑾继承了南开大学“以史为基”的学术传统，强调“贯通中西”，既关注国外学术前沿成果，也强调尊重我国的国情，尊重历史的选择，尊重我国金融市场的特有规律，提炼符合我国金融改革发展特质的内在逻辑。近年来，中国金融市场尤其是资本市场迅速发展，提出了一系列新的理论问题，她又将研究重点从西方微观金融逐渐转向新兴市场微观金融这一新领域，并以“新兴市场金融的理论与实证研究”为题申请到了教育部人文社科研究课题。她对新兴市场十几个代表类型国家金融体系的演变与经验教训进行了持续十年之久的比较研究，总结提炼出金融发展国家战略、职能分工、监督体制、法律制度、境内外投资者结构及资本市场运行效果等相关要素，并有机地整合在“金融效率”这一概念框架之下，形成了一个新的研究范式，为我国金融改革提供了更多理论依据与对策选择。她特别关注我国香港地区、台湾地区具有地方特色的做法和成效，带领并指导博士研究生，选择新兴市场微观金融方向开展专题研究，对包括我国在内的新兴市场国家证券市场结构、公募基金资产配置、基金治理结构、行为金融及投资决策委员会构成等一系列问题进行学术探讨，其研究成果发表在各种核心期刊上，获得业界一致好评。著名诺贝尔经济学奖获得者、美国麻省理工学院终身教授罗伯特・默顿也十分欣赏于瑾的研究成果，认为她在新兴市场金融领域的研究引人注目，并收录为麻省理工学院金融学教学材料。

坚守讲台，开拓奉献

于瑾在不断探索学术研究的同时，一直坚守“教书育人”的本分。她勇挑重担，为学院人才培养承担了大量的教学与学生指导工作，先后为近 15 000 名本科生和近 3 000 名硕博研究生开设了国际金融、国际结算及货币银行学等课程，自 2000 年起，指导、培养了 94 名硕士研究生和 7 名博士研究生，这些学生都已成长为社会的中坚力量。于瑾勇于创新，承担起在当时最难讲的微观金融系列课程。90 年代末，在对外经济贸易大学国际经济贸易学院院长林桂军教授的建议下，于瑾开设了学校第一个投资学课程。讲好这门课程需要教师具备非常好的数理经济学、计量经济学等数理基础，可以想象她为了上好这门课背后默默付出了多大的努力。她开设这门课以来，“学生疯狂抢课，每个课堂都是一再扩容”，成为一道亮丽的风景线。接着，于瑾又围绕这门必修课，先后开设了金融市场与金融机构、证券投资基金、证券投资实务等系列选修课，奠定了21世纪初学校金融学专业微观金融课程体系的基础。

“讲好每一堂课”是于瑾对自己的基本要求，但“好”是永无止境的。于瑾的课案从不重复，从不老调重弹，每年都要不断修订更新教材和课件，运用大量的数据及案例来辅佐教学，将深奥的金融理论与金融投资实务紧密相联，更好地反映金融学的最新发展和研究成果。她设计的教案特别考虑了80后、90后学生的兴趣热点，因此深受学生欢迎。“光阴弹指过，未染是初心。”无论多忙，于瑾每次课前都会反复准备教案，课上字斟句酌、全神贯注，直到下课铃声响起才能从高度紧张的状态中走出来，留给自己的是一身的疲惫。

人才培养离不开师资队伍的培养和学术梯队建设。于瑾作为学院的“老人”，从不吝啬对年轻人提供关怀与帮助。随着学院年轻人的增加，教学任务需要分解，她先后将自己多年备课的国际金融和国际结算等成熟课程的教案和教学经验在学院里分享。尤其随着我国金融市场向纵深发展，学院引进了大量从事微观金融教学和研究的年轻教师，她毫不犹豫地将辛辛苦苦创立的王牌课程投资学及备课笔记移交给了新来的年轻教师。“这是怎样的胸怀呀！”于瑾多年的同事、现任对外经济贸易大学教务处处长蒋先玲教授回忆说道。

为帮助年轻教师尽快进入教学岗位、提升教学能力，于瑾还特别关心年轻老师的科学研究工作环境。当得知学院办公室资源紧张，年轻老师缺少安静的科研环境时，她第一时间将自己的独立办公室腾出来。随着金融专业学位的兴起，需要大量的业内人士作为校外导师进入课堂，于瑾不惜麻烦身边的朋友和南开的校友，请金融业内的专家来校指导金融专业学位的人才培养。一位任职于某外资银行高管的南开校友感动于于瑾对人才培养的重视和付出，无论身处何处坚持十多年定期赶来为学生开讲座，这位南开校友说：“我真的是为于瑾对学生的认真负责精神和人格魅力所感动才坚持下来的。”这就是南开人的情怀呀！

以爱育人，桃李满园

于瑾的学生很多，亲炙于其门下的本科、硕士与博士弟子们，都深深感到于瑾是一个知心良师，就像大教育家陶行知、张伯苓先生教诲的那样，“待生如子、爱满天下”。在于瑾看来，教育是拨动灵魂的艺术，老师的责任就是为学生打开一扇窗子，让他们看到不一样的景象，听见不一样的声音，让他们思考、觉悟，启迪学生的智慧，滋养学生的灵魂。于瑾平等地对待每一个学生，在和学生的日常交往中，从来不以导师自居，她处高就低，谦逊待人。她从不批评学生，即使学生身上有缺点、有不足，也是用最轻柔委婉的方式鼓励他们做得更好，小心翼翼呵护每一个学生美好的心灵。在她面前，学生们始终感到很温暖，如沐春风，在她身边，即使有再多的烦恼与不平，心绪瞬间就能够沉淀下来，整颗心被喜悦与平和填满。

“在教室门口见到一位穿着素色裙子的女老师，个子不高，非常瘦削，一副宽边框眼镜，留着很独特的波波头，说话声音特别可爱温柔。”这是很多学生对于瑾老师的第一印象。同事经常在诚信楼看到于瑾，上完了近两个半小时的大课后，仍一直留在教室里为学生答疑到六点半多，虽然十分疲惫，却从不靠着坐一会儿。事实上，更多的时候又有研究生学生来找于瑾寻求指导，她又接着为这些学生排忧解惑，持续到晚上七八点还没吃上饭。同事催她早点回去，她却总是笑着摆摆手，说没关系，继续和学生们答疑交流到很晚。尽管每次上课都十分疲惫，但为了学生方便，她就这样一直坚持着，这一坚持就是 20 多年。

于瑾对教育工作和学生的爱是发自内心的。她对论文指导极为细致，经常嘱咐大家一定要多看国外学术期刊的文献，注重文献阅读的数量和质量，保证论文的严谨规范，还把自己珍藏的金融学经典教科书和专业辞典送给学生使用。一位报考于瑾导师的硕士研究生的学生在入学前写信咨询应该怎么做好本科和研究生的角色转换，于瑾给她发了一封很长的邮件，从数理基础、外语提高、专业知识等新生容易忽视的方面给予了非常详细的指导。对于一个还未谋面的学生，能有这样细致耐心的指导，可见于瑾对学生的感情是无比真挚的。“老师人很可爱，课讲得也好”“能抢到于老师的课，是一种幸运”“于老师就像一个知识渊博的大姐姐”“老师能把知识点解释得很清楚，还很喜欢结合当下的热点辅助授课”，在学校的教学评价系统里，类似这样的学生留言比比皆是。国际经济贸易学院党委书记赵鸿韬回忆起院里的这位教师楷模时说道："已毕业 20 年的学生和现在刚上过于老师课的学生对她的评价都是一样的赞美，能做到这一点是非常了不起的。"

"祝小同学们期末考试顺利"，学期最后一节课堂上，于瑾在大屏幕上打出这样的字眼。是的，她永远爱护照顾学生，喜欢亲昵地称他们为"小可爱""小朋友"。于瑾对待每一位学生都视如己出，对弟子关爱有加。于瑾可以清楚地记得与学生第一次会面时的穿着，准确地说出每一位弟子的故乡，记得他们的昵称和爱好；她会默默地关注学生们的社交动态，如慈母般悉心叮嘱爱好篮球的男孩子不要因此耽误了学业，叮嘱出去旅行的学生要注意安全，不要在夜里爬山，隔着屏幕关心远渡重洋求学的学生保重身体；她会站在幕后为那些"校园明星"喝彩，也会温柔地看向那个紧张羞怯的女孩，为她加油鼓劲。于瑾从不因自己的事情而劳烦别人，却会求助于身在金融行业的亲友，只为给自己的学生推荐一个好的实习机会，还在每年毕业求职季开始之前邀请已经毕业的学生回校给学弟学妹们传授求职的经验，却在每年教师节委婉地劝住那些准备回校探望的学生，仅仅是因为不忍于他们路上的奔波。

于瑾小心翼翼地呵护着每一个学生的成长，她的"小可爱""小朋友"们毕业十几二十年，都和于瑾保持着联系，维护着亦师亦友的良好关系。学生学业进步了、工作变动了、晋职加薪了、结婚生子了，都要向于瑾报告喜讯，因为大家知道于瑾喜欢看到学生们一点一滴的进步；或者工作生活中遇到挫折了，事业感情碰到不顺心的事了，总是想着找于瑾倾诉，总是能在她耐心的倾听和智慧的开导下，拨云见日，豁然开朗。"您何止是一支粉笔，一束烛光。您更是一座灯塔，一个太阳！"她的学生宋远洋这样写道。于瑾很少给学生讲高深的人生道理，但她的人格魅力却无声无息地浸润着年轻人的思想，塑造和改变着学生的性格，学生们感恩于心，克己不屈。果然，桃李不言，下自成蹊。

于瑾的为人风格，可以概括为敦厚、谦逊、宏阔、坚忍。她待人诚挚，性格温厚。于老师很谦逊，她总是极低调、极敦厚、极儒雅地出现在大家面前。每当她一出现，学生的内心就感到极其安定，极其充盈，可是于瑾老师始终是那么宁静谦逊！《周易》中谦卦爻辞有云："谦尊而光。"这四个字是多么适合形容于瑾老师！她确实是“谦尊而光”——她极其谦下，然而又那么有尊严，浑身上下充盈着一种敦睦柔和的光辉！

伉俪情深，家庭和睦

于瑾和先生王文灵相识于 20 世纪 80 年代的南开校园，在南开浓郁的学术氛围中相知相惜，共同成长。在他们的情感世界里，不仅有爱，还有融合一体的理想，两人都是研究国际金融问题的专家。婚后两人携手于同一研究领域，在学术的长空里和事业的征程上，名字互相辉映。年轻的时候，两人事业发展都很顺利，也很有成就，业余经常写写文章，或者带上孩子去爬山、散步，过着恬静、愉快的生活。随着先生职位的变化，工作更加繁重，责任更加重要，于瑾老师以“我无条件支持你”的态度，默默地肩负起了家庭的重担，这种相随不渝中渗透着相濡以沫的悠远情愫。熟悉他们的同事、朋友都说两人感情特别好，儿子也培养得非常出色，这一方面缘于家教传承，另一方面也是家庭和谐温馨使然。

于瑾老师温柔细腻，是整个大家庭和谐的纽带。她对待亲友长辈，永远是和颜悦色地交流，孝敬公婆，深得长辈喜爱。小姑一直视于瑾为亲姐一般，在她眼中，于瑾对待家人后辈，永远是肯定、赞美和表扬，这样的赞美，总会给人自信、自由，让人心中充满温暖、阳光和力量。无论在工作或家庭中，无论是作为亲人或朋友，与于瑾的相处，总能让人获得善，体会善，最后也终于用善来回馈社会。

英才陨落，音容宛在

2018 年 5 月 24 日，于瑾永远地离开了一生热爱的三尺讲台。那天上午，于瑾在学校指导博士生论文后回到家中，中午继续以微信方式指导本科生论文，在教师的职责上一直工作到生命的最后一息，时年 52 岁。其实在之前的两个月，于瑾刚刚忙完研究生新生入学面试，就投入到紧张的本科生、研究生毕业论文答辩工作中，她无数次地与学生讨论论文，反复修改，夜以继日，耗尽了心血。因为长年超负荷地工作，于瑾一直都非常劳累，学生们后来才知道，她离世前一晚工作到深夜，大概只睡了两个小时。28 年如一日，于瑾执着于教学和科研事业，淡泊名利，兢兢业业，直到离世前，她还负责指导 14 名硕士研究生、4 名博士研究生的学业，在她挚爱的教师岗位上呕心沥血到最后一刻。所谓鞠躬尽瘁，可能再遇不到更合适的典范了。

于瑾老师突然离世，让学校师生和昔日同窗都悲恸不已。2018 年 5 月 28 日的告别仪式，学校教师、学生、好友 400 余人来到八宝山革命公墓为于瑾送最后一程。大家从四面八方赶来，有从美国等地远渡重洋飞回来只为看最后一眼的，有凌晨坐飞机赶来北京、下午坐飞机回去的，也有毕业很多年在告别仪式上第一次相聚的同班同学。“执卷寻师空有愿，亲聆赐教更无期。”殡仪馆人山人海，摆满了花圈。她安详地躺在灵堂里，就像睡着了一样。仪式上，经贸学院院长、蒋先玲教授、三位于瑾的学生，依次发表了悼词，都是轻轻的，带着哽咽。“上善若水，利万物而不争。”于瑾自身从来没有想要去改变谁，而是温柔地把爱传递给每个人，无声无息地改变了身边的所有人，每个人都因为认识她而变得更平和，更善良，这大概就是精神的传承吧。“她是一位伟大的教师，真正的灵魂的工程师。”在那年举行的毕业典礼上，当于瑾的名字出现在屏幕上时，学院师生瞬间泪流满面，会场响起经久不息的掌声，表达大家对于瑾老师发自心底的爱与不舍。

于瑾去世后，对外经济贸易大学追授她“模范教师”荣誉称号，在她身上，集中体现了一名普通的高校教师在平凡岗位上铸就不平凡的职业理想，集中展现了她为神圣的教育事业辛勤耕耘的高尚师德。她的家人、朋友、曾经的同学和学生、在校师生分别在南开大学和对外经济贸易大学共同筹建了“于瑾教育基金”，用于奖励师德高尚、默默奉献、深受学生爱戴的一线教师，奖励志存高远、刻苦学习、成绩优秀的在校学生，支持帮助生活有困难的师生。学生和昔日同窗自发建立了名为“于无声润物，瑾芳华筑才”的微信公众平台悼念、缅怀老师，30 余位学生撰写长文向公众号投稿，在朋友圈、微博表达沉痛哀思的学生更是不计其数。南开同窗回忆起于瑾秀外慧中，善解人意，蕙质兰心，被同学们称为校园里的“花仙子”。同学周庆河写诗痛悼：“天妒凌云万丈才，惊闻噩耗备伤怀；芳魂渺渺归何处，化作芳菲绕南开。”学生们分享了于瑾生前为他们逐字逐句修改的论文，详尽的开题报告指导足足三大页纸，细致讨论可以选择的课题方向，附有极尽翔实的内容和范例，而且言辞特别委婉谦和，让人感受到于瑾对学生的爱是怎样一个极致。

2019 年清明节前夕，于瑾生前同事和三十余名学生到陵园祭扫。大家聚在墓前，像她生前一样对于老师聊聊心里话，或是安静地陪伴。一直阳光灿烂的天空忽然阴云密布，竟飘起雪花来。远在俄罗斯的好友张瑞，在梦中惊醒，写下了悼亡诗句：“好久不见，久到那锥心的痛和思念，已成为日常的习惯。涅瓦河畔的春天来了，我却感觉不到暖；见不到你三月熏风般的笑颜，我便永远冰封在北极寒殿。”

向善而生，大爱长存

“她就像人间四月天，美丽又温暖。”熟悉她的朋友无不这样赞叹。“她就像温和的河流，不知不觉间，把一个一个特别有棱角的硬石子温柔地变成光滑美丽的鹅卵石。”

“也许于瑾老师做的很多事情并不是轰轰烈烈的伟人事迹，但她在平凡的岗位上做到了 20 多年如一日的无私贡献，永远充满正义感、保持善良，这本身就成就了一种不平凡。”国际经济贸易学院薛熠这样说。

“对你最好的思念，就是活成你的样子，把你的爱传递下去。这样，你就仿佛从来没有远离。”江萍教授在于瑾老师去世一周年的追忆会上深情地说。

于瑾老师向善而生，她的一生，始终与生命中的一切美好结缘，也总是不觉引领人向善，这样的人，几已成道。这样的信念，指引学生、亲人、朋友穿越黑暗的方向，纵使道路崎岖却依然心中有光。于瑾的善良是她大爱的来源，她心存善念的世界观，让世界和生活在她的身边充满美好。

于瑾老师，人如其名。瑾为美玉，质本无瑕，方诚信而达博学；美亦有则，唯求索乃得笃行。淡泊名利、诲人不倦的于瑾老师永远地离开了她热爱的教育事业，但却为我们留下了累累著作和她奉为圭臬的大学精神。英才虽陨落，桃李却满园，斯人已去，风范长存！于瑾是善与智的化身，她的存在让周围所有人变得更好，像一盏灯一样照亮别人，像一团火一样温暖他人。所有与她有过交集的人，无不感念她高华的品行，她把自己短短的一生，活成了一个真正的传奇。每当我们仰望星空，她的音容宛在，总会惹我们思念与泪流，但她的爱与光辉，更照进我们的内心与眼中，让我们不悔踏上此生的征程，如她一般，默默去奉献，如水行上善，感恩于行，克己不屈，成就而拥有了光辉、灿烂、美丽的人生。

永恒纪念

于瑾教授先进事迹报告会暨于瑾教育基金启动仪式举行*

对外经济贸易大学新闻网

“生命何惧长短，温暖与爱恒留人间。”2019 年 9 月 16 日下午 14:30，于瑾教授先进事迹报告会暨于瑾教育基金启动仪式在对外经济贸易大学国际交流大厦二层会议厅举行。诺贝尔经济学奖获得者罗伯特·默顿，教育部工作司副司长黄伟，北京市委教育工委副书记狄涛，于瑾教授爱人王文灵先生，对外经济贸易大学党委书记蒋庆哲、校长夏文斌、校党委副书记文君，副校长张新民、王强等校领导出席了此次报告会，我校中层干部、师生代表以及校内外媒体代表到场聆听了于瑾教授的先进事迹。校党委副书记文君主持报告会。

春蚕丝尽，芳华永存：于瑾教授先进事迹报告会

活动伊始，在场师生一同观看了于瑾教授先进事迹专题片《瑾言瑾行，师者模范——追忆于瑾老师》。影片中，于瑾教授的老师、同事、朋友分别描述了他们眼中的于瑾教授，于瑾教授在平凡的岗位上坚守理想信念、专注立德树人、潜心教学科研、秉持仁爱精神，为党和国家的教育事业燃尽芳华，感动了在座的所有听众。

国际经济贸易学院院长洪俊杰教授首先发言。他指出，“学高者为师”，于瑾教授就是一位“学为人师、行为世范”的“四有”好老师。于瑾教授有着扎实的学术功底，扎根讲坛 28 年，孜孜以求，一心扑在教学和研究工作中，致力于研究和解决现代金融学前沿问题，创造并传授知识。“于瑾教授是一位

* 资料来源：对外经济贸易大学新闻网，2019 年 9 月 17 日，记者：王湘宁。

有大爱的老师，她用 28 年教坛人生充分诠释了一位人民教师学高为师、大爱无言的师者风范，是每一位教师学习的楷模。”

国际经济贸易学院教授、教务处处长蒋先玲回忆了于瑾教授无私奉献的感人事迹，于瑾教授淡泊名利、认真做事、低调做人，28 年来一直忠诚于党的教育事业、执着于教书育人使命。“于瑾总是默默地燃烧着自己，用自己的光去照亮别人，用智慧和品格之光给学生照亮前进的航程。”

国际经济贸易学院教授江萍讲述了于瑾教授对她，以及其他同事们的照顾和关爱。回忆起“于瑾姐姐”对自己职业与生活的影响，江萍教授数度哽咽，“是她唤起了我的初心，更让我明白了所谓的传承于瑾姐姐的精神就是把自己活成她的样子”，把于瑾教授的爱传递下去。

于瑾教授 2012 届硕士毕业生范蔚然在演讲中回忆道，于瑾教授为每个学生都树立了一个不平凡的榜样、栽种了一颗不平凡的初心。于瑾教授正是习近平总书记所说的“大先生”：教师要甘当人梯，甘当铺路石，以人格魅力引导学生心灵，成为塑造学生品格、品行、品味的“大先生”。

2005 届毕业生何亮宇在演讲中讲道，28 年来于瑾教授教会了学生知识，给予了学生无私的帮助和指导，并一直身体力行地追求卓越，低调谦逊告诉学生们做事的标准和做人的态度。直到生命的最后一刻，于瑾还在向学生们诠释着因为祖国需要、因为社会需要、因为学生需要就会奋斗终生的高尚情操。

《中国教育报》记者唐琪从“记者眼中的于瑾老师”的角度，与大家分享了采访报道于瑾老师先进事迹过程中感人至深的故事。“于瑾教授‘很特别’，因为在浮华的年代，于瑾教授坚守教书育人的初心，这种初心是最稀缺，也最值得歌颂和学习的精神。”

党委书记蒋庆哲发表讲话。蒋书记表示，于瑾教授几十年如一日，坚守初心的精神令人动容。他认为于瑾教授能够拥有如此坚强的信念，是因为于瑾教授有忠于国家、扎根教育的坚定信念，无私奉献、默默耕耘的高尚情怀，著书立说、潜心问道的治学精神，立德树人、诲人不倦的仁爱之心。

“于瑾老师在平凡的岗位上作出了不平凡的业绩，是发生在我们身边看得见、学得来、做得到的典型，是‘四有’好老师的优秀代表，更是贸大教师群体长期坚持教书育人的缩影。学校党委追授于瑾教授‘模范教师’荣誉称号，就是想在更大的范围内学习于瑾老师的先进事迹，弘扬于瑾精神，为我们教育事业的发展聚集更大的能量，培养更多的优秀人才。”

蒋庆哲书记号召全校师生学习传承于瑾精神，在她的先进事迹感召下，做勇于担当的“贸大人”：坚持立德树人，做新时代“四有”好老师的使命担当；坚定理想信念，做实现中华民族伟大复兴中国梦的时代担当；坚持凝心聚力，做推进“双一流”建设的发展担当。

教育部教师工作司副司长黄伟讲话指出，在庆祝新中国成立 70 周年前夕，教育战线扎实推进“不忘初心、牢记使命”主题教育之际，对外经济贸易大学举行于瑾老师先进事迹报告会并启动于瑾教育基金具有重大意义。“一个人遇到好老师是人生的幸运，一所学校拥有好老师是学校的光荣，一个民族源源不断拥有好老师，这是民族振兴的希望。于瑾教授就是这样的好老师。”他代表教育部教师工作司向于瑾教授及其家人致以崇高的敬意。

黄伟副司长表示，近年来，党中央、国务院出台了包括关于全面深化新时代教师队伍建设改革的意见在内的等一系列政策文件，把对教师的关心落到实处。让教师能够聚焦教书育人的主业，全社会要倡导并践行教师优先的理念，广泛宣传优秀教师的典型事迹，保障教师的合法权益，让教师享有应有的社会声望，成为受人尊敬和令人羡慕的职业。

永铸感动，薪火相传：于瑾教育基金揭牌

对外经济贸易大学党委书记蒋庆哲与教育部教师工作司副司长黄伟为于瑾教育基金揭牌。

对外经济贸易大学校长夏文斌介绍了于瑾教育基金的相关情况和设立初衷，并表示于瑾教育基金将用于支持于瑾金融实验班项目、于瑾大讲堂项目、高端师资培训项目以及其他符合本基金宗旨的项目。夏校长为罗伯特·默顿教授颁发“于瑾教育基金名誉理事长”聘书和“对外经济贸易大学名誉教授”聘书。

谆谆教诲，传之不朽："于瑾大讲堂"首讲——诺贝尔经济学奖得主罗伯特·默顿教授讲座

讲座前，诺贝尔经济学奖得主罗伯特·默顿教授对于瑾教授给予高度评价。他说："于瑾教授用科研创造知识，用教育传递知识，用实践影响社会。"默顿读过于瑾的英文论文，"她的著作涵盖资产定价、公司治理、公司金融、行为金融学等各方面，同时将研究与传统金融学研究相结合，既有深度，又有广度"。默顿认为，于瑾在20世纪90年代开始从事利率期限结构研究，而当时中国还没有金融衍生品市场。她敏锐地意识到了这一研究领域的重要性，同时让学生在金融衍生品的重要性得以凸显之前就对它有所了解，这为学生打开了视野，是她作为伟大教育家的独到之处。在实践上，很多学生在于瑾教授的支持和鼓励下投身于偏远地区的建设和教育，这是教育为实践做准备的好例子。在金融领域，科研与实践的关系更加密切，教学与科研最终都通过实践影响社会。"随着科技和人工智能的发展，金融行业所需的技能可能会改变，但像于瑾教授一样敬业的优秀教师仍然是无可取代的"，默顿说。

热烈的掌声中，"于瑾大讲堂"首讲正式开讲。默顿教授带来题为"21世纪的科学、教育与金融实践"的讲座。默顿教授讲述了金融学科的发展、对社会的影响，以及加速创新对未来金融研究、教育以及实践的影响。

党委副书记文君在主持中表示，全校师生一起聆听于瑾教授先进事迹报告，见证于瑾教育基金启动及于瑾大讲堂首讲，是学习、传承和发扬"于瑾精神"的一次重要契机，也是学校"不忘初心　牢记使命"主题教育活动推进中以榜样为标杆、从自身找差距的一次深刻学习，更是激发广大教师争做新时代"四有"好老师，激励广大学子勇担国家富强、民族复兴重任的一次精神动员。

言可经纶行可师*

——缅怀南开杰出校友于瑾

南开大学教育基金会

于瑾，1991 年毕业于南开大学金融系，随后任教于对外经济贸易大学，2005 年被评为教授、博士生导师。开设“投资学”“证券投资基金”等全新课程，在新兴市场微观金融领域成果丰硕，为推进现代金融前沿学科建设作出巨大贡献。

2018 年 5 月 24 日，在接连指导多位学生修改毕业论文后，极度疲惫的于瑾在家中午休，此后安然离去，年仅 52 岁。

于瑾的事迹经由《中国教育报》《中国青年报》报道后引起巨大反响，读者反馈最多的是“感动”“致敬”。

9 月 16 日，对外经济贸易大学举办了于瑾教授先进事迹报告会暨于瑾教育基金启动仪式。师生、媒体代表宣讲了于瑾教授的先进事迹。

二十八载春秋，数度耕耘，她为 1.8 万名学生上课，亲自指导上百名研究生。如果不是 2018 年 5 月 24 日那个噩耗，这个数字还会不断增长。

没有行政职务，没有响亮的头衔，就连送上门的荣誉，她都总是婉拒。这样淡泊名利的她被很多她口中的“小可爱”“小朋友”深爱着。

留着标志性蓬松卷发、皮肤白皙的于瑾，为人低调、淡泊名利，被学生称为“宝藏老师”：她是讲课出彩的“女神”，是答疑不倦的“良师”，更是对学生极好的“知心人”。

2018 年 5 月 24 日中午，签完最后一份博士生毕业材料，于瑾收拾回家。

近两个月来，操心着学生们的论文，她疲惫不堪，头天晚上大概只睡了

* 资料来源：南开大学教育基金会，2019 年 9 月 17 日。

两个小时。看到“小同学们”一个个顺利通过，她太开心了，临走还笑眯眯地跟同事说：“那我就歇一阵儿了啊！”

说是歇一阵儿，回到家，于瑾又通过微信、电话回复了 6 名学生关于论文修改的问题。12:57 回完最后一条学生的信息，她上床午休。

按她一贯的日程表，待小憩醒来，她肯定还会继续伏案工作，或为学生答疑解惑，或完善手头的教案。

谁知，她竟就此长眠。

于瑾去世后，贸大追授她“模范教师”荣誉称号，校党委书记蒋庆哲说：“在她身上，集中体现了一名普通的高校教师在平凡岗位上铸就不平凡的职业理想，她是发生在我们身边看得见、学得来、做得到的典型。”

瑾为美玉，质本无暇，方诚信而达博学；美亦有则，唯求索乃得笃行。

淡泊名利、诲人不倦的于瑾教授永远地离开了她的三尺讲台、离开了她热爱的事业，却留下了累累著作和她奉为圭臬的大学精神。

英才虽陨落，桃李却满园，人间四月天，留冰心一片。

35 年前，于瑾以本县第一名的成绩考入南开大学，作为新生代表讲话时，于瑾就曾说过，想要成为一个为社会作出贡献的、有用的人。

她做到了。用一生的努力，做到了。

过去一年多，南开校友和学生自发捐款设立“瑾基金”，用于奖励师德高尚、默默奉献、深受学生爱戴的一线教师，奖励志存高远、刻苦学习、成绩优秀的在校学生，支持帮助生活有困难的师生，也为了将于瑾坚守教书育人初心的精神继续传递下去，同时藉由这个基金会的成立，为南开百年校庆献礼。

9 月 18 日，南开大学八里台校区将举办瑾基金成立仪式，届时多位南开校友将对瑾基金进行捐赠，用于曾经培养过于瑾教授的南开大学金融学院的学生培养、师资队伍建设、科学研究支持、教学环境改善等与学科提升发展相关的支出，为南开的新百年建设贡献一份力量。

就让我们共同缅怀追忆斯人芳华，将于瑾教授爱金融、爱教育的仁义之心传承延续下去。

南开大学设立“瑾基金”纪念优秀校友于瑾*

南开大学新闻网

去世一年多来，南开大学优秀校友、对外经济贸易大学教授于瑾淡泊名利、悉心育人、鞠躬尽瘁、甘于奉献的先进事迹广为流传，感动着越来越多的人们。为弘扬于瑾精神，南开大学校友捐资 2000 万元设立“瑾基金”，以奖掖师德高尚的一线教师和志存高远的南开学子。9 月 18 日，“瑾基金”捐赠仪式在南开大学八里台校区主楼小礼堂举行。

当天，南开大学副校长李靖，“瑾基金”理事会名誉主席、学术委员会主席、诺贝尔经济学奖获得者罗伯特·默顿，于瑾家人、生前好友及学生代表，南开大学校友代表、基金捐赠人代表，南开大学教育基金会代表，南开大学金融学院师生以及媒体记者等 400 余人参加了仪式。

仪式上，到场人员一同观看了于瑾先进事迹专题片《瑾言瑾行，师者模范——追忆于瑾老师》。影片中，于瑾的老师、同事、朋友分别回忆了他们与于瑾之间的温暖故事。于瑾在平凡的岗位上坚守理想信念、专注立德树人、潜心教学科研、秉持仁爱精神，为党和国家的教育事业燃尽芳华，感动了在座的所有人。

于瑾出生在河北唐山，从学生时代起，她就是身边同学的榜样。1984 年，她以全县第一名的成绩考入南开大学金融系。大一作为新生代表发言时，她就曾这样说道：“朋友，别再感叹不能做出惊天动地的伟业，就让我们做一块砌进墙根的砖头，默默承受历史的重量吧。”这段话也成了于瑾终生无悔的选择。1988 年，本科毕业后的于瑾选择继续在南开金融系攻读硕士学位，先后授业于钱荣堃、龙伟娟、王兰等名师，立下为中国金融事业教书育人的理想。

---

* 资料来源：南开大学新闻网，2019 年 9 月 18 日。

上世纪 90 年代开始，于瑾在对外经济贸易大学国际经济贸易学院教授投资学、证券投资基金、证券投资实物等课程。2005 年被评为教授、博士生导师，在新兴市场微观金融领域成果丰硕，为推进现代金融前沿学科建设作出巨大贡献。为了把课讲好，于瑾的教案从不重复，每年都要彻底更新教材和课件。即使是同一门课在不同的时间讲，她的内容都是不一样的，大量的新的发展和新的案例，都会被运用到课上。

于瑾上的每门课都被她打磨成了“金课”，深受学生欢迎，她也被学生称为“宝藏老师”。同事们回忆，于瑾的课常有很多人旁听，下课后她会被学生团团围住，一般答疑的时间都不少于一个小时。

除了课讲得好，于瑾同样做到极致的还有对学生的好。她可以清楚的记得学生第一次见面时候的穿着，准确地说出每个弟子的家乡、小名和爱好，更会默默关注他们的每一步成长变化。就连学生简单的一封邮件，她往往会回复上千字，还附上案例供参考。她还常常鼓励学生到基层去锻炼，了解国情社情，脚踏实地走出报国奋斗之路。

从教 28 年，于瑾为近 1.8 万名学生开过课，指导培养了 118 名硕士生和 11 名博士生。尽管桃李满天下，她却没有任何光鲜的头衔。同事们评价，于瑾不争名利、不争评奖评优，但是她争的是对学生的付出和对工作的认真。

2018 年 5 月 24 日，在接连指导多位学生修改毕业论文后，极度疲惫的于瑾在家中午休，此后安然离去，享年 52 岁。

于瑾去世后，南开大学金融学院广大师生在学院图书馆设立了“于瑾教授纪念书柜”。于瑾的亲人、于瑾求学南开时的同学和朋友们在南开大学设立了“于瑾教授纪念基金”，用于支持、推动南开金融教育发展。

李靖说，历史悠久的南开金融培养出大批优秀学子，于瑾就是其中一位平凡而伟大的校友。她醉心教育、爱生如子、兢兢业业、不懈奋斗的优秀品格，正是南开“允公允能，日新月异”精神的生动写照。于瑾永远是南开的好学生，她的精神也必将激励着一代又一代南开人砥砺前行。

罗伯特·默顿教授给予于瑾高度评价。他十分欣赏于瑾的研究成果，认为她在新兴市场金融领域的研究引人注目，被收录为麻省理工大学金融学院的教材。默顿说，于瑾教授用科研创造知识，用教育传递知识，用实践影响社会。随着科技和人工智能的发展，金融行业所需的技能可能会改变，但像她一样敬业的优秀教师仍然无可取代。

对外经济贸易大学国际经济贸易学院教授江萍讲述了于瑾教授对她，以及其他同事们的照顾和关爱。回忆起“于瑾姐姐”对自己职业与生活的影响，江萍教授数度哽咽。“是她唤起了我的初心，更让我明白了所谓的传承于瑾姐姐的精神就是把自己活成她的样子，把她的爱传递下去。”江萍说。

于瑾学生代表何亮宇说，二十八年来于瑾教授教会了学生知识，给予了学生无私的帮助和指导，并一直身体力行地追求卓越，低调谦逊，告诉了学生们做事的标准和做人的态度。“今天当迈入南开校门，望见‘允公允能，日新月异’八字校训，我突然又领悟到，于老师精神的根就是在这所百年名校之中。于老师不正是以此为准则，学高为师，身正为范，将爱国爱群之公德与服务社会之能力发挥到极致吗？这正是南开精神的具体体现。”

《中国教育报》记者唐琪分享了采访报道于瑾老师先进事迹过程中的感人故事。“于瑾教授‘很特别’，因为在浮华的时代，于瑾教授坚守教书育人的初心，这种初心是最稀缺，也是最值得歌颂和学习的精神。”她说，参观了南开大学的校史馆后，深受感动，也似乎找到了于瑾老师坚守教书育人初心，把家国情怀装进学生心里的起源，那就是南开的教育和浸润。

同为南开大学校友，于瑾爱人王文灵深情回忆，主楼小礼堂正是他和于瑾爱情开始的地方。于瑾的离开让他开始重新审视自己的人生价值和生命质量，希望通过“瑾基金”这个平台，支持南开金融教育事业，传承南开精神，这既是帮助于瑾完成她未竟的心愿，也是对母校南开百年校庆的一份献礼，同时也会让自己的生命更有价值。“我会一直尽心尽力为‘瑾基金’工作。”王文灵说。

成立仪式上，李靖代表学校接受了校友代表的捐赠并为“瑾基金”理事会成员致送了聘书。

首届瑾基金·南开金融科技论坛在南开大学举办*

南开大学新闻网

为庆祝南开大学建校百年，启航南开金融新百年，致敬南开大学好学生于瑾教授，共话新时代金融新气象，2019 年 9 月 18 日，瑾基金、南开大学金融学院与南开大学教育基金会，共同举办首届瑾基金·南开金融科技论坛。在论坛上，举行了“瑾基金”成立仪式，仪式由南开大学金融学院党委书记李玉峰主持。

于瑾教授的家人及众多敬仰于瑾教授的校友来到南开大学，在于瑾教授曾经就读的八里台校区，共同缅怀追忆斯人芳华，用成立“瑾基金”的方式，延续于瑾教授爱金融、爱教育的仁义之心，助力南开金融教育，为金融学院的新百年建设贡献一份力量。

于瑾是河北唐山人，1984 年她以优异成绩考入南开大学金融系，1988 年本科毕业后继续在南开金融系攻读硕士学位，先后受业于钱荣堃、龙伟娟、王兰等名师，立下为中国金融事业教书育人的理想。

1984 年，于瑾在大一作为新生代表发言时，就曾这样说道：“朋友，别再感叹不能作出惊天动地的伟业，就让我们做一块砌进墙根的砖头，默默承受历史的重量吧。”这段话也成了于瑾终生无悔的选择。

1991 年硕士毕业后，于瑾到北京任教于对外经济贸易大学国际经济贸易学院金融系，在科研、教学方面成绩斐然，2005 年被评为教授、博士生导师。她开设的“投资学”“证券投资基金”等全新课程，深受学生欢迎，打造出一系列金牌课程。她在金融衍生品、利率期限结构、新兴市场微观金融等领域

* 资料来源：南开大学新闻网，2019 年 9 月 18 日、20 日。

研究成果丰硕，为推进现代金融前沿学科建设作出巨大贡献。

二十八载春秋，杏坛执教，于瑾为 1.8 万名学生上课，亲自指导上百名研究生。2018 年 5 月 24 日，在接连指导多位学生修改毕业论文后，极度疲惫的于瑾在家中午休，此后安然离去，年仅 52 岁。

于瑾老师不忘立德树人初心，牢记教书育人使命，在平凡的三尺讲台默默耕耘二十八载，为党和人民的教育事业奉献出宝贵的生命。在她去世以后，新华社、《人民日报》《光明日报》《中国教育报》等媒体先后报道了于瑾的感人事迹，引起社会强烈反响，无数读者为之泪下。

于瑾的事迹传到母校南开大学后，无论认识的和不认识的人，在悲痛和惋惜的同时，都被于瑾教授家国情怀、坚守教育初心、为教育为学生付出全部的爱、燃尽芳华的事迹深深打动，对于瑾教授给予极高的评价！

大家认为“允公允能、日新月异”的校训在于瑾身上得到高度体现，她是南开大学的好学生，是将小我融入大我的典范。南开人以于瑾为榜样，母校南开以于瑾为荣！南开大学金融学院为表彰于瑾校友的品行事迹，教诲后人，永久传承，在学院图书馆设立了于瑾教授纪念书柜，以志纪念！

成立仪式上南开大学副校长李靖说，历史悠久的南开金融培养出大批优秀学子，于瑾就是其中一位平凡而伟大的校友。她醉心教育、爱生如子、兢兢业业、不懈奋斗的优秀品格，正是南开“允公允能，日新月异”精神的生动写照。于瑾永远是南开的好学生，她的精神也必将激励着一代又一代南开人砥砺前行。

罗伯特·默顿教授给予于瑾高度评价。他十分欣赏于瑾的研究成果，认为她在新兴市场金融领域的研究引人注目，将其收录为麻省理工学院金融学院的教材。默顿说，于瑾教授用科研创造知识，用教育传递知识，用实践影响社会。随着科技和人工智能的发展，金融行业所需的技能可能会改变，但像于瑾教授一样敬业的优秀教师仍然是无可取代的。

对外经济贸易大学国际经济贸易学院教授江萍讲述了于瑾教授对她，以及其他同事们的照顾和关爱。回忆起“于瑾姐姐”对自己职业与生活的影响，江萍教授数度哽咽，“是她唤起了我的初心，更让我明白了所谓的传承于瑾姐姐的精神就是把自己活成她的样子，把她的爱传递下去”，江萍说。

于瑾学生代表何亮宇说，二十年来于瑾教授教会学生知识，给予学生无私的帮助和指导，并一直身体力行地追求卓越，低调谦逊，告诉学生们做事的标准和做人的态度。“今天当迈入南开校门，望见‘允公允能，日新月异’八字校训，我突然又领悟到，于老师精神的根就是在这所百年名校之中。于老师不正是以此为准则，学高为师，身正为范，将爱国爱群之公德与服务社会之能力发挥到极致吗？这止是南开精神的具体体现。”

《中国教育报》记者唐琪分享了采访报道于瑾老师先进事迹过程中的感人故事。“于瑾教授‘很特别’，因为在浮华的年代，于瑾教授坚守教书育人的初心，这种初心是最稀缺，也是最值得歌颂和学习的精神。”她说，参观了南开大学的校史馆后，深受感动，也似乎找到了于瑾老师坚守教书育人初心，把家国情怀装进学生心里的起源，那就是南开的教育和浸润。

《朝闻天下》同样对于瑾的感人事迹进行了报道，并以短片形式，追忆了于瑾的生平。

于瑾爱人王文灵深情回忆，主楼小礼堂正是他和于瑾爱情开始的地方。于瑾的离开让他开始重新审视自己的人生价值和生命质量，希望通过“瑾基金”这个平台，支持南开金融教育事业，传承南开精神，这既是帮助于瑾完成她未竟的心愿，也是对母校南开百年校庆的一份献礼，同时也会让自己的生命更有价值。

成立仪式上，收到校友首批捐款 2 000 万元人民币。

为更好地实现对基金的管理，组建了基金理事会。理事会聘请了诺贝尔经济学奖获得者罗伯特·默顿担任名誉主席、学术委员会主席，校友张文中担任名誉主席。

在论坛的第二个环节，是进行关于金融与科技的讨论，由云锋金融集团首席执行官李婷担任主持人。

本次论坛作为“南开百年周恩来大讲堂”活动之一，盛邀诺贝尔经济学奖获得者、麻省理工学院 Sloan 商学院特聘金融教授罗伯特·默顿做客，并发表主题为“21 世纪的科学、教育与金融实践”的精彩演讲。他讲述了金融学科的发展、对社会的影响，和加速创新对未来金融研究、教育以及实践的影响。

当前，全球正迎来新一轮科技革命和产业变革，以人工智能、大数据、云计算、区块链等为代表的信息技术日新月异，在金融领域的应用不断深化，为传统金融业赋予了更多创新、创造、创意的元素，推动金融业朝着更加移动化、智能化、场景化的方向发展。可以说，金融科技已经成为金融企业未来竞争的制高点，金融行业转型升级的新机遇。

在随后举行的圆桌会议环节，科技部发展计划司、资源配置与管理司原副司长、上海人工智能研究院CEO蔡文沁，中国人民银行天津分行党委副书记、副行长王晓明，南开大学终身校董、涌现科技总裁周海冰，南开大学资深校董、昆仑集团创始人、董事长周达，南开大学校董、深圳市同创伟业创业投资有限公司创始人董事长郑伟鹤，创新科技有限公司董事长陈凯，在李婷校友的主持下，就“新时代　新金融　新科技”这一广受业界关注的题目进行交流探讨。

南开大学副校长李靖教授、诺贝尔经济学奖获得者默顿、瑾基金理事会成员、于瑾教授的亲友以及南开大学金融学院师生等四百余人参加了此次论坛。

媒体报道

用生命诠释对教育的忠诚*

——追记对外经济贸易大学教授于瑾

《人民日报》

在于瑾心目中，“讲好每一堂课”是基本要求，而何谓“好”，则永无止境。28年，对于瑾来说，意味着三尺讲台的不懈坚守，意味着几百万字课案的精心打磨，意味着把每一节课始终放在心中最重要的位置，辛苦，却甘之如饴。

“那我就好好歇一阵儿了。”

这是对外经济贸易大学国际经济贸易学院金融学系教授于瑾留给同事、学生的最后一句话。一如往常，温婉，带着笑意。

未想，这一歇，竟是天人永隔。

2018年5月24日，紧张的答辩季，结束最后一场博士生论文答辩，于瑾回到家中小憩，梦中溘然长逝，年仅52岁。

送别那天，学生们从四面八方赶来，在灵柩前，一个个哭成了泪人，“执卷寻师空有愿，亲聆赐教更无期”……

在同事、学生、家人看来，于瑾用生命诠释了一位教师的美德。

“讲好每一堂课”

于瑾的课好，是出了名的。

每学期初，选课系统一开放，她的课就被“抢爆”。20年的老同事、学校教务处处长蒋先玲回忆，“每门课都一再扩容，直到实在容不下，只得增开一个班。”

---

* 资料来源：《人民日报》2019年9月19日第7版，记者：赵婀娜。

金融学系的课，专业性强，枯燥艰涩。但学生都说，于瑾的课，深入浅出、旁征博引，总是能把枯燥难懂的知识讲得有声有色。

在于瑾心目中，“讲好每一堂课”是基本要求，而何谓“好”，对她来说，则永无止境。

爱人王文灵回忆，对于课案，于瑾从不重复，从不老调重弹，哪怕这门课已讲了 10 遍、20 遍。她总是运用最新的数据和案例辅佐教学，将深奥的金融理论与金融投资实务紧密相连，更好地反映金融学的最新发展和研究成果。在设计教案过程中，她还特别考虑“80 后”“90 后”学生的兴趣特点和思维方式。因此，所授的每一门课，几乎都被于瑾打磨成“金课”。

课案字斟句酌，课堂上更是全神贯注。学生们回忆，于瑾上课时从来不坐，几个小时，一直站着讲，一节大课下来，经常是衣服全部被汗浸透。

下了课，于瑾也难得休息。下午 5 点 40 分，课一结束，学生们就涌上讲台找她答疑。6 点、7 点……不管到几点，于瑾从来不会主动喊停。多少次，爱人、儿子到教学楼下接她，一等就是几个钟头。

光阴弹指过，未染是初心。

“讲好每一堂课”，于瑾坚持了几十年。不分大课、小课，不论是讲给本科生、研究生，还是留学生。有同事回忆，某一学期，教务处为她安排了一门课程，为留学生讲货币银行学。为讲好这门课，于瑾愣是把班上几十名学生所在国家的货币全部深入研究了一遍。“这就是于瑾的性格，于学生、于课程，她不会敷衍，更不想对付。”

20 世纪 90 年代末，在时任对外经济贸易大学国际经济贸易学院院长林桂军教授的建议下，于瑾开设了学校第一门“投资学”课程。当时，最难讲的就是微观金融系列课程。讲好这些课程教师需要具备非常好的数理经济学、计量经济学等数理基础。于瑾围绕这门必修课，先后开设了“金融市场与金融机构”“证券投资基金”“证券投资实务”等选修课。

28 年，对于瑾来说，意味着三尺讲台的不懈坚守，意味着几百万字课案的精心打磨，意味着把每一节课始终放在心中最重要的位置，辛苦，却甘之如饴。

既是弱女子，更是“大先生”

于瑾对学生好，也是出了名的。

“她就像人间四月天，美丽又温暖。”这是很多学生对于瑾的印象。

对于每一名学生，于瑾都平等相待。在与学生的交往中，于瑾从来不以导师自居。她从不批评学生，即使学生身上有缺点、有不足，也是用最委婉的方式鼓励他们做得更好。在她面前，学生们“如沐春风”。

她经常嘱咐学生们一定要注重文献阅读的数量和质量，以提升论文的严谨性，还把自己珍藏的金融学经典教科书和专业辞典送给学生用。

她会逐字逐句地为学生修改论文，不放过一处格式、一个脚注。

她清楚地记得与每个学生第一次见面时的细节，记得每一个弟子的故乡，记得他们的昵称和爱好，默默地关注他们的社交动态，及时掌握每个人的身体和心理状况。

……

同学们说，于瑾老师身上有一种魅力，能透过眼睛，洞穿心底。在她面前，会情不自禁地打开心扉。

97 级本科生夏威留学前遇到经济困难，羞于向人求助。于瑾得知后，率先拿出 1 万元，并建议，以未来工资做抵押，用人品信用众筹的模式在同学和家人中募集资金。这个方法对夏威来说，无疑是在窘境中打开了一扇门，既将所学运用于实践当中，又维护了自尊。一向坚强的大男孩在恩师面前没能忍住眼泪。

硕士生何亮宇大三那年有去甘肃农村支教的机会，他想去，却又担心错过推研选导师的时机。于瑾知道后，发去微信，“支教回来，只要你愿意，我做你导师。”就是这句话，一下打消了何亮宇的顾虑。一年后支教回来，何亮宇如愿师从于瑾。阳光下，师生二人相视而笑：“大胆去，兑现你对乡村孩子的承诺！放心回，老师兑现对你的承诺！”

学生们说，老师是弱女子，更是“大先生”。

王文灵深深懂得于瑾的教育情怀，“常有人说，教师在平凡岗位上作出了不平凡的业绩，但在她看来，教师的工作是世上最不平凡、最伟大的工作，触及灵魂、启迪智慧、滋养心灵。”

“永远那么温婉、沉静、优雅、平和、睿智，您很少给我们讲高深的道理，但您的人格魅力却在无声无息地浸润着我的思想，塑造和改变着我的性格。”说这番话的，是宋远洋。这个曾经的“个性少年”受到老师的影响，如今已成为一名光荣的人民教师，在三尺讲台上完成老师未竟的事业。

“老师，对您最好的思念，就是长大后成为您的样子。”一句话，道出学生对于瑾最深切的爱。

于瑾走后，于瑾基金成立，专门用于助力未来金融人才培养。对外经贸大学计划利用基金，在全校推出于瑾实验班，选拔品德好、专业强、懂国情、熟悉国际规则的学生，为国家培养未来的金融行业人才。

塑造学生品格品行品位

于瑾对自己要求严格，也是出了名的。

“教师做的是传播知识、传播思想、传播真理的工作，是塑造灵魂、塑造生命、塑造人的工作。教师不能只做传授书本知识的教书匠，而要成为塑造学生品格、品行、品位的‘园艺师’”。对此，于瑾不仅内化于心，更是践行于常。

于瑾一生淡泊名利，对学校现代金融学科体系建构作出较大贡献，却始终坚守在一线教师岗位，未担任任何行政职务；作为南开大学金融学系最优秀的毕业生之一，于瑾曾拒绝多家金融机构的邀约，拒绝丰厚的待遇，安心三尺讲台，潜心教书育人。

于瑾秉持“不追逐最热门的，唯做最有长远价值的”。她长期关注金融领域较前沿、艰深的课题，如利率、期权、金融衍生品等。在国内金融学科起步不久之时，这些课题冷门，且对个人素质要求极高，但考虑到这类研究对国家金融学科建设意义重大，于瑾义无反顾。金融衍生品定价理论的奠基人之一、诺贝尔经济学奖得主罗伯特·默顿将于瑾的研究成果收录为麻省理工学院教学材料，在得知她离世的消息后，感慨地说：“于教授的研究成果令人印象深刻。”

作为学校微观金融课程体系的奠基人，在学院引进从事微观金融教学和研究的年轻教师之后，于瑾毫不犹豫地将其辛苦建设的王牌课程“投资学”及备课笔记交给年轻教师。

送别于瑾那天，同事们说：“她不孤独，虽没有惊世之举，也没有荣誉等身，但她永远被学生围在中间。”

（刘巍、刘碧涵参与采写）

“最好的思念，就是活成‘她’”*

——记对外经济贸易大学教授于瑾

新华社

于瑾（左四）和学生们在一起（2015 年 6 月 25 日）

她没有闪光荣誉和响亮头衔，从教 28 年，让所有学生交口称赞，满怀感恩；她宽容无私，温婉如水，追求完美。这就是对外经济贸易大学 52 岁的教授于瑾。去年 5 月 24 日，于瑾因劳累过度猝然离世。今天，师生们依然深情怀念这位师者。他们说：“最好的思念，就是活成‘她’。”

* 资料来源：新华社，2019 年 9 月 17 日，记者：魏梦佳。

对外经济贸易大学教授于瑾

于瑾（前右二）和学生们在一起（2015 年 6 月 25 日）

对外经济贸易大学党委书记蒋庆哲（左）与
教育部教师工作司副司长黄伟（右）为于瑾教育基金揭牌

9月16日，由于瑾亲友、师生筹建的“于瑾教育基金”在对外经济贸易大学成立。基金将用于奖励师德高尚的教师、资助培养优秀生等。

爱国情，奋斗者*

——于瑾：节如风竹清如柏，言可经纶行可师

中国中央电视台

主持人：下面我们要带大家来认识一位人民教师，她讲课深入浅出，对学生关心爱护。从教 28 年，她一心扑在三尺讲台，深受学生爱戴，用奋斗的一生诠释了教师教书育人的真谛。她就是对外经济贸易大学教师——于瑾。

旁白：这是 9 月 16 号在对外经济贸易大学举行的于瑾教授先进事迹报告会。尽管距离于瑾老师离世已经一年多了，但谈起她的过往点滴，师生们仍然记忆犹新。

对外经济贸易大学党委书记蒋庆哲：她是发生在我们身边，看得见、学得来、做得到的一个榜样。希望把于老师的事迹能够弘扬下去，能够影响更多的学生和老师。

旁白：从学生时代起，于瑾就是身边同学的榜样。1984 年，她以全县第一名的成绩考入南开大学金融系。作为大一新生代表发言时，她就曾这样说道：朋友，别再感叹不能作出惊天动地的伟业，就让我们做一块砌进墙根的砖头，默默承受历史的重量吧。

旁白：这番话也成了于瑾终身无悔的选择！20 世纪 90 年代开始，于瑾在对外经贸大学国际经济贸易学院教授“投资学”“证券投资基金”“证券投资实务”等课程。相较天生幽默的“段子手式”教师，于瑾总嫌自己讲课不够生动。为了把课讲好，她的教案从不重复，每年都要彻底更新教材和课件。

---

* 资料来源：中国中央电视台《朝闻天下》栏目，2019 年 9 月 18 日。

对外经济贸易大学国际经济贸易学院院长洪俊杰：即使是同一门课，她在不同的时间讲，或者不同的年度讲的时候，内容都是不一样的，大量的新的发展和新的案例她都运用到课堂当中去。

旁白：就这样，于瑾上的每门课都被她打磨成了金课，深受学生欢迎，她也被学生称为“宝藏老师”，而这直接的后果就是她几乎从没按时下过课。

于瑾老师学生薛捷：只要她有课的时候就会有很多人去旁听，有更多人要去找她来答疑。每次一下课，于瑾老师就会被好多好多的同学团团围住，一般答疑的时间一个小时都打不住。

旁白：除了课讲得好，于瑾同样做到极致的还有对学生好。她可以清楚地记得学生第一次见面时的穿着，准确地说出每个弟子的家乡、小名和爱好，更会默默关注他们的每一步成长变化。就连学生简单的一封邮件，她往往都会回复上千字，还附上案例“供参考”。

于瑾老师学生李超：看老师给我们回复的邮件，她有很多是在后面用括号做了附注或者解释，所以你能感受到这是她用心发出来的一封邮件。

于瑾老师学生范蔚然：（我）有一个去农村当贫困村第一书记的机会，当时个人非常犹豫不决，于老师的一番话让我坚定了去的决心。她说，基层很苦，但是只有脚踩了泥土之后，你的人生才会更踏实；山区很远，只有你读懂祖国之后，你的人生才会更加精彩。

旁白：从教 28 年，于瑾一心扑在三尺讲台，为近 1.8 万名学生开过课，指导培养了 94 名硕士生和 7 名博士生。尽管桃李满天下，她却没有任何光鲜的头衔。

对外经济贸易大学国际经济贸易学院教授蒋先玲：她不争名利，不争各种福利，不争评奖评优，但是她争的是对学生的付出和对工作的认真态度。

同学弹唱：舍不得忘记，我拉紧过去，在我的生命里，不能够没有你。

旁白：这是一位学生专门为于瑾演奏的歌曲，唱出的正是学生们对她的喜爱。2018 年 5 月 24 日，在接连指导多位学生修改毕业论文后，极度疲惫的于瑾不幸在家中去世，年仅 52 岁。遗体告别仪式上，近千名于瑾的学生从世界各地赶回，只为送别恩师。如今，以于瑾名字命名的教育基金正式成立，将用于奖励更多像她一样师德高尚并深受学生喜爱的一线教师。

对外经济贸易大学国际经济贸易学院教授江萍：对她最好的思念就是活成她的样子，把她对学生的爱还有对专业的追求传递下去。这样她就仿佛一直在我们身边没有远离。

（扫描二维码观看央视视频）

（扫描二维码收听中国国际广播电台环球资讯广播）

在教书育人中收获幸福*

——追记对外经济贸易大学模范教师于瑾

《光明日报》

在对外经济贸易大学学生、同事的口中，国际金融贸易学院于瑾教授是仙子、天使、女神，聪慧、纯粹、温润包容，与嚣杂的尘凡无争，一心都在追求完美。离去一年间，门下弟子每每见面，相对泫然。于瑾的师母王福恒听说于瑾被对外经贸大学追授模范教师后说：“她是模范教师，她更是精神楷模！”

“我回去歇一会儿啊。”2018 年 5 月 24 日上午，完成博士生论文指导后，极度疲惫的于瑾跟同事们告别。回到家中，她还回复了 6 名本科学生的论文修改意见，可入睡后就再没有醒来。家人遵照于瑾一贯的低调性格，没有广为告知，但在八宝山的送别仪式现场，四百多学生排出长队，挤满了大厅，许多于瑾课上的旁听生都赶来送别。这位素色裙、波波头、说话温柔可爱、总是浅浅微笑的老师默默地印证了“桃李不言，下自成蹊”的古语。

上讲台，精益求精

在大学校园里，一些学生偏向选内容简单、容易拿高分提绩点的课，喜欢妙语连珠的热闹课堂。于瑾教的是复杂艰深的微观金融，也不是天生的“段子手”，但她的课却受到一届届学生的追捧。

“很多老师为了方便基本用 PPT 讲课，于老师很少用，不仅如此，她还坚持为学生编写学案。”对外经贸大学国际经济贸易学院院长洪俊杰对此印象

---

* 资料来源：《光明日报》2019 年 9 月 18 日第 11 版，记者：刘博超。

深刻。与靠着一沓发黄讲义在讲台上一站十几年的教师不同，于瑾每次登台授课都会重新备课，教案总是最新的。于瑾的丈夫王文灵告诉记者，于瑾每次开课，头一天都要在电脑前忙到深夜，把最新的实例和金融数据补充进教案，做完准备工作常常失眠。

但站上讲台的于瑾总是神采奕奕。2017 级硕士生贾敏回忆，于老师讲课非常注意观察学生、调动氛围，每到内容复杂、集中的段落，就要和学生眼神交流，确认没有游移的眼光，才会继续进行。而遇见学生有精神疲惫跟不上的情况，她就打个趣“小朋友们快支撑不住了，我们休息一下吧”。“于老师一堂课讲下来常常满头大汗。”

“于老师喜欢卖萌，喜欢歪着头、装作一脸困惑地开我们玩笑，喜欢笑眯眯地叫我们‘小朋友’。”2016 级本科生任正用“可爱”来形容于瑾，而“小朋友”“小可爱”也是于瑾常常用来称呼学生们的口头语。“我和于老师只有货币银行学的一课之缘，但这门课我真正理解学懂了。信手拈来的金融时事、融会贯通的概念模型，让这门高深的课平易近人起来。”任正回忆，在去世前一周，于瑾还为她从家带来了最新版投资学课本，这是一次课间闲聊她偶然提及想自学的。“现在看着那本厚厚的课本，想到再也难以回报老师，只能把这份情感埋在心里，告诉自己要铭记、要努力。”

做科研，心系育人

20 世纪 80 年代的金融教育缺乏数理训练支撑，一般老师都会选择宏观金融作为教学和研究方向。但随着中国金融改革开放加速，于瑾敏锐地感觉到，未来需要懂微观金融、会做定量研究的人才。对自我高要求的她自学补齐了相关数理知识，成为国内第一批研究金融衍生品、期货、期权等微观金融问题的学者。

于瑾的博士导师王绍熙教授说：“在我带的学生中，于瑾是尖子中的尖子，很早就在核心期刊上发表了不少论文。”于瑾的博士论文《利率期限结构研究》就是直面金融领域最根本的资金价格问题。记者在采访中了解到，在评定教授职称时，于瑾获得全票通过。最近十年，于瑾研究新兴市场金融，其成果被“期权之父”、诺奖得主罗伯特·默顿收入麻省理工学院金融教学材料。“于瑾对新兴市场的研究引人注目。”听到于瑾去世，默顿深感惋惜，亲自担任了于瑾教育基金会学术委员会的主席。

但在后来的科研生活中，于瑾并没有走上追逐科研锦标、学术头衔的道路，而是将自己的研究心得注入教学体系、教材建设中。20 世纪 90 年代末，院领导找到于瑾，希望她挑起重担，开设新的微观金融课程“投资学”。她搜罗最新资料数据、悉心研究，打造出一门贴合实务的王牌课程。后来，院里引进学习微观金融的年轻教师，于瑾又毫不犹豫将自己多年积累、反复打磨的教案送给了他们。“她对我讲，年轻人海外留学归来，知识体系更完备，多些支持，他们一定能比我们强。”蒋先玲说。

学高才能为师，于瑾将自己在微观金融领域的研究转化为授课内容，丰富扎实的教学内容吸引了越来越多的学生，课堂一再扩容。学院的“金融市场与金融机构”“证券投资基金”“证券投资实务”等课程都是在于瑾手中建设起来的。“可以说，于瑾老师为奠定对外经贸大学的现代金融课程体系作出了独特贡献，我校的《投资分析》《国际金融市场》《货币银行学》等教材都是由她主编的。”洪俊杰说。

于瑾关注前沿、关注实务也是在为学生的研究蹚路。于瑾的学生张少青说：“学生选择论文方向时，于老师从来都是自己先阅读相关文献，不会布置没读过的文献。”多位学生都提及，开题的时候，于老师的指导说明都在三页以上，列出各种方向，附上案例；修改论文时，于老师都是逐字逐句修改和批注……“毕业答辩，论文框架、讲述方式、可能的问题，于老师准备得比我们还充分，让我们既愧疚，又深受勉励。”贾敏说。

课堂外，照亮他人

“于瑾姐姐总是设身处地为别人着想，对别人的需求明察秋毫，谈吐委婉、举止得体，而我总是直来直去。她总能在帮助别人的过程中收获幸福。”同事江萍说，与于瑾的交往让自己反思，变得更包容、更有耐心了。“温柔如水的她，内在却拥有着巨大的人格力量。”

润物无声，在一次次抉择中，于瑾的人生态度影响着她的学生。面对年薪百万的境外发展机会和赴陕西安康当驻村第一书记的选择，硕士范蔚然选择了后者，“于老师就是把看似平凡的事做到最好，她一定会理解我”。而当何亮宇本科毕业后想去甘肃支教，又担心前途，犹豫间是于瑾坚定了他的决心：“等你支教回来，只要你愿意，我当你导师。”

结婚、生孩子……很多学生重要的人生时刻，于瑾都应邀在现场见证。除了学术之外，人生、事业、情感、家庭都会成为于瑾和学生交流的话题。2012 级硕士王俊刚刚入学时惊讶地发现，有的早年毕业的学生已经是两个孩子的妈，依然不忘从外地赶来看于瑾，与老师深夜长谈，后来她理解了，“于老师发自内心地关心学生，自己不发朋友圈，却能记住学生的动态，在情绪低落的时候关心我们，和我们聊天。她的温润善良给人一种向上的能量”。

在采访中，记者了解到，一位南开大学毕业的外资银行高管受到于瑾的影响，十多年来自费往返京津到学校开课。原来，为了解决书本与实务的脱节问题，于瑾想方设法发动亲属、校友等社会关系，找来业界专家给学生开课。当时学校给的讲课费不多，于瑾觉得过意不去，便跟请来的人说，我替你去领讲课费，转身自己添一部分钱给人家。蒋先玲说：“很多业界‘大牛’几乎义务地来帮于瑾这个忙。于老师的诚恳、不计回报的付出感动了他们，这就是她的人格魅力。”

了解到于瑾的事迹后，北京市委常委、副市长殷勇说，金融行业总爱讲“杠杆”，于瑾这样的老师教书育人、立德树人，影响了那么多人，她的育人“杠杆”作用是最大的。

时光流逝，转眼一年多了，清明、周年，于瑾的学生们会自发地相聚、去陵园看望恩师。“于瑾是一个细心、耐心的人。每逢各种纪念日、节日，于瑾总会写个小卡片、做点小玩意，让生活充满意趣。她散发的光辉让每一个身边人都暖暖的。”王文灵说起于瑾伤感难抑：“于老师其实找到了最适合她的职业，教书育人的工作没有止境，在这个岗位上，她可以心无旁骛地追求完美，也将自己的才华用在塑造优秀的人身上，在这点上，她是幸福的。”

燃尽芳华凝馨香*

——追记对外经济贸易大学教授于瑾

《经济日报》

对外经济贸易大学教授于瑾去世一年多后，她的同事还会在回忆她时失声痛哭，她的学生、同事、家人募集 300 多万元为她筹建基金，所有认识她的人都称赞她的善良、体贴、细心和才华横溢……

9 月 16 日，于瑾教育基金正式揭牌，诺贝尔经济学奖得主、美国麻省理工学院的罗伯特·默顿教授专程飞来北京参加仪式，并担任基金会名誉理事长。

于瑾生前没有行政职务，也没获得过什么荣誉，去世后，学校追授她“模范教师”称号。但是，在学生、同事眼里，于瑾一直是他们由衷热爱、亲近的好老师、大姐姐，是很多人专业道路的引路人，是改变他们生活最重要的人。

热爱学生的“大姐姐”

在对外经贸大学校园里，于瑾曾经是一道风景——很多学生都叫她“神仙姐姐”，她的课程总是选课系统一开放就爆满，需要抢名额。

学生喜欢于瑾是因为她的课讲得好。1991 年南开大学硕士毕业后，于瑾来到对外经济贸易大学任教。20 世纪 90 年代末，国内微观金融教学刚刚起步。时任国际经济贸易学院院长的林桂军找到于瑾，希望她尽快开设“投资学”这门课。这门课涉及大量数理知识，是她那个年代的学生不曾学过的，

---

* 资料来源：《经济日报》2019 年 9 月 18 日第 16 版，记者：佘颖。

晦涩难懂。但于瑾果断接下了任务。她开始自学数理经济学，将深奥的金融理论与金融投资实务紧密相连，运用大量的数据及案例辅佐教学。

2008 年，于瑾首创的“投资学”课程推出后，引发全校学生抢课，每个课堂都一再扩容。同时，于瑾又围绕这门必修课开设了“证券投资基金”和“证券投资实务”等课程，为对外经贸大学金融学专业的微观金融课程体系打下了基础。

为了开设这些课，于瑾花费了太多精力和时间，但她从来没跟同事提起过。后来，学校引进了大量从事微观金融教学和研究的年轻教师，于瑾把自己一手创建的王牌课程“投资学”备课笔记主动送给新来的教师，自己又开始新的挑战，讲授“金融市场与金融机构”。这门课更传统也更庞杂，没有全面和扎实的金融功底很难讲好，别的教师都不太愿意讲。结果，“金融市场与金融机构”又被于瑾打磨成一门金牌课程。

学生宋远洋给于瑾当过几年助教。他记得，于老师的课案从不重复，每年都要更新教材和课件，她还会特别考虑“80 后”“90 后”学生的兴趣点，因此深受学生欢迎。

受欢迎的直接“后果”是，于瑾几乎从没有按时下过课。“每当她宣布下课后，学生不是涌出教室，而是涌上讲台，把于老师层层包围起来。”教务处处长蒋先玲回忆说，“说是两个半小时的大课，但于瑾课后都会留下来为学生答疑一两个小时，答完本科生，还有她带的研究生，晚上 7 点能走就算不错了”。

然而，不管到几点，于瑾都不会拒绝学生，她的家人到教学楼下接她，也只能干等。“即使秋冬天于瑾也常常讲出一身汗，错过饭点儿她的胃就会难受。”蒋先玲说不知道劝了她多少次，但于瑾总是笑着说：“这样学生比较方便嘛。”

教学之外，于瑾还致力于研究新兴市场金融的理论与实证研究。被誉为“期权之父”的诺贝尔经济学奖得主罗伯特·默顿十分欣赏于瑾的才华，把她的研究成果收录为麻省理工学院教学材料。

这些年，改行金融行业的机会很多，薪酬很高，但于瑾从没想过要离开讲台。28 年来，她为近 1.8 万名学生开过课，指导培养了 94 名硕士生和 7 名博士生，这些学生都成为我国金融界的中坚力量。直到离世前，于瑾仍在指导 14 名研究生和 4 名博士生。

用心对待每一个人

于瑾教授的课讲得好，大家都知道。但她对学生、对同事有多好，却是在她离去后大家一点点拼凑才知道的。

时隔 1 年多，对外经贸大学教授江萍提起于瑾还是抑制不住地哭出声来。她带记者来到科研楼 715 室，门牌上还写着“于瑾教授”。但是 3 年前江萍就已经在这里办公了，是于瑾把自己的办公室让给了江萍。

“我那时还是副教授，两个人一间办公室，人来人往很吵，孩子又小，在家、在学校都没法静心办公。”江萍回忆，在一次聊天中，她随口讲起了自己的苦恼。没想到，于瑾当场就说可以到她的办公室去，而且几天内就腾空了办公室，把门钥匙硬塞给了江萍。

“那以后于瑾在学校便没有了固定办公室，学生答疑、自己申报材料都很不方便。”江萍说，“这件事于瑾从来没和任何人说过，她的学生每次找她，她都让他们去会议室、咖啡厅，移动办公。一直到她去世，我们谈起她时，学生们才知道原委。于瑾就是这样，默默地关爱着身边每一个人”。

于瑾去世后，很多人聚在一起回忆她，有人说：“我以为于老师只是对我特别好，原来她对所有人都这么好。”

学生何亮宇支教前向于瑾请教，于瑾不仅鼓励他到一线去，还客气地说：“等你支教回来，只要你愿意，我当你导师。”这张口头“支票”，让何亮宇在千里之外的甘肃支教非常踏实。一年后，他如愿成为于瑾的研究生，毕业时，于瑾尽力为他推荐工作。如今，何亮宇已是一家大型基金公司的负责人。

2001 年，学生夏威犹豫是在国内找工作还是出国留学，前来请教于瑾教授，于瑾根据夏威的情况坚决支持他出国深造。得知夏威有经济困难时，建议他采用未来工资现金流抵押、人品信用众筹模式来解决学费。“于老师率先拿出 1 万元支持。”夏威说，虽然后来家里给了费用，没用上老师们的钱，但于瑾教导的“能为自己的项目融资才是真正学金融的人”一直让夏威记在心里。

于瑾身边的每一个人都感受过她的关心。她关注学生的朋友圈、生活动态，在他们结婚、生子时会精心挑选礼物，“于老师送我孩子的衣服，比我家人送的都多”。江萍说，“她就是这样用心对待每一个人”。甚至在她走后，家人还从她的书包里发现准备捐给学院患病教师的 3 000 元爱心款……

巨大的“隐形”工作量

近几年，有些高校教师的心思不在教学上，而是放在跑项目、搞科研、办公司。身为金融学教授，于瑾在金融圈 20 多年，算得上离钱最近的人，但是，她依然把全部心思放在了学生身上。

“用淡泊名利形容于瑾，再准确不过了。学校里的荣誉她不争不抢，甚至连博导都不想评，她把机会让给其他人。”蒋先玲回忆，“还是我跟她说，当了博导才能带更优秀的学生，你的那些硕士研究生才能跟着你继续深造，她这才申报了博导”。

于瑾把自己的学生叫作“小朋友”“小可爱”，每到学期最后一堂课，她总是在屏幕上打出“祝小同学们期末考试顺利”。对这些“小朋友”，于瑾像“大姐姐”一样地爱护。

每年开学，于瑾就开始着手为学生们准备十几个论文选题建议，并列出参考书籍。每一个题目，都是经过她阅读思考后定下来的，同时给学生写出开题指导，有时长达数千字；对学生写来的每一封邮件、微信，她都认真解答回复。2017 级硕士贾敏读研前曾写过一封邮件，向于瑾请教如何做好本科生到研究生的过渡。没想到，于瑾回复了一封 1 000 多字的邮件，从专业课程、英语基础、心态调整等方面，详细列出自己的想法。

这些工作不会留下照片、无法填进表格、更不会成为课题项目，在学校统计工作量时，根本不会被提起，但是，这些“隐形”工作量却成为于瑾留给学生永远的记忆。

对学生的热爱，一直持续到于瑾生命的最后一刻。

2018 年 5 月 24 日中午，签完最后一份博士生毕业材料，于瑾收拾东西回家。近两个月来，因为操劳学生们的论文，她一直休息不好，前一天晚上也只睡了两个小时。看到“小同学们”一个个顺利通过，她开心地跟同事说：“那我就歇一阵儿了啊!”

说是歇一阵儿，回到家后，于瑾又通过微信、电话回复了 6 名学生关于论文修改的问题，最后一个学生收到她的信息是在 12∶57。此后，她应该是上床休息了。按她一贯的日程表，小憩醒来，她还会继续伏案工作，或为学生答疑解惑，或完善手头的教案。

谁知，她就此长眠。

“不同于很多经历坎坷的英雄模范，于瑾的生活一帆风顺，家庭幸福。”蒋先玲说，“于瑾待学生、待同事的点点滴滴，都是普通人做得到、学得来，却无法一辈子都坚持的。在平凡岗位上作出不平凡的成绩，才是于瑾最闪光的地方”。

于瑾和她的 1.8 万名“小朋友”*

《中国青年报》

算下来，有 1.5 万名本科生和近 3 000 名硕博研究生上过于瑾的课。

如果不是 2018 年 5 月 24 日那个噩耗，这个数字还会不断增长。

于瑾，是对外经济贸易大学国际经济贸易学院金融学系的教授、博士生导师。她站了 28 年讲台，她没有行政职务，没有响亮的头衔，却被很多她口中的“小可爱”“小朋友”爱着。

在对外经济贸易大学金融系，于瑾的课是“招牌”。

2000 年左右，于瑾是贸大第一个在本科生中开设“投资学”课程的老师。她将深奥的金融理论与金融投资实务紧密相联，运用大量的金融数据及案例来辅助教学。于瑾后来开设的“证券投资基金”“证券投资实务”等选修课，在当时构建了学校金融学专业微观金融课程体系的初步框架。学生狂热抢课，于瑾的每门课几乎都是一再扩容。

“于老师一直对学生极度认真负责，下午上完近两个半小时的大课后，她留在教室为学生答疑到六七点多，最后经常都是我不得不上去委婉地‘制止’学生，请他们改时间再来答疑，让老师有时间先去吃晚饭休息。”多次为于瑾担任助教的 2014 级金融学博士侯伟相回忆道。

成为大学老师的这 28 年里，于瑾先后为 1.5 万名本科生和近 3 000 名硕博研究生开设了“国际金融”“货币银行学”“金融市场与金融机构”等课程。自 2000 年起，她直接指导、培养毕业了 94 名硕士研究生和 7 名博士研究生。直到离世前，她还正在指导 14 名硕士研究生、4 名博士研究生的学业。

2018 年 5 月 24 日上午，对于瑾来说原本是和平常一样忙碌的一天。她

---

* 资料来源：《中国青年报》2019 年 8 月 12 日第 5 版，记者：叶雨婷。

在学校指导博士生论文毕业答辩至 11 时 30 分。回到家中，她仍继续通过电话、微信等方式，先后指导修改了 6 名本科生毕业论文，最后一条发给学生修改论文的微信时间停留在 12 时 57 分。下午，于瑾不幸在家中逝世，年仅 52 岁。

“我毕业那年，她 50 岁。我曾经设想，于老师肯定能活到 100 岁，如果每年回京两次，还能见她 100 次。可惜……”于瑾的学生宋远洋说。

在同学的印象里，于瑾总是留着标志性蓬松波波头，皮肤白皙，穿着素色裙子，一副宽边框眼镜，眼镜后面的眼睛闪着光，说话声音特别可爱温柔。她的手里还经常抱着和自己体型不相称的厚厚一摞书籍或论文。

“远洋小朋友好。很佩服你的效率，更欣赏你的卓尔不群。如此学业优异又思想深刻的学生真是罕见……”在一封于瑾发给宋远洋的邮件中，于瑾细致地分析了宋远洋拟定的两个论文选题及大纲，并给出了自己的建议，还为他其中一个选题梳理出粗略的论文结构。这封千字左右的邮件，在众多于瑾发给学生们的邮件中，还是比较简短的。

“祝小同学们期末考试顺利”，在一次学期课程结束时，她在大屏幕上打出这样的字眼。于瑾不常更新社交网络，却时时关注着学生们的生活，有学生发了在外省玩的朋友圈，晚上讨论完论文初稿的问题，于瑾就发来叮嘱“晚上要注意安全，不要那么晚爬山”，有时在校园里碰上，她总能说出大家最新的动态。于瑾曾多次问学生，会不会不喜欢喝她的“心灵鸡汤”，学生的回答是，“希望能喝一辈子”。

于瑾也用自己的行动影响了一批批年轻教师。

对外经济贸易大学国际经济贸易学院副院长薛熠回忆起自己刚参加工作时，人生地不熟，身为老教师的于瑾就一直非常关心照顾青年教师。后来在一起共事的 9 年里，薛熠多次见证于瑾老师第一时间对有困难的新老师，就像自己的弟弟妹妹一样支持、安慰、鼓励，在学院学系需要的时候挺身而出，不计个人得失。

对外经济贸易大学国际商学院教师梁伟 2008 年来到学校做辅导员。一年冬天，她给于瑾的一门课监考。开考发卷子前，于瑾俯下身开始检查阶梯教室的位兜。

“我赶紧过去问她，是不是有什么问题，她跟我说：‘这个教室上一场考试是开卷，如果有学生落了资料在下面，我班上的小朋友没注意，发了卷子再拿出来，会造成误会，对他们不公平。’那个瞬间，我意识到学生之事无小事，给学生的关爱是润物细无声的。10 多年了，这个习惯从监考考场慢慢成为我对待学生工作的态度。”梁伟说。

“也许于瑾做的很多事情并不是轰轰烈烈的，但她在平凡的岗位上做到了 20 多年如一日的无私贡献，永远充满正义感、保持善良，这本身成就了一种不平凡。”薛熠说。

“舍不得忘记，不甘心放弃，在我世界里我只认定了你……”在一次师门聚餐中，于瑾的学生李泽浩拿着一把吉他为她弹唱这首《舍不得忘记》。于瑾坐在旁边，微微笑着，认真地看着弹琴的双手，最后满脸笑容地鼓起掌来。

在“小朋友”的心中，她的微笑一直在那里。

燃尽芳华照初心*

——追记对外经济贸易大学教授于瑾

《中国教育报》

人 物 小 传

于瑾，1991 年毕业于南开大学金融系，随后任教于对外经济贸易大学，2005 年被评为教授、博士生导师。开设“投资学”“证券投资基金”等全新课程，在新兴市场微观金融领域成果丰硕，为推进学校现代金融前沿学科建设作出巨大贡献。她讲课深入浅出，对学生无微不至，深受学生爱戴。2018 年 5 月 24 日，于瑾上午在学校完成工作后回家，中午继续以微信方式指导本科生的学位论文，直到生命的最后一息，年仅 52 岁。

于瑾已经离开一年多了。

但她的同事、对外经济贸易大学教授江萍依然难以释怀。告别仪式、清明、周年祭……江萍不知流了多少眼泪，“你走后，我才知道，想念一个人可以想念到绝望”。

时间回到一年前。2018 年 5 月 24 日中午，签完最后一份博士生毕业材料，对外经济贸易大学国际经济贸易学院金融学系教授于瑾收拾回家。

近两个月来，操心着学生们的论文，她疲惫不堪，头天晚上大概只睡了两个小时。看到“小同学们”一个个顺利通过，她太开心了，临走还笑眯眯地跟同事说：“那我就歇一阵儿了啊！”

说是歇一阵儿，回到家，于瑾又通过微信、电话回复了 6 名学生关于论文修改的问题。12:57 回完最后一条学生的信息，她上床午休。

---

* 资料来源：《中国教育报》2019 年 7 月 22 日第 1 版，记者：唐琪。

这是 52 岁的她走上杏坛的第 28 个年头。28 年来，她从一个青涩的年轻人，成长为在学校广受爱戴的优秀教师。她喜欢这份工作，喜欢教师这一身份。28 年来，她经受过诱惑，却始终没有忘记教书育人的初心，在三尺讲台上焕发出别样光彩。

按她一贯的日程表，待小憩醒来，她肯定还会继续伏案工作，或为学生答疑解惑，或完善手头的教案。

谁知，她竟就此长眠。

淡然一生 落幕却如此浓烈

事情发生得太突然，但回想起来，也不算毫无征兆。

于瑾和爱人王文灵平时都运动，身体还可以。只有一条，她“责任心太重”，一遇到在意的事就睡不好。而学生的大事小事，她样样在意。

她的睡眠问题，贸大教务处处长蒋先玲也知道。她俩不仅是 20 多年的同事，也是密友。近些年，常听于瑾说，有时睡不好觉，胸闷，看过医生倒也没发现什么毛病。

出事那天晚上 8 点多，当接到王文灵电话传来的噩耗，蒋先玲腿都软了，嘴里重复着：“别开玩笑，这种玩笑不能开啊！”

王文灵何尝不希望这是个玩笑。

最后，医院也没能找出明确的原因。再后来，北京大学人民医院的医生朋友推断，她常年超负荷地工作，这次是从“极紧到极松”，身体机能没跟上，“耗尽了”。

2014 级硕士生宋远洋那时候已经毕业，到长春工作了。当他从微信里看到消息，“整个人懵了”。等回过神来，他立刻往北京赶，“要见老师最后一面”。

和他一样，于瑾的学生、老同学从大江南北，甚至远渡重洋赶过来，为她送行。

学生们自发轮班，守灵三天三夜。2013 级博士生史峰说，原本安排每班两人值守，实际最少都有七八个人一起，“就想守着，再多看老师一眼”。

宋远洋记得，八宝山公墓告别的那天，现场来了 400 多人，长长的送别队伍一直排到大门口。人们抱头痛哭，她的两个老同学伤心得当场晕厥。到后来安葬、清明，直至一年后的追思会，也是人潮涌动。

教书育人 她坚守初心做到极致

于瑾可能不属于“风云人物”。站了 28 年讲台，她没有行政职务，没有响亮头衔，就连送上门的荣誉，她都总是婉拒。

然而，在她走后的日子里，人群不愿散去，不愿忘记。每每聚首回忆她的点滴，称颂最多的是，她把两件本职工作做到了极致：一是课讲得好，二是对学生好。

于瑾的课，总是选课系统一开放就爆满，学生说，她深入浅出、旁征博引，把枯燥难懂的知识讲得有声有色。

比起那种天生幽默的“段子手式”教师，于瑾总觉得自己讲课不够生动。把课讲好，她靠的是扎实的学识，下的是几十年如一日的苦功夫。

20 世纪 90 年代末，国内微观金融教学刚刚起步。时任国际经济贸易学院院长林桂军找到于瑾，希望她尽快开设“投资学”这门课。这门课涉及大量数理知识，是她那个年代的教师没有学过的。

但于瑾干脆地接下了任务。她自学数理经济学，将深奥的金融理论与金融投资实务紧密相联，运用大量的数据及案例来辅佐教学。

“学生狂热抢课，每个课堂都是一再扩容。”教务处的同事早已习惯了。

后来，于瑾又开设了“证券投资基金”“证券投资实务”等选修课。这些课程奠定了 21 世纪初学校金融学专业微观金融课程体系的基础。

再后来，学校引进了大量从事微观金融教学和研究的年轻教师。这时的于瑾欣然决定，把自己一手创建的王牌课程“投资学”及备课笔记主动送给新来的教师，自己又开始新的挑战，去讲“金融市场与金融机构”，这门课更传统也更庞杂，没有全面而扎实的金融功底很难讲好，别的教师都不太愿意上。

结果是，“金融市场与金融机构”又被她打磨成一门金课。

宋远洋为于瑾当过好几年助教。他说，于老师的课案从不重复，每年都要彻底更新教材和课件，她还会特别考虑“80 后”“90 后”学生的兴趣点，因此深受欢迎。

受欢迎带来的直接“后果”是，她几乎没有能按时下课的时候。

“我在教室门口等她下课，铃声响了，学生竟然不是涌出教室，而是涌上讲台，把于老师层层包围起来。”这是史峰第一次和于瑾约见的场景。

的确，每一次，于瑾在上完两个半小时的大课后，都会留下来为学生答疑一两个小时。不管到几点，她都不会主动喊停。

这已经是惯例了，多少次先生、儿子到教学楼下接她，只能干等。

家人没说过二话，但蒋先玲“看不下去”了。她知道，于瑾讲课很投入，秋冬天也常常讲出一身汗；每次一站两个多小时，累了也不肯坐下，“学生都站着呢”。她知道，于瑾错过饭点儿胃会难受。

担心于瑾累坏身体，蒋先玲也养成一个习惯，每逢于瑾有课，自己值完班了，就去教室看一眼——她果然还被学生围在中间。

蒋先玲提高嗓门就开始“轰赶”：“走了走了同学们，有问题等答疑时间去于老师办公室啊！”

蒋先玲不记得自己扮了多少回“黑脸”，也不知道劝了她多少次，但于瑾总是笑着说：“这样学生比较方便嘛。”

这些年，金融行业的机会很多、薪酬很高，但于瑾没想过离开讲台。28 年，她为近 1.8 万名学生开过课，指导培养了 94 名硕士生和 7 名博士生。

或许，这就是她最引以为傲的数字。

仁爱之心　她呵护着身边每个人

于瑾课讲得好，是大家都知道的。但她对学生有多好，却是在她离去后，学生们你一言、我一语，逐渐拼凑出来的。

因为她自己，从来不提。

回忆于瑾的点滴，学生们说，她有一颗仁爱之心，总是平等地对待每一个学生，总是能发现每个人身上的优点。和她相处，如沐春风，在不知不觉中就受到了启迪、获得了成长。

课业里——

她总是写长长的邮件指导开题、回复提问，学生简单一问，她往往会回复好几千字，还附上案例“供参考”。有时回复晚了些，她都会郑重道歉。

她对论文指导极为细致，而且特别注重保护学生的独立思想。宋远洋自认思维比较“另类”，在他的毕业论文面临重大修改、可能难以顺利通过的日子里，于瑾联系多位业界行家帮忙看论文提意见，反复和他沟通每个细节，还不忘给他做心理建设：“每个人有每个人的想法，没关系的。”

生活中——

她可以清楚地记得学生第一次见面时的穿着，准确地说出每个弟子的家乡、小名和爱好；她会默默关注学生们的社交动态，叮嘱出去旅行的学生不要在夜里爬山。

她给予帮助的时候，总能找到让人欣然接受的方式。1997 级本科生夏威在准备留学时遇到经济困难，于瑾提出，用人品信用众筹，“用你未来工资现金流抵押”，并率先拿出 1 万元，最后为夏威筹集 35 万元。为了打消夏威的心理负担，她说：“能为自己的项目融资才是真正学金融的人。”

人生路上——

她很少说教，却把家国情怀种在了学生心里。2010 级硕士生范蔚然毕业后在建设银行工作，2015 年，他放弃年薪百万的出境发展机会，报名选派陕西安康驻村“第一书记”。当时，身边人都觉得他“傻”，但他知道，于老师一定懂他。

果然，当他把这个决定告诉于瑾时，于瑾非常支持，还多方联系朋友支持村里的扶贫项目。范蔚然踏踏实实驻村两年，和当地村民、学校结下深厚情谊，驻村期满后又主动延长了近一年才回到原单位，如今依然进行着全行系统的定点扶贫工作。

范蔚然说：“于老师没有要求学生做什么，但在她的耳濡目染下，我就觉得，人不应该只为赚钱，只要有机会为国家、为贫困地区做一点事，人生就是最有意义、最光荣的。”

另一名她早期带的硕士生何亮宇，本科毕业时有一个去甘肃农村支教的机会，他想去，又担心未来。于瑾知道以后非常鼓励，直接许下诺言：“等你支教回来，只要你愿意，我当你导师。”2002 年，何亮宇支教一年回来，如愿成为她的学生，如今在负责一家大型基金公司。

这样的故事哪里说得完呢？于瑾不仅关心每个学生，身边的同事们也是她呵护的对象。为了年轻教师能有安静的环境做研究，于瑾把自己作为教授的独立办公室让出来，自己在教室、会议室“打游击”。在她走后，家人还从她的包中发现准备捐给学院患病教师的 3 000 元爱心款……

如果不是因为她的突然离去，这些故事可能还是施受者之间的独家记忆。人们感叹于她的仁爱之心，又会在听到新的故事时频频点头：“没错，她就是这样的人。”

学术追求 在专业前沿奋勇开拓

说起来，于瑾所在的国际经济贸易学院院长洪俊杰，还是她的大学师弟。于瑾 1984 年考进南开大学金融系本科，比洪俊杰早六届。

按说两人当时没什么交集，但洪俊杰早早听说，南开有两个人谈恋爱特别浪漫。为了追求女生，男生主办了一场名为“爱之春”的钢琴爵士音乐会，还在主持开场白的时候暗藏告白；男生利用公共澡堂的天然混响，自弹自唱录了几十首歌的磁带送给女生……

这两个人就是于瑾和她的爱人王文灵。

学生时代，于瑾漂亮又拔尖，追求者甚众。他俩在一起，有些同学还颇为不解。这时于瑾会收起笑容，一脸严肃地反驳：“你不觉得他志存高远吗？”

30 年过去，如今老同学们懂了，他们有相通的家国情怀，是真正的灵魂伴侣。

那时候，于瑾读金融、王文灵读经济，20 岁出头的小情侣散步聊天，说的都是专业上的事——“金融资产定价是最重要的”“一定要搞懂我们国家的新兴市场，才能进行监管架构，否则无法让社会资金转变为长期资本”……

于瑾关注的往往是金融领域比较前沿、艰深的课题，比如利率、期权、金融衍生品等。洪俊杰说，在 20 世纪八九十年代国内金融学科起步不久的背景下，这些偏微观的课题比较冷门，研究起来有风险，而且对数学要求极高。

但这都不在于瑾的考虑范围内，她认定这些研究对国家金融学科建设意义重大，王文灵也很支持，两人就埋头钻研起来。

1991 年，从南开大学金融系本、硕毕业的于瑾来到贸大任教。1996 年，30 岁的她作为访问学者赴英国曼彻斯特大学开展为期半年的学术研究。在这一时期，她注意到金融衍生品在微观金融理论和金融市场实务领域的巨大影响，更加深入地开展了对互换、期货、期权问题的研究，并在 1998 年发表了衍生品定价方面的论文和专著，成为国内研究金融衍生品定价领域的第一批学者。同时，于瑾一边教书、一边求学，在贸大攻读博士，取得经济学博士学位。

进入 21 世纪后，国外定量研究和微观金融研究开始进入我国学者视野。对新知识的渴求使她决定改变研究方向，致力于微观金融研究，完成了博士论文《利率期限结构研究》。在论文中，她系统地综述了利率期限结构理论最新成果，在各种复杂的数学模型中理出清晰的脉络，准确地抓住利率水平的期限结构、利率波动率的期限结构和不同到期日的远期利率之间相关性的期限结构这三大主题，紧紧围绕现代金融理论均衡定价法和无套利定价方法等基本方法，在利率期限结构的模型建立、参数拟合与实证检验等方面作出全面剖析。

她娴熟地运用众多数学模型和统计方法，并将其应用于利率衍生品定价和资产管理的实务之中，推进了国内相关领域学术研究前沿发展。

在治学方法上，于瑾既关注国外学术前沿成果，也强调尊重我国国情，尊重历史的选择，尊重我国金融市场特有规律，提炼符合我国金融改革发展特质的内在逻辑。

近年来，中国金融市场尤其是资本市场迅速发展，提出了一系列新的理论问题，她又将研究重点从西方微观金融，逐渐转到新兴市场微观金融这一新领域，并以《新兴市场金融的理论与实证研究》为题申请到教育部人文社科研究课题。

她对新兴市场十几个代表类型国家金融体系的演变与经验教训进行了持续 10 年之久的比较研究，总结提炼出金融发展国家战略、职能分工、监督体制、法律制度、内外资投资者结构及资本市场运行效果等相关要素，进行系统整合，形成了一个新的研究范式，为我国金融改革提供了更多理论依据与对策选择。

于瑾著书不多，但获评颇高。被誉为“期权之父”的诺贝尔经济学奖得主罗伯特·默顿十分欣赏于瑾的才华，把她的研究成果收录为麻省理工学院教学材料，在得知她离世的消息后，十分难过。他说：“于教授在新兴市场金融领域的研究引人注目。”

做了一辈子“高大上”的金融研究，于瑾其实还有个小愿望。她常常跟王文灵说，退休以后要一起去农村当老师，还调侃他的普通话不标准，“你就教数学好了，语文跟英语还是我来吧”，说完一笑。

不管在城市还是去农村，当老师，是她一生不会改变的选择。

王文灵始终记得初见于瑾的模样：眉目清秀，皮肤很白，头发卷卷的还偏一点黄，安安静静的，“像一朵花在那里”。

这个自认为顶天立地、什么都扛得住的男子汉，却在爱人离去后的几个月里，一头乌发全部变白、掉光，判若两人。

离退休还有 8 年呢，于瑾就这么走了。

回　响

“最好的思念就是活成你的样子”

在离世前的两个月，于瑾刚刚忙完研究生新生入学面试，就马上投入到紧张的毕业论文答辩工作中，她无数次地与学生讨论论文，反复修改，夜以继日，耗尽心血。直到离世前，她还负责指导 14 名硕士生、4 名博士生的学业。

“春蚕到死丝方尽，蜡炬成灰泪始干。”洪俊杰叹道。

于瑾突然离世，让学校师生和昔日同窗都悲恸不已。他们自发捐款，分别在南开大学和对外经济贸易大学筹建“于瑾教育基金”，用于奖励师德高尚、默默奉献、深受学生爱戴的一线教师，奖励志存高远、刻苦学习、成绩优秀的在校学生，支持帮助生活有困难的师生。学生和昔日同窗自发建立了名为“于无声润物，瑾芳华筑才”的微信公众平台悼念、缅怀她。

“她就像人间四月天，美丽又温暖。”熟悉她的朋友无不这样赞叹。“她就像温和的河流，不知不觉间，把一个一个特别有棱角的硬石子温柔地变成光滑美丽的鹅卵石。”

“对你最好的思念，就是活成你的样子，把你的爱传递下去。这样，你就仿佛从来没有远离。”江萍在其去世一周年的追忆会上深情地说。

于瑾去世后，贸大追授她“模范教师”荣誉称号，校党委书记蒋庆哲说：“在她身上，集中体现了一名普通的高校教师在平凡岗位上铸就不平凡的职业理想，她是发生在我们身边看得见、学得来、做得到的典型。”

北京市委常委、副市长殷勇在看到于瑾事迹材料后评价，于瑾老师是“不忘教书育人初心，牢记立德树人使命”的英雄和楷模，真正体现了习近平总书记提出的“有理想信念、有道德情操、有扎实学识、有仁爱之心”的新时代“四有”好老师标准，是全国教师共同的光荣。他还说，金融行业总讲“杠杆”，于瑾这样的教师教书育人、立德树人，影响了那么多人，她的育人“杠杆”作用是最大的。

瑾为美玉，质本无瑕，方诚信而达博学；美亦有则，唯求索乃得笃行。

回想和于谨相处的这 20 年，蒋先玲就一个感觉：“她是天生的好老师，她不孤独的，不管上课、下课，即使到了生命尽头，她永远被学生围在中间。”

“遇上好老师是一生的幸运”*

——本报于瑾事迹报道引发强烈反响

《中国教育报》

7月22日，《中国教育报》头版头条刊发《燃尽芳华照初心——追记对外经济贸易大学教授于瑾》。当晚8点半，“中国教育报”微信公众号全文推送，不到半个小时，点击量已过3万，截至今天中午，点击量已突破“10万+”。

令微信编辑贾文艺印象深刻的是，大量留言不断涌入，而且很多来自于瑾的学生，“她果然永远被学生围在中间”。

除了微信公众号外，中国教育报刊社还在头条号、企鹅号、一点资讯、新浪微博等网络平台同步推送。截至24日晚8点，头条号阅读量10万，网易号7.4万，微博2万，读者反馈最多的是“感动”“致敬”。网友麦瑞留言：看哭了，能遇到这样的导师真是有志者一生最大的幸运！

带着报纸和这些沉甸甸的网络留言，今天上午，记者参加了对外经济贸易大学举办的“于瑾教授先进事迹学习座谈会”。学校领导、师生代表齐聚一堂，聊一聊于瑾、追思和学习她28年坚守教书育人初心的精神。

一进会场，几个新面孔迎上来握手、拥抱记者，他们是于瑾的学生，看到《中国教育报》的报道，感动流泪。于瑾带的最后一届硕士生、今年刚毕业的贾敏说，于老师就是这样纯粹的人，文章写出了她心中恩师的气质。

在开场的纪念视频里，于瑾的高中同学、湖南省副省长吴桂英含泪说，在中学时代，于瑾就是最优秀的，那时候，全校如果只有一个奖励名额，毫无疑问一定是于瑾的，高考时也以全县文科状元的身份考进了南开大学。但是这些事她自己是从不提的，所以，很多学生只是觉得她对人好，

---

* 资料来源：《中国教育报》2019年7月24日第1版，记者：唐琪。

却不知道她有多优秀。

看着纪念视频，于瑾的同事、贸大教授江萍，又一次红了眼眶。

江萍至今仍然使用着于瑾 2015 年让给她的办公室，每一次讲这个故事，她还是很动情。那时候，还是副教授的她没有独立办公室，苦于没有安静的环境做科研，她无意中跟“于瑾姐姐”诉苦，说想在学校附近租个单间。于瑾一听，把自己办公室的钥匙掏出来放在桌上：“我其实不太需要，这下变废为宝。”不由江萍拒绝，于瑾第二天就把办公室腾空，之后的 3 年多里，自己在教室、会议室“打游击”。

听到这里，贾敏说：“于老师那时候只是突然跟我们几个门生说，我不太常去办公室的，你们有事到我有课的教室来吧。”要不是于瑾突然离世，学生们哪里会知道这件事。

该校党委书记蒋庆哲表示，学校将精心提炼出于瑾身上的感人精神，激励更多贸大教师坚守初心、学子勤学报国。

网友留言

北风那个吹：我是流着眼泪看完的。我是于瑾读小学时的音乐老师，想想那时候她是那么聪明、可爱，唱歌、跳舞、朗诵样样精彩，在南开大学的时候，我去学校看了她两次，并鼓励她好好学习。于瑾，我们想你。

道法自然：教书育人，坚守初心做到极致；仁爱之心，呵护身边人爱到极致；研究学问，追踪前沿科技到极致。好老师，一路走好！

岁月静好：同为教师，感同身受，对学生的牵挂和无私奉献是浸润到骨子里的。这就是教师的幸福！

周吉人：一生奉献讲台，一心为了学生，她永远被学生围在中间，她永远活在我们心中。

新时代“四有”好老师的杰出代表*

《中国教育报》

52 年的生命里，28 年站立在三尺讲台，于瑾把一半的人生岁月都奉献给了教书育人的事业。当她的话语回荡在教室里，身影行走在校园里，熟悉她的师生们或许并不觉得有多么特别，直到她遽然离世，人们才突然明白，他们就这样永远失去了一名值得爱戴的师者。有理想信念、有道德情操、有扎实学识、有仁爱之心，一名新时代教师应当具备的优秀品质，在她身上得以完美融合。

坚定的理想信念让她始终抱有浓厚的家国情怀。作为高校金融专业资深教师，于瑾的主要精力从来没有放在为自己和家人谋求经济利益上，而是努力在专业领域内深耕细作，把最前沿、最有价值的专业知识传授给学生，为他们的人生筑梦奠基，为社会培养一批批栋梁之材。当一名教师有了理想信念，就不会为一时的困难所吓倒，不会为一时的利益而动摇，而是能够不忘初心，牢记教书育人的神圣使命，把奉献社会、报效家国作为矢志不渝的人生追求。

高尚的道德情操让她成为学生为人为学的楷模。于瑾对待工作认真负责，对待学生耐心细致，家庭和睦，与同事关系融洽，这一切，让她获得了学生、同事、家人一致的尊敬与爱戴。一名教师具备高尚的道德情操，不仅关乎个人形象的树立，更是在为成千上万名学生做示范。正所谓“学为人师，行为世范”，她的一言一行，都在潜移默化中，成为学生们学习的样板，对照的标杆。

丰富扎实的学识让她能够引领学生进入学术殿堂。于瑾的课总是特别受学生欢迎，她经常能把一些相对枯燥的课程打造成名副其实的“金课”，这

---

* 资料来源：《中国教育报》2019 年 7 月 22 日第 1 版，记者：本报评论员。

主要源于她扎实的学术功底。从教 28 余年，她始终坚持学习，不断深造：拿到博士学位，出国做访问学者，研究专业领域内的新动态、新问题，并出版了多部高水平著作……扎实的学识让她在下课后，仍经常被学生们围在中间；让她能够在专业领域内为学生们清晰地指引航向，成为学生们学术成长道路上的引路人。

广博的仁爱之心让她成为学生们的贴心人。这份仁爱，体现在她对学生生活上遇到的困难，及时予以帮助。如此，学生们才能亲其师、信其道，教师方能立德树人，成风化人。

自习近平总书记提出“四有”好老师标准以来，广大一线教师自觉向“四有”标准看齐，主动对标对表，严格要求自己，教育界涌现出一大批具备“四有”品质的优秀教师，组成了新时代优秀人民教师的群像，于瑾正是其中的杰出代表。其实，在于瑾 28 年的教师生涯中，其事迹并不轰轰烈烈，有的却都是她兢兢业业、勤勤恳恳地做好一名教师的分内事：上好每一节课，带好每一届学生，认真解答学生的每一个疑惑……假如每位一线教师都能立足本职，扎实工作，则中国教育的整体质量和人民群众对教育的满意度都将达到新的更高水平。这应当成为全体教师的精神共识和行动自觉。

“我是你的一片绿叶，我的根在你的土地，春风中告别了你，今天这方明天那里，不要问我到哪里去。”于瑾老师走了，但对她的学生们来说，她永远都是那棵屹立在春风中的树，扎根在脚下的大地，播撒了无数颗种子，撑起了一方绿荫。

一个特别有追求的人

——采访实录

于瑾是我带的博士生，我一共有24位博士生，个个都是尖子人才。可是我带于瑾，就感觉她是尖子中的尖子，是突出的、不可多得的人才。

——王绍熙

（于瑾教授博士导师、原对外经济贸易大学教授）

于瑾是重情义、敢表达、有大爱的一位好朋友。

——王福恒

（于瑾教授师母、王绍熙教授夫人）

于瑾我们俩相识在中学时代，我记得30多年前即1981年的时候，我们在车轴山中学相遇，现在回想起来，确实有好多珍贵的回忆。她的优秀不是说从现在，而是从那个时候就开始了。在她身上很难找到缺点，那个时候她就立下了志向，要有家国情怀，要成为社会的栋梁。所以于瑾给我的印象，一直是一个特别有追求的人，她追求极致、追求完美。那时在我们心中就是这样的一个概念，只要有一个名次，那一定是于瑾的，大家没有任何争议。于瑾还有个特点，特别地豁达宽厚。她对所有的人都是赋予爱心，包容所有。她也经常给我说起她的学生，带出了这么多优秀的学生，她引以为傲。我经常审视自己，于瑾就是一个标杆，她就是我们身边的榜样，看到她就检阅一下自己，就能看到自己不够好、不够优秀。她对她身边所有的人都是鼓励、关爱、奉献，她从不考虑自己。

——吴桂英

（于瑾教授车轴山中学高中同学、湖南省人民政府副省长）

我和于瑾是校友，她是一个充满爱心的人，爱学生、爱同事、爱家人。她是一个心地纯净的人，与世无争，淡泊名利，与人为善，乐于助人。她又是一个品德高尚的人，对工作任劳任怨、兢兢业业。

——王一鸣

（于瑾教授南开大学校友、国务院发展研究中心副主任）

从大学时代起，于瑾给所有人的感觉是，她总是在不断地激励你。我现在明白，当我们总是发现对方身上美好的时候，对方一定会回报你美好。所以在于瑾的周围，她和同事、学生、家人相处都非常温馨和谐。一个温柔地对待世界的人，这个世界一定会报以她温柔。她在求学求索和为人师表的过程中，做到了“春蚕到死丝方尽”，确实是一名优秀的人民教师。

——王泉

（于瑾教授南开大学本硕七年同学）

于瑾老师是“不忘教书育人初心，牢记立德树人使命”的英雄和楷模，真正体现了习近平总书记提出的“有理想信念、有道德情操、有扎实学识、有仁爱之心”的新时代“四有”好老师标准，是全国教师共同的光荣。金融行业总讲“杠杆”，于瑾这样的教师教书育人、立德树人，影响了那么多人，她的育人“杠杆”作用是最大的。

——殷勇

（北京市委常委、副市长）

（扫描二维码观看采访视频）

立足中国大地，为党育人为国育才*

人民网

主持人：谢谢蒋书记。正如蒋书记所说，好的老师对于人才培养至关重要。那什么是好的老师呢？2019 年就在我们的身边，有这样一位美丽的老师，被教育部追授为“全国优秀教师”，她的事迹在社会上引起了广泛的关注。那么接下来有请蒋书记为我们分享一下她的故事。

蒋庆哲：你说的是于瑾教授。于老师在 2019 年在教师节前夕被教育部追授“全国优秀教师”荣誉称号。于老师是我们一位优秀的中青年老师，她去世时才 52 岁，我们深深惋惜。她是我们金融领域非常知名的教授。于老师是在 2018 年 5 月份在指导多位学生修改毕业论文之后，在极其疲劳的情况下回到家中，中午回家后继续以微信方式指导本科生的学位论文，然后安然离去。于老师去世消息传来，来自全国，乃至全世界的很多校友自发为她送行，举行各种各样的悼念活动并撰写追思文章。上过她的课的老师和学生更是表现出极大的悲痛。我们就在想，一个老师走了，为什么能够引起这么大的反响？从一个侧面上来说，反映了我们这位老师在教师中间和学生中间的崇高地位，她数十年如一日，投身于对外开放人才的培养，初心不改，挚爱不变。她先后为 1.8 万名学生上课，亲自指导上百名研究生。于瑾教授去世后，学校党委组织广大教师，深入学习她恪尽职守、教育报国的崇高信念，学习她无私奉献、默默耕耘的高尚情怀，学习她著书立说、潜心问道的治学精神，学习她立德树人、诲人不倦的仁爱之心。她的事迹先后被新华社、《人民日报》、中央电视台等主流媒体宣传后，在社会上引起广大反响。我们自己也认为，树立了一个新时代能够“看得见、学得来、做得到”的师德典型。贸大能够

* 资料来源：人民网专访对外经济贸易大学党委书记蒋庆哲（摘录），2020 年 6 月 5 日。

出于瑾这样的好老师，这不仅仅是对于老师本人的巨大褒扬，更是对对外经济贸易大学全体教师的一个肯定，所以这个事情出来以后，也在不断激励着全国教育战线的教师们能够投身教育这个伟大事业。

主持人：听了蒋书记的分享我们非常感动，这就是发生在我们身边的故事，一个平凡的老师，却是一个人人都会称赞、人人都会竖大拇指的老师，像这样优秀的老师，贸大还有很多，可以说贸大能够取得今天的成绩，离不开每一位师德高尚、学识渊厚，并且能够默默耕耘老师的辛苦付出。贸大的精神正是在他们的手中薪火相传。

节如风竹清如柏，言可经纶行可师*

——追忆于瑾教授，一位深受师生爱戴的好老师！

对外经济贸易大学新闻网

于瑾，对外经济贸易大学国际经济贸易学院金融学系教授，博士生导师；对外经济贸易大学经济学博士、南开大学经济学硕士和经济学学士。自 1991 年开始在对外经济贸易大学任教，首次开设了“投资学”“证券投资基金”等全新课程，为推进学校现代金融学科体系建设作出巨大贡献。2018 年 5 月 24 日，于瑾上午在单位指导博士生论文后回到家中，中午继续以微信方式指导本科生论文，直到生命的最后一息，英年早逝，年仅 52 岁。

“老师人很可爱，课讲得也好”“于老师就像一个知识渊博的大姐姐”“老师能把知识点解释得很清楚，还很喜欢结合当下的热点辅助授课”“能抢到于老师的课，是一种幸运”，在学校的教学评价系统里，类似这样的学生留言比比皆是。在对外经贸大学，于瑾教授的教学水平和师风师德广受赞扬，她倾尽一生“传道、授业、解惑”，是当之无愧的“人类灵魂工程师”。

一生授业，呕心沥血，育来桑梓苗成栋

二十八年如一日，于瑾执着于教学和科研事业，兢兢业业，淡泊名利，为人谦和，在她挚爱的教师岗位上作出杰出的贡献。她坚持著书立说，在 *Journal of Business and Economics*、《国际贸易问题》《国际金融研究》《中国软科学》《经济管理》《经济日报》理论版等核心期刊上发表多篇学术论文；

* 资料来源：对外经济贸易大学新闻网，2018 年 6 月 14 日，记者：任倩惠。

主编《投资分析》《国际金融市场》《利率期限结构研究》《货币银行学》等多部专著和教材，院领导和同事们都称赞她是学校不可多得的优秀金融学教授。

根据于瑾多年的同事、现任对外经济贸易大学教务处处长蒋先玲教授回忆，20 世纪 90 年代末，当时的国际经济贸易学院院长林桂军教授找到于瑾，希望她能挑重担，尽快开设“投资学”这门课。这些知识对于 20 世纪 80 年代毕业的大学生而言，显得有些晦涩难懂，但是于瑾对知识的渴求及对课堂教学的完美追求，促使她毫不犹豫地就接下了这个任务。从此，她便投入到紧张的备课之中，21 世纪初在我校本科生中，第一次开设了“投资学”这门课，由于于瑾能将深奥的金融理论与金融投资实务紧密相联，运用大量的金融数据及案例来辅佐教学，使得这门课当年在全校学生选课中成为一道亮丽风景线。学生疯狂抢课，每个课堂几乎都是一再扩容。与此同时，于瑾又围绕这门必修课，开设了“证券投资基金”“证券投资实务”等选修课，这些课程在当时形成了我校金融学专业的微观金融课程体系的初步框架。课程的讲授需要教师具备一定的数理经济学、计量经济学等数理基础，可是，这些课程她们那个年代的大学生是没有学习过的，可想而知，于瑾为了上好这些课，背后默默付出了多大的努力。可是在同事们的印象中，从没见过她在领导及同事面前叫过一声苦，工作起来从来都是任劳任怨，兢兢业业。

“后来随着我国金融市场向纵深发展，学院引进了大量的从事微观金融教学和研究的年轻教师，这时，于瑾教授就将其辛辛苦苦建设的王牌课程“投资学”及备课笔记毫不犹豫地交给了新来的年轻教师，这是怎样的胸怀！”蒋先玲回忆说道。

执卷寻师空有愿，亲聆赐教更无期

“在教室门口见到一位穿着素色裙子的女老师，个子不高，非常瘦削，一副宽边框眼镜，留着很独特的波波头，说话声音特别可爱温柔。”这是学生对于瑾老师的第一印象。

据统计，自 1991 年执教以来，于瑾先后为近 15 000 名本科生和近 3 000 名硕博研究生开设了“国际金融”“货币银行学”“金融市场与金融机构”等课程，自 2000 年起，直接指导、培养毕业了 94 名硕士研究生和 7 名博士研究生，这些学生都已逐步成长为社会的中坚力量。直到离世前，她还正在指导 14 名硕士研究生、4 名博士研究生的学业。

在多次为于瑾担任助教的 2014 级金融学博士侯伟相的印象中，于瑾一直对学生极度认真负责，下午上完了近两个半小时的大课后，她仍一直留在教室为学生答疑到六点半多，最后经常都是他不得不上去委婉地“制止”学生接着问问题，请他们改换时间再来答疑，让于瑾有时间先去吃饭休息。事实上，更多的时候是随后又有研究生学生继续来找于瑾寻求指导，于是她又接着为学生们悉心指导释疑解惑，持续到晚上七八点还没吃上饭，但每次总是笑着摆摆手说没关系，继续和学生们答疑、交流到很晚，“老师为了教育事业奉献了自己，她总是严于律己，宽以待人”。

2016 级国贸专业的本科生任正，上学期就在于瑾的货币银行学班上学习。“我正好有最新的投资学课本，下学期我带给你吧”，课间聊天的时候，于瑾听说她想自学投资学，便开心地提议要把自己手头的书送给这位好学的学生。这学期开学初任正向于瑾发了封邮件，没有收到回复，她本以为这么件微不足道的小事，想必教授已经忘记了。然而没想到五月初的一天偶然打开邮箱，却欣喜地看到了于瑾给她的回复，邮件里老师略带歉意地向她解释开学以来都在忙毕业论文的指导批阅和答辩，没能抽得出时间，并且与她约定合适的时间见面。

在于瑾去世前一星期，任正在诚信楼见到了老师。经过一个假期，任正从长发剪了短发，但是于瑾还是一眼认出了她。任正接过书，道过谢，只来得及和老师说上三句话，就轻轻退出了正在论文答辩的教室。“于瑾老师身材很瘦小，投资学那样一本大部头，平时学生去上课都不一定愿意随身背着，但老师就为了我这么一个只上过她一节课没什么太多交集的普通学生，把书连同厚厚的答辩材料一起背来了教室，又一直等着我来取，当时手里捧着书，心里真的非常非常感动。”回忆起昔日恩师赠书的场景，任正的语气里有着掩饰不住的深深的感慨和难过。短暂一面，三个月不见，老师还是那样优雅和可爱，但是多了些许憔悴。她当时怎么也没有想到，这竟会是最后一面。

其实在 24 日之前的两个星期，于瑾都一直非常劳累，学生们后来才知道，她离世前一晚休息得并不好，大概只睡了两个小时，当日上午在单位指导博士生论文后回到家中，中午继续以微信方式指导本科生论文，直到生命的最后一息。她在梦中、在生命的最后一刻，是否还在默默挂念着她最爱的学生们的课业呢？

人间四月天，留冰心一片

熟知于瑾的人都说，她最让人感佩的是她淡泊名利、正直和善的性格。她是细腻温柔、视学生如己出的好导师，也是乐于助人、不可多得的好同事。

“她就像人间四月天，又美丽又温暖”，国际经济贸易学院教授吴青谈及这位共事了 27 年的老朋友，表示在她的记忆里从来没有听过于瑾抱怨什么，说过任何人的不是，相反她总是能发现他人的优点和闪光之处，尽自己所能帮助别人。她能够抛开面子、四处奔波，利用自己的资源邀请业界的权威人士来为学生上课做讲座，她常常说：“只要是为了学生好，豁出去了”，但她在自己的事情上却从来没有麻烦过别人。

在金融学系的江萍副教授眼中，于瑾就像一位“非常低调的、默默为大家做很多事情的大姐姐”，她记得有一次于瑾在通电话中得知了自己感冒生病的消息后，专门去跑了好几个超市买来了特定品牌的蜂蜜和姜糖，并且亲自送到了江萍所在的办公室。在她的印象里，于瑾是一位上善若水型的人，水善利万物而不争，她自身从来没有想要去改变谁，但是在与她相处的过程中，不知不觉间就会发现在她的影响下，自己变得更加柔和、更加细心了，“她就像温和的河流，把一个一个特别有棱角的硬石子温柔地变成光滑美丽的鹅卵石”。

“于瑾老师对名和利看的是最淡的，她给所有人留下最深的印象就是认真、善良，从来没听说过哪个学生对于老师有过一点抱怨和不满。”分党委书记赵鸿韬回忆起院里的这位教师楷模，反复提及她和善无争的性格和对学生的关爱，他表示已毕业二十年的学生和现在刚上过于老师课的学生对她的评价都是一样的赞美，能做到这一点是非常了不起的。

国际经济贸易学院副院长薛熠回忆起自己刚参加工作时，人生地不熟，身为老教师的于瑾就一直非常关心照顾他们青年教师。后来在一起共事的九年里，见证了于瑾老师多次第一时间对有困难的新老师，就像自己的弟弟妹妹一样支持、安慰、鼓励，在学院学系需要的时候挺身而出，不计个人得失。“也许于瑾老师做的很多事情并不是轰轰烈烈的伟人事迹，但她在平凡的岗位上做到了二十多年如一日的无私贡献，永远充满正义感、保持善良，这本身就成就了一种不平凡。”

于瑾老师的猝然离世，让学院的师生们都悲恸不已。5 月 28 日的告别仪式，学校的教师和学生坐满了四辆大巴车，还有更多的教师自己开车到现场，毕业了的学生从四面八方赶来，有凌晨坐飞机赶来北京、下午坐飞机回去的，也有毕业很多年在告别仪式上第一次相聚的同班同学。学生侯伟相和同窗自发建立了名为“于无声润物，瑾芳华筑才”的微信公众平台悼念、缅怀恩师。从 5 月 24 日于瑾老师去世至今，已有三十余位学生撰写长文向公众号投稿，在朋友圈、微博表达沉痛哀思的学生更是不计其数。学生们还自发地收录了于瑾生前的工作和生活照片、学生写的追思文章合集等；学校和学院还将组织各类活动，缅怀她乐于助人、为教育事业奉献的高尚情怀，让人民教师的伟大人格永放光芒。

淡泊名利、诲人不倦的于瑾教授永远地离开了她的三尺讲台、离开了她热爱的事业，但为我们留下了累累著作和她奉为圭臬的大学精神。英才虽陨落，桃李却满园，斯人已去，风范长存！

爱国奋斗南开人*

——于瑾：公能初心，烛照后学

南开大学新闻网

进入隆冬，北方的天气日渐清冷，正在经历考试周的大学生们却格外忙碌。在南开大学金融学院图书馆，一方小小的纪念书柜正在静静地陪伴着临窗苦读的金融学子们。给予这些青年人力量的不仅仅是书柜中的专业书籍，更是那个想起来就令人心头一暖的名字——于瑾。

于瑾，1991 年毕业于南开大学金融系，随后任教于对外经济贸易大学，2005 年被评为教授、博士生导师。在新兴市场微观金融领域成果丰硕，她讲课深入浅出，对学生无微不至，深受学生爱戴。2018 年 5 月 24 日，于瑾上午在学校完成工作回家，中午继续以微信方式指导本科生的学位论文，直到生命的最后一息，年仅 52 岁。

去世一年多来，这位南开大学优秀校友淡泊名利、悉心育人、鞠躬尽瘁、甘于奉献的事迹广为流传，感动着越来越多的人。去年教师节之际，教育部追授于瑾校友“全国优秀教师”荣誉称号，并号召全国广大教师和教育科研工作者要以于瑾为榜样，争当“四有”好老师。

为弘扬于瑾精神，南开大学金融学院广大师生在学院图书馆开辟了“于瑾教授纪念书柜”。于瑾的亲人、于瑾求学南开时的同学和朋友们在南开大学设立了“于瑾教授纪念基金”，用于支持、推动南开金融教育发展。

在“瑾基金”成立仪式上，于瑾的学生何亮宇说，“当迈入南开校门，望见‘允公允能，日新月异’八字校训，我突然领悟到，于老师精神的根就在这所百年名校之中。她不正是以此为准则，将爱国爱群之公德与服务社会之

* 资料来源：南开大学新闻网，2020 年 1 月 10 日，记者：吴军辉。

能力发挥到极致吗？这正是南开精神的具体体现！”

“做一块砌进墙根的砖头，默默承受历史的重量”

于瑾出生在河北唐山，从学生时代起，她就是身边同学的榜样。1984 年，她以全县第一名的成绩考入南开大学金融系。在这里的七年求学时光，于瑾踏实刻苦，出类拔萃。

于瑾去世后，她的家人从旧箱子里翻出一份她那年作为新生代表的演讲稿，当中写道：“朋友，别再感叹不能做出惊天动地的伟业……四化大厦在建造，就让我们做一块砌进墙根的砖头，默默承受历史的重量吧！”尽管后来，她很少再这样直抒胸臆，但 18 岁时的这句宣言，几乎成为她一生的注脚。

1988 年，本科毕业后的于瑾选择继续在南开金融系攻读硕士学位，先后受业于钱荣堃、龙伟娟、王兰等名师，立下为中国金融事业教书育人的理想。

20 世纪 90 年代开始，于瑾在对外经济贸易大学国际经济贸易学院教授投资学、证券投资基金、证券投资实务等课程。2005 年被评为教授、博士生导师，在新兴市场微观金融领域成果丰硕，为推进现代金融前沿学科建设作出巨大贡献。

“瑾基金”理事会名誉主席、学术委员会主席、诺贝尔经济学奖获得者罗伯特·默顿给予于瑾高度评价。他十分欣赏于瑾的研究成果，认为她在新兴市场金融领域的研究引人注目，被收录为麻省理工学院金融学院的教材。

“于瑾教授用科研创造知识，用教育传递知识，用实践影响社会。随着科技和人工智能的发展，金融行业所需的技能可能会改变，但像于瑾教授一样敬业的优秀教师仍然是无可取代的。”默顿说。

打造“金课”，爱生如子

站了 28 年讲台，于瑾没有行政职务，没有响亮头衔，就连送上门的荣誉，她都总是婉拒。然而，在她走后的日子里，人们每每回忆她的点滴，称颂最多的是，她把两件本职工作做到了极致：一是课讲得好，二是对学生好。

在贸大，于瑾的课总是选课系统一开放就爆满。“学生狂热抢课，每个课堂都是一再扩容。”教务处的同事早已习惯。学生说，于瑾老师讲课深入浅出、旁征博引，把枯燥难懂的知识讲得有声有色。

比起那种天生幽默的“段子手式”教师，于瑾总觉得自己讲课不够生动。把课讲好，她靠的是扎实的学识，下的是几十年如一日的苦功夫。于瑾的教案从不重复，每年都要彻底更新教材和课件。即使是同一门课在不同的时间讲，她的内容都是不一样的，大量的新的发展和新的案例，都会被运用到课上。

于瑾上的每门课都被她打磨成了“金课”，深受学生欢迎，她也被学生亲切地称为“宝藏老师”。同事们回忆，于瑾的课常有很多人旁听，下课后她会被学生团团围住，一般答疑的时间都不少于一个小时。

除了课讲得好，于瑾同样做到极致的还有对学生好。她可以清楚地记得学生第一次见面时候的穿着，准确地说出每个弟子的家乡、小名和爱好，更会默默关注他们的每一步成长变化。就连学生简单的一封邮件，她往往会回复上千字，还附上案例供参考。她还常常鼓励学生到基层去锻炼，了解国情社情，脚踏实地走出报国奋斗之路。

于瑾早期带的硕士生何亮宇，本科毕业时有一个去甘肃农村支教的机会，他想去，又担心未来。于瑾知道以后非常鼓励，直接许下诺言：“等你支教回来，只要你愿意，我当你导师。”2002 年，何亮宇支教一年回来，如愿成为她的学生，如今负责一家大型基金公司。

从教 28 年，于瑾为近 1.8 万名学生开过课，指导培养了 118 名硕士生和 11 名博士生。尽管桃李满天下，她却没有任何光鲜的头衔。同事们评价，于瑾不争名利、不争评奖评优，她争的是对学生的付出和对工作的认真。

2018 年 5 月 24 日，在接连指导多位学生修改毕业论文后，极度疲惫的于瑾在家中午休，此后安然离去。

公能精神，烛照后学

于瑾突然离世，让学校师生和昔日同窗都悲恸不已。他们自发捐款，分别在南开大学和对外经济贸易大学设立“于瑾教育基金”，用于奖励师德高尚、默默奉献、深受学生爱戴的一线教师，奖励志存高远、刻苦学习、成绩优秀的在校学生，支持帮助生活有困难的师生。

同为南开大学校友，于瑾的爱人王文灵深情回忆，南开大学主楼小礼堂正是他和于瑾爱情开始的地方。于瑾的离开让他开始重新审视自己的人生价值和生命质量，希望通过“瑾基金”这个平台，支持南开金融教育事业，传承南开精神，这既是帮助于瑾完成她未竟的心愿，也是对母校南开百年校庆的一份献礼，同时也会让自己的生命更有价值。“我会一直尽心尽力为‘瑾基金’工作。”王文灵说。

于瑾的学生和昔日同窗自发建立了名为“于无声润物，瑾芳华筑才”的微信公众平台悼念、缅怀她。“她就像人间四月天，美丽又温暖。”熟悉她的朋友无不这样赞叹。“她就像温和的河流，不知不觉间，把一个一个特别有棱角的硬石子温柔地变成光滑美丽的鹅卵石。”

“对你最好的思念，就是活成你的样子，把你的爱传递下去。这样，你就仿佛从来没有远离。”于瑾的同事、对外经济贸易大学教授江萍深情地说。

南开大学金融学院的老师们说，关于于瑾的报道传到母校后，无论认识的和不认识的人，都在悲痛和惋惜的同时，被于瑾的家国情怀、坚守初心、燃尽芳华的事迹深深打动。金融学院在图书馆专设“于瑾教授纪念书柜”，购买海外原版金融图书，惠及学子，以志纪念。

南开大学副校长李靖在“瑾基金”成立仪式上说，历史悠久的南开金融培养出大批优秀学子，于瑾就是其中一位平凡而伟大的校友。她醉心教育、爱生如子、兢兢业业、不懈奋斗的优秀品格，正是南开“允公允能，日新月异”精神的生动写照。

“于瑾永远是南开的好学生，她的精神也必将激励着一代又一代南开人砥砺前行。”李靖说。

回忆追思

（一）

对外经济贸易大学师生篇

深切缅怀

于瑾教授：在贸大推动微观金融教学的勇敢开拓者

对外经济贸易大学国际经济贸易学院

于瑾教授一生忠诚于她热爱的教育事业，并且，以她近乎完美的方式为学生“传道授业解惑”。

在20世纪90年代，我国金融市场刚刚起步，金融学专业教学仍是以传统宏观金融为主，在课堂上以原理介绍和定性分析为主，对货币政策、传统银行业务介绍得较多。这种状况一直延续到20世纪90年代末，当时国际经济贸易学院院长林桂军教授将于瑾教授请到他办公室，办公桌上放了一本书，是兹维·博迪的《投资学》，要求于教授将这门课备下来。于教授拿到这本书后，一下子就被其严谨的理论体系及模型证明吸引了，尽管这些知识对我们20世纪80年代毕业的大学生而言，显得有些晦涩难懂。但是，于教授对于知识的渴求及对课堂教学的完美追求，促使她毫不犹豫地就接下了这个任务。从此，她便投入紧张的备课之中，于21世纪初在我校本科生中第一次开设了“投资学”这门课，由于她能将深奥的金融理论与金融投资实务紧密相联，运用大量的金融数据及案例来辅佐教学，使得当年在全校学生选课中成为一道亮丽风景线，学生狂热抢课，每个课堂几乎都是一再扩容。

与此同时，于教授又围绕这门必修课，开设了“证券投资基金”“证券投资实务”等选修课，这些课程在当时形成了我校金融学专业的微观金融课程体系初步框架。而这些课程的讲授需要具备一定的数理经济学、计量经济学等数理基础，可是，这些课程我们那个年代的大学生是没有学习过的，可想而知，于教授为了上好这些课，背后付出了多大的代价！可我们却从没发现她在领导及同事面前叫过一声苦，工作起来从来都是任劳任怨、兢兢业业。

学高才能为师。于瑾教授为了上好微观金融系列课程，投入了大量的精力进行相关研究。她的博士论文《利率期限结构研究》紧紧围绕现代金融理论的两类基本方法——均衡定价法和无套利定价方法，实证分析了利率期限结构，用结构分解的方法对现有各类模型进行分析和归类，明确提出了研究利率波动性和相关性的期限特征是未来建模的主要方向，并研究了将 HJM 模型和 R－S 模型应用于债券组合管理过程中所遇到的问题。此后，她一直从事微观金融的研究，并有不少上乘之作发表。如 2002 年发表在《改革》上的文章《浅析含嵌入期权的债券定价方程的数值解法》，2004 年发表在《中国软科学》上的文章《我国证券投资基金业绩归因分析的实证研究》，2004 年发表在《国际金融研究》上的文章《论现代利率期限结构模型研究的新发展及其在我国的应用》，等等。于教授专注的研究领域为她上好每一堂课提供了丰富的营养，所以，她的课在贸大才如此受学生喜爱。

同时，为了将其教学经验分享给更多老师，于瑾教授在深入理解国外教材先进的理论及模型推导的基础上，结合我国金融市场发展实际和中国学生的学习特点，分别于 2007 年、2009 年合作出版了《国际金融市场》和《投资分析》相关教材，使学生在学习国外《投资学》教材时有了立足于中国国情的辅助学习资料，这在当时算比较早的本土教材了。

随着我国金融市场向纵深发展，研究微观金融的学者越来越多，学院引进了大量的从事微观金融教学和研究的年轻教师，这时，于瑾教授就将其辛辛苦苦建设的王牌课程“投资学”及备课笔记毫不犹豫地交给了新来的年轻教师，这是怎样的胸怀呀。

这就是我们心中的于瑾教授，她永远“淡泊名利、认真做事、低调做人”！她始终认为，一个教师最基本的天职是“教书育人”。她视学生为“孩子”，无论自己有多累，她也会耐心地指导学生、为学生答疑，每个找她的学生都受益匪浅、豁然开朗，而她也心中释然了。

于瑾教授不愧“光荣的人民教师”“人类灵魂的工程师”的称号！

2018 年 6 月 7 日

在于瑾教授追悼会上的悼词

洪俊杰*

各位亲朋好友、各位领导、各位来宾：

翠柏凝泣、哀乐低回。今天，我们怀着无比沉痛的心情来到这里，送别我们的一位挚友、一位朝夕相处的好同事、一位学生心中最美的老师——于瑾教授。此时此刻，亲朋伤怀、同事哽咽、学生断肠，我们都还无法接受这一沉痛的突发事实，千言万语，道不尽我们对于教授的思念与缅怀。

于瑾博士，女，1966 年 2 月 27 日，出生于河北省丰润县。1988 年 7 月，毕业于南开大学金融系，获经济学学士学位；1991 年 7 月，毕业于南开大学金融系，获得经济学硕士学位。1991 年毕业后到对外经济贸易大学国际经济贸易学院金融学系任教至今。期间，于 1999 年 9 月，开始在本校攻读博士，2003 年 1 月取得经济学博士学位。曾作为访问学者赴英国曼彻斯特大学、美国伊利诺伊州立大学等国际知名高校学习交流。

于教授在她挚爱的教师岗位上辛勤耕耘了 28 个春秋，作出杰出的贡献。于教授先后为近 15 000 名本科生和近 3 000 名硕博研究生开设了“国际金融”“货币银行学”“金融市场与金融机构”等课程，自 2000 年起，直接指导、培养了 94 名硕士研究生和 7 名博士研究生，这些学生都已成长为社会的中坚力量。她还正在指导培养 14 名硕士研究生，4 名博士研究生。

她在我校首次开设了“投资学”“证券投资基金”等全新课程，为推进我校现代金融学科体系建设贡献巨大。她著书立说，在 *Journal of Business and Economics*、《国际贸易问题》《国际金融研究》《中国软科学》《经济管理》《经济日报》理论版等核心期刊上发表多篇学术论文；编写《投资分析》《国际金

* 洪俊杰，对外经济贸易大学副校长。

融市场》《利率期限结构研究》《货币银行学》等多部专著和教材。她是我校不可多得的年轻优秀金融学家。

于教授热爱集体、工作兢兢业业，为人善良质朴、淡泊名利、务实低调，与同事相处和睦、乐于助人，她像大姐姐一样主动关心帮助身边的同事，尽其所能地为他人排忧解难；她温文尔雅、谦恭有礼，就像人间的四月天，温暖人心；她热爱生活，积极乐观，不断地向周围传递正能量，春风化雨地影响着身边的每一个人；她就是那最美的红烛，燃烧自己点亮他人。

于教授教书育人 28 年来，特别关心关爱学生，对学生就像对自己的亲人一样。她几十年如一日地精心研究教学教案，上课时循循善诱、引人入胜，让人如沐春风；指导学生极其认真、高度负责、诲人不倦，无论是上班还是下班，无论是在学校还是在家里，只要学生有疑问，她都始终坚持耐心细致地解答学生每一个问题，深受广大学生的尊重与爱戴！

于教授始终严格要求自己，指导学生论文一丝不苟。本月 24 日上午，她在学校指导博士生论文毕业答辩至 11 时 30 分，回到家中，不顾劳累，仍继续通过电话、微信等方式，又先后指导修改了 6 名本科生毕业论文，最后发出修改论文的微信时间是 12 时 57 分。于教授开始午睡，但一直到现在还没有醒来。“最美于教授、安详睡梦中”。一位非常优秀的人民教师就这样永远地离开了我们，没有给大家添任何麻烦地离开了我们，一位天使、一位学术女神就这样静悄悄地离开了我们。

天涯海角的学生闻讯后纷纷心急悲痛地奔向中日友好医院，看到于老师安详在睡，无不悲痛欲绝，哭诉着：老师，您醒醒吧！我们还等着您的指导呢！

执卷寻师空有愿，亲聆赐教更无期。

于教授在生命的最后一刻，还在指导本科生毕业论文，她把自己的毕生精力与心血，全部献给了她挚爱的教育事业。于教授是一位优秀、杰出的教师，是一位人世间少有的止于至善的智者，是一位品德完美、乐于奉献的导师。

于教授英年早逝，是我校的巨大损失，更是教育战线的一位英模陨落。于教授的离开让我们失去了一位杰出的导师、优秀的学者、真挚的好友、不可多得的好同事。于教授英才陨落，让我们少了一位睿智的金融学家，少了一位乐于助人、人格完美的同事，少了一盏学子求学路上的圣洁明灯！

现在，我们能做的是，为她出一本书，将她毕生学术成果结集成册，续写可以传承的教育文脉；为她设立一个基金，奖励为学校作出突出贡献的优秀教师和学生，延续她乐于助人、为教育事业奉献的高尚情怀；为她每年五月开一次追思会，让人民教师的伟大人格永放光芒。

于教授，我们永远怀念您！您为教育事业奋斗终生，直到生命最后一刻！您是新时代杰出教师的代表，您的精神永远值得我们学习与传承！愿您一路走好！愿天国有您的讲台、有您的厚爱！愿您的学生健康成长！愿您的亲人节哀顺变！

请大家默哀三分钟！

致于瑾教授的缅怀词

蒋先玲*

亲爱的于瑾教授，我的挚友：

你好！

我无论如何无法想象我会在这样的场合给你致辞，从我们二十多年的交往中，我知道你是一个十分不愿意给别人添麻烦的人，可是，今天，在这里给你送行的除了你的至亲好友外，还有两个单位的许多领导、同事，在此，请允许我代表你向各位领导及亲人、朋友表示深深的感谢，谢谢你们！

在今天这个沉痛的告别之日，应该要怎样去接受你离世的事实！每当回想到你的点滴便忍不住落泪，你是我心中特别的存在！

我们相识于去左家庄职称英语考试的路上，深交于考博、攻读博士期间的相互扶持、相互鼓励！其实，我一直想告诉你，这些年来，我一直是你的粉丝！你“淡泊名利、认真做事、低调做人”的人格魅力和高尚品德永远是我学习的榜样！我见证了你将自己辛辛苦苦建设的王牌课程及备课笔记毫不犹豫地移交给了新来的年轻教师，因为，只有我知道那门课是你的最爱！我见证了你连续讲授两个半小时的课后被学生围在教室里继续答疑到夜幕降临，因为我是那个经常去你上课的教室里“轰赶”学生的人，我告诉学生“让于老师回家休息，下次答疑时间去于老师办公室呀”，但你总是抬头面带微笑着说“没事，学生这样更方便”！我见证了你为了学生找实习、找工作而不惜“麻烦”你的亲人、朋友，有些学生甚至只是上过你一门课而已！

---

* 蒋先玲，对外经济贸易大学教务处处长。

许多许多，不胜枚举！你都在默默地践行着一个人民教师的光荣职责，为人师表、师德高尚！所以，你才培养了一大批知感恩、充满正能量的优秀学子！

亲爱的，你一直睡眠不好，你累了，好好安息吧！我们永远爱你，我们永远怀念你！

此去经年，永远十八

江萍*

日子一天天逝去，你已经走了 49 天。没人留得住时光，正如没人能留得住你。天堂里需要天使，上苍无情地看上了你。

这些天，在家里，在从家去学校的路上，在学校里，在从学校回家的路上，总会不经意就想起你，傻傻地盼着转角遇见你，我一厢情愿地想象，你一如既往地用含笑的眼睛温柔看着我，听我絮絮叨叨，听我回忆我们的点点滴滴。我伸出手想要抱住你，却只触摸到了孤独的空气。

一直想写一点什么，纪念我有幸与你共度的十年。每次提笔，却是无语哽咽。写了多年学术八股文，却忘记了怎么用文字记录内心的感受。笨拙的我，还是先从往事开始吧。

十年前，我博士毕业，阴差阳错地回到了北京，来到了贸大，却因此幸运地与你邂逅。我来贸大教的第一门课是投资学，恰巧是你一直在讲的一门课。第一次开完院会，你就详细地给我讲解了这门课用什么教材，要讲哪些章节，有哪些注意事项。你是我来贸大最早认识的同事，你的优雅、美丽、热心、逆生长震撼到了我，也开启了我们十年的缘分。很快，就从同事那里得知，于瑾，是所有女人羡慕的对象，过着所有女人梦寐以求的人生，并给我分享了很多你的轶事，毫不夸张地说，我的崇拜之情油然而生，也不禁感慨，这世间，原来真有完美人生存在！随着交往日增，我再次感慨，这世间，原来真有女神存在。

可是，你总是说自己是老太太，啥都不会，我开玩笑说，你真是“自黑女神”。你每次总是亲切地叫我小姑娘，虽然我就是个货真价实的老妈子。写

---

* 江萍，对外经济贸易大学国际经济贸易学院金融学系教授。

到这，眼前又浮现那个烫着波波头的温柔女子，耳边又想起你熟悉的声音：小姑娘……瞬间泪目，你的音容笑貌明明还历历在目，你却已经跟我阴阳两隔。我只能想象我们日后在天堂里重逢、拥抱，说一声，好久不见。然后我会慢慢跟你诉说我们的思念，然后假装用力地捶你一下，说一句，你怎么这么狠心不辞而别，害我们想你想得好苦！

其实我又怎么舍得怪你呢？你对我实在太好了，以至于我都数不清你对我有多好，家里随手一翻就是你送给孩子的衣服和玩具，打开聊天记录，都是你的鼓励和关爱。去年冬天我感冒了，你电话里得知后，马上四处去买最好的蜂蜜和姜糖送到我办公室，而你自己被流感袭击了两次，我却都是事后才知道的。我一直那么安心地享受着你无私的关爱，却做梦也没有想过，你会用这种方式离开我们。我一直以为，云淡风轻的快乐时光可以一直这么下去，我们一起慢慢变老，我一直笑着说，你总是这么逆生长，50 多岁还那么年轻，跟孩子站在一起就像姐弟俩，我倒要看看，你七老八十了到底会不会长皱纹。现在你赢了，你年轻貌美的脸永远留在了我们的记忆中，没人知道你老的样子，你成功地做到了永远十八岁！可我，多希望，你输啊！

我忘性特别特别大，但这一辈子我都忘不了 2018 年的 5 月 24 日的一幕幕。那天晚上，我已经关机睡觉了，莫名又开了手机，突然伟相来电话了，哭着告诉我，江老师，赶紧来见于老师最后一面。我的眼泪唰地流下来，急声问，于瑾怎么了，你说清楚啊，在哪里啊，我语无伦次，泪流满面，用最快的速度冲出家门，一路哭着赶到中日医院。可是，我还是来晚了，等着我的，是一个已经永远睡着的你。我扑在你身上放声大哭，姐姐你怎么了，姐姐你醒醒。姐夫安慰我，于瑾睡着了，永远地睡着了，她没有痛苦、安详地睡着了。夏天的北京，突然变得那么寒冷，我无助地看着你，眼泪止也止不住。你躺在那里，非常地安详，就像是睡着了一样，你的亲人挚友围在你身边，谁也无法接受这个事实。每个人都祈祷这是一场噩梦，可它偏偏是残酷的现实。我站在那里，看着一批批闻讯赶来的人们，痛哭、悲痛、不舍、相拥而泣，看着最爱你的丈夫和儿子憔悴得让人心疼，我的世界瞬间塌陷，一片黑暗。

你走后的四天，是我们相处的最后时光，我每天都来中日医院的灵堂看你，但是只能隔着冰棺。我一动不动地趴在那里看着你，只希望能离你再近一点，只想要永远记住你的脸，把她刻在我心里，直到确认我睁着眼都能想象出你的样子。你那么安静地躺着，脸上依然没有一个毛孔一丝皱纹，还是那么年轻美丽，我静静地看着你，任眼泪无声肆虐。记得你走后第二天，我正在中日医院陪你，我妈妈碰巧来电话，我告诉她，于瑾走了。妈妈年纪大，听力不好，反复问我谁走了？我只好大声告诉她，妈，是于瑾走了，是于瑾，于瑾……边说边号啕大哭，晶晶过来抱着我安慰我一起潸然泪下，一向擅长开导人的妈妈跟我说，孩子你哭吧，哭出来心里好受些，发生这样的事情，妈妈也劝不了你。隔着电话，我听到老太太的眼泪落了下来。

你走后第五天，大家去八宝山为你送行，殡仪馆人山人海，摆满了花圈，亲朋好友、学生从四面八方赶来，只为能再见你一面。我知道，遗体告别仪式上的三鞠躬以后，是我可以看你的最后一眼。我以为你离开的四天里我已经哭干了眼泪，我以为我可以安静地送你离开。但我真的是个笨蛋，当我看到大屏幕里播放着你答辩现场的照片，当我看到你八十岁的妈妈白发人送黑发人，当我看到你最爱的丈夫和儿子强忍着眼泪跟每个送行的人握手，我哭得无法自已。八宝山一别，世间再无于瑾。从此以后，我只能活在照片和回忆里，失去你，我再也没有纯粹的快乐。如果知道幸福的日子这么短暂，我一定多给你打几个电话，多跟你吃几次饭，多聊几次天。你总是怕影响我的科研时间，打个电话聊几句就匆匆挂掉。现在却是追悔莫及。

我曾经羡慕，你独具慧眼嫁了姐夫那么完美的男人，慢慢我才明白，是姐夫更有福气，娶到了天使一般的你。而我们这些能够成为你的亲人、朋友、学生的人，能在人生的旅途中，有你为伴，更是何等幸运。在你眼里，每个人都是那么完美，从来没有听你抱怨过别人或者说过谁的坏话，无论提起谁，都是发自内心的夸赞。你总是善于发现别人的优点，赞美之词溢于言表，但你的夸赞又总是那么真诚和恰到好处，不会让人感到一丝虚伪和吹捧。你细心洞察别人的需求，并尽自己最大的努力去在精神上鼓励别人和在物质上帮助别人。你对自己要求近乎苛刻，却对别人无比的宽容和大度。你就像水一样，利万物而不争。你的温柔无声无息地改变了身边的所有人，每个人都因为认识你而变得更平和，更善良。你走以后，我不自觉地开始用你的标准要求自己，希望可以像你一样，温柔却充满力量，知世故而不世故，历圆滑而流天真，把爱传递给每个人。我想，这就是精神的传承吧。

我最最最最爱的于瑾姐姐，最后我想告诉你，在浩瀚的宇宙之中，能和你共享同一颗行星，同一段时光，是我毕生最大的荣幸。

永远爱你的萍妹妹

写于姐姐七七之夜

爱你就是活成你的样子

江萍

亲爱的姐姐，你离开一年了。

这一年里，你就像无处不在的空气，让我在每个空闲时间，都会不经意地想起你。早上起床的时候，想起的是你；深夜辗转反侧的时候，想起的还是你。想你已经成为一种习惯，不需要刻意，你就在那里，如影随形。这一年里，我记不清跟你默默说了多少话，就像演了一年的独角戏，太多的独白，现在提笔却不知从何说起。

你走后，我才知道，想念一个人可以想念到绝望。所有望眼欲穿的思念，若终有相见的一天，也不枉朝思暮想的煎熬。可是我跟你，除了我生命终结的那一天，将没有机会再相见。所以我羡慕杨过和小龙女、许仙和白娘子。久别的人盼重逢，而我，有生之年，已经没有任何期盼。如果可以用我的生命换你重回人间，我将毫不犹豫，可惜这一切，只是我的痴心妄想，上苍怎么舍得把人见人爱的你送回来？

后来我渐渐明白，上苍既然已经带走了你，我能做的，就是做更好的自己，努力成为你这样的天使，这样等到我离开世界的那一天，才有可能去天堂跟你重逢。不知不觉地，我开始反省检讨自己的一言一行，对照自己的不足，我会想，如果是你，会怎么做，我这么做有什么差距，怎么改进。桥水基金的达利欧写了一本书叫《原则》，很受追捧，他的各种原则成为众人效仿的对象，而你，就是我的原则。你总是设身处地为别人着想，对别人的需求明察秋毫，谈吐委婉举止得体，让每个人如沐春风。而我总是以自我为中心，直来直去，毫不顾及别人情面。对比之下，高下立现，我也不难明白，为什么你的生活那么幸福，而我总是活在烦恼之中。慢慢地，我发现我变了，我对爱人更加地包容和理解了，对孩子更加温柔和耐心了，对学生更加无私和关心了，对朋友更加关爱和体贴了，随之而来的是更加美好幸福的婚姻、亲子、师生和朋友关系。而这一切改变，都是我发自内心地想去做，你生前从来没有指出过我半点不足，永远都是鼓励和表扬。我突然意识到温柔似水的你，内在却拥有着巨大的力量，在你走后，深深地改变了曾经顽固不化的我。

亲爱的你，不曾刻意去改变过谁，但你站在那里，就是榜样，自带光环和力量，处处照射出我内心的渺小，让我自惭形秽，让我洗心革面，让我做更好的自己，并把这份爱传递给更多人，照亮这个世界。你是真正的天使，活着的时候温暖身边每个人，离开以后，依然用爱照亮我们前行的道路。

虽然我还是会继续特别特别想你，想你的时候，也还是会忍不住默默地悲伤流泪，但是我心里已经明白，对你最好的思念，就是活成你，把你的爱传递下去，这样，你就仿佛从来没有远离。

想你想到心痛的萍妹妹

好久不见

张瑞*

亲爱的，好久不见
久到那锥心的痛和思念
已成为日常的习惯

幽蓝的涅瓦河
春潮涌荡
冰凌在水波中哀怨
修长的白桦树
在碧空的映衬下
闪动着银色的娇艳

今年的春来了
可我却感觉不到暖
见不到你三月熏风般的笑颜
我便永远冰封在北极寒殿

亲爱的，好久不见
辗转难眠的夜里
无数次地想
远在天国的你

* 张瑞，对外经济贸易大学俄罗斯国立人文大学孔子学院院长。

是不是涤尽了红尘
做着快乐无忧的花仙
与百鸟共舞于青山之巅
倦时酣睡在杨柳岸边
我发给你的那些祝福和消息
有没有让你觉得心安？
想我们的时候
你会不会翩然而至
悄悄藏身在窗外的树梢间？
可不可以告诉我
要做怎样的努力
你才能在我的梦里出现？

亲爱的，好久不见
真的　好久　不见
一年前因你而破碎的心
再也无法复原
痛和思念将替代你
余生与我相伴
直到我们再见的那一天

2019 年 4 月于莫斯科

泪水滴落的声音

王惠玲

嫂子，你这么好的人怎么说走就走了呢？整整一年，我活在恍惚中！

2018 年的 5 月 24 日，是我一生中最黑暗的一天，那天下午，你在睡梦中离开了我们，离开了这个美丽的世界，到今天，你走了快一年，这一年，我是在思念你的泪水中度过，在恍惚中度过，如梦一般。在守灵的四天里，每天我都看着你，我希望把你刻进我的大脑、我的心灵和我的记忆中。5 月 28 日，我和我哥、奇奇，亲眼目送你离开了我们的视线，两小时后捧着你的骨灰回到了你生活过的房间。我回去送别你的妈妈和妹妹，我不忍看她们的眼睛，因为她们眼睛里全是泪水，也唯有泪水。28 日下午回到家，我放声大哭，从下午一直到晚上，从晚上一直到凌晨，任凭泪水肆虐，嫂子，我不舍你。我知道，今生今世再也看不见你，听不见你说话，收不到你的微信，无法见面，无法触摸，你已经永远地离开了我们的生活、我们的世界。5 月 29 日，我步行去上班的路上，阳光直射着我，顿时莫名地泪流满面，我在来来往往的人群中追寻你，想着你已经无法感知阳光、空气，我无法自控。每天回家，我都躲进自己的卧室，夜深人静，你总是进入我大脑，你的音容笑貌，浮现眼前，我们过去 23 年的相处总是历历在目。三个月后，文文跟我说，妈妈，舅妈已经走了三个月，你也哭了快三个月了。我告诉文文说，妈妈每次想起舅妈都心酸无法自控，你让妈妈哭吧。我以为我的泪水已经流干，但直到今天，我写着对你的思念仍然泪流满面，原来，思念亲人的泪水是永远也流不干的。白天想你的时候，我就写点什么发给你，晚上思念你的时候，我总是与你微信交流，一如你活着的时候，和你说话，追着你说话，你还和以前一样听我说话，这样的微信交流，已经快一年了。我多么渴望天国的你能感知妹妹对你的不舍，对你的思念，我多渴望你能活着。我珍藏着所有和你的微信交流，珍藏着你送我的礼物，你送文文的礼物，你的相片，我们为数不多的合影，我们极其珍贵的两人合影，那都是十多年前的合影。我拼命找寻我们之间的近十几年的合影，可是嫂子，我们一张也没有。是啊，谁能想到，你会突然离开我们，我以为我们这样的生活可以一直这样过下去。

人们常说，思念一个人，这个人的灵魂会感知，尤其在她生前经常出现的地方思念她，缅怀她，她就在我们的身边。整整一年，我不断追寻着嫂子你的足迹。你走后，我经常一个人来回地走在经贸大学的校园里，那是嫂子你人生的大半生整整 27 年待过的地方，我久久地站在写着你于瑾名字的 715 房间，想象着你还在那儿办公。我不忍敲门打扰你，因为我不想敲碎我的梦。从西门一出经贸大学是一栋六层的砖楼，你与我哥结婚后最初的生活就是从这栋小楼开始的，也就是从这栋小楼开启了我们姑嫂长达 26 年，近距离长达 23 年的一往情深的交往。我们相识相知，相互认可，相互肯定，相互欣赏，更多的是你总是肯定、表扬和赞美我，一直到你走的前一天晚上十点半，你仍在肯定和赞美我，这样的赞美，温暖了我一生。赞美是阳光，让人充满力量，给人自信和自由，并不畏困难勇往直前，我在你的赞美中成长、成熟。你陪伴我走过青春，一直关心和呵护我，因为有你，才有今天的我，你走后，我特别孤独，我不知道我的心里话还能与谁说，我的工作，我的家庭，我的烦恼，我的喜悦，我的孩子的成长和变化，咱们的父母……23 年的交往，你已经融进了我的生活和生命，我似乎已经没人可以说话，抑或是可以听懂我的话，我是孤独的。你走后整整一年，我也只能通过微信和你说话，但你已经再也不能回复我的信息了。惠新东街，那条我们一起走了二十多年的街道，我来回地走着，诉说着我们曾经的相识相知。

在惠新里小区那个不大但温馨的新家，美丽优雅的你与我哥过着刚工作互相关心互相帮助的朴实生活，并有了儿子奇奇。那时的你，皮肤白净如脂，年轻漂亮，优雅大气，聪明智慧能干，温柔阳光善良，我庆幸自己遇到了天使般的亲人，感叹自己的幸运。1995 年我研究生毕业，缘份让我的工作单位离你只隔一条街，我在惠新西街上班，幸运地开启了我人生刚步入社会最幸福的十年。你见证了我的婚姻，在产房外迎接我儿子文文的出生……以至于你所有的同学、朋友、学生我都认识，有不少还成了我的朋友。你不仅没有烦我，还不断地肯定和赞美我，总是对你的朋友说：“这是我小姑子，怎么样？挺棒的吧！”总是对我哥说：“我们有一位多好的妹妹！”这样的肯定和赞美，长达二十多年。嫂子，你如姊如母般温暖了我的人生，我人生的真正起点是从你的温暖开始的，与你近距离的相处，我不断地学习你身上的优点，你的善良，你的高雅的品性，你的智慧，是我一生都学习不完的宝贵财富。当我也走入人生的成熟阶段，我总期冀着会有一天可以回报你，我有时还想象着如何回报你，你却没有留给妹妹任何一点机会，嫂子，你为何要走得这么匆匆呢，你让妹妹的下半生如何在思念和缅怀你的泪水中度过？

你走后，我总想追寻你的足迹，思念你。你的音容笑貌一幕幕浮现眼前，你在小区里散步，你带着奇奇在院中玩，你去超市买东西回家，我们一起去旁边餐厅吃饭，我们相约去爬山，我仿佛看见你穿着运动鞋从楼里走出，我们爬遍了北京郊区各个山，挑战了一个又一个高峰。我们一起去北京郊区采摘，我们一起摘苹果，回来后你总会送给大门口的保安品尝，我们去怀柔摘桃子，一个大桃吃完然后就饱了。那时你才 30 多岁，多年轻漂亮。时至去年，你也年轻优雅，仿佛岁月在你身上停止了。我总会停在你的窗下不断张望，期待着你还一如从前一样站在阳台上目送我每次的离开。1999 年我生孩子早产，你接我去家里坐月子，给我炖汤；2002 年在你家复习考博士；2003 年“非典”期间我们在一起做饭看电视，晚上一起看孙淳主演的电视连续剧《人间正道是沧桑》。我几乎每一个周末都在你家度过，你从来没有表示过不欢迎，任何一次去家里你永远是笑脸相迎送。你走后，我走遍小区每一个角落，追寻你的足迹，回味我们一起的生活。我总是很幸运，抑或是我不想离你太远，我自己的家一直在望京，离你总是很近很近，也就成了你的不用邀请的常客。我在你家总追着你说话，我们在树林中散步聊天，在餐厅吃饭，在小卖店买冰棍。你走后，我总是会无意识来到这里不断地来回走着，仿佛与你一同散步，一同逛小区，一同聊天。我一次又一次地去我们曾经走过的地方坐着，似乎石凳的另一端坐着的是你，我诉说着你离开后我的生活和工作及我的家庭。前些天，北京的桃花盛开了，我走在花海中，仿佛与你一同赏桃花，大红粉红紫红的桃花盛开着，桃花开满京城，美丽的季节，美好的生活，在这温暖的春天里，天堂的嫂子，你那儿也会是春天，也在赏春。花儿开了，谢了，生命真短暂，最多也就花开花谢 100 次。如果人的一生放在人类历史的长河中，更是一瞬，嫂子你一生光辉灿烂又美丽。

你走后，我一直恍惚，我不住问自己，你走了吗？我总觉你没走，你可能去欧洲了，去巴黎，去伦敦，去世界的某一个地方了，你只想一个人安静一会，不想和我这么闹腾的人说话了。我不住地回忆你生活的情景，一草一木，太熟悉，可已经没有熟悉的人了，我觉得孤独。我们姑嫂真的拥有一生的缘分，总是离得很近很近。奇奇上四中以后，我们又搬得很近。你走后，我只要开车路过，眼泪总是止不住地流下。一周一次带文文去打球，一来一回总要路过你住过的胡同，这一年来，每个周六，总是想起你。想起你贤妻良母的品节，想起你接送儿子奇奇上学，想起文文读小学时每次考完试都会去看舅妈，文文吃着你准备的好吃的，带回你准备的衣服和饼干，文文喜欢你，你也喜欢文文。多少次的夜晚，我不自觉地走进你生活的小区，我总是试图想着可以在那儿见上你，你会在吗？我渴望你从那儿出来，传来热情又熟悉的声音：惠玲，你来了。然而，我只听到了自己眼泪滴落的声音。嫂子，你走后这一年，我不断地在你曾经居住过、走过、待过的地方追寻你，我总想忆起我们曾经的美好时光，留住你。我们常常一起逛街吃饭，你走后，这些店我现在已经无法走进，因为看见它，我总是想起你，已经没有勇气走进了。近几年，我忙于文文的学习，我们见面少了，但自从有了微信，我们俩的交流更频繁了。也不知道上苍是否有意，2017 年下半年到你走的 2018 年 5 月 24 日的那段时间，我们的微信交流，出奇地频繁，2018 年 1 月后，就更加地频繁，几乎每天都有。那几个月，我无论干什么做什么，想起什么，去哪里，我总心心念念你，我拼命地与你说话，聊天，拼命地想送你好东西，拼命地与你诉说，现在想想我也不知道为什么，似乎把我接下来一生想说的话都说了，想表达的情感都表达了，难道这是上苍安排的？上苍太无情也有情，在你最后的岁月，留下了我一生可以不断反复看反复读的对话，读着我们过去的微信对话，有如你还活着，从未离开过，我们在交流，我们在说话。我想你，就会看我们的对话，因为这样让我觉得你还活着，你没有离开我们。你走后，想起你，我就与你微信交流。走在路上，想起你，我会停下来写点什么。在办公室，想起你，我也会发微信给你。回到家，尤其夜深人静时，你总出现在我眼前，你似清晰似模糊，又近又远，我就给你发微信。多少个夜晚，半夜醒来，我泪流满面，脑子全是你，我只能拿起手机与你微信交流，我诉说着，然后，吃片安定。我也不知道为什么？你走后，我会如此地思念你，不舍你。无论我走在世界的哪里，我总是想起你。在长白山的天池，我多渴望你从云雾中走来，我伸手触摸，可只有云雾。我出差上海，恍惚在五角场的电梯口看见你，探头一看，什么也没有。我出差深圳，去见你的同学好友李鹏和王泉，我在想，我见到她们是不是也见着你了。

人们说，人走了一年后，思念她的亲人会慢慢地走出思念的痛苦，可是，嫂子，你离开我们的生活也快一年了，可我怎么感觉是昨天发生的事，似乎你刚离开，有时甚至觉得你没离开。你太深地刻进了我的生活和生命中，你给予了我太多的温暖和呵护，太多的肯定和赞美，太多的宽容和包容，让我无法接受你的离开，思念你似乎成了我现在生活的一部分。在家中，我与小徐时时谈起你，谈起你善良的品质、高尚的人格，在我们心中，你是一个完美的人。一年了，谈起你，我们俩总是无助又无奈，而我除了会心酸，止不住流泪，就什么也干不了。我保留了你的微信头像，你的电话号码，一切如旧，只有这样，我觉得你没走，留在了我的心中。

追寻你的足迹，让我觉得离你很近。我想去趟重庆，你有四年的暑假带着儿子在那儿度过，其中有一年我与你一起待了半个月，真是你在哪儿我在哪儿。追寻你的足迹，让我更加思念你。还记得1991年的冬天，你与我哥刚结婚回到江西过年，你美丽优雅，但一点都不娇贵。江西的冬天室内外温度差不多，非常寒冷，一位出生在北方的小姑娘，与我们共同度过了一个春节，竟然没有说一句冷。多年后我已经习惯在北京过年，冬天已不回江西了，因为实在无法忍受江西冬天刺骨的寒冷，我真的无法想象，嫂子，那年的冬天你是怎么过来的？我记得你穿件黄色大衣，里面一件漂亮的毛绒绒的红色毛衣，手永远冻得冰凉和红红的，可从没听你说过一句冷或抱怨的话。嫂子，你从年轻时，就这么贤惠、通情达理和善解人意。有一年冬天雪特别大，我提前结束假期回学校准备考研，你踩着厚厚的雪来学校看我，还带来了好多好吃的。你还经常和我讲你在南开读书时同学的事情，因你毕业于南开，你与你的那一批优秀同学的故事吸引着我，我也就把南开和你以及你的同学好友作为我努力的目标。嫂子，你知道吗，你是我那时候的榜样，我有多羡慕你。你的优秀一直激励我努力学习，最后终于考入南开读研，因为我希望成为像你一样优秀的女性。南开三年，你委托你的同学沛冰关照我。我之所以能考入南开，改变命运，最后来到北京，是嫂子你的优秀激励着我，引领着我，帮助着我，才有了今天的我，在以后的近距离的生活中，你总是肯定我，赞美我，以身作则地完善我，陪伴我走过青春，引领我走向成熟，可以说，我能有今天，是嫂子你给予和成就的。你总是说："很幸运我们一起努力一起成长，你总是在我需要时两肋插刀，而且给我很多生活的启示和感悟，让我心胸更开阔、更豁达。"其实，是嫂子你用宽阔的胸怀包容和宽容着我，让我心胸开阔和豁达。

我想追寻你的足迹，在南开你生活和学习七年的母校找寻你。我想追寻你的足迹，在唐山车轴山中学，你独立学习和生活六年的中学找寻你。我在梦中找寻你。2018 年 9 月 2 日，你进入我梦中：醒来却记忆模糊；2018 年 11 月 6 日，你又一次进入我的梦中：我送了一件红色带帽子的毛衣外套给你，你穿上了，还非常好看。我们在一个商场中，我问你这衣服怎么样，你说这衣服挺好看的，我也说你穿着挺好看的，我们愉快地聊着天；2018 年 11 月 22 日，你第三次进入我的梦中，咱们一起吃饭；2019 年 5 月 7 日，我又梦见你了：你优雅地坐在一边，微笑地看着我们，听我们说话。穿一身你平时最喜欢穿的黑色衣服。我当时欣喜地看着你，想着原来你还活着，你没有走。我把每一次极其珍贵的梦中相见都记下来，因为我害怕如果不尽快记下，很快会模糊。我太想记下你我之间的点滴，以至于你走后的梦中相见都是那么珍贵。人们说，想念一个人久了，就一定会重逢，重逢于现实，重逢于梦中。

你走后，我最无法面对的是我哥哥和奇奇。小徐说，他看见奇奇就想哭。我看见我哥和奇奇我都想哭，我真的不知如何是好！因为这一年，我也没走出你的离开，到今天，我想起你仍然泪流满面。与他们的交往，我不断压抑自己。如何是好？你与我哥，相互欣赏，相互爱慕，相互肯定，相互帮助，从年轻艰难一直恩爱走到幸福成功，走过 30 年，突然一天，你中途不走了，瞬间离开了，我哥的精神世界瞬间崩溃，突然没有了精神依靠和心灵支持，更没有了长达 30 年的心灵沟通的知己，这样的打击是巨大的。我哥遭受你突然离开的重创，现在头发已经快掉光，余下不多的头发也白了，眉毛也白也掉了。我之所以有这样的感触，是因为你也是我的心灵沟通的知己，是我的精神世界的支撑和依靠。一位智慧优雅善良懂你的知己也许一生一世是可遇不可求的。嫂子，我不舍你，也难受我哥现在的现状。如果你在天有灵，多保佑我哥和奇奇。嫂子，我一直想着，如果你活着，你会放不下什么呢？那妹妹就应该做你希望做的。你的妈妈，每天以泪洗脸，你的妹妹，从来就没有走出你离开的打击。在你走后，我专程去唐山看望了你的妈妈和妹妹，我们的见面除了哭，还只是哭。思念你，让我心中一直想着她们，我希望能尽我所能多看看她们或多帮帮她们，多么伟大坚强的母亲。

一个人的时候，我总会看同学写给你的，同事写给你的，学生写给你的文字，他们写得真好，他们都爱你。嫂子，我经常读，每读一遍总是对你的了解加深一次。小徐说你是善和智的化身。嫂子，你一生向善，你无论在工作和家庭中，无论是作为亲人或朋友，与你的相处，总能获得善，体会善，最后也用善来回馈社会。你总是不自觉引领人向善，正如法国作家雨果说：“人世间最宝贵的是善良。善良即是历史中稀有的珍珠，善良的人便几乎优于伟大的人。”

“人性向善，犹水就下。”你向善而生，嫂子，你的一生，始终与生命中的一切美好结缘。你的一生如你的名字瑾：美玉，完美无暇。

嫂子，你一生光彩照人又美丽。

嫂子，你将永远活在我的心中。

嫂子，我将一生思念和缅怀你。

2019 年 5 月 7 日

吾爱吾师

在于老师安眠仪式上的发言

学生代表*

最最亲爱的于老师：

今天是您走后的第 137 天，弟子们代表一万八千名受过您恩惠点化的本硕博同门兄弟姐妹来看您了。这一百多天来，我不止一次地在梦中与您相见，您还和往常一样，笑盈盈地看着我，像母亲，像姐姐；这一百多天来，不知为什么，一条以前很少走的路线，我却多少次鬼使神差地绕经那里，到了跟前才猛然惊醒，正是您家所在的小区啊；这 100 多天来，无论我们在何时何地，每每遇见所有的世间美好，有情调的文化、动人的美景、可口的美食，哪怕是行业里的八卦，我们都不禁唏嘘，如果能向您报告、与您分享，该多么幸福啊，我们太想对您好，太想让您开心了。于老师，我们真的真的好想您啊！

离去造成的心痛无人能修复，挚爱产生的回忆无人能带走。您走后，为表达对您的爱和思念，多少亲友、同学、弟子不眠不休的守候，追思的诗歌、文章如雪片般从世界各地传来；您有一位同学仅她个人就写了三十多篇纪念文章和诗歌，您有一位朋友放下年幼的孩子，当天往返中美两国，就为送您最后一程，您有两位同学在您的纪念活动上一度昏厥，各国各地的校友会通过各种方式发起悼念；经贸大学设立瑾基金，授予您模范教师称号；南开大学设立纪念基金和纪念书柜。而更可贵的是，这一切的一切，都发自内心，自发自愿。我们常常问自己，一个人要做到什么样的程度，才能获得这样的爱和尊重。今天，我们有了答案，正是您对大家的爱，激发了我们，感召了我们。学高为师，身正为范，于老师您在教授我们专业知识的同时，还用自

---

* 本文系于瑾老师的学生代表何亮宇的发言。

己的生命在教导我们，该如何度过一生，该如何对待一生中遇到所有的人和所有的事。江萍老师说，她正不知不觉中用您的习惯和标准来要求自己；宋远洋说，如今自己也成为老师，也在努力传承您的风骨。是的，离开象牙塔十数年后，我们渐渐明白，这才是人生在世的真正意义。于老师，您给我们留下的是无价的宝贵财富，您的一生正如您的名字，温润如玉、完美无瑕！

这段时间，王老师和唯先在万分痛心的同时，还鼓励我们，带领我们，要我们不止于悲痛，要我们永远紧紧相拥，把您对我们的爱、我们对您的爱，根植于心，让它生根，让它发芽，让它长大，让它永生，让它泽惠人间。

天不生仲尼，万古如长夜。孔子是天下人的老师，而老师您也不仅仅是我们这一万八千名兄弟姐妹的老师，您用 52 年的生命留给人间大爱，引领着我们，感召着我们，让我们思考如何在没有您的万古长夜中继续传递光明，让更多的人看到您、追随您、成为您、延续您！

愿我们都能不负曾与一个精彩生命同行的日子，愿每个人都能成为如您般精彩绚烂的生命。

在于瑾教授先进事迹报告会上的发言

学生代表*

亲爱的文灵老师，尊敬的默顿教授、黄司长、狄书记、蒋书记、夏校长，各位媒体朋友，老师、同学们：

非常荣幸能够作为学生代表，向大家报告和于瑾老师相处的点滴小事，以及在这点滴背后那份我们永生不能忘怀的浓浓爱意。

我叫何亮宇，本科和研究生都就读于经贸学院金融专业，是于瑾老师早期的学生。无论是校内拜读在老师门下，还是走向社会后与老师的持续交流，二十年来于老师教会了我知识，给予我无私的帮助和指导，并用她一直以来身体力行的追求卓越和低调谦逊告诉了我做事的标准和做人的态度，直到生命的最后一刻，老师还在向我们诠释着因为祖国需要、因为社会需要、因为学生需要就会奋斗终生的高尚情操。

感谢学校把大家组织到一起共同学习于老师的先进事迹和精神，各位领导、老师和同学都会谈一谈自己的体会。在我看来，于老师身上被大家反复提及、广为传颂、争相学习的精神，正是习近平总书记提出的："教师，既是学问之师，又是品行之师。时刻铭记教书育人的使命，甘当人梯，甘当铺路石，以人格魅力引导学生心灵，以学术造诣开启学生的智慧之门"，而能长期做到这一点，背后是深藏于老师心间的大爱，真正是大学之大、大师为根、大爱为魂，也正是习近平总书记提出的新时期"四有"好老师的仁爱之心。

因为有爱，所以温情。于老师对待学生永远是慈爱、友善、真诚，透着智慧、透着真情。她总是亲切地称呼学生为"小帅哥""小可爱"，她可以准确说出每一位学生的家乡、爱好和小名，她会在上课时听到一位同学多了几

* 本文系于瑾老师的学生代表何亮宇的发言。

声咳嗽而在下课时特意嘱托他保重身体，她会因为从微信朋友圈发现学生深夜远足就会特意私信嘱托注意安全。于老师就是用这样的一点一滴的小事关爱学生，通过真情真心真诚拉进和学生的距离，把真善美的种子不断播撒到学生心中，让自己成为学生的好朋友和贴心人，也让学生爱其师、信其道。

因为有爱，所以勇敢。20 世纪 90 年代学院希望老师开设“投资学”，这门课程对数理要求比较高，这是于老师那个年代的大学生相对薄弱的环节，也是学生怕学、懒学、怠学的领域。从学生长远发展角度出发，于老师不但勇敢肩负起了重担，还以身作则夯实数理知识，并把“投资学”打造成全院的黄金课程，深受学生喜欢。

因为有爱，所以负责。正是因为爱教育、爱学生，于老师几十年如一日投入到教学过程中，对每一份教案早已记得滚瓜烂熟，但为了让学生更好地接受知识、让课程更通俗易懂、让教学更结合前沿发展，于老师每年都会将学生关心、关注的案例、热点加入课堂教学中。不仅如此，于老师始终坚持手写教案，用行动告诉学生，踏实、认真、不玩小聪明才是成大事的诀窍。面对一位素未谋面的学生，于老师能回复数千字邮件回答如何做好从本科过渡到研究生的准备，传授观点、方法和重点内容，还推荐了大量的参考资料，最后还不忘表达鼓励，并谦虚表示个人想法仅供参考。指导论文时，邮件回复篇幅大超过学生邮件更是家常便饭。

因为有爱，所以宽容。于老师深知受到尊重、得到理解是每一个人在人生各阶段，特别是在价值观形成的关键的大学时期不可或缺的心理需要，她尊重学生、理解学生、宽容学生，有教无类、因材施教。宋远洋同学在校期间总是有独特想法和思路，他的毕业论文思路原本褒贬不一，但于老师并没有简单否定，而是鼓励远洋同学继续深入研究并给予大量指导，最终顺利通过答辩。于老师这种对“另类”学生的包容和爱一定是感动了远洋，我相信远洋毕业后选择了教学岗位与于老师的鼓励和言传身教有莫大的关系。

因为有爱，所以充满正能量。于老师的正能量不是在于简单的、口头的“你好棒”“你好优秀”，她的正能量是把自己活成了光源，只要你靠近了她就靠近了光，不管你愿意与否，只要你靠近了她就会被她照亮、被她温暖、被她引领。我们爱于老师、思念于老师最好的方式，就像江萍老师所说，对你最好的思念就是活成你的样子，把你的爱传递下去。于老师就是在点点滴滴的平凡中铸就了不平凡，就像蒋庆哲书记所说，于老师这种平凡中的不平凡，是我们看得见、学得来、做得到的。

正如殷勇市长所说，金融行业总讲杠杆。于老师这样教书育人、立德树人影响了那么多人，她的育人杠杆作用是最大的。我们今天学习、总结、宣传于老师的精神，也是在进一步放大于老师的杠杆作用，让更多的人感受到爱、感受到温情、更加勇敢、更加负责、更加宽容，并且向更多的人传递爱与正能量。

离去造成的心痛无人能修复，挚爱产生的力量无人能代替。远洋说得好，“吾爱真理，但吾更爱吾师”。是的，各位老师、同学，让我们永远紧紧相拥，把于老师对我们的爱、我们对于老师的爱，根植于心、传递于世，让它生根，让它发芽，让它长大，让它永生，让它泽惠人间！

谢谢大家。

最后，请允许我在占用大家一分钟的时间。今天除了蔚然和我，还有几十位于瑾教授的硕士、博士研究生也来到现场，我们作为老师的亲传弟子，衷心感谢默顿教授不远万里、专程来出席大会，并对我们未来的工作给予巨大鼓励和支持；感谢教育部、北京市教工委、母校还有各家重量级媒体的领导、老师，组织帮助我们缅怀、学习于老师；更要感谢文灵老师和唯先，带领和鼓励我们走出悲伤，用传承和光大来永远纪念于老师。各位领导、老师、朋友们，请允许我们代表蒙于老师恩惠点化过的一万八千名弟子向你们表达我们崇高敬意和衷心的感谢！

在南开“瑾基金”成立仪式上的发言

学生代表*

尊敬的各位领导、老师，媒体朋友们：非常感谢南开大学的领导、老师，能让我有机会站在这里向大家报告我们和于瑾教授相处的点滴小事，以及这些点滴小事背后那份永生不能忘怀的浓浓爱意。

我叫何亮宇，是于瑾老师自南开大学本硕毕业后，在对外经贸大学带的早期硕士研究生。

于瑾教授长期超负荷工作，去年 5 月份在工作中猝然离世，家人、领导、同事、朋友、同学、学生，所有认识于老师哪怕只有一面之缘的人，无一不悲痛万分。

为表达对于老师的爱和思念，多少亲友、同学、弟子不眠不休地守候。百余篇追思的诗歌、文章如雪片般从世界各地传来。有的人抛下自己尚年幼的孩子连夜从美国赶来只为送于老师最后一程；有的人写了三十多篇纪念文章和诗歌也难平心中的悲痛；多少同学为于老师通宵守灵、争相抬灵以表心中敬爱；各国各地的校友设立悼念公众号，甚至有同学在于老师纪念活动上一度昏厥，难抒不舍之情。经贸大学设立瑾基金，授予于老师模范教师称号；南开大学设立纪念基金和纪念书柜，这在两校历史上都极为罕见。

而更加可贵的是，这一切的一切，都完全自发自愿，是大家发自内心的爱的表达。我们常常在问，一个人究竟要做到什么样的程度，才能获得这样的爱和尊重。现在，我们似乎有了答案，因为于老师对我们就是这样以心相待，无论对待生活、工作，对待亲友、同事都是如此热诚。

我有幸作为于老师的学生，深刻感受到于老师的为师之道并为之动容：

---

* 本文系于瑾老师的学生代表何亮宇的发言。

一方面，于老师抛开了训诫、施压型的填充式教育，亦师亦友地引领我们、陪伴我们，愤而启，悱而发，像是一位圣洁的摆渡人带领学生到达道与知的彼岸；另一方面，于老师从未以成绩的绝对值衡量学生，而是坚信个体独特的价值，仁爱平等地对待每一位学生，春风化雨般地鼓励我们、引导我们发觉自身的闪光点，让每一位学生找到自己所擅长的，获得成就感。在此层面上，于老师不仅仅是金融领域的专家，更不失为一位教育家，一位学生精神家园的守护者。在我们走向社会后，仍然习惯于时常回到母校跟于老师聊天叙旧，感受于老师温暖却又铿锵的力量，积攒继续前进的力量！

正是于老师身前的无私播种，收获了如今这万亩良田；于老师对大家的爱如一炬之火，数千万人以炬分取，只见此炬如故，又见星光漫天。志于道，据于德，依于仁，是老师的精神激发了我们，感召了我们。

而今天，当我迈入南开校门，望见“允公允能，日新月异”的八字校训，我突然又领悟过来。

“允”字意承诺，“公”对应集体、国家、人民大众和与之相联系的事业，“允公”即要爱祖国，爱人民、爱事业、大公无私、一心为公，在学习和工作中强调无私奉献精神；所谓“允能”者，是要学以致用，培养最强能力，锻炼建设现代化国家、全心全意为人民服务的本领；“日新月异”意即与时俱进，有强烈之进取精神。著名教育家张伯苓先生所倡导的日新月异，要求不但每个人要接受新事物，而且还要能成为新事物的创始者；不但能赶上新时代，而且还要能走在时代的前列。张伯苓先生也曾在南开大学开学典礼上问了三个问题“你是中国人吗？你爱中国吗？你愿意中国好吗？”其言谆谆，其意切切，正在于要振奋起师生的爱国斗志。这三个问题，是历史之问，更是时代之问、未来之问。

我们敬爱的于老师，不正是以此为准则，学高为师、身正为范，将爱国爱群之公德、与服务社会之能力发挥到极致吗？这不正是南开精神的具体体现吗？在老师这般精神引领下，我们才能朝着德才兼备，报效祖国、与时俱进的目标不断迈进。

于老师在教授我们专业知识的同时，还用自己的生命在教导我们，该如何度过一生，该如何对待一生中遇到所有的人和所有的事。

今天，我来到南开，既是学习之旅，更是寻根之旅。我有幸作为经贸大学于老师的弟子，亦借南开精神之光，通过于老师的教学育人得以深刻体会大公无私之胸怀、报效祖国之能力，传承百年名校之精神。

天不生仲尼，万古如长夜。孔子是天下人的老师，而于老师亦是我们莘莘学子精神家园的守护神。今天，我们走过了那些痛心、无助、彷徨的夜晚，在于老师的感召下团结起来，以基金会的形式把于老师的精神与风骨永远留存、持续传承、发扬光大!于老师 52 年生命留下的人间大爱，从此陪伴着我们，引领着我们，感召着我们，让我们在这万古长夜中继续传递光明，照亮前路。

于老师，您走好！

童春媛

1994 届学士

2018 年 5 月 25 日，同学群里听到于瑾老师的噩耗，惊诧莫名。于老师，个子小小，纤瘦，一头披肩长发，印象中的她穿着背带裤蹦蹦跳跳向我们走来。

我们是于老师的第一届学生，那时的她，刚刚南开研究生毕业，纯真和青涩，并不亚于我们；在校园里并肩而行，你不会相信这是一位已经走上讲台，能对着一大堂学生侃侃而谈毫不怯场的老师，而且，是位优秀、热忱的老师。

于老师教的是国际金融，南开的金融专业素有声名，于老师深得精髓。听她的课，并没有初走上讲台的稚嫩，却有初走上讲台的满腔热情。对待我们这些学生，于老师真可以说敞开怀抱，什么问题都可以问，她秉持的并不是高高在上的师道尊严，而是一起探讨争论的乐趣。

课下，我也和于老师有很多交往。不知道在她家蹭了多少次饭，天南海北地聊，于老师，总能激发出你身上自己都尚不明确的那一面，引导你对学术对社会对人生的思索，甚至对友情、爱情的探讨也在我们的谈话内容中。

于老师，是真正以朋友之心在和我们交往，至少于我，她不仅仅是老师，更是成长途中的朋友。至今仍记得毕业留言本上的赠言，虽然辗转磨折，在人生路上耽于安逸，非常辜负老师的教导和期望，但老师指引我们一生热爱学习，探索未知的精神；真挚待人，保持心灵年轻的追求，永远是我的财富。所谓良师益友，于老师是也。

缅 怀 恩 师

夏威

2001 届学士

于瑾老师离开我们一个月了，本来约好放暑假前请她和王老师一起喝茶，竟成了无法实现的约定。我是 97 级的国际金融本科生，大二时于老师第一次给我们上“货币银行学”的课。她细致缜密和深入浅出的授课之道，引发了我对新知识的渴求与新思维的乐趣。从此我几乎成了她每堂课后的小尾巴，标准的“问题少年”。此后的十几年，从于老师最初在南门旧楼（后来拆除的求索楼）的办公室到博学楼办公室到科研楼办公室都留下了我们畅谈人生和讨论经济时政的身影。于老师不管多忙，都把带的学生甚至我这个早已毕业学生的学术问题和人生想法放在心上，关怀我们。

2001 年我在选择留在国家机关还是去出国留学的问题上纠结，于老师坚定地支持我出国深造，并在我有留学经济困难时，大胆地跟我一起想出用未来工资现金流抵押，人品信用众筹模式来支付我的学费，她率先支持我一万元人民币。虽然后来被家人知晓后，变成了家族众筹了 35 万，没有使用老师们的支持。但是，她教导我的“能为自己的项目融资才是真正学金融的人”的话一直铭记在心。于老师是我的恩师，没有她当年的教导，也不会有我今天的视野。

2005 年回国探访于老师时在博学楼的办公室正好看到一位硕士生的论文，第一页第一段便特别感谢于老师作为导师，更像父母一般关怀着他的学术和事业的成长。文字历历在目，由衷感言，我也感同身受。老师为人谦和，朴实无华，圣人不圣，润物细无声。

2008 年春节见面，我向老师汇报了国内外金融形势，准确地判断了即将到来的金融危机，此后几年见面都会回想起当时的情况。于老师十几年来一直很在意儿子的教育和体能，每每都会自豪且关爱地说起自己的爱人和孩子，每次听着都能充分感受到一个幸福的家庭的点点滴滴。

其实挺早的时候，恩师就会说起颈椎不适，有时偏头痛。我认识一位“神医”在南方小城，只可惜从不出诊，多次提起带于老师去诊疗一下，都没能凑上时间。早知今日情况，当时是无论如何也要力劝恩师暂时放下手中事务，身体要紧。

此去故国十五载，学成了金融博士，在海外三家知名基金做过核心风控和投资岗位，也算告慰恩师曾给予的谆谆教导和一直以来的关怀。我是从事大规模多资产类别量化投资行业的，当年毕业前也是蒙于老师的介绍之恩，有机会在本科毕业前大量接触技术分析并讨论自动化交易的可能。虽然与量化投资行业有很大差别，但是为我奠定了很好的基础，使我在日后的实习和工作中脱颖而出，有机会为世界级的投资大师工作。2015 年后回国创业比较繁忙，每年只能返校时偶遇一面，不想今年四月的偶遇竟成诀别。学生夏威在此缅怀恩师于瑾，愿一路走好，天堂有您。您桃李天下，我们这些您的学生会继承您的精神和事业砥砺前行。

如瑾之德，永润青衿

薛捷

2003 届硕士

老师，能成为您的学生，是我今生最大的幸运！

您有一颗至善的心，爱我们更胜过爱自己。您笃信有教无类，用心爱护每一位学生，甚至不肯轻易区分优劣。只要我们有一丝优点，您都会给予莫大的肯定和鼓励。您坚信，只要您付出的足够多，我们都可以成才。于是您不断地要求自己：教案要准备得再丰富一点，讲解得要再清楚一些，道理要说得再明白一些，论文要看得再认真些，学生最好每个都能当面指导……一件件几近苛刻的要求不断加码，您日日殚精竭虑，极大地损耗了自己的身体。对此，您毫无怨言，从未说过一句辛苦。

毕业季，除了指导几十名学生的论文，为了我们能够顺利地从学校走入社会，您更是东奔西走，竭尽所能地创造机会，帮助我们奠定人生新起点，好有机会实现各自的理想。毕业后，您依然关心我们的工作，操心我们的生活。从相识那一刻起，我们注定是您一生的牵挂。

可是您对自己呢？从来都是简简单单，不争不抢。于己严苛，于人甚宽。别人的需要总是第一位的，问题和困难都是留给自己的。您心里满满的都是学生、同事、朋友、家人，唯独没有您自己。您从不吝啬与人分享，更无私地帮助身边的每一个人。对于为此付出的辛劳和所承受的压力，您很少提及，只是一笑带过。

您，有德如玉，那么完美，温暖而坚定，宛如喧嚣尘世间的一片净土。靠近您，生活便只剩下美好；聆听您的教诲，灵魂都变得通透。您就是我们想要成为的样子，是我们要用一生去追寻的美好。许多年过去了，我们仍在努力，而您却撒手西去，空留下挚爱您的家人、情同手足的同事、满园的桃李和等身的著作。我们心碎的声音，您可曾听见？

一切都来得那么突然，我要怎么跟您说，我真的好想再见到您。当我的生活陷入困顿时，我想再见到您，向您倾诉、听您劝慰；当我小有所成时，我想再见到您，请您分享我的欢乐、我小小的骄傲；当我的人生走到岔路口，我想再见到您，请您指点迷津、指明方向；在每一个平凡的日子，我想再见到您，哪怕只是校园里一次匆匆的邂逅……因为只要您在那里，我们就觉得好安心。然而，您突然离去，世界都变了，信念的灯塔骤然熄灭，留下手足无措、茫然无助的我们。

我长久地徘徊在您的灵前，不愿离去。我总觉得，您走得那么匆忙，也许只是个玩笑，也许我不离开，您就会舍不得，就会回头看看我……又或许，您只是需要休息了，于是换了个地方，住进了我们心里。无论在哪里，您始终是我们心中最强大的力量，您唯不争而天下莫能与之争的磅礴大气已经深深地影响了我们，为我们指引着人生的方向，鼓励我们勇敢前行。也许，我们永远无法达到您的高度，但是老师，请您放心，我们都会好好的，向您那样，宽厚待人，严谨治学，辛勤工作，定不辱师门。

师 恩 难 忘

王楚云

2003 届硕士

2018 年 5 月 24 日午时我的恩师于瑾导师走了，走得那么突然，突然得让人难以置信。她还那么地年轻，那么地睿智，那么地清新脱俗，那么地可敬可爱。

当我得知噩耗时曾不断地问学友，问家人，问我自己："这是真的吗？""于瑾导师真的不在了吗？"直至眼睁睁地看着导师安详地躺在中日友好医院时，那一刻我才确信了，那一刻我的心仿佛被人狠狠地撕扯了一下……"痛失亲人的悲痛不是眼在流泪而是心在滴血！"我当时就是这种难以承受的感觉……

转眼，恩师离开我们已经 28 天了，这些日子里我总是身不由己地陷入回忆，忆及和恩师在一起的日子，那些难以忘怀的往事不时地浮现在眼前……

我是 2000 年考入对外经贸大学金融专业的，我有幸成为于瑾导师带的第一批研究生，遇上于瑾导师是我一生中最大的幸事。导师知识渊博，治学严谨，从不"照本宣科"，更不"海阔天空"。听她深入浅出的讲授总能让人在书山中找到攀缘的捷径，在学海里看清洋流的方向。从她的解读和诠释中我能真切感受到她的专业和敬业。有一天恩师送给我一本专业词典对我说："这是我珍藏的一本，你拿去用吧，不许拒收哦。"正如恩师的教学方式一样她给予我的绝不仅仅是一本书、一本词典，更多的是学习方法和自学能力。

于瑾教授不仅是我知识的导师更是我生活的导师。她像母亲，像大姐姐一样呵护和关爱着我。毕业之后，她也一直记挂着我，关心着我，当她听说我离异的消息后立刻打电话约见了我，那是我第一次看到她的愤慨，为我而发的愤慨。她拉着我的手鼓励我说："你是那么善良，那么漂亮""当命运之神结束你的这段不幸的婚姻时同时为你打开了另一扇门，又给了你一次重新选择的机会。"导师的爱每每让我如沐春风，让我感觉自己像个孩子般被关爱……

毕业后有很多次想要去看望导师总是未能如愿。导师在我心目中始终是那么高雅、圣洁，那么地倾力付出而不求回报。前几天我收拾衣物时找到几件当初想要送给导师的小礼物，睹物思情不禁潸然泪下。总以为来日方长还有机会和时间去报答师恩之万一，岂料想天人永隔竟成永诀！

"树欲静而风不止，子欲孝而亲不待。"此刻我才能感受到这字里行间的痛楚和悔恨。

导师我爱您！我想您了！您在天堂还好吗？您的音容笑貌，您的谆谆教诲，您的恩情将永远铭刻在我的心中！导师您永远活在我的心中！于瑾恩师精神永存！

悼念恩师于瑾

莫湘蓉

2003 届硕士

大家都称呼您于老师，而我总是固执地叫您老师。因为在我的心里，您是我永远的、唯一的导师，独一无二，无可比拟，不需要冠姓氏来加以区别。

我是您带的第一个弟子。可能是这个特殊原因，您对我也格外好些。无论是学习、工作，还是生活，您对我都倾注了十分的关切。

还记得 2000 年我向您毛遂自荐的情景，那是我第一次见您。因为研究生换了专业，所以我很不自信。虽然如此，我还是鼓起勇气主动找您，向您罗列了自己的一堆优点，恳请您收我做您的学生。您温和地看着局促的我，宽容地没有做任何考虑，很痛快地就答应了。不仅如此，您还诚恳地对我介绍了自己的情况，坦诚还有比较重的本科教学任务，因为爱人在外地工作还得一个人带孩子，带研究生可能精力有限，等等。说实话，仅这一次接触，您至诚的为人方式就深深打动了我，让我深信同时也庆幸自己跟对了一个好导师。

研究生阶段，您给我们讲“国际金融市场”。本科我就学过这门课，所以还挺开心可以再学一遍，轻轻松松拿几个学分。哪里知道您给研究生选择的教材完全不同于本科，是外国的教材。教材内容难度大，中文版翻译得很晦涩，原版又太挑战语言能力，只能磕磕绊绊凑合着跟下去。私下见到您时，我开玩笑地抱怨说这门课太难了，问您为什么不用简单点的教材。您特别严肃地教育我，同一门课对本科生的要求和对研究生完全不同，研究生阶段要适当提高难度，启发学生思考。现在的教材是要深一些，您也是第一次讲，每次备课都要花很多功夫。不过如果把本科学过的东西再给我们讲一遍，对您来说是简单了，但岂不是浪费了大家的生命。说实话，那是我第一次见您这么严厉，被您批评得万分羞愧。您严谨的治学态度深深地影响了我，让我懂得做学问、做事情要老老实实，不能偷奸耍滑，拈轻怕重。

到了研三准备毕业论文，开题阶段您找我聊了好多次，讨论过当时您的研究方向，讨论过我自己感兴趣的课题，更多的是谈到我对自己今后职业规划的想法和您对我的建议。斟酌再三，最终我选择了商业银行资产负债管理的课题，并在您的指导下完成了毕业论文。如今，我也如当初希望的那样在商业银行工作，生活美满幸福。回首过去，特别感激您在我人生迷惘时给予的指导，沮丧时给予的关怀，困难时给予的帮助。说实话，只要想起您，一股暖流就会在心中升起，我就不再觉得孤单和害怕。

离开学校十五年了，虽然和您不常相见，不过却时常联系。个人的点滴进步，都迫不及待想要向您报喜，生活的点滴变化，也恨不得和您一一细说。对我而言，您不仅仅是导师，更是我的朋友和亲人。

最近一次和您聊天，问您在忙什么。您谦逊地说没忙什么，不过也坦言辅导各类学生论文的工作量还是不小。当时我没能体会您说的辛苦，没有叮嘱您要保重自己，反而庆幸地和您说：您现在一届带的学生太多了，他们没有我们那时幸福，太多人分享您的关注啦。您没有任何抱怨，只是温和地冲我微笑，宽容地看我冒傻气。哪里知道，您竟然就这样走了，毫无征兆，静悄悄地离开了，离开了爱您的家人和爱您的学生们。

突然得知这个消息，我太震惊了，恍惚得头重脚轻。直到现在我还是觉得难以相信，也难以接受。您还那么年轻，奇奇才刚参加工作，还有那么多美好的事情等着您去做，我还有好多好多话想和您说……我小小的私心里希望您看到我成长，希望您为我骄傲。

去年的感恩节，我给您发了一条微信，这也是现在我最想对您说的话：老师，您待人至诚，治学严谨。您是我心底最温暖的依靠。我也要像您那样，诚恳做人，踏实做事，并且温暖地对待他人。感恩，感谢。

念 师 恩

吴云亚

2004 届硕士

忽然接到老师离世的噩耗，无法接受，心中疼痛，往昔岁月涌上心间。

与老师相识缘起一次通话，我记得自己冒昧地打过去：于老师，我想研究生跟您读。没想到老师毫不犹豫，一口答应——她说她不挑学生。于是幸福相伴，三年。

于老师教学很严谨，她总要把复杂的金融交易讲得很扎实，要确认大家听懂了，没有疑问。记得她习惯讲完一段落，尤其是内容复杂集中的一段，就要用眼神跟学生交流，确认没有游移的眼光，才会继续进行下去。于老师教学又非常生动，她从来不空谈理论，而最善于把市场最前沿的案例引用到课堂上，她也倾向鼓励学生去研究去实践，把所学知识用到实践中去。那段时间她自己也在攻读博士，她也会和我们分享她迎难而上攻克数学的事情。她的教学给我最深刻的影响，就是主动学习的精神和学以致用的理念。她深谙教育的意义，精神引领，率先垂范。

于老师深为学生们称道的还有她的和蔼可亲。和学生相处时，就像姐姐一样，认真倾听，始终耐心，并且真诚地为学生答疑解惑，出谋划策。她和学生站在一起，她是那么年轻、温和、有力量。遇到学生取得进步，她和他们一样地高兴，如果学生有什么困难，她从不吝惜自己的时间精力给予帮助。对性格昂扬的学生，她流露出赞许包容，对羞涩内敛的学生，她会主动去关切询问。所以她说她不挑学生，那完全不是空话，她接纳我们，理解我们，并且鼓励我们。甚至在毕业之后，每当我的工作和生活有变化的时候，我给老师打电话汇报近况，她也一样欣慰，还会给我建议，仍然鼓励我——这就是我的好老师。

如今老师离我们而去，我明白这一刻天人永隔的差异，泪水止不住地流下。

我们想您，于老师！

“瑾”记师恩，莫敢忘怀

刘涤非　杨晶

2004 届硕士

于老师已经离开一个月了，这篇悼文几次提笔，又几次含泪搁笔。

记得 5 月 25 日清晨接到通知短信时，只有短短一行字：“于老师走了，昨天……”心脏猛然收缩，却依然执着地询问，“哪个于老师？”现在想来，其实是不想相信这个噩耗。和妻子确认信息时，潸然泪下，悲痛不已。我们身在异国，未能送老师最后一程，更感到无比遗憾！

对妻子和我而言，老师不仅是一位传道授业的好导师，更是一位家人般关心我们，指引我们人生方向的亲人。治学工作中，老师教会我们认真细致，孜孜以求；人生道路上，老师教会我们如何善待别人，如何去爱，如何用心体会生活中的点点滴滴！

老师对教学工作和学术研究总是兢兢业业，细致入微。当时老师除了带研究生，也要给本科生授课。为了能帮老师分担一些工作量，我们几个学生主动请缨，帮老师准备电子版课件。准备过程中，难免有些知识点拿捏不准确，表述不到位。老师总会仔细阅读我们准备的材料，如有不妥之处，务必仔细推敲修改，精益求精。有时，也会顺便给我补补课，澄清知识点。当时经常感慨，能有这样一位认真、负责，学术水平又高的老师，我们这些做学生的真的很幸运！

除了学术上的言传身教，老师在生活的点点滴滴中也不断地鼓励和引导我们。妻子本科时就读金融专业，有幸大二就开始聆听老师的教诲，保研后幸运地继续成为老师的门生；而我本科时就读国贸专业，研究生转读金融，请求老师收我做学生时，难免有些惴惴不安。和蔼的老师一句话就打消了我的顾虑，“杨小姐能够看中的人，肯定没有问题”。至今，我还清楚地记得老师说这句话时，温婉的声音和柔美又不失俏皮的笑容。也渐渐体会到老师这看似玩笑的回答，所包含的对我们莫大的期许和鼓励。

在和老师的交流中，无时无刻都能感受到她对家人和生活的热爱。老师偶尔会对我们提起家人的趣事，脸上总是洋溢着甜蜜幸福的笑容。记得老师博士毕业论文答辩会时，王老师手捧鲜花在答辩会场外等待的样子。妻子和我每每说起这些往事，总是认为于老师和王老师是我们婚姻的楷模，教会我们如何去爱自己的灵魂伴侣。2016 年收到老师和儿子的合影，既感叹又欣慰。感叹的是时间飞逝，当年的小帅哥已经成长为一位英俊有担当的男子汉。欣慰的是十多年过去了，老师依然恬静美丽，和我们毕业时一模一样！真希望时间能够定格在那一刻，这样，我们还能和老师聊聊天，听听老师的教诲！

对于我们，老师就像一位天使。她善良温婉，无私有爱，助我们成长，教我们幸福。此时此刻，我们比任何时候都相信平行空间的存在，天使般的老师并没有离开我们，只是回到了天堂，继续爱着她所爱的一切！

追忆恩师于瑾教授

周吉人

2004 届硕士

于老师已经离开我们 140 天了，从开始的悲痛不已，拒绝接受她已不在，到后来慢慢接受这个现实，从无语凝噎到不吐不快，现在终于能写点东西，追忆认识于老师以来的这 20 年，追忆于老师对我的谆谆教诲，追忆于老师对我以及我家人的关心爱护，追忆和于老师家人般的感情，点点滴滴浮现在眼前，眼眶再次盈满泪水，心里却渐渐有了一丝温暖，渐渐觉得于老师并未走远，于老师一直和我们在一起。

认识于老师是在 1998 年，那年我上大二，我是经贸学院国际贸易专业的，与于老师是同一个学院的，但她教的是金融专业。院里的学生都说于老师的“货币银行学”讲得很好，我就选了于老师的课。第一节课于老师是穿着一件素色的连衣裙，款款步入教室，给人很舒服、很亲切、很温暖的感觉，用如沐春风来形容是最贴切的。货币银行学是一门理论性很强，同时实操性也很强的课，于老师讲得深入浅出。而受益匪浅是在银行工作以后，通过解决很多实际问题，才真正体会到的，一门课，一生受用。从那以后，我听了于老师很多课，“投资学”“金融市场”是另外两门于老师讲得也很好的课，这三门课也是我从事金融行业十多年，赖以行走江湖的知识基础，可以不夸张地说，学好于老师这三门课，走遍金融行业都不怕。于老师毫无保留地传授给我们，构筑了我们职业生涯的基石。于老师是个极其聪慧的人，对所授的课程早已了然于胸、融会贯通。她讲课有个特点，不是照本宣科，而是根据知识点的关联性来讲，旁征博引、举一反三，让人觉得有跳跃性，如果不提前预习做功课，往往会觉得有点难，而对好学的学生来说，往往有一种醍醐灌顶的领悟。“原来如此”是大家在于老师的课堂中经常发出的感慨。

于老师注重互动式教学，讲求教学相长，对于一些难啃的“硬骨头”知识点，她经常请学得快、理解透的学生上来讲，用先进学生已经咀嚼消化的精神食粮帮助其他后进的同学来助消化，既加深先进学生的理解，又帮助了后进学生提高。于老师一直强调金融学是一门应用性很强的课程，不能只是在象牙塔内搞研究，要关注各种经济现象，研究现实经济问题，她布置的论文题目往往都是用书本的理论知识来分析当前的现实问题，帮助大家活学活用，学以致用。于老师还经常自费请校外有实践经验的行业专家来给我们授课，开小灶，开拓我们的视野。于老师还动用自己的社会关系帮学生寻求实习机会，增加学生的社会经验。于老师不仅讲课很用心，也特别关心教学效果，不仅关注自己讲得好，更关注学生学得好。记得有一次在校园里散步遇到于老师，于老师就主动问我，课程难易程度怎么样，能听懂吗？还是太浅了？哪些方面讲得不好需要改进？一位资深的教授，为了提高教学水平，能够这么放下身段来问一个学生对授课的评价，这种师德师范真的让我备受感动。之后，跟于老师慢慢接触多了，对于老师的了解也进一步加深。在于老师心中，师生是平等的，她给予学生充分的尊重和欣赏，她会倾听，会理解，会宽容，她懂得欣赏，懂得赞美，她善于交流，善于做引导者和鼓励者，因为她是用心、用真爱去对待每一个学生。即使你表现得不如人意，即使你自以为是冒犯顶撞了老师，于老师总是心平气和、耐心细致地讲解，她总是小心翼翼地保护我们坚强而脆弱的心灵，她总是设法去了解学生，设身处地地为学生考虑，她是懂学生的，爱学生的。

遗憾的是研究生没能报考上于老师，因为真的没想到于老师这么抢手，找到于老师的时候，三个研究生名额早已被预定满了。但这丝毫不影响于老师对我的关心和帮助，她丝毫不吝啬把她的知识传授给我，她还是一如既往地答疑解惑，不管你是不是她带的研究生，不管是不是她讲的课，你都可以去问她，于老师从来不会厚此薄彼。对我如此，对其他不是她带的研究生也是如此，没有亲疏远近，只要你想学，于老师是来者不拒的，她就不会拒绝学生，她的爱不是小爱，是大爱。研究生阶段在于老师带领下做了一些课题，才发现于老师不光是个知识渊博的教授，还是个创新型的学者，她勇于创新和实践，笔耕不辍。她编写的教科书，相比国外同行的课本，更能体现中国的国情，更能符合中国学生的知识结构和思维习惯，道理讲得更透，实际结合得更紧密，更能让同学易学易懂。于老师不仅桃李满天下，而且著作等身，这对一个肩负着如此繁重教学任务的老师来说真的不容易，要多付出多少心血和时间啊！后来我好几次劝她，您都是博导了，本科生的论文就别管了，还有那些同等学力研究生也不要带了，您带这么多学生，太辛苦了，您要保重。于老师知道我苦口婆心是真的关心她，她总是用这是学校分配的任务来搪塞我，我知道很多教授都不带本科生，甚至不带研究生，于老师其实是舍不得她的学生，放不下的是老师的责任，我觉得她想的是无愧于教师这份神圣的事业，哪怕自己再苦再累，只要对学生有帮助，她都义不容辞，我想这就是不忘初心吧。

在学校里更多的是师生关系，研究生毕业进入社会以后，又更多了一份朋友关系。对我的学习，于老师还是一如既往地关心，她叮嘱我时刻都不能放松学习，她鼓励我可以考博士继续深造，她还鼓励我考校外的博士研究生，鼓励我开阔眼界。为此，她建议我去报考有金融黄埔学校之称的人民银行研究生部，专门给我写了推荐信给研究生部的原所长赵海宽教授，希望他能亲自带我，还精心准备了一份礼物让我带去。我还记得那是 2004 年的 10 月 6 日，还是个国庆假期，她放弃了休假时间，专门腾出时间帮我联系。可惜我没有考上，辜负了于老师的一片心意。

于老师有大爱，还有大智慧。我参加工作后，遇到现实的经济金融问题，每每向于老师讨教，总是茅塞顿开，柳暗花明。走入社会后，遇到人际关系处理不好，也是向于老师求救，总是豁然开朗，烦恼烟消云散。职业道路的选择，我要向于老师咨询；婚姻家庭的烦恼，我要向于老师诉说。高兴了跟于老师分享，委屈了有于老师替我分担。在于老师眼里，我可能永远是小朋友，我也甘愿当小朋友，有这么个大朋友呵护着，很幸福。于老师是极其聪慧和敏锐的人，她能懂你，了解你，她知道你想要什么，她更知道你应该要什么，她给你的建议是因人而异的，她教你认识自己，她会教你取舍。还记得我四年前想从体制内出来，于老师支持我闯一闯。后来又有机会可以回到体制内，到一个更高的平台，我也心动了，但于老师投了反对票，于老师认为我是比较注重生活品质的人，不会为了工作而不顾自己的家庭和生活，于老师看透了我，教我要遵从自己的内心，做选择的时候想明白自己是什么样的人，自己想要什么，不要看眼前的利益。于老师像一盏明灯，指引我前进的道路，于老师的教诲使我终身受益。

于老师爱屋及乌，她关心我，也关心我的家庭。我谈了女朋友，于老师听说以后很开心，坚持要请我们吃饭，还送我们精美的礼物。于老师关心我们的相处，经常邀请我们到她家里去做客，还坚持留我们吃饭。我想于老师可能想用自己家庭的美好，潜移默化地教我们如何实现家庭角色的转换，如何组建一个幸福的家庭，于老师用心良苦。我知道于老师很忙，有时候会主动下厨做两个小菜，总是得到于老师的夸奖，不惜溢美之词。结婚的时候，于老师送来了祝福，还包了红包。妻子怀孕了，于老师专门买了营养品。妻子分娩那天，从进产房开始，于老师就时刻关注着，询问情况。一直到深夜孩子出生了，我第一时间拍了照片发给于老师，分享当父母的欣喜，于老师才放心了。刚过了月子，于老师就来看我们了，还买了婴儿车，我的孩子是在于老师的摇篮里长大的。孩子会翻身了，我拍了视频发给于老师，孩子能爬了，能站起来了，能走路了，能咿呀学语了，我都一一拍了视频发给于老师，孩子每一个成长的脚步都有于老师关注的目光。于老师心很细，能记住小朋友的生日，会发信息祝小朋友生日快乐、健康成长。于老师很用心，知道孩子需要什么，喜欢什么，还知道现在流行什么儿童玩具，她送的 hello kitty 儿童餐盒，我们还一直在用，她送的小猪佩奇的玩具，是孩子的最爱。

于老师为我们做的太多太多，而我们却对于老师关心太少。能为于老师做点什么，是学生最大的满足。但于老师不愿意麻烦我们，哪怕曾经有一次出了车祸、断了肋骨住院也没有告诉我。等事情过去了，才轻描淡写地说都好了。其实那时候我心里还挺生气，这么大事情，让学生去照顾您一下，也是天经地义的。但于老师就是这么样一个人，总是付出，不图回报。她总是替别人考虑多，设身处地为对方着想。我们有了孩子以后，我们去看于老师的时间少了。有时候逢年过节的，于老师总是说，别来了，带孩子挺辛苦的，在家好好休息吧，大老远折腾来，会影响孩子休息，打乱生活规律。于老师有时候宁可牺牲自己，也要成全别人。还记得最后一次见于老师，也就是在她去世前不久，我约于老师一起吃饭，她欣然应允。那天中午，我带着老婆孩子，于老师和爱人都参加了，像一家人一样其乐融融。于老师看着孩子在餐厅的走廊里欢快地跑来跑去，满眼的柔情爱意。其实那段时间是论文答辩季，于老师加班加点很是辛苦，而且压力还挺大，但于老师为了满足我们小小的心愿，还是抽出宝贵的午休时间和我们欢聚，只要能做的，她都尽量为我们做。出来以后，老婆跟我说，于老师脸色不好，很疲惫的样子。是啊，我也觉察到了，于老师太累了，她需要休息。可没想到那次确是永别，她躺下休息后，却再也没有起来，就这样离我们而去，而我们还没来得及回报点滴。

于老师走了，但她传授的知识还在指导我工作学习；她躬身垂范的行为准则还时刻提醒我如何做一个好公民、好员工、好儿子、好丈夫、好父亲；她种下的大爱的树苗已经在我心底生长，教会我爱自己，爱别人，爱这个世界。作为她的学生，她的小朋友，我会传承于老师的大爱，我也会像于老师教育我那样教育我的孩子，用于老师的大爱去感染身边的人，让她的精神、她的爱永在。

我抬头看了看天空，云彩很美，我觉得于老师就在那里，看着我。我相信于老师会欣慰的。

怀念恩师

王慧

2004 届硕士

饮其流者怀其源，学其成时念吾师。

和于老师的最初相识是在 2002 年，当时的我正在读大二，我选修了于老师的“货币银行学”，记得您每堂课都准时站在讲台上，从不缺席。于老师不仅讲教材上的基本原理，还经常结合最新金融市场热点和动态，课堂丰富生动，极大地调动了学生们的兴趣。课下同学们常常簇拥着您问问题，您是那么地和蔼可亲，那么地平易近人。

2004 年，我有幸投在于老师门下，给我印象最深的就是您对治学的严谨精神，您经常请某一领域的专家过来授课，同学们都极为珍惜您的每一堂课，而且无论是博士、硕士还是本科生的论文，您都格外重视并耐心地给予指导。

除了专业上的点拨，与于老师相处的这 16 年里，您还在生活上给予了我们更多的帮助与慰藉。记得每当我们女生心情一压抑，您就请我们吃饭，像朋友一样聊聊天，温暖我们每个人的心田。我怀孕后咨询您需要看哪些专业的书籍，您完全可以告诉我去买哪些书籍，可是您却担心我的身体，还亲自把书给我带来。在您身上，我总能体会到“师者父母心”这句话。您经常根据我们的需要，在老师、朋友、父母的角色之间转换，这让我们怎么不想念您，怎么不难过。当我得知您离世噩耗时，我的心情久久不能平静，一是抱怨老天为什么那么不公平，非要带走您这样一位德高望重的老师；二是悔恨自己没有抓紧时间多来看看您，经过一晚在您身边的陪伴，我打算以我的方式为老师做点别的事情，跟恩师说说话并记录下来，让您的灵魂不孤单。

安息吧，我们敬爱的于老师。

多希望时间可以倒流

王慧

2004 届硕士

我的一生中遇到于瑾教授是幸运的，她给予我在学业、人生发展方向上的指导以及生活上的关怀，对我的人生影响十分深刻。

认识于老师是在我上大二的下学期，2002 年的上半年，于老师给我们上“货币银行学”，您给我的第一印象就是很娇小，但气质特别高雅，在课上总是能向学生们讲出除了课本之外的最新商业银行实务，还穿插一些小幽默，我们很多学生都被于老师的魅力所吸引，就这样我这个非金融专业学生喜欢上了金融。记得有一次下课之后，我找您聊天，想了解我的专业和金融未来的应用以及您的建议，无意中得知您是唐山人，从那时起，我就暗暗下决心读您的金融硕士，做您的学生。

上了研究生之后，因为金融学基础稍稍薄弱，直接听您的国际金融市场，特别懵，因为涉及金融衍生品，涉及大量的数学知识、期权投资策略以及各种投资组合，我开始有些自卑，也曾怀疑过是不是自己继续老本行，研究财务管理更加适合。迷茫中我去找您寻求答案，您对我说，投资学起来的确有些难度，特别是涵盖衍生品的整个金融市场，您说未来我国的金融市场会更加多样化，金融产品也会更加丰富，鼓励我选择职业可以跟着自己的心走，但既然学了金融，投资的思维不可少。现在，国内的金融产品虽然还不够全面，但日渐完善，我也对各种金融产品的投资越来越有兴趣，直到现在，我还经常看您送我的约翰·赫尔著的《期权、期货及其他衍生产品》，每次看感触都不一样。

记得我们 2006 年毕业时，您赠我们五个学生每人一本《利率期限结构》，回来后我就赶紧打开看，可是好多都看不懂，我想可能是我没有从业经验，不急，确实随着工作经验的积累，以前看不懂的地方后来看就有了体会，但还是有不理解的地方，每次遇到这种情况，我总是有侥幸心理，觉得哪次去见您时，顺便问问，可现在我再也没有这样的机会了。我现在特别后悔没有听您的话，及时跟您读博士，总是觉得时间还多着呢，可现在一切都晚了。

毕业后我去看望您不如在学校时多了，记得最后一次去看望您是 2017 年的“五一”，那天您穿着 T 恤和牛仔裤，宛如少女，您还嘱咐我，让我经常带着孩子来给您看看，您特别喜欢辰辰，给他买衣服和玩具，完全不嫌弃他的好动和顽皮，到现在我还记得您看着辰辰笑眯眯的样子，您是那么地爱我们和我们的孩子，我怎么也不会想到那次见面就是永别。

于老师离开一周年了，直到现在我才渐渐放下，但还是不能去想太多，否则还是会控制不住。记得您刚离开我的时候，每次我开车经过北四环的居然之家都会泪流不止，觉得自己不仅失去了一位恩师，还失去了一位亲人，袭来的那种孤独感会让我感觉整个世界都是灰暗的。2018 年对我来说，是个极为不顺利的年份。5 月份，您走了，11 月份，我爸爸脑出血，也差一点离我而去，妈妈的病情也越来越恶化，医生多次下病危通知。但我最最遗憾的是，您走得太突然，我都没有回报过您。想到这些我就难受，如果有来生，我一定会好好报答您。

于家为国，握瑜怀瑾

王瑞娜

2005 届硕士

亲爱的老师，您就这样离我们去了，那么突然，我总是觉得有些恍惚，不敢相信，不愿相信，在心中不断回想着您的音容笑貌、与您相处的点点滴滴。

在现已拆掉当时俗称旧楼的东侧阶梯教室里，本科“货币银行学”课堂上，您生动幽默地给我们讲劣币驱逐良币、央行三大法宝……，您深受学生欢迎和拥戴，课后总被同学们团团围住，我虽然总是站在远处，但打心底里喜欢您和您的课，“货币银行学”是我取得最高分的本科专业课程。

本科期间在课堂外，对老师记忆最深的印象，是一次在校园内偶遇老师，那应该是一个夏日周末的午后，您穿着连衣裙，踩着松糕鞋，牵着孩子的手，阳光下远远地微笑着向学生们招手的样子，那么知性美丽温柔。

研究生面试通过后，没有任何犹豫，给老师发去了求选导师的邮件，心里却很忐忑，担心自己不够活跃老师对我没印象，担心老师太受欢迎而自己不够优秀……，没想到的是，您很快回复了邮件，您告诉我您记得我这个小胖姑娘，并肯定地和我说，如果我选定您，您就选定我了，那时候我有多欣喜。

读研的日子过得很快，您在学业上对我们悉心指导，在生活上对我们关怀备至，老师的办公室里总是充满欢声笑语。

研究生毕业后次年的教师节，我回学校去看您，那时您刚从美国交流回来，您关心我的工作情况，并叮嘱我要好好锻炼身体。好好打扮自己，您还从美国给我带了一条围巾作为礼物，那条围巾陪伴温暖了我几个冬季。巧合的是，那次我也选购了一条橘色渐变色的围巾送给您，橘色渐变色，这是您描述的颜色，我之所以记得清楚，是因为这一份小小的心意，您念叨了好久好久。

在 13 年上半年那段我十分困惑迷茫的日子里，您循循善诱不断开导我的话，如在耳边；您不放心我也是为了鼓励我，邀请我去奥森健走，我看见您和您爱人手牵手的幸福模样，如在眼前。

总是得到老师的关心帮助，但每每问起老师，有什么我们能做的，您却总是说，收到学生的问候就最开心了。老师就是这样的善良无私，总是在你有困难的时候竭尽所能地提供帮助，在你顺利的时候默默祝福。

这两年和老师见面不多，但还是会时常联系问候老师，每次收到老师的短信，听到老师的声音，总觉得很踏实很心安，总觉得又获得了新的精神力量。

去年教师节，依旧给老师发去问候，因为距离上次见面有些久了，还是想去学校探望一下老师，您不愿我们麻烦而言辞诚恳地婉拒；想起上次去学校看您，您接待了一拨又一拨学生，虽然无论多忙多累，您对学生总是那么热情耐心，但也着实辛苦，我就没再坚持，总觉着以后的日子还很长，没想到竟再没机会当面聆听您的教诲了。

您就那样安静地睡去了，也许是您太美好，上天需要召回一位天使，也或许是您太幸福，老天也有些嫉妒。

我们其实知道，您是太累啦。您总是怀着最纯洁优美的品德，支持、帮助、温暖、关心着身边的每一个人，不知辛劳，不求回报。

学业生活受老师教诲太多，无以为报，唯有做一个善良温暖的人，将老师的正能量传递下去。

愿老师安息。惟愿有来世，再续师生缘。

追忆恩师于瑾教授

汤群

2005届硕士

2018年5月25日晨，我从同门娜娜的电话中得知了于老师去世的噩耗，一时间竟难以置信，思绪一片空白。在我心里于老师一直留着蓬松的娃娃头，身材小巧玲珑，说话和风细雨，永远都是我在校时那副温柔可人的大姐姐模样，这样的于老师怎么可能就离世了！

犹记刚入学不久，几个师兄师姐告诉我如果有可能一定要选于瑾老师做导师，了解了于老师的学术成就后当时懵懂的我没有抱任何希望，觉得这么优秀的老师怎么可能垂青于我。我给老师发了封邮件，忐忑表达了希望被于老师收入门中的心愿，私下里没有抱任何希望，因为老师如此出众，而我却如此平平无奇。然而没过多久我就收到了老师特别爽快的答复邮件，同意收我入门！幸运的我就这样在未曾谋面的情况下成了当年于老师的三名硕士研究生之一。

与于老师的第一次见面至今历历在目。那是我第一次上于老师的课，下课后一群同学围在于老师周围向她请教问题，我站在一旁忐忑地在心里琢磨跟老师的第一句开场白，然而当人群散去，于老师一眼看到了怯生生站在旁边的我，我正要郑重地介绍自己，于老师主动关切地问我："小姑娘，有什么事情吗？"一句话打消了我所有的顾虑和紧张，我赶紧告诉老师我就是她那个还未谋面的学生。于老师一脸惊讶：啊，你看着好小，我还以为你是大一新生呢！那一瞬间，老师瞪大眼睛笑眯眯的可爱模样至今让我无法忘怀，想起来心中就涤荡着融融暖意。从那以后与老师的每一次见面和交流都是那么自然而轻松，不论是讨论学习难点，还是畅聊生活琐事，于老师就像知心大姐姐一样，谦卑随和，对我从不否定和正面批评，而是不断地给予鼓励和赞美，我乐于与老师分享学习和生活中的所有疑虑和喜悦，老师总是笑容可掬地仔细聆听我们吐槽或感悟，然后给出恰到好处的建议。我在学习中取得的一点点小成就都会被老师无限放大，生活中的一点点喜事老师都当成大事设宴庆贺。在我心里早就把老师当成亲密无间的亲人！

记得于老师睡眠特别不好，尤其每逢第二天早上有课，头天晚上必定失眠，她说担心睡过头迟到所以不敢进入深睡眠，为此我们几个学生也想了不少办法想帮助老师改善睡眠，然而收效并不大。如今天人永隔，看着灵柩里安详的老师，禁不住潸然泪下，于老师太累太累了，也许她并没有离开，她只是想好好地睡一觉而已。多期盼于老师能醒来再笑眯眯地叫我一声小姑娘，期盼再听于老师讲一堂课，指导我再写一篇文章，跟我们一起八卦吐槽，然而我知道这一切只是奢望！于老师，从此您不必再有任何羁绊，不必担心上课迟到，不必再操劳学生的论文答辩，您安安静静地睡吧！学生永远缅怀您！

悼念恩师

贾薇

2005 届硕士

已经过了五七，一直静不下心来好好写篇文章，总是觉得有太多的话想说，又不知从何说起。说起来，我并不算是于老师的直系学生，但机缘巧合，也算半个学生，得到了于老师很多无私的帮助，不论工作生活都收获了很多指导，受益终身。老师可以说是我的良师益友，更是一生努力的标杆、方向和目标。

有了孩子以后，看了很多育儿书，都在讲要做到“温柔而坚定”。一直拿不准尺度，总是有了温柔，就没有了规矩，或者这份温柔很快就被烧没了，一会儿就变成了一顿训斥批评，接着就是一堆大道理和说教。总在想到底怎么才算是做到温柔而坚定呢？突然有天茅塞顿开，老师不就是温柔而坚定的典范吗？

老师的温柔不是表面的意思，不仅仅是表情温和、语气温和。而是要会体会别人的感受，不去强迫别人做不愿意的事情，用爱、理解和包容对待别人，给人如沐春风般的感觉，很舒服放松。记忆中，每次遇到各种难题和老师诉苦时，老师总是各种鼓励，“没问题的，这么聪明，肯定可以”，“对我们大美女来说，那是小意思的”。相信很多同学都被老师这样热情鼓励过，现在一说，脑海中都能浮现出老师温柔、俏皮的语气和语调。其实自己知道离老师口中的聪明、大美女还差得远，但每次被老师真挚温柔地表扬，心底就莫名升起一股力量，有了勇敢向前，攻克难关的冲劲。

特别记得，2006 年实习完分配部门，被分配到了之前闻所未闻的电子银行部门，心情极度沮丧，觉得自己毫无用武之地。老师了解了情况，一方面帮我分析行业前景，一方面鼓励我“学金融的做线上产品一样没问题的呀”。果然，如老师分析，随着之后互联网金融、金融科技大潮接踵而来，我也算误打误撞地赶上了风口。如果没有当年老师的鼓励，我不可能坚持下去，很难想象现在的我会在做什么，面临什么样的境遇。

温柔的老师也有自己坚定的一面，做人做事很有自己的原则。这么美丽、温柔、娇小的老师，万千宠爱于一身，绝对有着肆意生活、任性撒娇的权利，但老师从来都是自强自爱、从不放弃自我成长，对学术对工作追求完美，赢得所有人的尊重和爱戴。记得一个夏天，文科背景的老师自加压力，啃下数学。之后每当遇到新的领域，我都会以老师不断进取的精神鼓励自己不要放弃。老师还很自立，特别记得老师说的一句话“谁的时间不值钱”，总是为别人着想，不轻易麻烦别人。

温柔而坚定，是老师的大智慧，是我一生要学习的楷模。如今，当我在工作、生活中遇到难题，常常会想这件事于老师会怎么做呢?希望在天堂的老师，继续指引我。

致最最亲爱的于老师

何亮宇

2005 届硕士

不肖学生何亮宇来看您了。我想象了无数个与您相见的场景，都是谈笑风生，无比欢喜。可是我怎么也想不到咱们见面居然是这样的场面，我太后悔了。

于老师，您知道吗，20 年前，我第一次见到您，听您讲授“货币银行学”。我想您一定不知道什么叫“惊为天人”，因为本就是天人般的人，又怎知我们这些凡夫俗子的感受呢。我选修了您所有的课程，和众多迷妹迷弟们一起仰望您，崇拜您，并暗下决心，若有机会，一定要拜入您的门下。

于老师，16 年前，我从甘肃千里之外给您打来电话希望做您的学生，当您听说我是在农村支教时，毫不犹豫地答应了我，您知道吗，我当时就体会到什么叫“天都亮了”，可能您自己都不知道，您在学生中有多热门，有多受欢迎。

于老师，您总说自己年纪大了，30 多岁就开始说自己是个小老太太。可是于老师，您知道吗，您真的是永远的女神般的存在。您总是不爱照相，我手里有一张 15 年前与您的合影，今天看来真是太珍贵了，这两天我总是拿着这个照片给亲友们看，大家都说您是那么年轻，那么漂亮，听着我真是又自豪又悲伤。

于老师，13 年前，您为我职业生涯第一份工作操碎了心，帮我提供了那么好的机会和平台，却还总说就怕耽误了我的前程，您对我总是鼓励和夸奖，自己却总是那么温婉美丽、淡然谦逊。于老师，亮宇今天的事业发展和家庭建设都缘起您的知遇之恩和倾力相助，是您改变了我的人生。

于老师，您还记得吗，8 年前，我带您去看了中医，您特别开心，逢人便说，学生带老师去看医生，真是太贴心了，当时我骄傲极了，我就想让您觉得自豪，我就想让您长命百岁。可是我好后悔，没能坚持带您去，今天我做了医院，做了高端诊疗，认识那么多“神医”“御医”，可是谁又能帮我叫醒您呢？

于老师，早些年，您像我的家长，为我的学业、工作、生活操心。这些年，感觉您越来越像我的姐姐。于老师，您比我大 12 岁，您属马，我也属马；您 29 岁生奇奇，我也 29 岁时升级当了父亲；奇奇属猪，我的孩子也属猪；您住亚运村，我也住亚运村。我总是在寻找和您的相同点，我总是相信和您有着特别的缘分。

于老师，我好后悔，好自责，20 年前的回忆那么清晰，8 年来的交流却那么稀少。我好后悔这些年看望您太少太少，我都在瞎忙些什么啊。于老师，我不是不想来看您，是学生怕自己成就还不够大，怕您失望。昨天文灵理事长跟我说，您懂我，懂我一定是因为这个原因见得少了。今天学生就向您汇报下，您知道吗，就在您驾鹤西去的第二天，我带着哀兵必胜的信念，打败了三家国字号竞争对手，拿到了雄安第一标第一名，这都是您教的，一定是您保佑的。于老师，我没有辱没师门，亮宇至少是足够努力的。可是我才不要什么第一，我要您醒来，让我再叫叫您，让我抱抱您，这真的是子欲养而亲不待啊，于老师。

于老师，楚云、湘蓉、小婕、瑞娜、汤群、贾薇都来了，涤非、杨晶也从新加坡打来电话，我们都 40 岁了，我们都哭得跟孩子一样，我们都还很迷惑，还要您能再多教教我们。我们也互相鼓励，互相提醒，尽快去拥抱那些转身就能获得的幸福，好好去爱那些爱我们的人。于老师，这是您给我们上的最后一课，这是人生的重要一课，您真是一直在用生命教导我们啊。

于老师，请安息吧，我们约定好，下辈子，还做您的学生。

春蚕到死丝方尽，蜡炬成灰泪始干

李菁

2006 届硕士

看着照片中的于老师，回想起十五年前初识的时候，老师也是这个模样，蓬蓬的短发，和善的笑容，柔柔的语调，温婉的神情。虽然我是本校考研，但是之前并没有见过老师。考研分数出来之后，热心的师姐让我去找于老师做导师。抱着试一试的心态，我给老师发了电子邮件。那个时候正赶上 SARS 肆虐，一封简单的电子邮件，一位素未谋面、非本专业的学生，我完全没有抱任何希望。但老师很快回复了邮件，爽快地同意接收我，说自己在外地，让我在非典期间注意身体，回学校后再联系我。虽然当时没有见过于老师本人，但她这种简单、率真、亲和的形象深入我心，我就这样幸运地成为于老师的学生。

刚跟老师接触的时候，真心感慨“怎么有这么简单、这么可爱的老师”。每次与老师的交流和沟通，老师都会鼓励我，给我巨大的信心。遇到不懂的问题，老师先会找自己的原因“是我没有讲明白”，从来不会说“这个我讲过，你怎么没明白”之类的，然后再特别认真、详细地讲一遍，直到我们都清楚明白。多少次，于老师家人已在楼下等着已下课的于老师很久，但于老师还在给我们答疑、交流而忘记了时间。三年研究生期间，于老师亦师亦友亦姐，在没有微信的时代，任何时候给老师打电话、发短信，不管是学习还是生活方面的问题，老师都会认真回复；对于我们这些学生，她从来没有让我们帮她做过任何事情，一直都是自己主动付出，问我们在学习和生活上有什么需要帮助的。对开设的“国际金融市场”这门课，老师费尽心思根据课程安排从外面给我们找优秀的、有实操经验的资深人士，为我们进行讲解，让理论与实际更好地相结合。老师从来不拘泥于课本上的知识，更看重的是让我们在学习过程中得到实际的受益和提高。

毕业以后，我去了外地工作，与老师很少见面，逢年过节跟老师聊近况的时候知道老师因为出差来过我所在的城市，但是因为怕麻烦我、打扰我，所以来了也不联系我。老师就是这样一个不愿麻烦别人，但却不怕别人麻烦自己的人。2015 年再次回到北京工作，教师节的时候我去学校看老师，九年未见，老师完全没有变化，岁月也不舍得在这样一个温暖、平和、永远充满爱和感激的人身上留下任何痕迹。老师请我和几个来看她的师弟师妹在学校附近的餐厅吃饭，即使是这样一个属于她的节日，她也不让我们请她吃饭，还是一如既往地安排好餐厅、让我们点爱吃的菜，倾听我们工作、生活的各种琐事，开心地与我们交流自己的生活，依然把我们当成孩子一般爱护和照顾。

最后一次与老师的交流，刚好也是在去年的 5 月，老师那个时候正忙着各类学生的论文答辩，本科的、研究生的、在职的。老师显得很疲惫，我心疼老师，问老师，您还这么认真干嘛啊，差不多就得了，好好享受一下生活吧。老师柔柔地说："那不行，得对这些学生们负责啊。"但是，您想过对自己的身体负责吗？

一年后的 5 月，当我在微信群转发的讣告里看到"于瑾"这两个字时，我不敢相信自己的眼睛，泪水忍不住流下来，不敢相信这样一个温暖、柔美、全身心爱着她所有亲人、朋友、学生的人，就以这样一种方式离开了我们。再见到老师时，老师静静地躺在那里，无论我们怎么哭泣、怎么呼喊，就那样，静静地在那里。可能老师真的是太累了，就像是那只春蚕，耗尽了所有的力气去帮学生编织梦想的翅膀；就像是那根蜡烛，燃尽了自己的每一寸去点亮学生的未来。"执卷寻师空有愿，亲聆赐教更无期"，多想再听老师讲讲金融市场、生活点滴，多想再与老师共话家常，看着老师真正变成她嘴里常常念叨的"小老太太"……

亲爱的于老师，您好好休息吧，我们会永远想着您，惦着您，爱着您！

芳　华

刘丹

2007 届硕士

提笔写下这篇小文的时候，南方飘着濛濛的细雨，忧伤又凝重。白天刚带着幼子老家扫墓回来，孩子问我，人走了以后，就再也见不到，只能看到那一块碑吗？忍不住流下好多眼泪。人到中年，开始经历越来越多的意外和生老病死，内心也慢慢磨砺得似乎更加坚韧，但对老师的突然离去，却是最难以接受的。您的突然辞世，学校痛失了教学的中流砥柱，家人痛失了最温婉体贴的妻子、母亲，而学生们更是痛失了一直以来不吝给予我们谆谆教诲的人生导师。这样的盛年，这样的芳华，淡淡的笑容，素色的裙子，永远是我们内心最温暖的存在，就这样，永远地走了。

一直觉得应该用最美好的文字，认真纪念我最敬爱的导师，却总觉得笨拙的笔尖难以表达这样特殊的情感。看了几篇同门写的悼念文章，深刻地体会到，其实每个人都受到老师太多恩惠。这样的润物细无声，便是在我们最渴求知识也最懵懂的阶段，给了我们传道授业解惑的指点，让我们学会思考和冷静；更不吝用温暖让在异乡求学的我们，感受到爱和呵护。这样亦师亦友亦母的情愫，照亮了我们长长的人生路，这样最熟悉的永恒，突然消失，就像某一种信仰的突然崩塌，在过往的好多个夜晚，都让我难以入眠。

最后一次见面，是去年回京的时候，与您和王老师一起聊天，也不免抱怨工作生活中的压力和困惑。您对我说，能坚持在一线做投资，见证这个大时代，总是很有意义的体验。您依然习惯性地拍拍我的肩膀，微笑地鼓励我说，小姑娘一定可以的，你可是我的骄傲呢。眼神仍然如少年般清亮纯澈。在后来的很多个焦灼的时刻，每每想到这个眼神，总能让自己打起精神，我是老师的学生呢，虽然能力有限，总是要努力的。

天妒英才，盛年的您，就这样突然地离去，留下了太多追思和遗憾，怎能不叫人扼腕叹息。很多次参加老师的纪念活动，看到王老师那样的款款深情，认真给我们介绍每一张照片和场景，回忆与您相处的点点滴滴；看到每一个人，充满感激地分享与您相处的片段，细数受到您的关怀和帮助。时常会潸然泪下，甚至有一些恍惚。您真的离开我们了吗？还是在一个不同的时空，与我们围炉夜话，微笑着，拍着我们的肩膀？生死总归是太残忍的话题，或许我们也应该学习您，更淡然一些，感受您一直在我们心中的温暖。

对我而言，如人间四月天的老师，一直是我作为女性的人生楷模。很小的时候，您就教育我女性要有自己的事业，更应该是子女良好的榜样，先生可信赖的伙伴。当年，决定要结婚的时候，您对我说，一定把先生带来看一看。您看着质朴的小林，乐得合不拢嘴，还说我把这个好姑娘交给你了，可得好好照顾她。回头又时常叮嘱我，要细水长流去经营情感，让自己变得更好，更帮助先生完成想做的事，才是好的婚姻，好的生活。长大以后，我才慢慢明白和体会其中的深意，柔软的力量，在取舍中的平衡，让每个与您相处的人如沐春风，这是何等的优雅和智慧。现在小林也成了更成熟有担当的老林，我们又有了小小林，学生还在笨拙地努力，努力向老师学习，做一个丰富而温暖的人，虽不能达到老师的境界，总归心里也是觉得能和老师更亲近一些。忘不了学生们遇到困难时，您总是全力以赴，给予最大的帮助；忘不了您永远淡淡的笑容，隽永的芳华。虽然我们无法像于老师一样，专业又渊博，桃李满天下，可我们每一个学生都是于老师播下的种子。我们都努力成为像老师一样，无私、执着、追求真理的人，也努力用爱温暖别人。

那天在老师的墓碑前，我放了一大把雏菊，那是我觉得最代表老师的花语，美好而恬静，希望您喜欢。一次告别，就会有颗天上的星星熄灭，天妒芳华，却把隽永的微笑留在了人间。无论您在哪里，您的面前永远恭敬地站着我们每一个人，听您教诲，受您叮嘱。我们都是您生命的继承，永远鲜活，永远燃烧。

亲爱的于老师，学生永远怀念您！

花开四季，温润而泽

侯昊

2009届硕士

本是一个非常平淡的下午，那几天没日没夜的在北京工作让自己很疲惫，过了交易时间定了下午的飞机准备回深圳，洪露哥哥一个非常急促的电话打破了整个候机厅的平静；洪露哥哥说老师走了，在那个瞬间整个人空白了，在这三十多年的记忆里，这是第三次这样：一次是2008年5月12日，一次是2014年5月底，还有这次2018年5月25日。

顿时控制不住自己的眼泪，我已经过了小朋友的年纪，而立也都过了几年了，但是种种记忆还是浮上心头。也许这几年生活工作的不如意都比不过这样的打击，印象里的老师永远是那样的温润而泽，对待周围的人都很和蔼友善，永远像一个知心朋友、家人一样关心着周围的人，事无巨细。不住的情绪扰动了整个候机厅的平静，有人给我递上了纸巾，同事发现我一个人躲在墙边角落里不停抽泣，最后将我扶上了飞机。

老师的手机号十几年来都没换，而我的手机号已经换了一个又一个，看着和老师发的短信和微信泪如泉涌，我打住了更换这个用了两年手机的念头，这个手机我将会永远作为纪念保存下去。

2007年的夏天，经历了本科毕业的种种，我鼓起了勇气在宁远楼“投资学”的课堂上和老师说：“我想成为您的学生。”那个夏天很漫长却很炙热。我说我在考CFA，我想考精算，我想学习很多很多新的东西，有用的东西，虽然我不确定十年后的我在做什么，过得怎么样，但是无尽的求知欲还是驱使着我不断前进，只为求个正确的道。老师仔细耐心听着年轻的我的打算和目标，鼓励着我勇敢去追求自己的梦想和未来。老师介绍了很多以前的学长考 CFA 的故事和经验，为了我考精算还介绍了老师认真指导了我的寿险精算考试——后来课堂手稿被我从北京带到了深圳。

在于老师的鼓励和倾力帮助之下，我的精算考试和 CFA 考试都进行得非常顺利，甚至有点不可思议。CFA 和 FRM 考试两周时间搞定，精算的考试还考了北京市的前几名；然后就被老师调侃是“神童般的小朋友”，后来这个绰号伴着我很多年；老师说如果是我的父母应该有多么的骄傲和自豪，可是没有于老师我可能不会这么勇敢地坚持，此生从来没有人这么激励我去实现这看起来不可能的目标，我也永远不可能有机会知晓自己的潜力。而这已经成了过去十年我每每超越自己极限的习惯和动力。

我还记得送别丹姐和扬哥的散伙饭，我还记得送别 06 级师兄师姐的散伙饭，于老师鼓励着每一位毕业生祝每个人前程似锦，您就像知心的朋友一样伴着我们走过人生最重要的阶段，您是最亲切的明灯照亮了我们每个人迷茫的未来，却永远不求回报，云淡风轻，淡然宁静。“读万卷书行千里路”，不管学生在哪儿都忘不了老师的教诲和音容。

2008 年的夏天是我第一次这么近距离地接近死亡，也改变了我之后的人生轨迹。那是我第一次在您面前哭泣，您讲述了那场发生在 20 世纪 70 年代的天崩地裂，您鼓励着我生者要坚强，那是对逝者最好的祭奠。

2008 年的冬天漫长而温暖，穿梭于北京城找工作，每当我遇到挫折的时候总是您鼓励我重新打起勇气，“我们 UIBE 的学生不会比别的学校差的”。我还记得和您讨论广州那份工作时，因为在广州，那个时候的我还没有准备好离开北京，最后我放弃了。虽然后面我陆续找到了总行和大保险公司的工作，但是还是您了解我，鼓励我来到深圳工作，最直接地将自己所学习到的东西在市场中学以致用。就这样，我离开了北京开始了新的求道之旅，在这之后却只能偶尔在博学楼 301 教室看看最亲切的您。每次看到您都和从前一样，对所有学生的问题都会事无巨细的解答，我尽可能不去打扰您。可是这次以后，我连去博学楼的理由都没有了，也许会在熟悉的位置看着讲台，哭成泪人。

这十年的工作起起伏伏，学生心里那个准绳在 2014 年因为家庭的一些事情迷失了，所以有几年时间我从周围所有熟悉的人身边消失了，错过了很多东西。如果时间可以再次重来，我会在 2011 年成为您的博士，我会在 2013－2015 年多回来看看您，可是我知道这一切都不可能再次重来。当我 2016 年回到您身边的时候，虽然那个时候我对自己的知识体系和投资信仰充满着巨大的不确定，但是更坚定 Thorp 和 Taleb 之道是最可能成为真理的 Quant 之路。

答应您的事情学生此生都不会忘记，但是前行的路是多么地坎坷而曲折，如果没有您在身边无微不至的鼓励和支持，2012 年工作中遇到的低谷，我可能不太容易走出来，所以 2012 年回来后，觉得辜负了您的期待，那段时间的我，不敢出现在博学楼的门口。直到 2016 年的那个春天——那个春天明媚而灿烂，整个北京城飘着代表着新生的柳絮，因为那个春天我再次明白，不管学生在哪儿在何种工作岗位上，您还是我心中那个永远照亮前路的明灯。从那之后，每次回到博学楼我都很高兴，也许不能与您多说几句话，但是每每有所期待就很幸福。在这之后一段时间，我逐渐克服了自己的心魔，在朋友的帮助下逐渐找回了我求道的准绳，回过头来看这样一段经历也是自己最宝贵的财富，我知道了什么才是最正确的求道方式。我回顾了过去十年学习的东西，总结了很多，我还记得去年秋天高兴和雀跃地告诉您十年后我在纽约遇见范超军和任穆霆的经历，因为我又找回了我出发时的初心，谢谢您，于老师，这十多年一直耐心地谆谆指导。

这是硕士毕业第十个年头，我想把我这十年来觉得最好的书和最正确的道告诉您，作为这次教师节的礼物。可是，当我满怀期待等待这个九月到来时，我却在中日友好医院看到了躺在水晶棺的您——那个永远和蔼可亲温润而泽的您，那个永远激励学生前进的您，就这样安静而永远地离开了我们，我不想相信这是真的；控制不住自己的情绪呆坐了不知道多久，蒋老师看到我说的第一句话就是“于老师一直很惦记你的成长”，我已经控制不住自己，我是一个任性的学生，这十年为了理想而坚持着。所以和大家一起守灵的时候，那句“习惯优秀”是学生永远对您的承诺。直到八宝山的告别，我仍不敢相信这是真的，我多想再次告诉您“十年后，学生初心不改”，也有好多好多话想和您讲；您对于学生就是四季中最美好的回忆，您是学生最坚定照亮航路的明灯，是您的温润而泽教会了学生为人处世的哲学和态度。于老师，学生这辈子最值得庆幸的就是成为您的学生，最幸运的是成了您口头中“神童般的小朋友”。花开四季，于老师，您是最好的老师，不求任何，平淡淡然，完美至善；很高兴此生是您的学生，虽然您淡泊宁静，学生也会竭尽所能来纪念您，学生也会 keep on moving，不负您的所期!

春风化雨

支彦

2010 届博士

五月，阳光温暖、惠风和畅。二十五日一早，却传来噩耗，尊敬的恩师于瑾教授于五月二十四日晚永远地离开了这个她挚爱的世界。

二十四日下午，于老师在学校指导学生论文后回家休息，安详地睡去。老师的离去，如她生前的风格，平静安详。而她的突然离去，令热爱她的亲朋好友和学生们猝不及防陷入巨大的悲恸！我身在异国，不能亲自送别老师，更有无限遗憾！

2013 年我赴美之前，老师约我在太平桥大街附近一间雅致的茶室见面，促膝长谈，谆谆教导至今仍萦绕耳际。我正期待下次回国时拜访老师，却不料世事无常，五年前的长谈竟成最后一面！

初见老师，是在硕士研究生期间，上老师的“国际金融市场”课。老师授课严谨，言行温和，让学生们有如沐春风之感。在那个没有智能手机和微信的年代，在充满了朝气蓬勃的研究生的宿舍里，几乎每次有同学在校园里遇到老师，回来都要愉快地向全宿舍通报。老师就是学生们心中的仰止高山、行为典范。

在 2006 年的博士生入学考试中，老师是我的面试考官之一，我第一次和老师有了近距离的接触。老师的提问，更多的是引导和启发，让一个立志金融事业的学生受到鼓励和启迪。此后，我非常有幸地成为老师指导的第一个博士生。在读期间，老师对我亦师亦友，在我前进和彷徨的道路上给予了许多支持和指导。老师在我的学位论文选题上也再次显示了她优秀的学术洞察力。基于抵押债务凭证在 2007 年全球金融危机中所扮演的重要角色，老师帮助我确定“抵押债务凭证信用风险分析”为论文主题，研究抵押债务凭证的信用风险度量和管理，反思信用风险模型对金融市场的意义。在老师严谨的治学精神指导下，我真正接触到当时先进的金融风险分析理论与工具，锻炼了学术研究能力，提高了在实务工作中的思辨能力。在将近十年后的今天，再读老师指导我完成的这篇学位论文，我仍能深切地感受到这个主题具有鲜明的现实意义，体会到老师对金融学术的深刻理解与把握。老师对我的引导与教诲，终生难忘！

和老师见面，有时在她的办公室，有时在她的课堂上，有时是单独聆听老师指导，有时与其他学生和老师一起讨论，有时坐在老师授课的上百人大课堂，有时跟随老师与其他老师见面……无论什么时候，有老师在的地方，气氛总是那么融洽。那都是我的美好记忆。

博士在读的同时，我在银行工作。记得不止一次，我赶到学校时已经天黑了，而老师仍在教学楼办公室等我，耐心地为我指导论文。天黑之后的教学楼灯火通明、宁静祥和，偶尔传来校园外车水马龙的一点喧嚣。彼处的喧嚣扰乱不了此处的宁静，是老师的辛勤在引导着学生的求知。得知老师离去当天的上午还在学校指导学生论文，我蓦然回想起当年老师在灯光下对我的指导，心中无限感慨！

老师对自己孩子的爱，也感染着学生们。我曾听老师在课堂上提到她那当时还是小学生的孩子对金融的天真理解，引起学生们愉快的笑声。我也曾见到老师看自己孩子的眼神，充满母亲的骄傲与慈爱。某年，老师遭遇车祸，原因是另一辆车的司机违章驾驶撞到老师所乘车辆，老师有肋骨断裂，她却对我说，幸亏肇事车辆直接撞到她坐的位置，没有撞到坐在她身边的孩子。慈母之心，天地可鉴。

老师对我们的教育与感染，如春风化雨，润物无声。却不料她英年早逝，给我们留下了无限的悲恸与惋惜！如有灵魂所安之处，愿老师安息！

老师的美丽风范，长存于天地之间！

不想说再见

梅天雅

2010 届硕士

这一天，就像在梦里，不真实。

这一天，希望就是在梦里，不是真实。

到现在还是难以接受，最敬爱的于老师，永远面带微笑，对待我们总是温柔又暖心的于老师，永远地离开了我们。恍恍惚惚坐上出租车，车窗外刺眼的阳光，难以照亮我心中的阴霾。想到于老师再也看不到这阳光，刚止住的眼泪又倾泻而出。

与许多贸大同学一样，我在大二的货币银行学课上认识了于老师。深入浅出的讲解、和蔼可亲的态度、温柔甜美的声音，除了给我们这些刚接触金融专业课的学生打下了扎实的理论基础，激发了对金融学的兴趣，也成为我们一位珍贵的良师益友。之后，如愿读研时在于老师门下学习，有机会得到老师更多的教导。

于老师总是很忙碌，那时候不仅给本科生开课，给研究生开课，还要带研究生和博士生，算一算得有 20 个学生，这还不算每年要指导毕业论文的本科生。于老师总是很优秀，不管是本科生还是研究生的课，都是热门核心课程，尤其是本科生的课，能抢到于老师的课，是一种幸运。于老师总是很耐心，上完课之后身边总会围绕着一堆学生，虽然已经连续站着讲了一个多小时，却还是不顾疲倦地耐心解答每一个人的疑问，经常忘记时间。于老师总是很温暖，在学习上指导我们，给予我们知识和学习的方法，在生活上无微不至的关心、在成长的道路上的引导和帮助，给予我们力量和方向。于老师总是很细心，每一个学生的点滴变化都逃不过她的眼睛，轻声的询问，贴心的关怀，就像妈妈般温暖，不管在校园里，还是工作了多年，她都像港湾、像灯塔在那里，在心里，永远都在。

校园华灯初上，与老师一同从教学楼里走出的场景，还历历在目；金融街角，老师的谆谆教诲和温暖的嘱咐，还萦绕耳边；电话那头，老师关切地询问近况和下次看望老师的约定，如在昨日。

闭上眼睛，仿佛可以回到博学 12 层，推开门，您还是满脸温暖的笑容，问着最近怎么样；您开心地说，难以抉择的事情交给王老师就能当机立断，加快效率；您温情地说，儿子班上发生的事情太有趣了；您骄傲地说，某某学姐最近写的文章非常棒，又发表在某某期刊了；您鼓励地说，某某话不多，做事和学习认真且有想法，将来一定很有发展。在您眼中，每个人都那么美好，在您眼中，每个人都能看到美好。

而如今，您安静地躺在那里，就像睡着了，多希望只是睡着了。从今以后，回到惠园，再也无法去您的办公室探望；遇到困惑，再也无法拨通您的手机；微信群中，再也得不到您的指导。

不想说再见，不想让一位孩子失去母亲，不想让自己失去一生的良师益友；不想说再见，与您约的好几次见面都因为各种原因没有成行，现在空留遗憾；不想说再见，今年正是我们做您的研究生的第十年，本来想聚在一起汇报下这些年工作取得的小小成绩，可再也没有机会。

痛失良师箴言常在耳，深明大义益教再求谁？心中的悲痛不能平息，深深的思念令人夙夜难眠。您在我们的心中种下一颗美好的种子，并用心浇灌与呵护，现在它生出了芽，长出了枝叶，开出了花。我会把您带给我人生的美好精心保管，把您的教导铭记于心，永远为是您的学生而骄傲。

怀念吾师，愿您安息。

师如明灯照我行

范蔚然

2012 届硕士

2010 年，当我拿到保送贸大的通知书时，我通过网络添加了很多素未谋面的贸大师兄师姐，向他们求教应该如何选择导师。师兄师姐们给我了很多建议，但都有一个共同点，推荐于瑾老师做导师的人最多。抱着试一试的心态，我给于老师发了一封邮件，认真介绍了个人情况并表达了想成为她学生的意愿。想到于老师有这么高的人气，我也没有抱太大希望。邮件很快就得到了老师的回复，她在信中写道："蔚然小朋友你好，很高兴收到你的邮件。待你到北京我们见面后，看我是否符合你的要求，你再考虑是否选我做导师好吗？"于老师就是这样的一位老师，她有一颗仁爱之心，总是平等地对待每一个学生，和她相处，如沐春风。

于老师的课总是贸大最难选的课之一，选课系统一开放就爆满。于老师的课，我从来没坐进过前 10 排，因为总有一大批同学比已经提前半小时去占座的我还要更早一些。于老师的课受欢迎带来的另一个直接"后果"是，她几乎没有能按时下课的时候。下课铃声响了，同学们不是涌出教室，而是涌上讲台，把她团团围住。每一次，于老师在上完两个半小时的大课后，都会留下来为同学们答疑一两个小时，不管到几点，她都会耐心的回答完每一个问题。

但每次在学校见于老师都是在教室或者教师休息室，在我印象中，我好像从来没有去过于老师的办公室。对于这点总是让我很奇怪，每次问起老师的时候，她只是很淡然地说："我不太常去办公室，你们有事到我有课的教室来吧。"直到老师离开了我们，我才知道了这个秘密的答案，原来是她把自己的办公室让给了其他有需要的老师了。于老师就是这样的一位老师，尽其所能地为他人排忧解难，默默付出，从不求回报。

经师易求，人师难得。就是在这些平凡的日子里，老师每天都做着她口中这些平凡的事情，却为我们每个学生都树立了一个不平凡的榜样、栽种了一颗不平凡的初心。

毕业后，于老师还在持续地指导帮助我们在人生道路上的每一次成长。在工作的第三年，我曾遇到过一个棘手的职业选择，是否去陌生遥远的贫困村担任驻村第一书记，帮助当地贫困群众脱贫。就在我犹豫不决时，于老师的一番话让我真正下定了决心。我清楚地记得，她告诉我“基层很苦，但脚底踩泥之后心里会更踏实”，“山区很远，但读懂祖国之后人生会更精彩”。

即便我已经在农村，于老师也经常问候我的工作和生活，在她得知我爱人对我去到农村，一人留京颇有怨言时，她设身处地地帮我分析家人不支持的原因，用她的人生经验告诉我应该怎么争取家人的理解和支持，让我在北京有任何困难都尽管向她提，不能让我爱人在北京感觉无依无靠。正是老师的鼓励和帮助，让我做出了最自豪选择——从北京金融大街去了基层田间地头。让我有机会在平凡的岗位上，也能像于老师一样，做一点不平凡的事。

正如习近平总书记所说“教师要甘当人梯，甘当铺路石，以人格魅力引导学生心灵，成为塑造学生品格、品行、品味的‘大先生’”，于老师就是这样的一位“大先生”。

虽然我和于老师相处时间短短 6 年，她在平凡的每一天里做着很多不平凡的事。她的一言一行如同一盏永不熄灭的灯，指引着我，并将一直指引下去。

最后我有一首小诗想送给于老师：

忆及恩师痛断肠，
音容笑貌入梦乡。
循循善诱释疑虑，
不忘初心立榜样。
寒冬披衣显慈爱，
捎话叮嘱暖心房。
莫负生平君教诲，
牢记使命为国强。

于老师，好想再拥抱您一次

李超

2012 届硕士

2010 年，我以 409 分的成绩考取本校研究生，公布成绩后，第一件事就是申请于老师的研究生。同于老师第一次正式见面是在宁远楼的大教室里，她温柔的声音和笑容极大缓解了我的紧张，让原本在生人面前拘谨的我竟毫无压力。不过，结果却出乎意料，老师并没有即刻答复我，希望我们在学术及为人处事等各方面都能相互认可，建议日后进一步交流、加深了解，再做决定。此后，我们通过邮件进行了多次沟通，直到第三次见面，我终于获得老师的认可，正式成为她的学生。后来，我总是想，在众多学生中，老师为什么唯独多次“考验”我，是为了让我不因考高分而沾沾自喜？可以肯定的是，分数显然不是老师最在意的，她更在意的是学生的品格。

在校期间，老师教给我最宝贵的是严谨治学、脚踏实地的治学精神。老师教授的数门课程中有一门是投资学，这门课对学生的数学和金融基础要求较高，加上教材是外文翻译而来，部分章节晦涩难懂。老师花了大量功夫准备教案，讲解时深入浅出，结合金融市场现状，将枯燥的课程讲得丰富生动。为了让我们理论联系实际，她还邀请在鼎晖等大型金融机构就职的师兄师姐来给我们讲解实操案例，博学楼的大阶梯教室里挤满了人，很多非读本课程的同学赶来听课，大家都知道这些经验分享是多么宝贵。我于 2010 年下半年入学以后，老师便建议我们提前构思毕业论文，并与每位学生交流研究兴趣及选题意向，有针对性地给每人提供了选题建议。考虑到我们又要上课，又要实习、找工作，还有论文的压力，老师总是主动跟进我们的论文进展情况，及时提供建议与帮助。老师在邮件中提醒我们：“虽然硕士论文不要求很强的创新性，但相似性检测是个硬要求，所以一定不能完全照搬他人成果，至少在研究范围、研究方法等方面有些新意和拓展。”老师对毕业论文要求严格，批改时非常用心，在我的论文上用铅笔圈圈点点，做了多处标记及批注。并且，老师告诉我，我的论文是她和王老师共同讨论修改，更显老师在学术上的认真专注。如今，我对毕业论文具体内容已印象不深，但对老师的批注却记忆犹新，尤其是论文最后的政策建议部分。

在实习和找工作期间，老师同样给予我们很多指导和帮助。我们 2010 级五名研究生经常相约找老师汇报实习和找工作情况，初入社会的我们急于得到老师的指点，经常在宁远楼的小会客室里聊到天黑，但无论多晚，老师没有一次打断过我们的讲话。她理解我们的焦虑和迷茫，所以竭尽所能地给我们答疑解惑，也不遗余力地帮我们寻找实习机会。她清楚地知道我们每个人的性格和优点缺点，适合什么性质、什么行业的工作，给出的建议总是很有针对性。

参加工作以后，因为工作地点离学校较远，回校探望老师的次数不多，但每次回校都感觉一切都没变，讲台上的老师，蓬松的短发、深色的长裙、温暖的笑容，以及簇拥在周围的同学，时间好像被定格了一样。我与老师一直保持微信联系，不时汇报近况。老师也经常关心我的工作、生活情况，叮嘱我规律作息、按时吃饭。久而久之，有了烦心的事儿总愿找老师倾诉，有了问题也是第一时间向老师寻求建议。我曾在朋友圈发过一张老家枣林丰收的照片，老师一直对此念念不忘。2017 年国庆节，我们一拍即合，决定去我的老家，一个青岛沿海小村子，看看老师心心念念的枣林。短暂相聚的几天，老师终于体验了她一直向往的宁静悠闲的田园生活，而我也因能满足老师的小心愿，能为老师做点什么而欣慰。我至今仍能记起老师捧着亲手摘的苹果和柿子那欣喜可爱的样子。也是在这期间，我才第一次知道老师长期失眠，沿海乡村的安静让她暂且放松下来，难得睡了几个好觉。我们还相约以后每年都到这看看海，摘摘果子，简单惬意，自由自在。

2018 年 3 月，我有了小孩。第一次当妈的我内心焦躁，在和老师聊天时抱怨孩子总是要抱，使我休息不好，老师便记在心上。小孩满月时，老师和王老师来看望我们，带来了漂亮的小摇篮，让我感到惊喜。孩子很是喜欢这份礼物，尤其是摇篮的哄睡音乐，摇篮一摇、音乐一响，孩子便慢慢地安静下来，也极大地减轻了我的负担。后来，孩子大了，摇篮便传给了我同事家的小孩。现在，不知这小小摇篮又在安抚谁家宝贝？

于老师品格高尚、心有大爱，是令我们仰望的完美主义者，但她又非常可爱，这份可爱让她生动、真实，让她积极向上、温柔坚定的力量深入人心。她是一位优秀的教育工作者，但绝不是象牙塔里的学者，她不屑于名利，不随波逐流，但心如明镜，像大隐隐于市的智者。她总是能清楚地记住每个学生的点滴，欣喜于每个学生的成长，不论是学习上、事业上、生活上，每个学生对她而言都是特别的存在，她给了我们最需要的爱和尊重。就像多年后我们聊起初次见面的场景，她依然记得我说话的神态，记得我穿了套黑色小西装，“显得特精神”。我们这群学生有的虽素未谋面，相互间却倍感亲切，是因为通过老师的诉说，我们早就知道了彼此。

我是个很容易自卑和自我否定的人，是老师一次次的鼓励，让我重拾信心、不断进步。在北京这座城市，我原本像一支浮萍，是因为有了老师的关怀和牵挂，才在这里找到了归属感。不论是平日里的问候还是结婚生子时的祝福，都让我感受到了家的温暖。电影《老师好》里，苗老师对他的学生说：“在人生的道路上，有许多十字路口，而最重要的，可能就那么一两条。”我庆幸且感恩，在我人生的每个十字路口都有于老师的指引。是她的提点，让我懂得选择最适合自己的，而不是贪恋最好的。

在老师离开的这些日子里，我的心一刻都没有停止对她的想念。如果以前能多回校探望她，察觉她脸上的疲惫；如果聊天时能多关心她而不是光顾着自己倾诉；如果能早点带她去家乡看看，让她多睡几个好觉，我也许不会像现在这样自责内疚。夜深人静的时候，回忆起我们相处的点滴，我多么希望可以与她在梦中再相遇，就像许久未见的老朋友，再拥抱她一次。

于老师，您还记得吗?

胡翼凤

2012 届硕士

于老师，您还记得吗？很多年前在您的本科生的课上，有个小姑娘全程满眼星星地听您讲课。也许这样的学生太多，您不会记得，也不会知道，这个小姑娘那时就默默下决心要考上您的研究生，因为能有这样博学又幽默、专业又可爱的老师，想想都能笑出声来……

于老师，您凭借渊博的知识和丰富的阅历，以有趣的方式将金融世界呈现在我们面前，为我们打开了金融学的大门，让国际贸易专业的我爱上了金融。在学习和考研的过程中，不论是遇到瓶颈还是倦怠，去听一节您的课又能让我重新燃起斗志，因为听说您喜欢学习好的学生，我知道只有努力，才有希望！

于老师，您还记得吗？在您一次下课后我找到您，紧张得都不敢抬头，只是怯生生地小声问："于老师，我这次考研考了 390 分，可以做您的学生吗？"您天使般的微笑瞬间融化了我所有的紧张，您开心地说："你长得这么好看，考得又这么好，我当然愿意啊，我最喜欢漂亮的小姑娘了！"

于老师，我永远忘不了当时这个小小的玩笑带给我的鼓励。我本是如此自卑，觉得自己不配拥有这么优秀的导师，鼓起了莫大的勇气才敢和您讲话。您用最温暖的方式接纳了我，也让我在别人羡慕的眼神中渐渐自信起来，因为每次只要提到自己是您的学生，别人的反应都是：那一定很优秀。读研的两年，我努力地充实和提升自己，只为让自己配得上这样的光环和荣誉。

于老师，您还记得吗？您跟我说："这届学生里，我最担心你了。"我毕业写论文找工作不理想，对未来没有信心，是您耐心劝导我，为我的论文提供专业的意见，并让同级的“面霸”传授求职面试经验……是您一路保驾护航，帮助我顺利地毕业，也是您的鼓励，帮助我找到心仪的工作。

于老师，您还记得吗？毕业的时候，我跟您说，我会常常回去看您。刚开始工作的时候，我确实惦记着回去再听听您的课，向您汇报工作。但又怕我还是您最担心的那个学生，就想着来日方长，待我事业有成，不用您担心了，我再去学校看看您，和您聊聊天。却无论如何也没有想到，我再也没有机会了……

于老师，您的离开给我上了最后一课。每次我在工作中带新人的时候，就会常常想起您对我的恩情，愿将专业和温暖也带给他们；在享受和朋友家人在一起的时光时，也会想起您谈及家人时的满脸幸福……

于老师，您还记得吗？您说希望我们各个都能平安幸福。于老师，以前那个让您担心的小姑娘现在长大了，在社会和家庭中实现自己价值的同时，也持守着内心的平安喜乐。

于老师，谢谢您！您的言传身教在我心里，您的音容笑貌在我眼里，您的谆谆教诲在我耳边，您的言行举止在我身上，愿我能努力活出您的样子。于老师，我永远怀念您！

怀念恩师，永远指引我们前行

赵乔彬

2012 届硕士

初识于老师是在 2010 年。那年我从外校保研，对贸大导师不甚了解，咨询院里一位老师推荐于瑾老师。忐忑地发邮件自荐，于老师很快回复了见面时间。记得那是在宁远楼教师休息室，傍晚温暖的阳光洒满了房间，于老师微笑着坐在对面认真听我讲，似乎相识很久没有一丝距离感。本以为会像面试一样考察性提问，老师却只是肯定、赞许和鼓励，那种坚定带来的勇气和力量，一直伴随至今。

研究生生活匆匆两年，每次去见于老师，都会遇到课后团团围住的学生和回来看望老师的师兄师姐。无论是谁在谈论什么话题，老师总能从中发现对方的闪光点，再温和地加上自己的看法，启发同学们自己去思考和判断。对于每位学生的学习生活，老师都在默默留意，并在有任何需要的时候竭力支持不求回报。

毕业多年，时常回想起老师的点滴，以及对我们人生的影响。古人云：言传身教，于老师亲身教会我们严于律己、正直诚恳、宽厚待人。在这浮华匆忙的社会，这些宝贵的品质那么容易被人忽视，但是因为老师的教诲，我们有幸终生不会忘记。

老师突然离去没有给我们告别的机会。

感谢今生遇到您，我们来世再做师生。

师恩重如山，学生莫敢忘*

刘翔

2013 届博士

我 2004 年进入对外经济贸易大学学习，在惠园金融学系的怀抱中待了整整九年，被大多数同学称为“土著居民”。在入校后的十五年时间里，博士生导师于瑾教授给予我的关心、理解和支持，是我一生难以忘怀的。我还记得师兄师姐回到学校探望老师的喜悦，虽然此前每月至少探望老师一次，但想想现在再也没有这样的机会，不禁潸然泪下。

忘不了上于老师课时的激动。在读书的九年时间里，我跟随于老师学习了“投资分析”“基金管理”和“国际金融市场”等课程，每周都能有机会和老师沟通、碰撞出思想的火花；忘不了老师的细致，看到崭新的手写讲义、最新的金融市场动态和最前沿的学术成果，都让我相信老师每一次都是在彻彻底底地重新备课；忘不了老师的体贴，老师曾多次询问我一个学期同时学习她的两门课程会不会烦时，我的回答一直是“三生有幸”！

忘不了第一次和于老师讨论问题时干的傻事。忘不了自己的自负，2005 年下半年我遇到于老师在课后答疑，耐心解释中央银行货币政策工具，我听都没听明白，就在帮老师向同学解释再贴现率的货币创造过程。忘不了老师瞪大眼睛看着我说：“小朋友，你是不是不知道我们在讨论什么啊，我们在讨论存款准备金率的货币创造过程。”我顿时觉得汗颜、无言以对。

忘不了做错事时于老师的宽容，忘不了确定硕士导师时的自作主张，也忘不了因私自调整老师两门课授课时间，让她不得不每周多来一次学校。更

* 本文改编自本人博士论文的“致谢”。我依然清晰记得，五年前于老师一边看“致谢”，一边抹眼泪，一边念叨着“刘翔也毕业啦”的情景。

忘不了我做错事时，老师批评了我，但第二天反而会向我赔礼道歉。我曾多次问她原因，她的回答是不想给我的人生蒙上心理阴影，我刹那间一顿自责。

忘不了于老师指导论文时的认真细致。在撰写硕士、博士论文过程中，于老师不厌其烦、不辞辛苦地给予了细心指导，在每个环节严格把关，提了很多建议，例如新增了行为经济学分析，让我受益匪浅。

忘不了于老师给我灌下的心灵鸡汤。人生不如意十有八九，我的困惑苦恼也是不一而足，老师看到我失意时，会给我介绍师兄师姐的经验，让我看清自己的优势，还动员王老师亲自授课。于老师曾多次问我会不会不喜欢喝心灵鸡汤？我的回答是希望能喝一辈子。

更忘不了在我走向工作岗位时，于老师寄予的希望……

师恩重如山，学生莫敢忘，我必将一生铭记和遵循！我不是老师最优秀的学生，但老师永远是我心目中最优秀的教师，我将以老师为楷模，学习老师做人处事的风格并践行经世济民的理想。我也坚信我一定能够做到。

我多么希望过去的这十五年时光能够倒回，希望老师能够继续叫我“小朋友”，能够再次和老师谈笑风生，能够不干傻事和少干错事，能够多喝几口心灵鸡汤。

生如夏花

刘翔

2013 届博士

今天，看到厦门六中合唱团用一首《生如夏花》纪念他们的老师，我不禁潸然泪下，脑海中浮现的全是于老师的身影。我始终觉得我们 12 余年（4481 天）的师生缘，如“惊鸿一般短暂”，而她离开我们的 1018 天，是如此之漫长。与她“亦师亦友”的交往过程，是我学生时代和工作之初度过的最愉快、最难以忘怀的日子。她“像夏花一样绚烂”，是我人生中的指引灯塔，照亮了我人生前进的方向。

于老师是全国优秀教师，是我国教育工作者的中坚力量，一辈子执着于教书育人，有热爱教育的定力、淡泊名利的坚守，以赤诚之心、奉献之心、仁爱之心投身教育事业，始终把师德和学生摆在首位，在人生的最后一刻仍在践行“春蚕到死丝方尽，蜡炬成灰泪始干”。

在过去的一年里，我参与了核对《于无声润物　瑾芳华筑才》纪念文集学术部分。我自始至终在想，还能有哪些更好的方式、能够更多地做些什么，将她的大爱传承下去、发扬光大。在纪念文集校稿过程中，我始终难以平复自己的情绪，泪流满面。我看着老师的师长、同事、同学和学生的回忆文章，她的身影在我的脑海中更加清晰。

于老师的“奉献”品格感动人心。她是一个施恩不求回报的人，总是“捧着一颗心来，不带半根草去”，为身边的同事、学生和朋友无私奉献。她在备课的过程中，即使这些课程已经讲授过多遍，也是要多方查询资料、再次整理升华，力求尽善尽美。此外，她还满心喜悦地说过，她小时就想当语文老师，退休以后要去农村继续当老师，我们学生还想继续给她打下手。

于老师的“仁爱”品格激励人心。她是一个情商极其高的人，始终在设身处地为我们着想，特别有亲和力，不愿居高临下地说教，总是不厌其烦、耐心细致地开导我们，想陪伴我们走好人生的每一步，一次次地陪着学生谈心聊天到很晚很晚，饿出了胃病，但她每一次仍在坚持。

于老师的“执着”品格振奋人心。她在生活上一直很豁达，引导我们人生要过得幸福，但她的三观极其正，绝不允许任何触碰底线的行为，并且极其“执着”，为工作为学生不到极限不罢休。现在想来，也是这份“执着”才能成事，才能实现事业、家庭双丰收。于老师发现我们气馁时，会不断灌心灵鸡汤，事后想来人生很多事再坚持一下，就会豁然开朗了。

恩师于老师用高尚品行感染和温暖着身边每一个人。在和她的交往过程中，我如沐春风、轻松愉悦，对人生充满无数的希望。在她走的那一刻，我的世界坍塌了，跪倒在她的病床前。一个无比完美的师者竟走得如此匆忙，没有给我们留下只言片语，令人悲痛世事无常。我始终觉得于老师从未离开过我们，只是去学术休假了。我多么希望这个学术休假能有一个期限，能够让我们有再次促膝长谈、如沐春风的机会。

天涯海角无尽处，只有师恩无穷期

张婷

2013 届博士

昔日恩师谆谆教诲铭肺腑，今朝学子悠悠泪水断肝肠。贸大十载，导师六年，于老师于我，亦师亦友，恩情深厚。忘不了您在讲台上一丝不苟上课时的身影，忘不了您成为我导师时对我的教诲和希望，忘不了您解答我各种专业问题时的耐心和包容，忘不了您指导我论文时的一个个不眠之夜，忘不了毕业离校时对您的依依不舍，忘不了您知道我组建家庭时的开心和嘱托，忘不了刚刚走向工作岗位时电话那边您的耐心倾听，忘不了每次给您发女儿照片时您的欢喜和慈爱。

毕业第二年来北京看您，您细细询问我的工作和生活，您教诲我要时刻做好准备，机会总是留给有准备的人。您是那么了解我，犹如对自己的孩子。您对我的种种惦念、关心和教诲让我永生难忘。

过年时，我和您说“今年带着孩子再回去看您。”想不到这竟成为我们最后的对话。

能够成为您的学生，我满怀感激。感谢您毫无保留地将您的渊博知识教授给我，感谢您对我每一次成绩的认可和鼓励，感谢您在我彷徨无措时给我指点迷津，感谢您教会我如何更好地平衡工作与生活。感恩有您，陪伴我走过了最迷茫也最珍贵的青春岁月。您曾经的谆谆教诲、殷殷嘱托将会永远萦绕我心，并指引我在未来的日子里继续勇敢地走下去。

您就这样走了，宛如一场梦，竟没有给我们任何道别的机会。但您那种爱岗敬业、无私奉献的精神，脚踏实地、一丝不苟的作风，严于律己、为人师表的风范，将永远铭记在我们心中。

于老师，您不仅是我学业上的导师，更是我人生的导师，谢谢您！愿您一路走好！

恩师教导瑾记心中

郭婷

2013 届硕士

惊闻噩耗，从不敢相信到悲痛伤心，现在仍然不愿相信这竟是真的，敬爱的于老师，您的音容笑貌在我的脑海中不断出现，从不清晰到清晰再到慢慢模糊，泪水也同时模糊了我的双眼。

回想起第一次忐忑地给您写邮件，询问是否可以指导我研究生学业，没想到您竟然很快就回复了我的邮件，您说您是在批改博士生论文的间隙看到了我发给您的邮件；和您第一次见面，您是那么地和蔼可亲，看着您那亲切的笑容，我紧张了半天的心情一下就放松下来；我也曾因担心自己面试表现不好而怯生生发短信给您，没想到您很快就回复并安慰了我；每次下课您都亲切且不厌其烦地答疑，身边的学生围得越来越多，但您从来都不会拒绝任何人的提问，并给予每个人耐心的指导；毕业论文开题时我准备得很不好，您没有责怪我反而耐心地指导，给我提供新的思路。在我看来您不仅是导师，更像亲人一样包容我们，爱护我们。

遇见您并成为您的学生是缘分，更是我的荣幸，只可惜最后一次相见却定格在了毕业聚餐会上，我记得那天我给您看我的结婚照，您开心地看着、祝福着我们。这一切都是过去了，只怪自己没有再回学校看您，那次见面竟成了最后一面，学生惭愧，愿老师您在天堂保持微笑，一路安好。

难 忘 师 恩

项锴

2013 届硕士

2018 年 5 月 25 日，虽然已经立夏二十天了，合肥却是阴雨绵绵、凉意袭人，气温骤降让人穿着长袖都不觉得暖和。同门微信群里突然冒出来一条信息，看了一眼，我的第一反应是哑然失笑，又觉得气恼：肯定是写错了，还误发到群里来，这不是让大家白白担心嘛。但是，打了刘翔师兄两个电话都是正在通话中，再看着群里不断蹦出来的消息，我呆若木鸡，脑子里一片空白。随后的几天里，我始终不敢相信天使一样温暖而优雅的老师真的离开了我们，总觉得下一秒钟就会惊醒，发现这只是一个梦。

现在已经过去一个月了，这种感觉依然像一团薄雾一样笼罩着我，有时闭上眼睛，还是仿佛看到老师微笑着对我说，项锴同学，好久不见啦。是的，上次见到老师还是 2016 年 9 月，毕业后回老家工作，近几年出差的机会很少，加上又生了一场病，已经快两年没有见到老师了。本来下半年应该会经常来北京，还盘算着要多见见老师，岂料已成永诀。

老师对学生的好是绝无仅有的。硕士两年时间里，我无数次见证了老师在课后耐心、细致地为本科学生答疑解惑，又给我们指点学业、职业发展乃至拨开生活上的迷茫直至深夜，常常都顾不上吃饭。老师的身体本来就不太好，有时候我们觉得过意不去，跟老师说太晚了，下次再找老师聊吧，老师总是笑着说没事没事，从来没有着急回家的意思，有时我们想在教学和科研上帮老师分担一些力所能及的工作，老师也没有同意，总是让我们把时间花在自身的发展上。在实习和找工作阶段，因为不顺利和焦虑，我们经常找老师倾诉，老师就陪着我们，听我们喋喋不休甚至流泪失态。现在想想，我们无意中给老师传导了多少压力和负面情绪啊。然而，老师总是毫不介意，像温暖的太阳一样，安慰我们、鼓励我们，设身处地、殚精竭虑地为我们想办法、提供帮助。正是因为有老师，我们无论遇到什么样的挫折，无论多么灰心丧气，只要看到老师，听到老师的鼓励，就又有了信心和底气，精神振奋地继续前行。毕业后，我们离开了校园，甚至离开了北京，老师依然关心着我们的发展，我们就像离她远去的孩子一样，事业上的顺利和不顺利，生活中的点点滴滴，都牵动着老师的心。

这么多年来，老师一直春风化雨般地关怀着每一个学生，竭力给予我们最多的光和热，指引我们走向更美好的生活。我们习惯沐浴在老师阳光般的温暖里，却忘记了她一直在燃烧着自己。春蚕到死丝方尽，蜡炬成灰泪始干，于老师，我们永远都不会忘记您的恩情，您安息吧！

师者，惟匠心以致远

王楸

2013 届硕士

周五上午，多云，一向沉寂的同门群，发出了令人不安的震动。我拿起了手机，扫了一眼，我的脑袋开始充血。我的第一反应是打电话给刘翔师兄，我真的不敢相信！他挂断了我的电话，发来六个字，“是真的，很突然”。真的是太突然了，也许是师兄真的没办法亲口说出这六个字，没办法亲口确认老师的离开。我的脑袋沉了下去。也许是几秒，也许是几分钟，老师和我们的过往闪现在我眼前。

两年多前，那是个教师节，也是老师和我的最后一次见面，最后一顿晚餐，最后几句话：“工作好好干，咱们小伙子肯定没问题的，有什么问题和我说，电话、短信或邮件都可以。”老师带着慈母般的微笑对我说。无论何时何地，老师都能发现学生的闪光点，并由衷地相信我们有能力去实现自己的理想，不断用语言和行动鼓舞着我们发挥潜能、超越自我，去践行自己的理想。

老师的课总是那么受欢迎，学生很多。每次上课结束后，很多学生都喜欢找老师聊天，不仅是课堂上的学术问题，更多的是学习目标和人生方向。老师会和我们分享见闻和经验，告诉我们去利用有限的时间学习些什么，为什么要学这些，有时候还会安排经验丰富的师兄师姐们给我们介绍市场现状以及未来的发展前景。老师还会结合大家各自的优势，鼓励大家多去实践，多去体会，修正过去的认识。老师一直是这么教育我们的，促进我们知行合一，也正是这样，老师经常错过午饭时间或者晚饭时间。

老师身材一直比较瘦削，没怎么见过她胖的样子。第一次和老师谈话，是我下定决心希望老师收我入门的那天。那是大四下学期 6 月的一个下午，我去蹭了老师的“货币银行学”课。课后，我就去找老师，迫不及待地描述了一下自己的情况，表达了希望老师收我入门的想法，我真的很紧张。老师笑着说：“这么优秀的孩子，我当然很喜欢。”于是就把手机号和邮箱给了我，说“有什么想法或问题就给我打电话、发短信或者邮件，不用不好意思的”。那天我特别高兴，特别温暖，晚上和我的好朋友一起去南门外的餐馆庆祝。之后，我就发了封邮件给老师，简单描述了我希望攻读的方向，请老师推荐几本书。很快，老师回复了我一封很长的邮件，很贴心地根据我的专业情况推荐了七本书，帮助我弥补金融学数量和分析方面的不足。谢谢老师的包容，谢谢老师的指导。

那一天，老师真的走了，学生都没来得及与您告别！师恩难忘，老师的关怀和包容，老师的嘱咐和指导都历历在目。学生必将一生谨记老师教诲，认真学习，努力工作，不负老师期望。愿恩师安息，一路走好。

走到云端，俯瞰将来

席文娟

2013 届硕士

七年前，有幸相识
于慈母般庇护下
求知、生活

传道授业解惑
爱惜引领帮扶
亦师亦友亦至亲

不觉一轮回
戊戌初夏，细雨、微风、绿柳、繁花
可能留恋不舍
却也从容转身，一如曾经的洒脱
去面对另一番美景

留下了故事
去讲述、去追忆、去怀念
留下了力量
去探索、去追求、去坚持

虽然匆匆
唯愿就此轻装前行
走到云端
俯瞰将来

品行榜样仍在
学术成就仍在
谆谆教诲仍在
温馨关怀仍在
我们，仍在……

您永远是我们的小仙女!

于雪薇

2013 届硕士

5 月 25 日清晨，惊闻噩耗，简直有如晴天霹雳，实在不敢相信，更无法接受事实。于老师总是称呼我们女生为“小美女”，其实在我们的心中，于老师才是仙女本人啊！不追名逐利，勤恳治学，教书育人，永远葆有少女般的纯真与善良，又带有成熟女性的温柔与知性，不夸张地讲，于老师在学生心目中实在是一个完美的人。

2008 年 9 月，雷曼兄弟申请破产，不仅震惊华尔街，更震惊了世界，此后国际金融危机爆发并在全球迅速蔓延。当时还没有掌握专业知识的我们对每天的金融新闻都感到震惊又陌生，对自己选择金融专业的未来感到迷茫和无措，在这种情况下，我在“货币银行学”的课堂上第一次见到了于老师。她用短短的几句话就打消了我们的疑虑，坚定了努力学习的信念：“雷曼破产和美国次贷危机这样的事件在金融行业具有重大的历史意义，你们能够在学习阶段赶上这样的时代是非常幸运的，因为这是你们绝佳的学习机会，这次事件的经验教训将为你们以后的职业生涯避免很多弯路。”

于老师的课堂总是内容丰富、案例翔实、生动有趣，只要学生跟上课堂节奏，课下能够自主学习，那么听于老师的课绝对是一种享受。记得研一的时候，我在自学准备 FRM 考试，考试内容正好与当时于老师讲授的“金融衍生品”这门课重合。于是，每次听完课，我自学的零散知识点都能得到系统的梳理，自己学不懂的也都找到了答案，所以每节课都听得很兴奋。有一次我一下课就跑到讲台前，直接跟老师说：“这节课听得太爽了！好多之前不懂的地方一下子都弄通了，谢谢老师！”于老师听了之后笑得特别开心，还很细致地问我准备考试的情况，那个笑容我到现在都记得，是发自内心的快乐和欣慰。后来，于老师还几次提到我当时的这句话她很受用，因为自己努力辛苦的备课帮助学生取得了专业的进步。其实现在回想起来，每当我们取得进步或者成绩，于老师都是最开心的，她发自内心地祝福我们，为我们的成长感到欣慰。

在贸大金融专业读书的六年中，我从未见过于老师批评学生，在她的心目中，即使学生没有做好，她也会先反思自己，认为是自己没有更好地引导学生。贸大留学生众多，由于语言存在一定障碍，加上部分人学习缺乏主动性，所以留学生的课堂纪律较差。于老师有一次和我们谈起此事，说她本来有点生气，但静下来想觉得还是自己教学内容有问题，于是她积极改变备课内容，更多地选取这些留学生本国的案例，增加他们的兴趣和参与感，果然课堂效果明显提升。由此可见，于老师发自内心地信任和爱护学生，能够用自己的实际行动来感染和带动学生，自然能够收获学生的支持和爱戴。

于老师待学生如家人，尽自己一切能力帮助学生。研一暑假我需要去上海实习一个月，于老师听说我可能住宿方面有困难后，曾经主动建议我可以去她在当地的亲人家里住，这样既能确保我的安全又方便得到照顾。虽然最后我还是自己解决了住宿问题，但当时于老师的关怀让我又温暖又感动。事实上，于老师的每一个学生基本上都有这种感受，她是如此贴心，总是能体会学生真正的难处和需要；她又是如此善良，总是能尽自己的一切能力帮助学生，对她来说，每个学生选择她做导师都是出于对她的信任，而她一直在努力不辜负每个学生的信任。

我在面临毕业求职时，曾经一度因为屡次遭到用人单位的拒绝而陷入绝望。尤其是看到身边的同学们陆续拿到心仪的 offer 而自己却两手空空的时候，内心的焦虑和恐惧吞噬着我的理智和自信。当求职季过半时，我已经自暴自弃了，准备随便找个小公司签约，结束痛苦的求职过程。但幸运的是，于老师的话及时敲醒了我："如果完全不挑的话，你觉得你在北京会找不到工作么？既然现在后面还有一些好的金融机构，为什么不再坚持一下，怎么可以这么早自己放弃呢？"紧接着，于老师给我讲了很多师兄师姐曾经求职不顺利的经历，对我的处境和心情表示了充分的理解和体谅，让我焦虑的心逐渐放松下来，重新振作，终于找到了满意的工作，为自己的职业生涯打下良好的基础。

这篇文章写起来很简单，因为有关于老师的回忆真的太多太多，有太多值得珍藏纪念的事迹；可也很困难，因为随着往事一幕幕涌上心头，思绪凌乱，悲痛万分。最后，想在这里对于老师说：这么多年以来，您一直是我心中最杰出的女性榜样。作为导师，您的一生都在尽自己的一切力量帮助学生，永远那么理解学生的心情，体贴学生的难处，却从不索取任何回报。尽管您为人低调，但不论是学术成就，还是人格品行，在所有认识您的人当中都是有口皆碑。何其有幸能够成为您的学生，在学习、工作和生活中都受过您太多的指导和照顾，往日的点点滴滴在此刻都成为最扎心的回忆。师恩难忘，一路走好，祝您在天堂幸福快乐，夜夜安眠！

深爱吾师

张海虹

2014 届硕士

深冥此去千万里，
爱莫能挽立残阳。
吾慨时光如白驹，
师恩永存思难忘。

亲爱的于老师，日子过得好快啊，转眼间就快要到您的一周年忌日了。日子飞一般地流过，似乎什么都留不住，似乎又留下了太多。最近我又找出当年与您往来的点滴邮件，您的音容笑貌似还在眼前，瞬间感觉又回到了大学时代，回到有您相伴的日子。

初遇恩师，是在大二的专业基础课“货币银行学”课堂上。您深入浅出的生动讲解、信手拈来的形象比喻、风趣幽默的教学风格、平易近人的友善微笑深深地吸引了我们这些刚刚踏入金融学海洋的稚嫩学子们。您深知金融学是一门实务型学科，所以在理论学习之外，您经常邀请经验丰富的业内专家来给我们讲课，让我们有机会去了解真实运行中的金融市场，有机会去同业内人士沟通交流，让我们的学识与社会接轨。在您的指导下，我们眼界大开，对学习本专业的兴趣更浓。您是那样博学而知性、真诚而随和，深受大家的爱戴与仰慕。那时的我们，经常看到学长学姐们在下课时间来看望您，掩映在鲜花中的您，是那样美丽而欣慰，好希望留住那一刻的您。

大四那年我非常幸运地获得了保研资格，第一时间想到的就是申请做您的弟子，您广博的学识、优雅的气息、亲切的笑容，无一不深深吸引着我。

其实早在本科期间，您就是我们大家心目中最完美的老师了，所以可想而知，您的硕士生名额是多么宝贵。怀着忐忑的心情，我找到您表达心意，正想着该如何介绍自己好成为您的弟子时，您却特别和蔼可亲地说："我记得你啊，又聪明又可爱的小姑娘，本科的时候没见你多用功，成绩却很好，很开心你选我做导师。"本科金融专业那么多人，您居然还记得这个小小的不起眼的我，还如此爽快地答应收我做您的学生，真是瞬间开心到飞起，在这种轻松的氛围下，您与我聊了很久，关于硕士期间的学习规划，关于专业基础知识的准备，关于考证，关于实习。现在想来，我是何其幸运，能遇到恩师您。与您的每一次交谈，我都获益匪浅。

读研期间，我向您表达了想要申请出国留学、出去看看世界的愿望，您特别支持我，与我促膝长谈，耐心地听我阐述自己的想法，为我量体裁衣地提供了许多宝贵建议，让我更明确了自己未来的发展道路。您在百忙之中为我撰写推荐信，又时时关注着我的申请进展，当我把 LSE 的 offer 呈现在您面前时，您好似自己中了头等大奖般地兴奋不已，您就是这样欢乐着学生的欢乐，忧伤着学生的忧伤。我想就是从那时起，我眼中的您，不再仅仅是恩师，更是益友、是慈母。

在伦敦的日子里，很是想念您，去听业界"大牛"讲座时兴奋地想第一时间与您分享，课业繁重考试压力来袭时也第一时间想找您倾诉。"亲爱的海虹，很高兴收到你的邮件和电话，知道你一切都好就放心了。在英国多注意安全，学习不用太用功就足够优秀啦。""久未联系，甚念。在那里学习生活一切顺利吧？以你的聪明伶俐一定也是 LSE 的佼佼者吧。""盼望海虹回来好好听听海虹在 LSE 的见闻。多注意安全。想念你。"见字如面，时至今日读起您多年前写给我的文字，还是那样温暖、那样亲切、那样治愈。您如温暖的阳光一样，无论我做得好与不好，您都一直陪伴着我，时时安慰着我、鼓励着我、指引着我。

师者，传道授业解惑者也。在有您相伴的这十年间，您不仅是知识的传授者，更是我人生路上的解惑者、引路人。回国时正值国内经济形势非常低迷，您推荐我去业界实习寻找自己喜欢的就业方向，就业时在我纠结的时候帮我分析利弊选择 offer，结婚时您亲手给我封了大红包写了祝福语，怀孕时您给我发恭喜升格为准妈咪的红包还说道："就等着你报喜啦，照顾好自己，到时去看你和宝宝……"然而，还没有等到宝宝降临，您就离我而去了……每次想到这儿都特别心痛。至今仍不敢相信，也无法相信，最敬爱最慈爱的于老师真的就这样离我们而去了。您还那么年轻，还未来得及完成您的夙愿，还未来得及做最后的道别……您就这样走了，走得这样急，又这样的悄无声息。我们还有那么多话语没有来得及对您诉说，还有那么多收获未来得及与您分享，还未来得及与您说再见……您就这样走了，让我们留下了终生的遗憾。多希望这一切只是一个梦，当梦醒时，亲爱的恩师还在，我们如往日般围坐在您这位美丽善良的天使周围，聆听着您的谆谆教诲，仰望着您笑靥如花的脸庞。

大爱无形，真水无香。您的一生，是辛劳的一生，是奉献的一生，是令人敬仰的一生，是受人爱戴的一生。您对待工作兢兢业业，认真上好每一节课，下课后答疑到很晚，指导毕业设计一丝不苟；每届都有那么多学生慕名而来，求学在您门下，您都悉心地给予指导，无一例外。甚至还有很多学生未有幸入得您门下，您也一样厚爱有加。您从来都不会批评我们，即使学生们有缺点、有不足，您也是一直包容着我们，用最轻柔委婉的方式鼓励我们做得更好，您小心翼翼地呵护着每一个学生稚嫩美好的心灵，在您眼中，我们都是可爱的天使，都是充满希望的莘莘学子。您请学生吃饭，与大家谈心，指导学业，关心生活。每当有学生分享结婚生子的喜讯，您总是那样高兴地送上祝福；而每当学生遇到挫折和困难，您也总会亲力亲为地伸出援助之手，尽自己所能帮助学生摆脱困境；每当学生们节日里想回来看望您的时候，您总是婉言推辞，怕学生们破费和浪费时间……您就是这样甘于付出却从不计回报。您总是从学生的角度出发、从学生的角度考虑问题，只要学生们顺心如意，您就感到欣慰，感到幸福，感到满足。

亲爱的恩师，今生遇见您，是我的幸运。您不仅教会了我金融学，更教会了我人生学。从您的身上我学会了淡泊名利、善良为人的高尚品德，学会了踏实做事、精益求精的职业素养。您是我仰望星空时那枚最美的星辰，是我一生追随的榜样。

忆师语瑾言

王俊

2014 届硕士

6 年前，我在厦门大学的宿舍里第一次用电子邮件联系您，请您当我的研究生导师，本以为德高望重、日理万机的您会没空回复我，意料之外的是收到您特别实用而中肯的指导并欣然接受我，从此开始了我们的师生情缘。6 年师生情缘，语言似乎写不尽我们的点点滴滴。

您常常表扬我们，给我们信心，从没有见过您疾言厉色地批评过谁；您说我像南方的姑娘，秀气，其实您才是真正的秀外慧中；您说您和王叔叔的师母特别会生活，还把她做的精致的糕点照片给我们看，告诉我们这才是生活。我们这些学生都认为等您老了，也会是那样啊，有品位又慈祥的老太太，可是上天好像没有给您老去的机会。我常常想是不是您这么善良的人，它不舍得让您老去。您常常说人老了要更加慈祥，少些对生活的戾气。我们觉得深受教育，知道能这样包容地老去其实实为难得。我们都以为您是人生赢家，家庭和睦幸福，人生事业有成，也许我们忽略了您背后的呕心沥血和鞠躬尽瘁。我也常常自责教师节和平日回去看您，常常和您畅聊至深夜，是不是影响了您的健康。您毫不吝啬地跟我们分享您的生活，您是女神和少女的完美结合；您常常说自己命好有这么多优秀的学生，其实我们想说有您这样的好老师我们才是三生有幸。

我翻看六年前，您写给我的邮件，时至今日，依然受益良多；翻开微信里我们的聊天记录，感觉如同昨日一般清晰，您那么地平易近人，跟您可以聊人生聊事业聊学术，无论聊什么，都会让人神清气爽，鼓足干劲；每次我们聚餐完，您都主动关心我到没到家，您甚至记住我发过的朋友圈，在我情绪低落的时候关心我，您亦师亦友，主动发短信和微信询问我近况，在我心里，早已经把您当成身边的亲人抑或母亲。

还记得毕业那年，我很纠结，求职和感情上的双重不顺导致我论文写得一塌糊涂，但是您没有责备我，尽是充满鼓励和勉励的话语。改三方和换工作，我似乎是让您操心最多的学生，然而您从没有嫌弃过我，还时时赞扬我。

您是所有人眼里最幸福的女人，我常常想我要是能活出您的三分之一人生就圆满了，您总是谦虚地鼓励我说，我的人生会更好。我把您当作知心的挚友，跟您诉说没有遇见意中人的苦恼，您从来没有不耐烦，生活中您是朋友是挚友，您还语重心长地跟我交流感情问题，替我操心，还说以后有了男朋友要带着见见您，我多想让您看见我结婚生子和您一样幸福啊。

我还记得 2013 年上课的时候，您调侃地说："今天休息不好，如果真是倒下了，大家可别不管我。"没想到居然一语成谶。我们总愿意跟您请教高难度的问题，却忘记了您需要休息。在教室、办公室您永远不厌其烦地给学生解答问题，一站就是几个小时。讲了三十年的课，您每次的教案还是会用最新的，厚厚的一打材料如养分滋养着求知若渴的我们，可不知道这是您挑灯整理的心血；每一个学生的论文您都认真改过看过，从不让人代看代批；您教过的学生有的都已经是两个孩子的妈妈，依然不忘记回来看望您，足见您的人格魅力。

想了很多很多过往，想念您的笑，您的风趣幽默，您的孩子气，您的包容，您的奉献，您对我们的好，您有些小资，您有些爱撒娇顽皮，您热心肠……写到这里，已是泪眼模糊，微信界面上永远留下您给我的祝福，我却再也没有机会报答您的恩情。

追忆恩师

陈昊男

2014 届硕士

直到现在，都不敢相信这一切是真的。鲜花簇拥下的于老师依旧那么优雅，那么平和，仿佛只是静静睡着了的公主，一碰就会醒。但透明的玻璃隔开的空间却残忍地提醒着我们，我们已经分隔在两个不同的世界里。

初识于老师是通过 2009 年的“货币银行学”课程，一位老师笑眯眯地走进来，又优雅又亲切。课后经常有同学围着老师问问题，她都耐心地给予解答。后来我才知道，于老师的胃有时会不舒服，要按时吃饭，但是她从来都是认真地微笑着为最后一位同学解答完疑问以后，才会轻轻掸掉手上的粉笔灰然后离开教室。

于老师总是对我们要求很少，为我们付出很多，每个人和她相处都感觉如沐春风，我想是爱、信念和坚持在她身上达到了最完美的结合。在我人生最低落的时候，她一直在我身边支持我鼓励我，“我一直觉得我们小姑娘是最优秀的”，“有需要的时候找我，我们一起讨论、商量”，以前的一幕幕反复在脑海里像放电影一样重现。对于我，对于我们来讲，于老师不仅是良师，更是益友。她总是叫我小姑娘，唤我们小朋友，其实对我们来讲她才是公主，时刻想爱她、宠她、保护她。她的优雅，是上天对她慷慨、善良的恩赐。我想，在遥远的地方，一定有一群小天使在替我们继续守护着她。

好希望这一切都是一场梦，梦醒了，于老师笑眯眯地走进教室，对我们说：我的小朋友们，我们开始上课咯。

感恩您的教导，怀念常驻在我心田

李泽昊

2014 届硕士

我是于瑾老师的一名硕士学生，多年前，我从一座遥远的城市经过研究生考试，被对外经济贸易大学录取。在选择导师时，结合自己的专业特长和研究方向，我期待能成为于瑾老师的学生。我心里想，虽然我的考试成绩比较高，但是我在贸大认识的朋友人数有限，于瑾老师又是名师，老师会接收我吗？我联系于老师会得到回应吗？

虽然内心不确定，但是朋友们都鼓励我努力尝试，而且于瑾老师在学生中的口碑很好。学生们对于瑾老师的印象普遍是专业、和蔼、敬业、耐心，于是我鼓起勇气联系于老师。令我感动的是，于老师当天就回复了我，并很快和我约见沟通，当面了解我的学习经历、发展方向。

在和于老师见面前，我去图书馆找到了于老师编写过的教材，在网络上搜索老师曾经发表过的论文。通过阅读老师的文章，我更是感慨于老师专业而深厚的学术功底。

我会一直记得，那是一个阳光明媚的午后，在宁远楼的教师休息室，我见到了于老师，于老师如此和蔼可亲，阳光洒满了教室，顿时让我不再紧张。于老师详细、耐心地了解了我大学本科期间学过的课程及对于金融学的兴趣专长。通过和于老师的长谈，我对于研究生期间的学习方向、研究重点，乃至未来的职业规划都有了更深的理解。此后，我又和于老师沟通了数次，终于有幸成为于老师的硕士学生。

在读研期间，于老师不仅在学业上为我提供了很多的指导，更在我关于未来人生发展规划的思考上提供了很多帮助。师门的兄弟姐妹间团结友爱，共同成长。

每次教师节、中秋节，我们想和于老师聚餐，于老师从来不肯让我们花费，都是老师自己花钱请整个师门。另外，除教学外，于老师有科研和学术的诸多工作，但老师从不占用我们个人的时间，没有让我们为她做过任何事情，所有教学、科研上的事务和教务方面的工作都是老师亲力亲为、自己完成。

除了在学业、生活和人际交往上给予我们支持，于老师还总是鼓励我们去勇敢尝试，老师的眼界、胸怀、气魄令人深深敬佩。

我读研究生期间，中国的资产管理行业发展迅猛，这个行业中的很多业务模式是 2010 年以后新兴发展起来的，当我和于老师交流自己对资产管理行业的兴趣时，于老师从未因为这个行业是新兴事物而仅仅和我简单交流。相反，于老师为我推荐了书籍，倾力帮助。

毕业留在北京工作以后，能见到于老师的机会少了。令我惭愧的是，虽然我有了收入，教师节回来看老师，还是老师请我们吃饭。我想回学校和老师交流自己工作中的想法，于老师总是怕耽误我工作而让我打个电话就行，在电话中我诉说工作以后的感悟，老师总是耐心为我排忧解惑。有时打电话的时间太长，我笑着说老师我去找您喝咖啡吧，老师说还是她请客，好几次约好了时间我却由于出差、开会而未能赴约。现在回想，满是遗憾。

读研期间，每次于老师上完课，已经是下午五点半，课后仍耐心地为学生们解答问题，经常会有研究生来找于老师寻求指导，于老师为学生们悉心指导排忧解惑，通常会到晚上七八点，往往错过晚饭。老师的胃不好，但每次老师总是笑着给学生们答疑，和学生们交流到很晚，老师为了教育事业奉献了自己。

印象中于老师总是那么和蔼可亲、与人为善，老师总是怕麻烦别人，凡事的出发点总是为别人考虑。于老师将自己的一生奉献给了教育事业，用自己的付出温暖了学生们，辛苦了自己。

写到这里，已是热泪盈眶。如有来生，希望还能遇见您，还愿做您的学生。愿老师在天国幸福安好。

思念恩师于瑾老师

庞禛

2014届硕士

直到现在，都不愿相信这是真的。

白色玫瑰簇拥下的于老师依旧优雅亲切而平和，但透明玻璃隔开的距离却在无情提醒着，我们已被分隔成两个世界。

有时候真的会有悔恨，为什么明明上一刻还在惦记着，却就是少发了那么一条信息，否则怎么会让一句心想事成成了永恒。

回想初识，竟已有十年。一幕幕闪过，在自己人生的很多低谷，或彷徨或无助的时候，无论学业、事业、生活、情感，她总能在关键时刻恰到好处地给予我最温柔的关怀和莫大的支持。

于老师总习惯叫我们小姑娘，唤我们小朋友。但其实在我们心里，她才是公主，少有的亲切无忧与孩子气，让人不自觉想爱她，宠她。她的睿智和优雅，是上天对她慷慨善良的恩赐，天堂一定会有一群小天使替我们继续守护她。

有些人，一转身可能就是永别，我们永远不知道明天和意外哪一个先到来，所以，痛就大声哭，喜就放肆笑，想见的人马上去见，想说的话大胆去说，用力拥抱每一个今天。

恩师于我点点滴滴

穆远东

2015 届博士

距离那件事已经一个多月，同门们陆陆续续发表了多篇追思文章，虽然伟相数次善意提醒，但我依然固执地不愿提笔梳理心中杂乱的哀思。唉，谁又舍得提笔呢？提笔容易，收笔难。提笔是和老师对话的开始，然而，收笔却意味着……

驻笔长思，以往相处的片段接二连三地迸发出来，应接不暇。哪有头，哪有尾。唉……

记得第一次和老师见面是考博前，您为我分析读博和就业之间的利弊，提醒我慎重选择，您说读博路异常艰辛，和就业比这并不一定是个好选择。三年后的今天，我越发理解您那时的良苦用心，也感叹您当初面对我这位陌生人的坦诚与体贴。

记得第一次向老师请教学术问题是 2015 年 10 月某个周三的课后，在宁远楼的教师休息室。因在我之前您已应允他人晚上参加一个重要活动，所以跟您约了六点半前的时间，请教的是新结构经济学的相关问题。记得那天您跟我说了很多。您帮助我发散思维，拓展思路的同时叮嘱我要注意科学的研究范式。时至六点三十分，我欲结束讨论以免耽误您的后续行程，可您却说学生最重要，又继续和我谈到七点二十分。临别前，您还不忘建议我多去向其他老师请教，您说自己的知识体系陈旧，观点比较片面。类似的话语您讲过多次，可是每次和您聊到新的研究文献，您又都可以如数家珍，抓住研究问题的本质，令我们叹服。

记得第一次和您吃饭是 2015 年的教师节，饭桌上您温和谦逊，与同门们畅聊学业、工作和生活。虽然教师节的主角是您，但话语权却被我们这些不懂事的学生霸占了，您更多的是耐心微笑倾听，适时地给予我们鼓励并分享自己的人生经验。这两年您总夸我平静，但其实我的这份平静多是受您的影响。

记得第一次且是唯一一次为您“跑腿”是2017年的春天，您因担心课后学院下班才请我帮忙送份紧急材料，我依然记得电话里您充满歉意的语气，您客气得让我甚至有点不知所措。虽然自打2015年入学开始我便多次和您表明愿意代劳一些事务性工作，您却总说不愿打扰我们学习，力所能及的事情自己就可以做了，不用麻烦我们。

记得第一次介绍小林给您认识也是2017年的春天，结婚前的那个春天。当时是在博学楼三楼的阶梯教室，那天您笑得很开心，当小林面夸了我很多，同时也叮嘱我要好好对她，等着给我们包红包。您送给我们的红包一直被我珍藏在书桌左侧的抽屉里，一打开便会看到，红包上您称我“穆帅”，称小林“林美眉”，现在看来那红包依然如新的一样，可是……

您走后，我从同门、老师以及您的家人处了解到很多关于您的信息，真是后悔当初没有再多跟您聊聊天，再多向您学习学习。不过冷静想一想，我还是比较幸运的，上学期做了您最后一名助教，虽然时间很短，但是您为人师的表现早已深深地刻在我的心中。虽然很遗憾我只做了您三年的学生，但我非常感谢您，我非常确定您已经影响了我的一生。您已成为我做自我规范时的榜样。当我与人相处时，我会想到您对人的坦诚热情。当我遇到困难时，我会想到您对事的积极乐观。当我妄自菲薄时，我会想到您对我的鼓励支持。“远东，不要着急，一步一步来，要有信心，会好的。”行笔至此，依然有千言万语藏在心头，就让他们在我心中，和您慢慢述说吧。

我们亲爱的于老师，谢谢您，谢谢您，谢谢您！

时光带不走的记忆

苏洁

2015 届硕士

于老师离开我们已经两年多了，有时还会觉得老师并未离开，只是身处某地，我们没有再相见。

恩师非常非常优雅，人美、心也善，给予了我们这些学生很多的关心。现在依然清晰地记得，与老师第一次的见面是 2012 年国庆节之后，在博学楼二楼的教师休息室。我当时读大四，和老师聊天的内容已经记不清，但是老师和蔼的样子现在还历历在目。之后的研究生生涯，不单单是学习方面，其他方面的困惑老师也会听我们倾诉，有时候和老师聊天，我会觉得于老师不仅仅是谆谆教导我们的师长，更像是时刻关心我们的知心姐姐。毕业论文开题的时候，老师会很认真地给我们讲解论文的选题、写作的注意事项等。论文完成之后，于老师也会很仔细地阅读，甚至连标点符号都会帮我们一一指出。老师总是这样，竭尽所能地对我们好。

于老师对我的帮助并没有随着毕业而结束。毕业之后，有一次我去北京出差，老师还和我一起吃饭，甚至连饭店的行车路线都提前发给了我。聊天的时候老师不仅问我的工作生活，还询问我先生去我老家工作，各方面是否适应。我犹记得老师说，听我这样一说她就放心了，还说以后有机会让我带着先生和老师一起聚一聚。当时我特别感动，只有真正关心自己的人才会这么仔细地询问生活的方方面面。

毕业之后和老师的见面机会减少了，更多的是通过信息向老师表达问候。老师也时常关心我们的近况，我结婚的时候老师还给了红包祝福我，甚至老师突然离世的前几天还通过短信鼓励我。当时老师给我的红包，现在依然在家里，有时候我还会翻出来看看，当作一个念想。

最后在八宝山送别恩师的时候，还是不敢相信，上一次和老师的拥抱还那么真实，和老师聊天的情景、老师的微笑都还历历在目，但是却已和老师天人相隔。

每每想起恩师给予我的关心、帮助与支持，心里总是满满的感动与不舍。于老师虽然不在我们身边了，但是老师的精神还在，就像种在我们心里的种子，一点点生根发芽。去年我又回到了贸大校园攻读博士学位，我在心里想，虽然无法企及恩师的高度，但还是要努力向老师学习，尽可能在更广阔的天地去传承于老师的精神。

瑾瑜匿瑕，涤荡我心

赵韩婷

2015 届硕士

还记得那个黑色的周五，得知噩耗的一瞬间我在办公室一阵恍惚，一切都太不真实了。因为就在两周前的周五，我和常喆、肇昱小聚，我还看着他们俩开玩笑互损，为了于老师更喜爱谁而“争风吃醋”。我们特意拍了照片发给老师，并且和老师约好，近期回学校看望老师，于老师还一如往常地说“回来请宝宝们吃饭”，怎么突然间就天人永隔了呢。世上还称我为宝宝的人又少了一个。

与恩师的缘分源起于五年前。因为家里的一些变故，本科毕业时慌张、迷茫又无助，还是周边同学提醒才想起来要提前联系导师，已经有些晚了。以于老师受欢迎的程度，我想自己这么普通，又联系较晚，怕是没有什么希望，但还是鼓起勇气向老师发了一封邮件。没想到于老师很快回复了我，带给了我研究生生涯的第一份惊喜。

这位蓬蓬头、笑起来眼睛弯弯的女老师把自己的每一位学生都当作自己的孩子。2013 年的夏天在宁远楼的一间会客室第一次见到于老师，正巧一位师姐也在。听于老师和师姐的谈话，我很诧异老师竟然对已经毕业那么久的学生近况了如指掌，还给师姐的宝宝准备了新衣服。后来每次见于老师，无论是课后的教室，还是办公室，又或者科研楼的会议室，总能碰见毕业的师兄师姐回来交流，有时一聊就是几个小时。直到我自己工作了才理解，回来跟恩师聊一聊是多么难得的放松和充电的机会，与老师谈话本来就如沐春风，更何况于老师从不吝啬给予指导和建议，又总是笑眯眯地表扬、鼓励每一个人，让我们觉得工作中的困惑、不如意或者生活上的不顺在老师云淡风轻的话语中都不算什么。进入职场后的任何一段师徒关系都很难再像校园里的师生那样纯粹、真切、毫无保留。

我很惭愧，对老师的关心远不如老师对我的关心。比如，于老师一直督促我多学习多积累，从大四到研一几次提点我，要像师兄师姐那样尽早考取一些专业证书。比如，我只是无意间抱怨了一句实习难找，没想到老师就默默记在了心上，2014 年除夕接到于老师推荐实习机会的电话。再比如，毕业之后有一次生病，自己一个人在医院情绪低落，发了一条朋友圈，于老师看到之后立马问我怎么回事，嘱咐我要照顾好自己，有什么需要可以找老师，那一瞬间我突然觉得身在异乡也不是无依无靠……记忆都成了这样一个一个细小的片段，仔细想时大脑一片空白，可某个发呆的瞬间往事又突然一件一件蹦出来。

时至今日，离开校园刚满三年，学生攒了好多困惑想请教，现在我去找谁呢？都说来日方长，结果来日方长最是骗人。以后再也没有一位自称“老奶奶”的美丽女教师在科研楼的会议室里准备好水果零食等她天南海北的宝宝们回家了，就好像母校再没有“娘家人”了。

我一直跟我的朋友说，于老师是我见过最有生活智慧的女人。我的几个挚友也无一不羡慕于老师的生活状态和处世哲学，端庄、从容、温柔、智慧、优雅……“非淡泊无以明志，非宁静无以致远”，就是老师的真实写照啊！我们常常私下感叹，要是能活成于老师的一半就知足了。

大概恩师的好，人间配不上。

最美的恩师，最深的思念

王晶

2015 届硕士

两年前的那一天，一早在群里听闻噩耗，整个人都懵了，始终不敢相信，也不愿相信，脑海中一直浮现与恩师相处的画面：恩师专业的指导，温暖的笑容，关心的话语。

很多同门初遇恩师，都是在大二的“货币银行学”课堂上，被您那渊博的知识、亲切的笑容所吸引，我当初就没那么幸运，没有选上您的课，但在确定保研资格后，我却又那么幸运地成为您的学生。还记得八年前，第一次忐忑地给您发邮件，希望能当您的学生，您很快就回复我，欣然接受我成为您的学生，并约我见面聊一聊。

2012 年 12 月 6 日，那是我第一次与您面对面地聊天，约好在您的办公室见面，心里正忐忑地想您会是一个什么样的导师，看到一个蓬蓬头、身材瘦小的老师笑眯眯地走过来，我当时心里想，这就是我的导师吗，太亲切可爱了吧，没想到您一见面就说，“没想到小姑娘这么优秀还长得这么可爱”，一下子缓解了我当时内心的紧张，经过第一次聊天，愈发觉得您专业严谨却又那么地和蔼可亲，让人有很温暖的感觉。

当您学生的两年是幸福的两年，您对我学业的教导，对生活的关心，对职业选择的指导，都让我觉得成为您的学生是莫大的幸运。第一次见面时，您建议我应该好好利用保研后的这段时间看看书，并说会推荐一些书籍给我，我以为您只是说说而已，没想到过了几天，您就给我发了一封长长的邮件，推荐了好几本专业书籍，每一本都是精心挑选，这只是一件很小的事情，却让我深深地感受到您的用心。每一年的教师节，每一次的同门聚会，总能看到您幸福的笑容，对我们关切的问候，我们就像一个大家庭一样温馨。在您眼里，我们都是您的小朋友，您不仅在专业上给予我们指导，也关心我们的生活、感情和工作。

毕业后，跟您的联系没有在学校里那么多，但每每联系，您都清楚地记得我朋友圈中的近况。工作中的诸多不顺心，我都习惯向您倾诉，每次您都能给予我中肯的建议，给予我启发，帮我顺利地渡过难关。

2016 年决定离开北京前，再次回学校找您聊聊天，那天在博学楼的教室里等您，上完课还是一如既往地有排长队的学生找您答疑解惑，您都一一细致作答，那时，我也格外地怀念当初做您学生的时光。那天和您聊天，您还是和以前一样支持我的决定，鼓励我，却流露出以后不能常见面的不舍。我记得我当时说，我会经常回北京来看您的，却没想到，离开北京后一直没有机会回来，两年未见，我以为未来的路还长，以后机会还多，还想回学校听一节您的课，还想跟您像以前那样聊聊天，却没想到这竟成为永远的遗憾。

两年过去了，我常常会想您，总是在不经意间想起与您相处的一点一滴。我相信您只是换了一种方式陪在我们身边，还是像以前那样，温暖着我们的生活，照亮着我们前进的道路。

与恩师相处的那些日子

宋远洋

2016 届硕士

一、从相遇到拜师

2012 年 3 月，我读大二。我与恩师的相遇实属巧合，当时我们的“货币银行学”课原定由另外一位老师为我们授课，但由于临时的变故，于老师成为这门课的救火队员。一位留着蓬松短发，和蔼可亲、气质温婉的女老师出现在了我面前的讲台上，我当时还不知道，就在博学 301 那间简陋的教室里，那个可以影响我一生的人出现了。

恩师的授课方式和风格不见得有多惊艳，从不先声夺人，但绝对禁得住品味，就像一坛好酒，酿到极致，就是醇而又淡的名贵。恩师在课上讲过“Options and Futures”这种经典的金融幽默；有过“老师好不容易生一次病，这样大家就不用期中考试了”的自我调侃；期末考试划重点的时候还会强调一句，“我讲这个并不是说考试要考它”；她喜欢把男生叫“小帅哥”，把女生叫“小姑娘”；她歪着头思考问题的样子显得特别可爱。

每次课我都准时地坐在第一排，专注地记笔记，记下恩师每一处精彩的点评，课后再去细细品味。听到开心处，我会情不自禁地跟恩师互动，课间跑过去跟恩师聊上几句，表达一些我自己的想法。师生之间慢慢地有了默契，她讲债券当期收益率，我立即回应—— C/P。她提到了分业经营，我脱口而出：《格拉斯——斯蒂格尔法》。当时的我，心里往往因此而有些小得意。有一次下课后恩师问我：“小朋友，你是大二的吗？看你不像呢”，我答：“老师，我虽然长得着急了点，但我是个货真价实的大二学生，您看，这是我的学生证……”，恩师忍俊不禁。

2013 年 9 月 30 日，保研资格已定。我第一时间给恩师发短信请她做导师，厚脸皮地一再要求恩师收留我。我这种“执着”的精神曾被翔哥调侃。幸运的是，凭着“货币银行学”课上这点香火之情以及我这种耍赖的精神，我顺利地拜在恩师的门下，以至于在未来的日子里，我继续有机会聆听恩师的教诲，更加近距离地感受恩师的人格魅力。更让我感到开心的是，我的本科毕业论文也是由恩师来指导，虽然我最中意的题目本科毕业时没能如愿写成，但恩师还是让我在撰写硕士毕业论文的时候弥补上了这个遗憾。当然，这是后话了。

二、读 研 两 年

2014 年 9 月，我有幸成了恩师货币银行学课的助教，顺带着把科研楼 715 的办公室也“据为己有”。在这里我跟恩师一起面对小周同学用五个维度分析金融学问题的古怪思路，一起讨论我那篇想法并不成熟的论文。考完金融风险管理的那个晚上，我坐在恩师的办公室里发了一条朋友圈，大意是调侃蒋老师把我认成来自银河证券的在职研究生这件事，我还记得恩师看过朋友圈之后特地私信发来的那个“笑喷了”的表情，可爱至极。

两年的读研生活，作为恩师的学生，总想着能替恩师分忧，但恩师总是体谅我们，最后也只帮恩师取过一次快递，还收获了一堆感谢。我跟恩师开玩笑，这个 EMS 快递里面一定是一张价值 2000 万美元的即期汇票，也算是我给货币银行学课提供了一点素材。

2015 年 5 月，我想选恩师做导师直接攻读博士学位，恩师用一条长长的微信详细地为我分析了直博的利弊，最后我极不情愿地跑到研究生院放弃了我本已经提交的直博申请。其实我只想在恩师身边多赖几年而已。我只能退而求其次，恩师 2026 年退休，我想 2022 年回来读个博士，四年以后，恩师退休，我毕业。那时候，我的本科、硕士以及博士毕业论文，指导教师一栏都会是恩师的名字，我还能做个真正意义上的关门弟子！对于这个想法恩师欣然应允。嘿，我这个期权绝对赚了，我很得意。2018 年 5 月 25 日的早晨当我得知恩师去世噩耗的时候，我一直在喃喃自语："您怎么就走了呢，以后我再想读博士，找谁做导师呢？"

2015 年 6 月的一个下午跟恩师聊天，当时的我因为幸运地避过了股灾，恩师与我开玩笑说："远洋，将来我的资产要交给你来打理。"我苦笑："您是没见到几年前我被朋友骗，亏掉十几万的惨状……"对于在校学生，十几万已经算是巨款了。但恩师立即表示要对我支援一下。现在想来，十几万可能是恩师一年的工资了吧……

本科毕业论文没能如愿写成，好在恩师足够宽容，让我在读研即将结束的时候遂了心愿。只是一个学生不成熟的想法，现在想来那篇论文委实存在太多值得商榷的地方，却要占用恩师宝贵的时间多次与我讨论修改，初稿甚至还惊动了王老师给我把关，几易其稿，恩师还要去与别的老师解释我写作这篇论文的初衷。如此，更有感于恩师的胸襟与气度。虽然答辩过程异常曲折，面对质疑和嘲讽，我会永远记得恩师让我"爱惜羽毛"的叮嘱。

毕业聚餐分别的一刻，我送了恩师一本《新教伦理与资本主义精神》作纪念。扉页里面夹了一张纸条，上面写道："我爱真理，但我更爱我师。"这句篡改亚里士多德的名言却令恩师十分感动。毕业离校的那个中午，顶着火热的太阳恩师专程和王老师赶到学校，就为了给我送个毕业礼物——一个大气的蓝色钱包。在王老师的提醒下，我腼腆地拥抱了恩师。恩师在我耳边的临别赠言，我一直铭记于心。

三、离校两年，天人永隔

我曾无比确定，恩师人这么好，活 100 岁没有任何问题。即使我离京后每年看望恩师一次，我们至少还能再见 50 次。但，我错了，错得那么离谱。

2016 年的教师节，我不顾恩师善意的劝阻，连夜乘坐火车赶到北京看望恩师。恩师和王老师坐在我的对面，听我念叨刚刚工作这一个月的体会。想想当时的想法都特别幼稚可笑，恩师含笑耐心地倾听，顺便不断地催我消灭眼前的烤鸭。

后来慢慢地，工作越来越忙，每次出差路过北京都行色匆匆，想去探望恩师，却总是缘悭一面。直到2017年国庆节后，我终于有机会返京看望恩师。那个阳光明媚的下午，我奇迹般地发现，恩师上课的教室居然又是博学楼301。那一刻，五年前的往事如潮水般涌上心头。然而，生活似乎画了一个圈，却再也回不到原来的那个点。五年前那个小男孩每节课都怀着期盼的目光望向那个神圣的方向，如今却再也听不到那个温婉的声音了……

2018年春节，我收到恩师的一个微信大红包，恩师在我朋友圈的一首小诗下面点了赞。五月初，我与恩师通了一次电话，电话那头，恩师的声音依然温婉平和，对我回京探望的提议，恩师依然是婉拒。因为您总怕耽误我们工作。却没想到三周以后等到的却是晴天霹雳般的噩耗！等我奔到北京，侯哥见到我的时候抱住我哭着埋怨："你怎么就没早点回来看看老师，老师前两天吃饭的时候还在提到你，老师一直惦记着你……"在中日医院跟您孩子第一次见面，他也抱住我在我耳边反复地说着"我妈最放心不下的就是你，前两天散步的时候还在跟我提到你……"是啊，不肖弟子让您担心了。我深知自己的性格缺陷太明显，恐怕也只有您的言传身教、春风化雨才会润物无声地将我慢慢改造得跟这个社会更兼容一些。两篇毕业论文，写得最用心的部分总是致谢那一节，前面的内容再翔实总免不了八股套路的俗气，只有致谢部分能激荡起内心深处最饱满的感情。您对我的影响深刻而自然，如一泓清泉，将包容、温润的品质慢慢地浸入我的思想，悄无声息地改变着我看待事物的角度。您总是自动忽略一个学生身上所有的缺点，却将他身上仅有的一处优点无限放大，然后给他以不断的鼓励。于我而言，多少次，您都是我在生活的暗夜里支撑我不断前行的力量。所以每年的感恩节，我都会给您发一条微信，我只想让您知道，您对我的影响和改变，我无比感恩！

守在灵前的那三个晚上，我跟翔哥、跟侯哥低语，聊跟您相处的点点滴滴，听惠玲阿姨讲您跟她之间相处的过往，惠玲阿姨惟妙惟肖的神态恍惚间让我觉得您就在我眼前，从未离开。夜半，灵堂里只有我们两个，我坐在您身边，低语，心里那些还没来得及对您说的话一股脑地倒出来，您应该听得到吧？

我与王俊师姐说：恩师就是那棵大树，为我们遮风避雨，我们都在这棵大树的呵护下成长。如今，大树不在了，我们也该长大了……

如今，恩师离开我们有一年了，我成为一名教师也快一年了，我觉得这是我能够做到的纪念恩师的最好方式。当然，我永远达不到您的高度，但至少当我站在三尺讲台上，我会告诉坐在下面的孩子，曾经有一位老师如此深刻地影响了我。我会尽我所能，去做个更包容、更温润的人，去做个更善良、更博爱的老师。

我尽量抛却平时刚硬的文风，用平实的语言记录下与恩师生命交集这六年里的点点滴滴。现在，恩师对我这个不肖弟子可以稍稍地放下点心了。惟愿，恩师在天堂安息。

附 2018 年感恩节悼亡诗一首：

北国霜高意难平，
朔风卷地起悲声。
六载蒙恩迎曙照，
几番寄卷诉离情。
高山仰止存浩气，
春风化雨传令名。
他年重波止水日，
三杯泪酒祭先生。

在恩师逝世一周年追忆会上的发言

宋远洋

2016届硕士

尊敬的各位家属、来宾、各位同门：

我很荣幸能够作为学生代表在这里发言，我们无比敬爱的于瑾老师已经离开我们一年了。都说时间是治愈伤痛最佳的良药，但分别愈久，对恩师的这份思念反而愈加刻骨铭心。

耶稣基督说：要进窄门；孔夫子说：成仁；释迦牟尼说：极乐。但我总以为老子的说法更精当：悟道。悟道是一种怎样的感觉，那是一种从心灵深处所充溢出来的喜悦与平和，无关乎外物，只来自内心。这种感觉我曾有过，就是与您相处的那些日子，您永远都如冬日里的阳光，照在人身上，暖暖地。呆在您身边，即使有再多的烦恼与不平，心绪瞬间就能够沉淀下来，继而整颗心会被喜悦与平和所填满……

在您离开的这段日子里，我每天都会回忆与您相识的这六年里相处的点点滴滴。我记得您与我一样是许小年先生的粉丝，还想着有机会给您带一本他的新作《回荡的钟摆》呢；我记得您与我一样爱看《唐顿庄园》，您是我心中永远的“my lady”。发现了一部历史感厚重的英剧《王冠》，还想着把它推荐给您呢；我记得您与我一样爱好文学，喜欢诗歌，我便更愿意写几首文笔虽不甚通畅却感情饱满的小诗，表达弟子在千里之外对您的感恩与思念之情……

我曾见过太多的人，把欲望当作理想，把世故认作成熟，把麻木看成深沉，把油滑捧成智慧。却唯有您，永远那么温婉、沉静、优雅、平和、睿智。一如您的名字，一块温润无瑕的美玉，滋养着我们所有人的心灵……您把“大学之道，在明明德，在亲民，在止于至善”的至理践行得淋漓尽致。您很少给我讲高深的道理，但您的人格魅力却在无声无息地浸润着我的思想，塑造和改变着我的性格。果然，桃李不言，下自成蹊。

如今，我也站上了三尺讲台。只有自己成为一名教师，才能真正体会到您的付出与不易，每次上课都有种林黛玉进贾府的感觉——生怕说错一句话，行错一步路。每次课上都是字斟句酌、全神贯注，只为了肩上那份沉甸甸的责任。随着下课的铃声响起，从那种高度紧张的状态中走出来，总有种莫可名状的疲惫，这种疲惫非亲历者不能体会。您的“货币银行学”要讲两个多小时，课间及课下还要跟学生进行长时间的交流，更难能可贵的是，您始终保持着那种亲切、和蔼与专注的态度来对待学生。对您的职业态度与师德，除了敬佩与折服我不会再有第三种感觉。我至今仍对王俊师姐的话记忆犹新：别人眼里的人生赢家可能真的是呕心沥血、鞠躬尽瘁。

您说过，您不够风趣幽默，您觉得自己不适合做老师。但在我看来，这个世界上还有比您更合格的老师吗？教育是拨弄灵魂的艺术，一个老师如果能够破解学生的思维密码，那么他就能启迪学生的智慧，震撼学生的灵魂。老师的责任就是为学生打开一扇窗子，让他们看到不一样的景象，听见不一样的声音，让他们思考、觉悟。您把奉献与包容践行到了极致，您伟大的人格魅力就是那把破解学生思维密码的万能钥匙，在您春风化雨的无声浸润中，我们在改变，在进步，在成长。

前几天我受王老师和亮宇师兄的委托，整理各位同门写给您的追思文章，我也详细地翻看了去年每一位同门在您去世后撰写的悼念文字，多少次泪水打湿眼眶。每一位学生您都视如己出，对弟子关爱有加。您可以清楚地记得学生与您第一次会面时的穿着，准确地说出每一位弟子的故乡，记得他们的昵称和爱好；您会默默地关注弟子们的社交动态，如慈母般悉心叮嘱爱好篮球的男孩子不要因此耽误了学业，叮嘱出去旅行的学生要注意安全，不要在夜里爬山；您会站在幕后为那些“校园明星”和“神童”学生喝彩，会温柔地看向那个紧张羞怯的女孩，为她加油鼓劲；您会通过邮件为素未谋面的研一新生解答学业和职业上的疑惑，叮嘱他们在读研期间培养出平和的心态和牢固的专业技能，会帮他们根据个人的特点和兴趣推荐适合的课程；您会把自己珍藏的金融学经典教科书和专业词典送给学生使用；您会为学生准备三页纸以上的毕业论文开题报告，附有极尽翔实的内容和范例；您会逐字逐句地为学生修改论文，不放过哪怕一处格式、一个脚注；您从不因自己的事情而劳烦别人，却会求助身在金融行业的亲友，只为给自己的学生推荐一个好的实习机会；您会在每年毕业求职季开始之前邀请已经毕业的学生回校给学弟学妹们传授求职的经验，介绍金融市场的真实运作情形；无论多么繁忙，您都会字斟句酌、耐心细致地回复每个学生的邮件；您会隔着屏幕叮嘱远渡重洋求学的学生保重身体；您会细心地为学生的宝宝准备礼物；您总是那么包容，极少批评学生的无状，即使委婉的批评过后也会很快地向他们道歉，您是多么怕给他们脆弱的心里留下阴影！您会在每年的教师节用委婉的话语劝住那些准备回校探望您的学生，因为您不忍他们路上的奔波；您小心翼翼地呵护着每一个学生的成长，在您眼中，我们都是“小朋友”“小可爱”“小天使”。

丁春霞师姐说，你相信世界上有这样的人吗？现在，我们都相信了。而且在我们心里，我们更加相信，您从未离开。您已经化作无垠夜空中最美的那颗星，用您那特有的温暖而慈爱的目光注视着我们，看着我们努力学习、认真工作、快速成长。您淡泊、助人、授业、奉献的精神更激励着我们每一个人，感恩于心，克己不屈。

亚里士多德说：吾爱吾师，但吾更爱真理。

但我恰恰相反：吾爱真理，但吾更爱吾师！

您最不成器的弟子

宋远洋

写在恩师去世两周年之际的话

宋远洋

2016 届硕士

不知不觉间，无比敬爱的于瑾老师离开我们已经两年了。

两年前的今天，刚刚得知噩耗的我们从天南海北赶往北京去送恩师最后一程。一年前的今天，我上演了一版真实的“人在囧途”，火车刚过唐山就坏在了铁轨上，差点赶不及参加一周年的纪念活动，亮宇师兄说这是恩师体谅我，不想让我跑这一趟。如今，本已得到控制的疫情在吉林省似乎又有了卷土重来的趋势，即使今年组织纪念活动，我想我却连“人在囧途”的机会都没有了。

再过些天，我作为一名老师也有两年了。两年的时间，我身处其中，得以感受教师这份职业的特点，得以处在恩师的位置体会这份职业的不易，更得以思考教育的本质究竟是什么？是传授有用的知识，还是培养一个有思想的人。

每所大学都会有个叫作《人才培养方案》的东西，但你仔细翻看之后会发现，里面的培养内容针对的都是“才”的训练，几乎没有“人”的养成。“才”的训练相对容易，可以通过提高学生的技巧实现，可以用“成绩”“成功”“成就”量化；而“人”的塑造很难，因为你要实现的是“自由”“快乐”“幸福”。所以王阳明说：治山中贼易，治心中贼难。“才”的培养是为了实现人的工具价值；而“人”的塑造才是追求人的终极价值。“才”的训练追求的是一个高均值；而“人”的塑造是为了达到一个高方差。说到对“人”的培养，我还没见过比于瑾老师更成功的教师。我过去经常和于老师开玩笑，看别的老师培养出来的学生，都和流水线上生产出来的一样，而您却是在亲身践行着金融学里 diversification 的观念，您是 diversification 做得最好的人。

我自己亲身教课，也指导学生的毕业论文，只有当你站在讲台上看着下面各种类型的学生，你才能体会到对学生无条件的包容有多么困难。从事教育事业需要的不光是高尚的情怀和奉献的精神，更要有脚踏实地的劲头以及无比强大的内心。一名教师就如同一个雕塑家，面对着一块块未经雕饰的璞玉，你要精心构思、慎重下刀、小心雕琢，你不经意间的一句话、一个眼神可能就在这个学生身上留下了一道无法抹去的痕迹。

我一直觉得，在贸大，可能也只有于瑾老师愿意包容我这不成熟的性格。以前我总是愿意发一些长篇大论，自以为言辞犀利，振聋发聩，遇到看不惯的现象总要喊上一嗓子，很为自己这点见识自鸣得意。但在于老师离开的这两年里我一直回思于老师的做事风格，尤其是去年，我参加了多次媒体对于老师事迹的采访报道活动，我们每个人通过回思与于老师相处过程中的点点滴滴，将于老师生活的每个侧面串联起来，形成了一副她的完整画像。我们叹服于她的才华，更感佩于她的低调与谦逊。她的能力可以做成很多事，她也默默地做了很多事，她有深刻的思想和对事物透彻的认识，但她更有务实肯干的作风。相比书生意气的长篇大论，能在荆棘丛中开出一条道来，面对现实的种种制约条件而把事情干成更为难能可贵。这大概就是所谓的“道虽迩不行不至，事虽小不为不成”的道理吧？

我知道恩师当年对我的表扬的初衷可能更多是鼓励，可惜我明白得太晚。作为人这种生物一生中最大的悲哀之一，就是在你最需要明白一个道理的时候你却总是不明白，而到你明白的时候似乎又失去了明白的意义。

恩师离开两年了。在金融学里，再大的波动率都会被时间抹平，但在我的心中，您的存在无可替代。在有您的日子里，我可以像个愣头青一样地生活，如今，我更愿意把“努力而谦卑地活着”作为我现阶段的格言，少发议论，沉下心来踏踏实实地做些事情。

最后，我依然想说，吾爱真理，但吾更爱吾师。

春风无声润万物，大爱无痕沁人心

汤奎

2016 届硕士

2018 年 5 月 25 日，惊闻恩师在家中离世，噩耗传来，悲恸有加，回忆恩师点滴，恍如昨日，历历在目。

和很多同学一样，第一次见到于老师，是在本科的“货币银行学”课上。老师不仅认真教授我们理论层面的知识，而且还结合相关实务，给我们做细致的分析和讲解，有时候还怕我们觉得课程太无聊而给我们讲一些笑话来提振精神，每次课间和下课以后都会有很多同学围着老师问问题，老师每次都会认真地回答完每一个学生的问题再离开。

后来考上研究生，有幸成为老师门下的学生，老师对我的影响就更加深远了。刚上研究生时，老师就听取了我们对两年研究生生活的计划和打算，并结合我们每个同学不同的情况而给予我们一对一的指导。时常有师兄师姐回来看望老师，老师每次都会叫上我们，一起听一听前辈们宝贵的经验和建议。每个学期，老师都会组织我们一起聚一聚，交流学习、生活或者实习方面的情况，每次也都会给予我们宝贵的指导，让我们受益匪浅。

后来我们逐步地经历找实习、找工作、写毕业论文，每一步，老师都给予了我莫大的帮助和指导，还记得当时老师听说我们实习不好找，很快就主动提供了很多资讯，找工作时，您帮我联系了师兄师姐给予了很多的指导和帮助。再到最后写毕业论文，老师也是逐字逐句地进行修改和指导。

在生活中，老师就像我们的知心姐姐和亲密朋友一样，关心我们，爱护我们。老师平常虽然很少评论我们的微信朋友圈，但是每次见面，老师都会不经意间说起我们朋友圈的动态，老师是在默默地关注着我们啊。还记得以前老师最喜欢看我和洋神（宋远洋同学）在朋友圈斗嘴，每次见面老师还帮着我说话，不让洋神欺负我，可如今我们想斗嘴给老师看都没机会了，想想真是别有一番滋味。

后来我们毕业了，离开了学校，我第一年去了外地，第二年回京以后，老师听说我要回学校看她，特别高兴，特意在学校等我，一见面就问我过去一年在外地的生活怎么样，工作怎么样，回京后是什么情况……那次和老师聊得特别开心。

再后来，有一次我悄悄回到学校潜入老师的课堂，听她讲了一节课，仿佛就像回到了当时本科听课时一样，老师还是那么年轻，讲话还是那么有力量，课间同样有一大群学生围着老师……这次普通的见面，没想到却是诀别。

老师的点滴，还有很多，说不尽，道不完，如今阴阳相隔，无法再继续接受老师的教导，但是我们将永远铭记老师，缅怀老师，以老师为楷模，学习她对工作的认真，对生活的热爱，对家人、朋友、同事、学生的真诚。

人师难遇，带着于老师的温暖前行

王京京

2016 届硕士

遇见于老师是一件幸运的事，让人从心底温暖。与老师的初见是在一个下午，老师的微笑很慈祥，之后每次见到她好像都会带着笑眯眯的慈祥面庞。她的笑容特别温暖，让人放松、让人亲近、让人心安，我也不太会描述这种感觉，可能只有接触过才能感受到这份优雅从容的亲切感。于老师是个特别美好的人，有机会成为老师的弟子，聆听老师的教诲，于我而言是一件极幸运的事，对此我常怀感恩。

于老师告诉我面对未来要客观冷静，照顾好身边人。研一的时候就未来规划跟老师交流过想法，老师鞭辟入里的分析让我心悦诚服，温柔和蔼的叮咛也让人如沐春风。于老师告诉我不要急躁，要照顾好身边的人。这不是个复杂的道理，但老师结合着自己的经历阐述出来，让我有种笃信的坚定感。"经师易遇，人师难求"，而我再也没有机会聆听于老师的教诲。

于老师让我深刻认识到善良、谦虚、热忱依旧是这个时代最富魅力的品格。时常感到这个社会价值观更新速度远超出礼义的传承速度，但于老师让我认识到一个善良而谦逊的人仍然是照亮周围的明灯，让人敬仰也给人温暖。想起在毕业答辩时，老师因为答辩前一句善意提醒"像你这样论文里加入了案例的今天好像都没通过"，在答辩后打电话给我道歉，不禁有点眼湿。如果像您这样一句没有任何影响的无心之语都要道歉，那不肖弟子又该有多少的抱歉要跟您讲。

我们和于老师很像，也会像她一样去温暖身边人。其实从师门兄弟姐妹的身上多少能看见于老师的影子，老师的温暖感染了身边每一个人。于老师的小朋友们性格多样，从老师身上学到的东西也不一而足，但于老师的感染力总会让追随的人带上类似的痕迹，可能这就是传承。而今后我们带上不同的传承和回忆去追思她、怀念她，希望天堂的老师能看见她的天下桃李也温暖了人间。

在人生的道路上越走越久，见过的人形形色色，面对过的事情越纷繁复杂，就越发感恩在学生时代曾有明灯照亮过一程，老师让我坚信人间自有美好，未来值得期待。而今带着于老师的教诲继续前行，我很怀念她，也希望能像老师一样做个善良有温度的人。

追忆恩师于瑾教授

王腾

2016届硕士

于老师，今天整理和您的往来邮件，悲痛之意涌上心头，往日与您相处的点点滴滴仍在心头萦绕，就像昨天刚发生的事情，您还在我们中间，未曾离去。

整理着过往您给我发送的一封封邮件，不由自主地回忆起当初您同意我做您学生时心里的那份激动与欣喜。我是跨专业学习金融，入学前为了能够打好基础，向您请教推荐几本金融学入门教材。本来只期望您简单回复几本书名即可，结果您在邮件中不但十分详细地介绍了6本参考教材并且在每本教材后面还注明了网购地址。从未想过您对我这个还未见面的学生会如此地认真负责，让当时的我十分感激、敬佩，心里欢喜，这个导师选对了。来到学校，您给予我们的不仅是老师的教诲，还有慈母般的关怀。您把我们都当成您的孩子，关心着我们的成长、未来的发展，每次和我们交流都不断鼓励我们，给我们信心。

那天，惊闻您去世的噩耗，我呆住了，迟迟不肯相信这是真的，直到去了医院，看到您静静地躺在那里，往日和您相处的情景一一浮现……

毕业这几年一直想回学校看看您，总是因为各种原因没能去成，总觉得未来还有很多时间可以去看您，结果再见您时，已是阴阳两隔。我觉得这会是我这辈子的遗憾。

愿您在天堂安息，来世我还想做您的学生！未来只能用不断的努力进步来回报您的师恩！

致 恩 师

熊双

2016届硕士

您温柔如四月的风
在平静如水的世界里掀起点点涟漪
你我却别离在五月的艳阳高照里

您轻盈如花海的蝴蝶
在钟灵毓秀的惠园里洒落阵阵芬芳
你我却挥手于硕果累累的秋天里

于老师，您的步伐未免走得快了些
我们还来不及将回忆装订成相册
我们还来不及将感恩折叠成小船
这该如何是好？

总以为，未来还很长
还有太多个给您的教师节鲜花已预订未发货
还有千千万万个节日祝福已编辑未发送
却不知
数不尽的省略号，换来了一个句号

从此相逢在梦中

丁春霞

2017 届博士

记得那是一个周五的上午，我像往常一样上班，突然一条信息打破了平静。微信群里发了一个地址，定位在中日医院太平间。什么！我简直怀疑自己的眼睛。

以最快的速度，订车，请假，叫上一个小师妹，一起赶过去。恍惚如在梦里，脑中空空荡荡，如同窗外的阳光一样白茫茫。心里只有一个念头，我要去看看我最亲爱的老师，她怎么可能离我们而去了呢？

我看到她，安静地躺在那里，鲜花掩映，美丽而安详。听到蒋老师说："有什么话就和你们的于老师说吧，你们都是她最爱的学生……年年教师节你们都回来看她，今年教师节可怎么办？"眼泪止不住地流。这怎么可能呢？好多个瞬间，我总觉得她还会坐起来，露出笑容，和我们打招呼说，哎呀，你怎么来啦？

记忆拉回到十多年前。2006 年，我硕士从国际贸易专业转读金融学。因为入学考试成绩还算不错，本科论文导师王老师兴奋地说："我给你推荐一位极好的老师吧！"这样，就有了我和于老师 12 年的师生缘分。2011 年秋季的某一天，我对老师说，我想读个博士。她欣然同意，说："你硕士论文都写得那么好了，读博士肯定没问题。"于是，她又成了我的博士生导师。

老师为我的论文写作费劲了心血。我的博士论文选了个较难的题目，想了几个复杂的模型，却迟迟没有写出来。于老师鼓励我坚持下去，她说既然读了，还是争取把学位拿下来。她请了一位小师弟一起帮助我，介绍一些写作技巧、论文发表和答辩的经验，反复讨论论文的写作结构。记得有一次，她激励我坚持，自谦地说："你是不是跟我很像，会把事情拖到最后？我们都需要向刘翔同学学习，一年级就提交了毕业论文。"说完后，她朝我们笑了。后来，我听到其他同学讲与自己导师相处的经历，相比之下，我的拖延和被动，老师的宽容和帮助，更加让我惭愧至极。

后来，我在被四位老师质疑了将近一个小时后，通过了预答辩，于老师向我表示祝贺，安慰我说这一组答辩只有两个人通过，已经很不错了。再后来，经历相似性检验和盲审，忐忑地拿到两个 A 一个 B 的盲审成绩。2017年 5 月，顺利地通过正式答辩。在论文签字的那天，于老师高兴地说："终于要毕业啦！论文给我留两本吧？"

今年 5 月 18 日，我和一个小师弟聊天时提道："最近完成了一篇论文初稿，想请于老师给予指导呢。"我深知老师会为我操心，所以在改得比较满意之前，我不想轻易打扰她。然而，我却在一周之后得到了这样的噩耗……

我打开微信。最后一条微信，是今年 3 月 18 日晚上，老师约我要送给我一些孩子的衣服。最近几年，她每年都会惦记着给我女儿买新衣服。她说："想问下你家离金融街远吗？我晚上去那边，想把 CC 衣服送给你，真抱歉拖了这么久。"我说："好呀，我过去。"见到她时，她笑着说很抱歉送得太晚了。就像她往常一样，即使是帮助别人，也还会担心自己是不是麻烦到别人了。由于当时已过 8 点，我们未及多聊，就匆匆告别了。谁曾想到，这一别竟成永别！

还记得 2017 年一个冬日的晚上，于老师在跟我与小师妹吃饭时，翻出她师母的朋友圈，给我们讲她 80 多岁的老师和师母的故事，分享他们拍得很用心的照片，有自制的精美点心，有出游的美好场景，有温馨整洁的厅堂……她说："如果老了是这个样子，也就不怕老了吧？"又意味深长地对小师妹说："我觉得，最重要的，是要找一个两情相悦的人吧？"我当时想，这应该是她会有的晚年生活的样子吧？岁月静好，有爱，有憧憬，有对生活不懈的追求。我坚定地认为，她将来的生活应该就是这样的。可谁又能想到，两情相悦仍在，却是仙凡两隔。

回忆往事，我大概是最不懂事的学生了吧？我本可以把学业和工作安排得更好，不让她操心。我本可以多向她请教，多聆听她的教诲，多为她考虑，而不是再等等，再等等。珍惜当下，选自己认可的姿态去活，选值得的人和事去为之奋斗。谁知道下一个瞬间，会不会是永远？这大概是于老师最后教给我的道理。

在医院守了三天。知道自己其实做不了什么。也许只是想再多看她一眼，多陪她一会儿，多听听她的亲人、朋友、同事、学生们讲述她的故事，体会她的生平。最后一个晚上，她的一位朋友哽咽地提议，“我们为她唱首歌吧。就李叔同的《送别》吧。”大家一起唱：

长亭外，古道边，芳草碧连天，问君此去几时还，来时莫徘徊。天之涯，地之角，知交半零落。一壶浊洒尽余欢，今宵别梦寒……

送别仪式那天，阳光很刺眼，来了好多好多人。在告别厅门口，我一遍遍看那些挽联，有那么多人敬她，爱她。为她献上一枝花，恭敬地鞠了躬后，看到她最后一眼，一瞬间又忍不住泪崩了。还记得出来时，抬眼又看到门口悬挂着巨大的挽联：执卷寻师空有愿，亲聆赐教更无期！

这篇追思文章断断续续写了好久。今天是 6 月 24 日，离老师仙去已满一个月。以为我终于能够将心事尽诉笔端，没想到摊开纸笔，回忆起往日种种，仍是泪难停。记得以前为她写过一首诗，有两句记忆犹新：

山高水阔有尽时，

师恩更比日月长！

于老师，愿您安息！

永恒的微笑，永远的导师

刘元芃

2017 届硕士

七年前，第一次上于瑾老师的“货币银行学”，觉得这个老师发型蓬松，笑容可爱，好像一个小仙女。从此对您记忆深刻。

三年前，研究生复试。我在候场走廊里四处徘徊，心神不宁。进到了复试间，看到主审老师竟然是您，心情瞬间平静。您依然是那样可爱地笑着，与我聊起了天儿。

之后，我毫无犹豫地选了您做我的导师，您欣然接受。

一年前，我为毕业论文搞得焦头烂额，您耐心地安抚、悉心地指导。

10 个月前，同门一聚，与您相见，未料竟成永别。

太多遗憾，遗憾在您生前没有尽我学生之责，没有时常问候。

太多悔恨，悔恨我当时放浪无知，没有专注学业，让您操劳费心。

我以为未来还很长，我以为每次回到学校还能见到您，我以为我还能叫您一声于老师，我以为还能看到您可爱的笑容，享受宛如回到慈母怀抱的情愫。

千里之外，唯希望头上的明月，托付我最后的问候，化成温柔的月光，映照在您安详的面庞。

天堂依然有您可爱的笑容，请于老师安息。

致　恩　师

向星宇

2017 届硕士

于老师，请原谅我这个不善言辞的学生。2015 前的夏天，在我怀着特别忐忑的心情找您时，您说，好好学习。研究生阶段，谢谢您给我人生的一次又一次选择指明了方向。没想到去年一见则是永别。芳华绝代已不足以形容您！如果能再一次选择，我会毫不犹豫请求您再一次作为我人生中最重要的导师！于老师，安息！

良师益友

夏雪

2017届硕士

第一次见面，是在初夏的午后，科研楼的办公室里。您带着温暖的笑容，温言细语，抚平了我内心小小的紧张情绪，相谈甚欢，暗自庆幸最终成为了您的学生。此后两年多的时光里，您给予了我太多的关心、鼓励和启发。师者，传道、授业、解惑也。而您不仅如此，更有太多太多值得我敬仰和学习的地方。

您是博学儒雅的，优雅的气质感染着身边的每个人，与您的交谈，如沐春风，连自己都不自觉地放轻了语调。课堂上，您娓娓道来，语气温婉却又充满了自信，用通俗、风趣、易懂的方式讲解金融知识。答疑时也依然是盈盈笑语，细致耐心地解答。好几次，在您课后去找您，哪怕已经过了饭点，您依然坚持解答完所有问题。惭愧的是，偶尔与您交流，不知不觉已到很晚，未能体恤您的劳累。如果能有下一次的机会，我一定告诉老师，您辛苦了，多注意休息。可是……

您是善解人意的，平等地对待每一个学生，把我们当成“小朋友”，为我们考虑太多，您总是不愿意麻烦他人，自己亲力亲为把事情安排妥当。我记得您常常跟我说，感觉十分抱歉，因为平时工作繁忙，很多事情没有帮到忙。可是于老师，您关心着我们，为我们答疑解惑，常常想着要为学生做点什么，我们却没能为您分忧呀。我想您是真正热爱这份事业，真正地喜欢这群“小朋友”，所以一直无私地奉献着、耕耘着，如今桃李芬芳遍天下。

您是风趣可爱的，偶尔俏皮地同我们开开玩笑，让我们感到您仿佛不是老师，而是同龄人一般。甚至有时候，您灿烂的笑容、年轻的心态，让我觉得您更像是一个可爱的小女孩儿。在我感到迷茫时，您亲切地开导我、鼓励我，教会我用积极开朗的心态去面对一切，您的话，如同和煦的春风一般，吹散了我内心的阴霾。于老师，您说您很幸运遇到了我们这样优秀的学生。可是，您知道吗，应该是我们何其荣幸，能够拥有您这样的老师呢？

太多太多……

我知道您一直都是乐观向上的，所以即使有再多遗憾不舍和悲伤，您一定是希望我们能够坚强面对的吧。您没有离开，只是去到了未知的远方，庭前花开花落，天外云卷云舒。

愿 您 安 好

史烁琳

2017 届硕士

于瑾老师对于我来说就是《相约星期二》中的 Morrie 老师，我很庆幸在迷茫的时候遇到了于老师，让我感到被理解、被关怀、被包容、被鼓励；我也很感谢于老师让我看到了她眼中我的样子，让我可以接受自己缓慢地成长。您是我的一个榜样，也是一个念想。我想我和所有受到于老师影响的学生一样，都会像蒲公英的种子般把这种影响传递给其他人。

谢谢于老师，想念您，衷心愿您安好。

追忆恩师

幸聪颖

2017 届硕士

第一次见您是在大三的第一节金融数学课上，您优雅的气质和温柔的性格将我深深吸引。

第二次见您是在宁远楼的教师休息室中，我怀着忐忑的心情，期待成为您的学生。

当您说出“欢迎成为我的小朋友”这句话时，我开心得像个孩子，找到了家。

做您学生的每一天都是幸福的，您像母亲一般将我们宠在手心。

有您在，就很安心。

听闻您离去的消息，我伤心得像个孩子，失去了家人。

于老师，我还能“孩子气”一回吗？

我想永远做您的小朋友！

音容宛在，师恩永存

幸聪颖

2017届硕士

虽说生老病死是人生常态，但是真的发生在自己身边的人身上时，往往不能接受。学生听闻您逝世的消息时，第一反应就是不可能，您的音容笑貌还在眼前，您的谆谆教导还在耳畔，但当消息确认时，我失声痛哭，仿佛失去了亲人一般。虽然成为您的学生只有两年多的时间，但是您对我的影响是一生的。学生只能用尽可能翔实的文字来追忆您和我们在一起的点点滴滴，以便让更多人知道曾经有这样一位好老师，为了自己热爱的教育事业奉献了自己最美好的年华，直到生命的最后一刻。

初次见您是在大三的“金融数学”课上，您优雅的气质和温柔的性格将我深深吸引，心想如果能成为您的学生，应该是一件特别幸福的事儿吧。第二次见您是在宁远楼的教师休息室中，我怀着忐忑的心情，期待成为您的学生。当您说出“欢迎成为我的小朋友”这句话时，我开心得像个孩子。

在这之后我就正式加入了“于老师的小朋友”的队伍，在这个大家庭里，我得到了同门师兄师姐的很多帮助，听学长说于老师的学生是最团结的，没有“之一”。对此，我深信不疑，因为于老师时常挂在嘴边的一句话就是你们一定要互相帮助，就像一家人一样。毕业的师兄师姐时常在群里发送实习信息，在校的学弟学妹也为大家更新学校近况，逢年过节的红包大战也是必不可少……我们一群小朋友就在您的带领下真的成为一家人。

在校期间，主动找您的次数很少，现在回想起来后悔万分。当时我们想尽可能地少打扰您，可是现在连“打扰”您的机会都没有了。我记得每次在教室门口等您下课签字时，都能见到毕业的师兄师姐也在门口等您，当时就想等我毕业了，也要常回来看您，和哥哥姐姐们一样；我记得只要有机会您就会把我们一群在北京的孩子拉在一块儿聚餐交流，每次交流都受益匪浅，当时我就想以后在饭桌上我也要向学弟学妹们多多传授经验；我记得您总是以我们还是学生为由，从没让我们掏过一次钱请您吃过一顿饭，当时我就想等毕业工作了，一定要好好请您吃一顿大餐……

您非常乐意用微信和我们时时交流。我记得每次向您请教学术问题，您都第一时间回复，还会发送很多资料供我参考；我记得每次见您，您都能说出我们每个人的近况，我知道您在默默关注我们每个人的朋友圈动态；我记得每次给您发送的节日祝福，您都非常认真地回复，我知道您肯定要这样回复上百条的祝福……

您对我们的好，我们一直记在心里，就像电影《寻梦环游记》中表达的一样，我们能为您抵御死亡，您永远活在我们的记忆中，始终没有离去。学生们一定会化悲痛为力量，加倍努力，让自己更加优秀，这样才配得上成为您的学生。当然，我们师门也会更加团结，互帮互助，成为更加亲密的大家庭。

追忆于瑾恩师

罗湘灵

2017 届硕士

真的很荣幸能做于老师的小朋友。最开始接触于老师的时候还是本科上“货币银行学”时，觉得于老师是一个超级温柔、超级 nice、对学生超耐心的老师。那个时候其实除了上课和老师也没有什么特别的接触，但是大三想申请夏令营时，厚着脸皮找于老师帮我签推荐信，于老师却一口答应了，还关切地问我进度。后来研究生选导师时也是怀着比较忐忑的心情给老师发邮件，结果老师很快地回复我并表示欢迎。

之后的事情就不用说了，相信每一位于老师的学生都有体会。隔三岔五地找我们聊近况，关心我们，倾听我们的人生规划，也倾听我们的烦恼；和我们吃饭总是抢着买单，说我们还是小朋友；写论文期间更是费心费力，每一篇论文都帮我们仔细看也提出很中肯的修改意见，连假期也在操心，过问我们关于论文的问题。在交往中完全能感受到于老师是那种真的把学生的事情当作自己的事，打心底关心学生的人。想到这里也是觉得很抱歉，觉得自己很不省心，让于老师多操心了。

最后，希望这么善良又温柔的于老师在天堂可以幸福快乐，继续被爱和关怀包围。我们也会努力生活，不辜负于老师给予的关心和爱护。

送别于老师

平一帆

2017 届硕士

还记得第一次和于老师见面时的情景，满怀期待能够成为她的学生。老师肯定的眼神和谆谆教诲让我感怀至今。师恩难忘，还没有来得及相聚，就突然分别。于老师已经离我们而去，您走得如此突然、安详，愿您在天堂安息。于老师，您将永远活在我们心中！

于老师，我们想您

侯伟相

2018 届博士

2018 年 5 月 24 日上午，于教授还在对外经济贸易大学博学楼给我指导博士论文，给我签字，约好了一块儿毕业聚餐，照毕业照片，吃我结婚的喜糖。中午回到家后，您还在通过微信指导本科生论文。晚上我再见到您时，您却安静地躺在那儿，沉睡不醒。这一切都像梦一样，让人非常难以接受。

于老师用温润和蔼优雅的教育方式将知识和希望撒向我们每一位学生的心田，于老师桃李满天下，为社会培养了无数的英才。于老师将心血都倾注在教育事业上，兢兢业业工作，勤勤恳恳育人。学习之余，于老师还是一位时刻关注着我们的朋友，每次见到于老师，于老师总能说出我们最近的日常，后来才知道于老师一直在关注着我们的成长和发展，在学生需要帮助时，她会毫不犹豫地支持。于老师是我见过的最平易近人、最和蔼可亲、最高贵优雅的学术女神。

蜡炬成灰泪始干。于老师像蜡烛一样燃烧自己，为我们照亮了人生的道路。于老师精心设计每个教案，认真上好每一堂课，对于学习困难的学生，她更是关怀备至。于老师像妈妈一样，总是用亲切的话语和灿烂的笑容温暖我们的心灵，用阳光雨露般的爱滋润我们的心田。于老师严于律己，凡事不做便罢，做就做到最好。虽然追求完美，但于老师从不苛求他人，只会苛求自己，为了准备好每一堂“货币银行学”的课，她会不断查询时政材料，让学生学到最新的知识；为了做好研究课题，写好结项报告，于老师经常加班工作到深夜，认真修改每一处细节，哪怕是一个标点符号。

于老师总是把爱给了别人，唯独没有留给自己。于老师多年以来睡眠不好，还没来得及好好休息，就永远地离开了我们。于老师现在终于不用再为学生劳心费神了。于老师您累了，您真的是太需要休息了！

我这几天在想，像于老师这样的大先生，我们人世间是不配拥有的，上苍对于老师另有安排，不过上苍也太残忍，都没有让我们好好地跟于老师正式道别；于老师，您悄悄地走了，我们不怪您，因为您一直是一个不愿意麻烦别人的人，您的不老容颜将成为我们余生永远的怀念和追忆。

我心中的于老师

齐放

2018 届硕士

5 月 25 日上午，我像往常一样打开手机翻看微信，没想到却获知恩师不幸离世的消息。在看到消息的一瞬间，我整个人是懵的，我不敢相信自己的眼睛，认为这是谣传。因为就在前几天，导师还在群里有说有笑地商量毕业聚餐的事情；也就在前几天，导师还为我们签署论文指导意见。这一切发生得太过突然，让我实在一时无法接受。在跟博士学长确认了消息的真实性后，我马上订了火车票，返程回北京，送老师最后一程。

在火车上，我不由自主地回忆起了跟于老师的相处时光。其实我跟于老师认识只有两年的时间，但于老师和善可亲、谦虚低调的品质一直深深影响着我。还记得第一次见于老师是在研究生复试现场，我当时正在门口候场，突然旁边传来一个温柔的声音，“小帅哥，麻烦让一下”。我扭头一看，原来是面试老师，她面带微笑地对我说：“放轻松，不要紧张。”当时虽不知面试老师叫什么名字，但她慈祥的面容、温柔的声音以及迷人的微笑已经深深吸引了我，紧张的心情也得到缓解。在后来的整场面试中，作为主考官的于老师是所提问题最多的，我也一直跟于老师保持着眼神交流，努力回答她提出的每一个问题。或许是于老师太过和善，也或许是老师一直保持着微笑，面试过程我丝毫未觉紧张，而是以淡然的心态在跟老师做着知识的交流。最后，于老师温柔地说：“面试结束了，你可以离开了。”可能是精力太过集中，我丝毫未感觉到时间的流逝，所以不自觉露出略微惊讶的神情。于老师见状微笑着说：“怎么，你还想回答吗？”“没有没有，不好意思，老师，可能是我有些紧张，所以忘记了时间，谢谢您！”我同样对于老师报以微笑。于老师温柔地说：“可以了，你已经回答得很好了。”听到老师肯定的评价，我起立深深鞠了一躬，心中对老师满是感激，悬着的心也终于放下。时至今日，老师们所提的问题我已记不清楚，但于老师优雅的形象却一直印在了我心里。

面试结束被顺利录取，我多方打听，得知面试老师叫于瑾，于是我发了拜师邮件，并得到老师回复，最终顺利成为老师的弟子。但我万万没有想到的是，我也成为于老师带完的最后一届研究生。

为恩师守夜当晚，望着灵堂里的于老师，我不禁回想起了研究生生活的点点滴滴。从开学的第一次聚餐，到日常的短信、邮件沟通，再到论文指导，作为老师的弟子，每一步都得到了悉心的照顾。不管是于老师带的学生，还是其他认识于老师的人，我从所有人口中听到的都是于老师的好，我想这或许正是恩师的魅力所在吧。我记得平时跟老师书面沟通时，老师总喜欢把男生称为帅哥，女生称为美眉，把我们大家都称为小朋友们。诸如“是滴、好哒、帅锅、美美哒”等等，都是老师在微信、短信沟通中的常用词汇。其实回想起老师交流的日常用语、顶着小碎发的天然萌的神态举动以及永远都那么温柔的声音，我就觉得用“可爱”这个词来形容于老师是最贴切的了。始终保持着乐观年轻的少女心态，我想这正是老师看起来总是那么年轻、那么美好的关键因素吧。

写到这里，心中顿觉十分沉痛。于老师的离去对我们所有弟子都是巨大的悲痛。我们失去的不仅是一位导师，更是一位人生道路上的引路人。我特别后悔在毕业时没能有机会跟于老师吃最后一顿师门宴，更痛恨没有机会在毕业时跟于老师留一张合影。

于老师，今生有幸成为您的弟子是我的福气，真的非常幸运能够成为您众多小朋友中的一员。弟子唯愿您在天堂美好依旧，开心依旧！

您永远都是我们可亲可敬可爱的于老师！

缅怀我的导师

杨麟

2018 届硕士

时隔半月，总觉得应该写点什么来缅怀于老师，许多次提起笔却又放下，总担心打扰到天堂那头的您，可内心却又期盼您能听到一字一句。

与于老师的初识源于大二下学期的货币银行学课堂，那时学习金融学虽然已有两个年头，可之前学习的都是经济学大类的基础课程，“货币银行学”算是第一门专业课，于老师讲授深入浅出，轻声细语，我和一起上课的舍友都一直以为于老师也就 30 多岁。于老师上课幽默风趣，我清楚地记得于老师还给五一前天坚持来上课的同学加了平时分（没来上的同学没减分）。课后的答疑，于老师与学生更像是日常的交流，而不是机械地解答，师生的感情由此日渐拉近。课堂上的点点滴滴，恍如昨日。

后面一次接触就是本科时候的毕业论文答辩，于老师是答辩老师之一，一进场我便暗自窃喜，心想于老师肯定不会为难学生。果不其然，于老师在另外两位老师严厉指出论文存在的问题之后，表扬了我的文章的可取之处，论文就这样顺利通过了。于老师就是这样的人，既为学生着想，而又不失原则；既严格要求，而又体恤学生。

与于老师的第三次接触就是研一入学的时候，那时候学院让选导师，出于喜欢于老师个人的教学风格，直接就去教室找了于老师，您一想起我大二上过您的课就应允了。后面于老师还打来电话嘱咐我不要挂科，但是压力也不要大，零零碎碎点点滴滴之中就如父母对子女般关心而又期盼。

去年的这个时候，于老师就开始为我们的硕士论文操心，期末一结束就给我们请了几位师兄师姐介绍论文如何写作。暑假还给我们寻找拟列了一些选题方向。我论文的选题就是来源于于老师的建议。开题之初，因为不够认真，我的开题报告还被打了回来，找到于老师，您一方面教我怎么改，另一方面又让我不要紧张，说是就算开题再次被否同样可以进行论文的写作。有些话事后听起来可能波澜不惊无所触动，但是在特定的时空条件下，就像给我吃了一颗定心丸。后面的论文写作，也是有什么问题就随时到博学楼去找老师，其实也不是非得有什么事儿，有时候就是想过去和老师聊聊天。于老师不仅关心我们论文的进展，还一直询问我们找工作的情况，我是本届学生中最不争气的那个，到现在还没有确定去处，想想也是愧对于老师。

论文写作结束，答辩结束，签字结束，于老师对我们的指导全部结束了。周二去找老师签字还有说有笑，走前还预祝我回家考试顺利，还约定了 6 月再见，只恨天妒英才，一切猝不及防，回到贸大再也见不到于老师了，这种感受和痛失亲人是一样的。所幸考完次日飞回了北京，陪于老师度过了追思会前的一夜，遗憾也算是少了那么一分。

每个人的生命都是有限的，现在我也更加理解了“春蚕到死丝方尽，蜡炬成灰泪始干”这句诗的内涵，于老师就是这样的人。斯人已逝，精神长存。祈祷于老师在天堂那头一切安好，能和以前一样开心幸福。我们也一定会像于老师希望的那样，好好学习和工作，开心过好每一天。成为您的学生是幸运的，更是幸福的，下辈子还要做您的学生。

在贸大遇见您，是我今生最美丽的风景

刘震

2018 届硕士

我是硕士阶段进入贸大的，学习时间并不长，但是学校给我的感觉和体验相较本科却是极丰富和温暖的。以前我只是觉得是学校文化的不同使我有这种感觉，然而今天从老师的灵堂回来，我才深切地认识到这种母校的温暖并不来自其他，几乎都来自老师对我殷切的教导和深沉的爱护。

听闻于老师离世的消息，我感到透心的悲伤和难以接受的惊愕。就在三天前，我还和同门一起去博学楼找老师签毕业材料，那天老师精神兴致俱佳。老师先耐心地指导博士师姐（2016 级博士生马倚虹）的学习规划，之后给答辩评阅的重大修改的硕士论文修改稿签字。让我印象深刻的是，老师准确地记得重大修改的硕士同学是谁，需要修改的具体问题是什么，哪怕是一个很小的细节问题。那天看到那位女同学听到重大修改的决定哭了之后，于老师还追出去安慰她，这在我看来完全超出一名老资格教授的职责范畴，然而对于老师来说却已经是习惯性的分内工作。之后在老师签字的过程中，老师又关怀备至地和我们聊起未来规划，对我们每个人的情况，她都有细致的了解，对每个人老师都有不同的鼓励，和老师在一起我总感觉到家人般的亲切、默契，处处充满着正能量。那天和老师一起下楼时（2018 年 5 月 22 日），老师感慨时间流逝，转眼我们也要毕业了，我就和老师聊起第一次见老师也是在博学楼，老师还清楚记得那天是学院开会之后见了我，还记起在几楼见了另一个同门。写到这里，我已湿润了双眼，老师对我们的关怀之切、感情之深、对工作态度之认真远超我的想象。送老师到楼下，老师还问起我这周有没有事情，说起本科生的毕业论文最近任务还比较多，可能会需要我帮忙送个材料，我应承下来，一直在学校等着于老师的消息。没想到的是，等到的竟是老师忽然离世的噩耗。

老师给予的还远不仅仅是亲人般的关怀，更为影响我的是于老师高尚的品格和深厚的底蕴。入学前给老师发自荐信，那时惴惴不安，猜想老师是否会回复我，觉得老师德高望重，很可能不会回复我。没想到老师不仅回复了我，回复的内容还很长，逐点回复了我信中的主要内容，语气和蔼友善，像一位许久未谋面的朋友、亲人。第一次见老师时候，老师就和我聊了许久，和于老师聊天，让人感觉如沐春风，于老师是那么地亲切慈善，言谈间谆谆教诲又不失风趣幽默。每次联系老师，老师都及时且认真地回复；对于我们学习的重要环节，于老师向来事必躬亲且安排细致；每次聚会见面，老师都会分享给我们她宝贵的人生体验和感悟。润物无声，老师伟岸的人格给我树立了最好的人生榜样。

作为一位教授，于老师学术上硕果累累，作为老师，于老师诲人不倦，把严谨的治学态度传授给了我们。多年来，老师一直在给本科生开设“货币银行学”课程，有时我下课时会去找她，她总是被学生们围着问各种各样的问题，而于老师总是微笑且非常耐心地一一解答，这一解答往往就是一个多小时。老师为了让我们开好题，专门和博士师兄组织了一次联合指导课，之后特意发来她精挑细选后的题目范围供我们选择、参考。在论文的写作过程中，于老师多次与我沟通论文进程，多次提出修改意见，帮我们顺利完成了毕业论文。

周一的时候（2018 年 5 月 21 日），于老师还邀我们一起聚餐，结果因大家时间不统一未能相聚，没想到这竟成为永远的遗憾。毕业季本来有太多话要对老师讲，对老师的感恩，对老师的依恋，对老师的不舍。前夜在为老师追思会制作视频的过程中，看着老师与师兄师姐们的毕业合影上一张张明媚的笑脸闪过，我不禁恍惚，仿佛还在等着为我们的毕业聚餐庆祝。可转瞬间清醒，念起已痛失恩师，不禁潸然泪下。

愿我最敬爱的于老师安息。师恩似海，愿来生再做您的学生！

执卷寻师

杨泽锋

2019届博士

难忘旧竹扶新恩，更念春雨润物情。
老师才学皆高，于所学精益求精，
始终为学生楷模，今化悲痛为力量，
不负老师遗愿，全力以赴学业；
老师上善若水，待人温润如玉，
淡名利而重他人感受，己所不欲不施于人，
德行更为学生所仰止，望同门共勉之。

老师头七夜于图书馆论文间隙作

献给老师的诗歌

史峰

2019 届博士

周五早晨一则震惊的消息
匆忙赶到不信眼中的恩师
昨日还在期待悉心的指导
今日只能慨叹生命的无常
追忆过去未曾关注的日子
时光已在指尖无情的滑落
默诵往昔恩师温暖的点滴
教诲只能在耳畔次次回荡
想为您写一首春天的诗歌
却发现您已然燃尽了自己
想为您写一首温暖的歌曲
却发现您已经静静地离开
当生命海潮从沙滩中退去
祝福只能化作远去的旋律
想要为您献上最后的花朵
发现您身边早已铺满鲜花

师恩深似海，润物细无声

刘雅琪

2019 届硕士

我从未想到，在 20 出头的年纪，能够有幸遇到这样一位人生导师。在与老师见面之前，我曾设想，她或许是一位德高望重的学者，一位敬业教学的严师，却没有料到，于老师是这样一位独一无二的、有人格魅力的老师。她的皮肤晶莹剔透，面庞安静平和，弯弯的笑眼总是可以直达我的心田。老师像是有魔力一般，可以让身边的人都感受到她那份如大海般深邃的内心，与她单薄的身体形成了巨大反差，外表温柔、内心强大是对她最好的解读。

人的一生，总会遇到形形色色的人，陪自己走过生命中的一段旅程。有些人，很快就会淡忘，而老师，却像一壶花酿，越品越香，回味无穷。身处北京，求学在贸大，快速的生活节奏与优秀的同龄者总会令我陷入焦虑。求职期间，我一次次在尝试中碰壁，在选择间徘徊，迷茫、焦虑是自己内心的主旋律，而每次见到老师，她总是平和、坚定地站在那里。无论是言语上的鼓励还是温柔的笑意，总能将那份坚定与平和传递给我，给了我极大的安全感。我们未曾深入聊过天，她却能因为我发过的朋友圈而记住我是一位爱运动的小同学；我们第一次与老师见面，老师就已经清楚我们每一位同学的名字、家乡、本科院校。这份细致而温暖的关怀让我深深地感动，我意识到，虽然不曾表达，但老师的心中一直都在挂念着我们，这是一种怎样的大爱与用心啊！

2018 年 3 月 8 日，我与亲爱的老师在国际学院的会议室，进行了一次三个多小时的促膝长谈。这是我第一次离老师那么近，我们聊生活、聊学习、聊对工作的畅想。在老师的点拨、鼓励、肯定之中，我的那颗迷茫的心，一点点变得坚定，变得自信，变得更有勇气。老师用自己的美好告诉我，要相信主观能动性的力量，要怀着一颗坚定的内心，用时间去迈开前进的脚步。那天，老师笑意满满地对我说，晚上家里有两个男人等她回家，给她过节，我能感受到老师的幸福和美好，怀着敬仰与感恩之情，暗暗期待着自己二三十年后的模样。

在毕业后的时光中，每当我面对挫折、压力、迷茫，老师的面庞就会浮现在面前，提醒着我，要严于律己，宽以待人；要换位思考，践行理解与包容；要多尝试、多思考，跳出思维与视野的局限。老师成为我心中的一片净土、一盏明灯，难过时给我力量，收获时只愿立刻与她分享。老师用自己一生书写了一个神话，无论环境如何，依然可以选择坚持自己的独立与美好。

我是老师带的最后一届研究生，相处的时间只有短短一年，而老师又是那样地低调，从不主动展示自己的实力与内涵，永远是和蔼可亲、平易近人的模样。她就像一本厚厚的书，我们只领略到了封面的美好，却从未深入了解过她深厚的内涵。老师所带过的百余位弟子，提及老师无不称赞。难以想象，老师几十年来对学生付出了多少关怀与爱护，到底多宽广的胸怀，多包容的内心，才能得到这么多最真诚的称赞？

我敬佩老师的为人，明明获得了很高的成就，却仍如此谦逊；明明可以不那样累，却一直在默默付出。老师将事业与家庭都经营得这么好，为身边的人付出了太多，而留给自己的时间太少太少。在我心里，老师一直是那样地温柔与坚定，那种亲和力可以令人放心地依赖。多么幸运能遇到您，成为您的学生，感受到您的关爱与力量。

每想起老师，我总会提醒自己，在这个繁华喧嚣的世界里，不仅有身边的熙熙攘攘，更重要的是内心的岁月静好。心怀热爱，坚定前行，修身养性，就能与您一路相伴。老师，我们很想您。原来最大的幸福，是遇见恩师，遇见您。

温柔了岁月

贾敏

2019 届硕士

一直逃避写这篇悼文，昨晚一直失眠，也许该学着面对了。

记得赶去医院见老师最后一面的那个中午，那天太阳很毒，往来的行人步履匆匆，好像和往常一样，好像又都不一样了。老师安详地躺在灵堂里，就像睡着了一样，神态安详和平时没有什么不同，我默默注视了老师很久很久。老师呀，您睡好了就醒来吧，老师您不是说还要组织大家聚一聚的吗，不要再睡了好不好。当蒋老师说今年的教师节你们再也无法和于老师一起过了的时候，我的情绪便再也不受控制起来。老师的一颦一笑，每个场景如幻灯片一样一一闪现在眼前。

回想和老师的每一次接触，都如沐春风。老师总是挂着和蔼的笑容，感觉从来都没有什么烦心事的样子；老师总喜欢向我们提起学长学姐们，语气里充满了自豪；老师关心她的每一个学生，总说她的学生都是最好的。老师您温柔了时光，岁月却待您如此刻薄。

我一直觉得我很幸运，很幸运考上贸大，很幸运找到于老师当我的导师。我是个很迷茫的孩子，与老师还未见面时，于老师就给我发了很长很长的邮件，事无巨细地为我一一解答，为我指明方向，言辞恳切，让我又惊喜又感动；我是一个很没有自信的孩子，和老师聊天的时候，不知不觉时间就过去了，老师总是以极大的耐心开导我，给我鼓励，让我受益匪浅。

老师极其为学生着想，总是默默关心学生的近况，我们发的每一条动态，老师都仔细看，也都记在心里。记事本里还记着老师上学期“货币银行学”上课的教室博学楼 301，每次去找老师总能看到老师被一大群学生围着问各种各样的问题，老师总是嘴角带着微笑耐心解答，总觉得那个时候老师异常可爱。每次都能碰到学长学姐们去看老师，他们都很关心老师的近况，老师真是一个很有魅力的人，可是现在却再也不能看到这些画面了。

想着抽出时间去看看老师，却总觉得来日方长，便总是一拖再拖，却再也没有了机会。老师今年没有开课，我有点担忧，怕是因为身体原因，四月份的时候碰见老师来学校开会，老师面带微笑，气色红润，看来年末的感冒已经完全好了，心里不觉为老师高兴。临走的时候依依不舍地拥抱了老师，谁知道这竟然是最后一次见面。

回想这些的时候，一直都想要逃避的情绪再次找到了我，躲不开，也避不掉。老师，愿您安息。

春蚕之念

贾敏

2019 届硕士

于老师是我见过最关爱学生的老师，我们平常发的动态她都细心留意着，对学生近况如数家珍；于老师总是喜欢叫我们“小朋友”，在于老师眼里，我们是一直长不大的孩子；于老师总说，有什么问题随时找她，现在最大的心愿就是只要学生过得好。于老师看到的我们满满都是优点，从来没有听于老师说过一句指责学生的话，反而都是为我们找理由开脱。自己深知没有于老师说的那么好，但又想要默默努力成为于老师心中的好学生。

于老师对学生的关爱，是切身地为学生着想，想到学生心坎里去的那种。

刚开学的时候，于老师怕我们不适应新的学校环境，组织我们聚餐，详细地问每个人最近有没有什么不习惯的地方，记得每个人的家乡，能说出每个人的近况。选课的时候，刚好有师兄回学校看老师，于老师便把我们叫过去听师兄传授选课经验。在未来职业选择的迷茫时期，于老师在电话里开导了我很久。平日里于老师总是十分耐心地听我们诉说遇到的大大小小的烦恼，然后特别特别温柔地宽慰我们。

对学生的事，于老师比我们自己还上心，经常提醒我们论文要早点开始写，有好的想法可以告诉她，记得于老师去世前的一个星期，还说找个大家都有空的时间一起聚一聚。

去年四月份的时候我在学校碰到老师，她笑容可掬地看着我，问我们的近况。临走的时候轻轻抱了抱老师，笑着说再见，谁曾想就再也没见。

赶到中日医院的时候，于老师就像睡着了，和平常别无二致，我细细地端详她，她就像在做一个长长的梦，久久不愿醒来。

在读研究生的前一个假期，我向于老师咨询应该怎么做好本科和研究生的角色转换。于老师给我发了很长很长的邮件。当时与于老师素未谋面，心里满满的感动和对研究生生活的期待。

下面附上邮件全文：

贾敏同学你好，欢迎来贸大继续深造！

前段时间忙于本硕博学生论文事宜，大量学生邮件实在无暇回复，还望谅解。

虽未见面，但我想就研究生阶段的学习谈谈自己的看法。研究生阶段和本科很不同的就是，本科时按部就班上课、自习，考试取得好成绩就行，而读研期间很重要的就是要自我设计、自我规划。而且越早准备越能争取主动。我想读研之前这段时间的规划可以考虑如下几个方面：

1. 研究生阶段需要一定的计量基础，这也是以后撰写毕业论文的必要条件。如计量经济学、时间序列分析以及 Stata 的使用等等。此外，如果提前看一些金融数学方面的书，会对一些课程或模型理解得更深刻。当然如果数学是长项，就不必提前准备了。

2. 在金融专业知识方面，微观金融方面，公司金融（或公司理财）、衍生市场、投资学三大部分应该有比较好的、系统的知识基础。宏观金融方面，主要是货币政策、汇率等内容。事实上，无论是为了将来找工作还是为了系统学习知识，考证总是一个自我提高、增强自身竞争力的很奏效的途径。如 CFA、FRM 或 CPA 或其他。当然，这还要根据自身情况安排，并非强制要求。

3. 英语方面，虽然你们英语肯定都不错，但还是可以考虑一下自己在听说读写译方面哪方面比较薄弱，可以通过自己有意识的训练或考托福、雅思等来提高。需要时（如面试）英语再好都不为过，而且英语应该成为贸大学生的强项。

我的总体想法是，入学后课程多、时间紧，能好好利用假期这段时间查缺补漏是关键所在。当然，上面列了这么多，可以根据自己情况选择主攻。毕竟假期还是要休闲放松的。

相信你在读研期间能继续保持领先优势！

顺祝假期快乐！

同门转发给我一篇老师曾经写的开题指导，其中的细致和认真程度令人敬佩。

以下附上邮件正文：

小同学们好！

以下是我对选题和撰写开题的一些建议，供大家参考。

一、关于选题

1. 首先大家要把开题和论文撰写统一起来，不要只是为了应付提交开题而开题，以前有的同学开题顺利通过，到撰写论文时又重新更换题目，浪费时间，最后成文又很仓促（当然撰写论文时对题目做些调整也是可以的，但要尽量避免另起炉灶）。所以，选题至关重要，而选题的关键则是阅读文献。只有阅读文献，才能了解不同论题需要的研究方法，才能发现自己感兴趣的领域以及该领域的研究发展和现状，也才能确定自己的研究角度。当然，也许有的同学一直关注某个领域或在实习中发现感兴趣的问题，这样就很容易确定研究角度。总之，阅读相关文献是选题的关键。

2. 由于大家都会选择实证分析类的题目，所以，在阅读文献中，对各类选题的研究方法的关注至关重要。一般都会借鉴国内外比较经典的研究方法（当然最好是比较新的文献，不能是过于陈旧的方法），最好是在借鉴的基础上，根据自己研究的具体问题进行一定的修正。总之，不同的选题有不同的研究方法，要考虑研究方法的规范性、可行性，最好还有一些创新性。

3. 以下是我列出的近年国内期刊的一些研究问题，有的只是一些关键词，希望能对大家有所启发，已有研究方向的同学可忽略这部分内容。

融资融券与股市波动性（或与流动性、内幕交易等）；

基金窗饰行为与公司治理（或与资金流入、基金业绩、机构投资者参与等等）；媒体监督与公司治理；

机构投资者与股市波动；

分析师关注与公司治理；

投资者关注与市场异象；

基金投资风格转换与股市波动；

各种与企业创新相关的题目，如股票期权激励（或股市流动性、银行业竞争等）；

企业创新；

我国信用债券的定价；

公司债券信用价差分析；

公司债券流动性溢价分析；

房地产价格波动对货币政策传导（或对居民消费、对经济波动等）的影响；

货币政策与商业银行流动性创造；

影子银行方面的实证研究；

互联网金融方面的实证研究；

人民币汇率波动方面的实证研究；

利率市场化方面的实证研究；

监管政策与银行信贷行为；

金融危机的跨国传递；

系统性风险的度量和影响因素等等。

二、关于开题报告的撰写

1. 关于前言，主要是结合现实阐述研究背景并提出自己研究的问题及研究意义。研究背景尽量充实，结合实际，言之有物；提出的研究问题力求表述明确；研究意义可以包括理论价值和现实意义。这部分的撰写没有难度，主要是态度问题。

2. 文献回顾。这部分是开题中的重点，文献综述要系统规范，需要包括国内外相关问题的文献梳理和评述。需要注意的问题是：

（1）合规性，即形式要规范（需要注明文献年份，如：张婷（2013）提出……模型）；

（2）权威性，综述一定要包括该领域的经典文献，而且文献数量要充足；

（3）条理性，即综述要有条理（如按国内、国外划分，或按研究内容、文献时间划分）；

（4）前沿性，即综述特别要注意体现该领域的较新的成果（如最近几年的文献），如果综述中最近的文献也只截止到 20 世纪 90 年代的研究文献，则评阅人可能认为作者没有跟踪该论题的最新发展（在最后的参考文献中同样需要注意这个问题）；

（5）在文献综述最后，一般应该有个简要的评述，即对上述文献进行归纳和总结，并提出研究不足或指出未来的方向，作为自己研究的基础。

3. 研究内容和研究方法是开题的核心，力求尽可能具体，不能一带而过。

（1）研究内容方面，主要是论文的结构，提炼出各部分的标题并简要阐释各部分的主要研究内容。

（2）在研究方法方面，要体现可行性，包括数据可得和具体运用的模型。最好是，论文的方法（如模型建立）既体现了对前人研究成果的借鉴（如该领域的经典模型），又在某个方面有所修正或创新。需要注意的是，对研究方法的说明要尽量具体，不能笼统地说理论与实践相结合、定量与定量分析相结合、案例与归纳相结合等等。此外，要注意研究方法的得当，比如，研究公司治理方面的问题与研究金融市场如风险度量或风险传递的问题在方法上是不同的，这需要认真阅读有代表性的文献。此外，还可以列出可能的难点和局限性等等。

（3）建议大家在开题中列出拟创新点，虽然硕士论文不要求很强的创新性，但一定不能完全照搬他人成果，可以至少在研究范围、研究方法、研究角度等方面有些新意和拓展。比如，较之以前的研究，拓展了研究范围，丰富了研究内容，或者改进了模型，即在研究方法上进行了创新，等等。

4. 结言部分主要是预期的结论和政策含义，注意这部分的观点内容要和前述内容（研究背景及研究内容和实证分析等）相呼应。

5. 参考文献要注意两点：一是参考文献质量，二是格式规范。

附件是去年你们一位师姐的论文，选题新颖，创新点明显，工作量也比较饱满，供各位参考。

祝大家选题顺利并假期愉快！

想起于老师，用“美好”一词形容她再合适不过了，她那种自然而然的高尚在潜移默化中影响我们每一个人。师恩难忘，希望于老师的事迹能够为更多的人知道，愿上面的小事例能够有所帮助。

致我亲爱的于老师

贾敏

2019 届硕士

重回贸大，风景依旧，却故人不再。图书馆墙角盛开着紫色的小花，淡雅美丽，一如我的恩师。今天是于老师离开我们的第二个教师节，每年我都会给于老师发祝福的信息，分享一下我这一年的遭遇和感触，只是于老师再也不会亲切地回复我了。回想往事，我只是于老师 28 年执教生涯教诲过的千万名学生中不起眼的一个，而于老师却给我生命中留下了取之不竭的精神宝藏。

一是做人，心怀善意默默付出。

于老师是少有的把自己放在第二位，他人放在首位的人。有一次听于老师的朋友讲起，于老师是一个不喜欢麻烦别人的人，她和于老师认识 30 多年来，听过于老师唯一一次请求却是因为自己的学生。于老师经常讲自己不怎么在办公室，可以去她上课的教室找她。后来，我才知道，江老师刚来学校没有办公的地方，于老师便主动把自己的办公室给江老师做研究，她却从来没有跟人解释过原因。生活中能遇到如于老师般温暖的人，世界也可爱了很多。也许我们不能改变社会上的磨难和不幸，但我们可以善意待人，把这份温暖传递下去，也是对老师最好的怀念。

二是做事，精益求精做到极致。

于老师的课从来都是爆满的，这源于于老师对自己的严格要求，每次上课都要更新教案，能够让学生了解金融学最新的发展和研究成果。于老师自身学术造诣很高，对学生的论文指导也极其细致，动不动就是 2000 多字的邮件回复，字里行间都是老师对人负责对事负责、精益求精的体现。老师对待工作的严谨认真从不因身体不适而有半点懈怠，在离世前夕一直在指导学生的论文。高山仰止，景行行止。正是因为是于老师的学生，在工作岗位上更不敢有半点松懈，于老师正是这样一个只身教不言传的人，却用她的实际行动感化着无数个她的“小朋友”们。

三是人生，心怀理想也要脚踏实地。

我们离开学校，踏入社会，在生活琐碎中被时代洪流裹挟前行，曾经理想的小船在现实的海浪里颠簸。被生活的细枝末节牵绊，看清方向时，仿佛又看到了于老师站在讲台上的身影，一站就是一辈子，看似平凡的工作却因为老师的坚守熠熠生辉。人世漫长得转瞬即逝，有人见尘埃，有人见星辰。老师就像我们平凡生活中的星辰，心怀理想也能脚踏实地。

习近平总书记说“教师是传播知识、传播思想、传播真理；更是塑造灵魂、塑造生命、塑造人的工作。”于老师用自己的一生，成就了很多人。时光让我们遗忘，却也成就永远。她让我相信世间的美好与珍贵，让我在疲惫生活中仍有温暖的支撑。

附一首小诗纪念我永远的老师：

一片喧嚣中您是最温润的慰藉
让人相信人性的美好与纯良
您摇落一身繁花
散入大地 抚育新生
您像一滴水汇入大海
静默无声
却生生不息
此去经年
人生两地相隔
独留风骨
可敬 可望 可仰

2019 年 9 月 10 日于贸大惠园

多想再做您的“小朋友”

陈倩颖

2019 届硕士

2014 年，那年大二，当时我选了另一个老师的“货币银行学”，听室友们说教她们货银的是位温柔的小姐姐，讲得可好了，“你们老师叫什么？”“于瑾。”

2017 年，那年刚步入研究生生活，在大家都纷纷找导师的时候，我发现我因为找得太晚，几乎给所有老师发邮件，收到的回复都是：“对不起，我这儿已经没有名额了。”

2017 年 9 月 6 日，晚上 8 点多，我给于瑾老师发了一条长长的微信，向老师介绍自己的情况，希望能成为老师的学生。说实话，完全抱着一种赌徒心理，因为像于瑾老师这样的“热门”导师，学生名额肯定早就满了，也有人劝我:“别找于瑾老师了，她早就满了，不如趁早找名额没满的老师占个坑。”那时不知道抱着怎样的一种执念，我执意要等于老师的消息，或许早在三年前，当室友们向我介绍她们的货银老师多好的时候，我的心里就埋下了一颗仰慕的种子；又或许冥冥之中有一种缘分牵引着我们。也就是那么一点执念让我如此有幸成为于老师的学生。晚上 9 点多，于老师就给我打了电话，说刚忙完一天的工作回到家，“埋怨”我作为本校学生为什么不利用好先机到现在才找导师。现在想来那番话，完全像是一个妈妈，责怪孩子为什么不多穿点衣服导致生病感冒了。这几天由于于老师去世，研究生学业尚未完成需要更换导师，辗转找了好多位老师，都说带的学生太多了，以精力有限为由拒绝了我，这才更深刻地体会到当时几近找导师尾期时，于老师能够答应一位素未谋面的学生是多么不容易。和朋友言及此事，朋友用“知遇之恩”来形容，想想一点也不为过。

2017 年 11 月 2 日，于老师第一次请同门一起吃饭，那天于老师自己安排好了一切，让我们点了好多爱吃的菜，给我们讲了很多师兄师姐的故事，也听我们讲了很多的想法，当我们表示对未来感到很迷茫和焦虑时，老师说："别着急，慢慢来。"那天我就坐在老师旁边，而这句话现在仍以老师的口吻回响在我耳边，温柔得让人心定，只是说话的那个人已经永远地离开了我们。

2018 年 5 月 24 日，刚从武汉回到北京，舟车劳顿的我按理说应该很疲惫，奇怪的是一夜无眠。噩耗就此传来，我曾多少次提醒自己，马上要端午节了，一定要记得给于老师发祝福短信，甚至想到老师一定会像往常一样，不管多忙都会很快给我回复，说："谢谢小姑娘，祝你一切顺利！"可是，这份祝福我永远也收不到了。

没想到就这样成为老师的最后一届学生，看到很多评论，很多同学缅怀于老师在上课和毕业论文指导上的兢兢业业、勤勤恳恳，有位仅仅只上过老师一门课的同学这样写道：

"回忆于瑾老师上课时，无论病得多么厉害都要坚持把课上完，让我们上课倍加感动。本科答辩时她让她组里的学生都内心暖暖的，这几天更是刚刚坚持完研究生和博士生答辩。老师英年早逝，是苍天不公，是学校之殇，是我们全系学生切肤之痛！"

有毕业很多年的师兄这样写道："绝代风华，知书达理，温婉优雅！"这 12 个字是多么贴切啊！在研究生阶段遇到这样敬业、无私奉献的导师，是我们莫大的荣幸！

今生我们和老师的缘分真的太浅太浅了，但老师您不用担心，您走后师兄师姐们对我们这群尚未毕业的小朋友特别地关心，让我们感受到了"于老师的小朋友"这个大家庭的温暖与团结，而我们也会以您为榜样，牢记您的教诲，在今后的学习、工作和生活中，做一个负责任、有担当的人，做一个以温柔之心对事对人的人，做一个脚踏实地、无私奉献的人！

今生师生缘未尽，来生我们仍做您的学生！

初识于惠园，恩师永难忘

王中才

2019 届硕士

那天正在公司实习，我突然看到群里有人发了殡仪馆的位置信息，整个人都懵了，从来都没有想过这种事情会发生在我周围，完全没有心理准备。我立刻请了假，匆匆忙忙地从公司赶回来。直到现在，我依然很难相信于老师的突然离开是真的。当初找于老师作导师的场景，依然历历在目，声音、画面都是那么深刻，难以忘记。

2017 年 4 月 10 号的下午，那天是星期一，于老师在博学楼上课，我带着一份简历去“堵”于老师，虽然听闻于老师十分平易近人，但心里依然十分忐忑。

于老师耐心地给学生讲论文的事情，等忙完，我小心地走上前：

“于老师，我上个月刚刚被咱们院金融学专业录取，H 学长推荐我选择您作为导师，今天过来是想提前和您沟通一下。”

于老师：“噢，是 H 推荐的啊，H 是一个非常聪明的人，既然是 H 推荐的，我肯定要认真考虑一下。”

于老师非常热心，还主动和我说了一下博士的就业情况，分析了金融领域读博的特点。聊到最后，于老师怕我顾虑博导的事情，还特意告诉我她不会介意更换导师读博。

“那行，以后如果有读博的意愿的话，不一定说非要跟着我读，到时候你有什么想法，我这边都没问题的，我也可以帮忙推荐的。”

几个月后找于老师签字的时候，同样是在博学楼，我带着确认书来到了教室，于老师看到我后笑着说：“我说这个孩子怎么一直都没来找我，是不是有别的想法了呢？”

“真不好意思，于老师，我没弄清楚时间，迟了几天。”

于老师依旧温和地笑着说：“没事没事，过些天请你们几个小朋友吃个饭呢。”

于老师就是这么一个温柔热心、善解人意的老师，对学生就像对自己的孩子一样，认真负责、宽容以待，永远对生活保持着笑容，即使是无情的岁月，也无法在她年轻阳光的心态上留下一丝痕迹。

作为于老师的最后一届学生，我们都会努力拼搏，闯出一片天空，不会让您失望。我能成为于老师的学生，不仅是缘分，更多的是幸运。但遗憾的是不能再和于老师有更多的交流和沟通，不再能听到于老师的谆谆教诲，不再能看到于老师的笑容。

最后千言万语汇聚为一句：于老师，愿您安息。

教诲如春风，师恩似海深

杨晓晴

2019 届硕士

2018 年 5 月 25 日上午 10 点 14 分，突然收到了于老师辞世的消息。一时间不敢相信也不愿相信，总希望这是一个梦，期待着梦醒。但当我们到达中日友好医院的时候，我的心一下子垮了。的确，躺在那里的是真真切切的于老师，在鲜花掩映中，于老师是那么地安详。

大概就是在去年的这个时候，我怀着忐忑的心情给于老师发了一封拜师信，没想到很快就收到了回复，老师爽快地答应了我，并在回信中解释自己正处于毕业答辩期，所以要将见面时间延后一阵，还很贴心地附上了自己的联系电话。从那一刻开始，我便真切感受到了于老师的关怀与温柔。

2017 年 6 月 21 日，是我第一次和于老师见面的日子，那天也是于老师约博士师兄们讨论论文的日子。于老师约我在一个会议室见面，进门之前我在会议室旁边的镜子前准备了好久。可就在进门见到于老师的那一瞬间，我紧张的心情立刻放松了下来。老师坐在大会议桌旁，娇小的身材显得更加精致。当时老师面带微笑，亲切地称呼我“晓晴”，并招呼我坐在她旁边的椅子上。那一天，老师不厌其烦地跟我聊了很多，从学习聊到就业和生活，并且跟我多次强调要好好学英语，好好学计量，这些我都记在心里不敢忘记。

在我的印象中，于老师是一个十分阳光，并且热爱生活的人。她很爱跟我们开玩笑，很喜欢称我们为“小朋友”。跟于老师在一起时没有任何的距离感，于老师一直用自己的温柔与热情温暖着我们。于老师，能成为您的“小朋友”，是我这辈子最幸运也最幸福的事情。

送别老师的那一天，学院的老师和学生们纷纷自发跟随校车去往八宝山，于老师的各届学生也纷纷从各地赶来，有的甚至是一大早飞到北京，下午再匆匆赶回，只为能送老师一程。就像何亮宇师兄说的，本以为自己跟于老师关系很近了，可没想到，这一天会有这么多的人从四面八方赶过来，只为看老师一眼，是于老师的人格魅力吸引着大家。

于老师去世已经一个月有余，这期间，我们不断地得到师兄师姐的关怀与指导。我说，能得到师兄的关怀真是幸运，师兄说，能遇到于老师才是最大的幸运，是于老师的言传身教才让我们师门如此团结。

此时，我只恨自己德薄才疏，笨笔拙文，对于老师的敬爱与惋惜只能表达一二。于老师，我知道您没走，您只是换了种方式陪在我们身边，您是引领我的一盏不灭的灯，我将一生追随。

我敬爱的恩师，愿您在天堂能够依旧笑靥如花。

哲人其萎，风范永存

王童

2019 届硕士

我从未想过会成为您的关门弟子，或者说以这样的方式成为您的关门弟子。

5 月 25 日上午 10 点，远东师兄突然在师门大群里发了一个中日友好医院的定位，我随意拿起手机看了看，还在想师兄是不是不小心发错群了，接下来的话是说希望大家能去见老师最后一面。“什么？哪位老师？什么最后一面？”我心里这样想着。紧接着，2017 级硕士小群里炸开了锅，在校的大家迅速相约结伴准备前往医院。集合、前往、等待，我呆若木鸡一般跟随着大家行动，走进殡葬馆亲眼看到您的前一刻，我还在幻想这会不会只是一个巨大的误会？是不是走进去就会看到您温和的笑脸和听到一声亲切的“小朋友”？然而现实狠狠撕碎了我所有的幻想——看到的您面容温和依旧，只是再也不会对我们微笑了。

从馆里出来后，我站在门外脑子里仍然一片混沌，好像有什么在不断闪现，又好像什么也没有在想。我年岁尚浅，没有经历过什么生死离别，就连他人关于描述亲友分离时的感受都只是年少时在书里读过，如今这些句子不断在脑中回荡——“你站在小路的这一端，看着他逐渐消失在小路转弯的地方，而且，他用背影默默地告诉你，不用追”。恍惚间，听到师兄说希望能收集老师生前的照片，这才惊觉自己成为您的学生长达一年，却连一张合影都没有留下。我所拥有的可能仅仅是些关于您的回忆了，那些我此生都不会忘记的美好回忆。

大四那年，我开始联系硕士生导师的时候已经有些晚了，每天都在焦虑的等待中度过，是您的回复将我从焦虑之中解救了出来。您在邮件中说希望开学之后见面再确定，而我害怕不确定性太大，厚着脸皮请求近期见面，您也欣然同意。犹记得那天，我怀着忐忑的心去到宁远楼，带着我所有的学术论文和获奖证书，像即将要进行面试一般忐忑地敲开了教师休息室的门。一声“小朋友”、一张亲切的笑脸，瞬间瓦解了我所有的紧张情绪。所有准备的资料都没有用上，您直接与我聊起了我尚未完成的毕业论文和研究生阶段的努力方向，聊学习、聊研究、聊考证、聊如何提升核心竞争力，我们就这样开始了一段师生情缘。

我总以为研究生阶段的时间还很长，但您从第一次见面就提醒我要拉紧心里的绳子，提醒我毕业论文和就业问题就在眼前，要尽量在学生阶段提升自己的核心竞争力，成为一个不可替代的人。我总以为我们能见面的日子还很长，因此每次和您见面，每次和您聚餐，都不曾想过要和您合影留念。我总以为这段师生缘分还很长，在您骄傲地夸奖已经毕业的师兄师姐时，我也畅想过多年以后我是不是也能成为您的骄傲。然而这一切都只是“我以为”。如今师生线未断，情犹在，只是您的身影已经消失在了小路转弯的地方。那些与您的回忆永远不会褪色，但也再不会有增加了。

在八宝山的送别会上，我不敢多看您，害怕看到您与滚动播放的照片中一样年轻的面庞。您总说自己是要退休的小老太太了，总说自己年纪大了，但您的面容却多年来保持得一般无二，心态也一直是从容乐观。在我眼中，您应当是全世界最幸福的人，是我未来最希望成为的样子。看到那么多人从世界各地赶来送您最后一程，我又在想是怎样独特的人格魅力才能将这么多优秀的人从天南海北召唤过来，仅仅是为了再看您一眼。

我曾经以为的送别会，满是亲人撕心裂肺的痛哭和友人强忍悲痛的轻声安慰，直到那天我才知晓，送别会应当是安静肃穆的，大概是因为最好的送别是在世之人按照已逝之人的期望去更好地生活。

于老师，我将永远铭记您如青竹般挺拔的身姿，温柔且坚定的笑脸，也永远不会忘记您对我的谆谆教诲，度过一段无悔的人生。

一封迟到的信

秦策

2019 届硕士

2017 年秋，我的人生与贸大结缘。初入惠园，会被那错落有致、整齐大方的校园建筑所吸引；逐渐深入，会感叹拥有各种肤色、讲述各样语言的学子都能聚在一起畅谈人生、共道理想。此时一股强劲的好奇感从心中涌出，我在如此开放、包容、多元的环境中会迎来怎样的两年时光？

毫无疑问，对于一个初入校园的新生来说，选择导师是一件充满仪式感、神圣感的事。在得知可以开始联系导师的信息之后，我立马开始了解学院各位老师和他们的研究领域。当您的信息呈现在我的电脑屏幕前，我那沉浸已久、略显疲惫的眼睛一下就重新点亮了。当时我就决定，如有机会一定要成为您的学生。随后赶忙编辑了一封长长的邮件，满载对老师的崇敬，自己当时略显生硬的自荐想成为您的研究生，邮件发送完毕后满怀期待，但内心又有些忐忑：自己会不会获得认可？在贸大的第一件“大事”能不能顺利？

结束了第一周的课程，认识了一群新的伙伴，接触到各种各样新奇的事物，我内心是饱满而充盈的。但在兴奋的同时，等待的过程让人逐渐产生焦虑，这是因为迟迟没有接收到来自您的信息。在看到舍友们纷纷与自己的导师见面以后，我甚至认为自己已经无望成为心目中“最佳”导师的学生。正当我灰心丧气、不知所措的时候，我收到您的邮件，当时的我那叫一个满心欢喜，期盼终于有了回应。而我后来才知道，联系您的学生太多了，而您对每一个人都会亲自回复，并且约见沟通，真正地去了解学生，并给出最中肯的建议。

与您的第一次见面是在诚信楼的一层。一席素净的长裙、一张亲切的笑脸，三两书卷执于手中，这正是您在我心目中的样子呀！我兴奋地小跑过去打招呼，紧张得竟然有些说不出话来。那天与您的见面轻松、愉快，您和我聊了许多，从我的过去、我的兴趣，到贸大，再到对未来的憧憬与规划。您给了我许多建议，举了很多例子，让我在夯实学业的同时培养一些时下所需的技能，让我好好把握研究生阶段的两年，不要一进校门就想着毕业，也不要一进门就忙着找工作。现在看来，这些质朴的建议都是极为珍贵、极为正确的。希望我有平和的心态与扎实的基本功，这是您给我最大的建议，也让我获益匪浅。

贸大很大，在这里有来自五洲四海的年轻人，大家有充分的机会展示、证明自己；贸大也很小，一眼可以望到尽头的梧桐大道见证了近七十载春夏秋冬。在这里的每一天我都很珍惜，认真学习课程、积极参加活动、空余时间参加专业考试和实习。我把每一天都安排得满满当当，希望扎实的两年能够为我创造不一样的人生，也希望我自己的人生可以为家为国多做一些。

充实的生活往往容易让人忘记时间，以至于接到您的消息之后我竟陷入一阵一阵的恍惚之中。在恍惚之中，我们再次相见；在恍惚之中，不料这竟是永别。您的亲朋与好友、同窗与同事、莘莘学子，我从他们的口中，听到许多您当年的故事；从他们的眼里，看到了万千悲怆与离愁。每一个在人生不同阶段接受过您点拨、感召的人们，我从他们的身上都能看您的影子。我想这便是身为人师的最大意义，也是身为人师给社会带来的最大价值。您的笑容至今还那么清晰地在我脑海中浮现，每每想到，那沁人心脾的感受又再次浮现出来。以至于在后来的日子里，我每每遇到困难、挫折，都会回想起来您的声音、您的笑脸，仿佛从未离开。

在学术上，您孜孜不倦、精益求精，力求以最严谨的态度为理论界拓荒；在生活中，您与人为善、冰清玉洁，将一颗善心、德心赋予他人、感动他人。您是我们学生心中一盏最明亮的灯，您是家人亲朋生命中最温暖的港湾。

现在的我，已经毕业一年了。我很自豪，循着您的引路之声，我找到了我热爱的事业，并且能够将工作与生活很好地结合在一起。我很自豪，在为人行事之中，我也能将我的善意传递给身边的人。未来的漫漫长路，因为有您的关怀而变得不再荒芜；未来的重重挑战，因为有您的鼓励而变得不再可惧。可亲的您，已成为我人生大厦之中那根最坚韧的钢筋；可敬的您，已成为我梦想蓝图之中那抹最深沉的底色。

一席素净的长裙、一张亲切的笑脸，三两书卷执于手中，这是多么美好的样子，这是多么美好的您。

寄往天堂的相思

王云鹏

2019 届硕士

人的一生总是有很多遗憾的，而我的遗憾，可能就是这一生只有那一门课有幸做于老师的学生，而此后，便纵是再爱，也没有机会。

因为还没有成为老师的门内弟子，所以也没有通过各种方法第一时间知道老师离世的消息，得知的时候也是因为那些被我推荐了老师课的人，突然在乔红老师的课堂上听到这个消息然后告诉我的，那一刻，我整个人就怔住了，不知是该相信这个事实还是誓不相信。

唯一上老师课的那个学期是大二上学期，第一次上课的时候老师站在308教室的讲台上，谈笑风生，说话间一直在笑，就是一个俏皮的小姑娘样子，只那一节课，我就被老师深深地吸引住了。老师的博学和侃侃而谈，让我真的对货币银行学充满了兴趣，而那节课也是我在整个大学期间最认真攻读的一门课，没有“之一”。

老师在课堂上总喜欢跟我交流很多课程之外的内容，而这些内容也真的让我大开眼界，于是便想找个机会跟老师交流，于是跟老师通了几封邮件，每次老师都是很及时地回复我的邮件，同时热情地叫我一声“云鹏”，还记得当时老师小女孩一样地回复我：“我下学期没有本科生的课程，被你喜欢很开心，嘻嘻嘻。”前几日得知老师离世的时候，又翻开那篇老师回复我的邮件，不禁泪流。

记得老师有一次课上点名，点到我之后，唤了一声：“云鹏这节课一直在咳嗽，可得好好休息，一个人在外面，照顾好自己啊！”当时内心就真的感受到了一股暖流，暖暖的。

于老师，你知道吗，您离世后仿佛是冥冥之中自有安排一般，我被分配到一个家教任务，给一个高中的孩子普及金融知识，于是我拿起了老师当年的课件，每翻一页都能感受到老师的良苦用心，我也会像老师一样，把自己知道的一切都教给他。

老师，师恩难忘。

若明日，我也成为一名教师，我也一定会像您一样，鞠躬尽瘁。

祝老师好，您的小朋友想您了。

追忆恩师于瑾

马倚虹

2020 届博士

于老师，转眼之间毕业季又到了，时间过得太快，不知不觉，您离开我们已经两年了，但您在我们心中的影像却丝毫没有淡去。谨以此文，追忆恩师。

我与您的缘分开始于硕博连读选拔考试。当时，硕导和好几位同学都向我推荐了于瑾老师，抱着试试看的心态，我给您发了第一封邮件，没想到很快便收到了您的回复。其实还在本科时，就常常听小伙伴们夸赞您“课讲得很好，而且是个很可爱的人”。这一点让我颇为好奇，究竟什么样的老师才能被评价为可爱的人？直到见面之后，这个问题的答案渐渐呼之欲出。您的脸上一直带着温婉的笑容，抚平了我内心的紧张情绪。同时，您也仔细地询问了我读博士期间的研究计划和职业规划，鼓励我好好努力实现自己的科研抱负。

我庆幸自己当时的选择，让我结识了一位可敬、可爱的导师。您乐于与学生们讨论学术前沿话题，支持学生们从事自己喜爱的研究方向，给学生们自由成长的空间。您总能在学生们有需要时及时施以援手，引导学生们前进。还记得博一快结束时，我因为定不下研究方向有些许焦虑，您很快就安排了一下午的时间和师兄们一起为我解惑。您总是这样竭尽所能地帮助我们这群“小朋友”，总站在我们的角度考虑，从不愿意“麻烦”我们。回想起来，竟从未能为您做些什么。直到您离开了，更是再没有机会了。

联培回国后的这一年，我在毕业论文、找工作中忙得焦头烂额，也遇到了一些困惑和难题。每当这时，总是会特别想念您。好几次打开与您的微信聊天窗口，想要和您一吐烦恼，但又不愿您再为这凡尘俗事牵挂。我总会想起您温柔而坚定的“肯定没问题”，想起您不吝赞许的教学之道，这些印迹或许微小寥寥，但是却总能给我莫大的鼓舞。您宛如空谷幽兰一般淡雅，静静绽放自己的芳华，那如兰的芬芳已经在每一位学子心中留下一颗正能量的种子，待日后再为他人送去一片绿荫。我想，所谓师者仁爱，匠心传承，便是如此。

得知顺利拿到博士学位时，脑海中不禁又浮现出您的音容笑貌。即将步入职场，成为一名人民教师，刚入师门时的心愿，如今也要实现了。倘若能够当面和您分享这些好消息，那该有多好，我甚至能够想到您笑眼弯弯的神情，想到您定会又高兴地夸赞一句“天才少女”。在您的眼中，再普通的学生也是如珠如宝，您耐心打磨、悉心雕琢，这一块块璞玉便开始熠熠生辉。但是您却从不居功，不诉辛苦。从前只感叹您总是能够适时地发现学生的求助信号，给予恰到好处的支持与帮助，感叹您与学生相处时就像四月的暖阳一般温柔和煦，却不曾想到您一直在超负荷运作，不曾想到您云淡风轻的外表下是怎样一颗赤诚之心。于老师，您曾说，任何事情，做到极致，就不会有遗憾。您可知，在我们眼中，您便是如此，将教师这份职业做到了极致，您就像春雨，于无声润万物；如夜空的星，于黑暗照亮前行之路；如人间四月天，是爱，是温暖，也是希望。

我想，对您最好的纪念，便是将您的正直和善、严谨治学、甘于奉献的精神传承下去，帮助更多的“小朋友们”实现他们的人生价值。诸多不舍和遗憾，只能化作最真挚的感恩和祝福，以此文敬上。可敬可爱的于老师，愿您在天堂一切安好，我们非常想念您。

回忆追思
（二）
南开大学金融系同学篇

南开大学金融系 1984 级同学纪念于瑾专辑

2018 年 5 月 24 日下午，于瑾同学在家中安静睡去，永远离开了我们，年仅 52 岁。于瑾曾就读于南开大学金融学系，1984 年至 1988 年在金融系攻读金融学本科，1988 年至 1991 年在金融系攻读货币银行学硕士研究生学位。惊悉于瑾同学去世的噩耗，南开同学无比震颤与悲痛。纷纷用各种方式表达对这位才华横溢、可爱、敬业、善良、纯真同学的思念与怀念之情。下面摘录部分同学的诗文画，以示纪念。

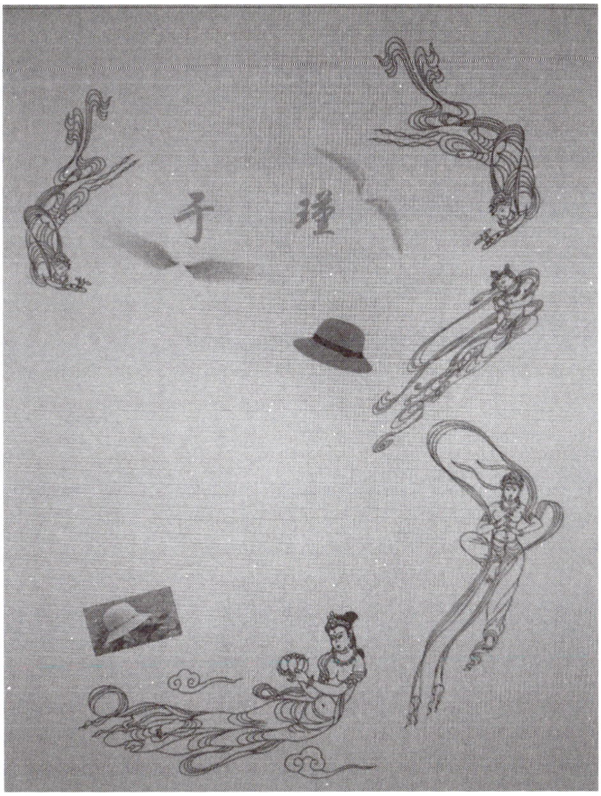

蒋健敬作

悼 于 瑾

周庆河

天妒凌云万丈才，
惊闻噩耗倍伤怀。
鸟悲花落影何在？
书掩桌空人不来。
回忆无声泪眼涩，
相思难尽心弦哀。
芳魂渺渺归何处，
化作芳菲绕南开。

忆 瑾 儿

陈英顺

挚友瑾儿驾鹤去，
惊闻噩耗心欲碎。
南开同窗结友情，
风雨同舟三十载。
冰清玉洁展高雅，
淡泊名利脱世俗。
学富雕龙修天下，
良师益友堪楷模。
肝胆相照结知心，
义薄云天胜英豪。
天妒英才中年逝，

名在人间世人怀。
清风明月伴君行，
天堂静卧无人扰。

悼　于　瑾

胡亚峰

上联：凄风来四月，吹折南开骄花，还道金秋重聚，谁晓先夺瑾师妹
下联：寒雨摧杏坛，打落经贸辰星，本期春风再沐，怎知痛失于先生

音容宛在，天心月圆

李鹏

蕙质兰心若仙子音容宛在
凌波微步返瑶台天心月圆

忆 小 于 儿

王蔚华

思忆中你一如初见时清纯而灵秀
岁月中的你依旧年青得没有轮廓
你婷婷而来，款款而行
洒下漫天霞光

五月的阳光里流露着你微笑的内容
果实飘香的人生季节里你翩然离去
一场全情的奔跑令人动容
你不老的容颜就此定格

微温的夜晚，月色如水
思念是一颗没有年轮的树

悼 瑾 儿

张沛冰

七年携手同寒窗，
不思量，自难忘。
万里之遥，唯有泪千行。
纵使梦里终相逢，
肠断处，月如霜。

南开园青春飞扬，
不堪寻，难觅芳。
空余书香，凄风尽离殇。
钟灵毓秀再无双，
斜雨凉，恸难当。

悼玉姐组诗五首

程愚

和沛冰姐祭玉姐诗

相识有始自无终，
灵犀相通隔不断。
常望星空最深处，
明眸忽闪笑不言。

清明悼玉姐

清明时节真好雨，
那是我泪祭姊魂。
滂沱倒倾天地外，
此恨绵绵星际存。

归来辞

群玉山头万花开，
袅袅婷婷下瑶台。
嗔夫携子喜见友，
拂尖转椅坐书斋。
话梅就茶夜备课，
声轻仍怕惊蟋蟀。
抱书款款进课堂，
届届学子挤讲台。
香音绕梁落玉盘，
汗滑鼻梁眼镜抬。
陶醉每激掌声雷，

唤得天女散花海。
彩云托衣欲接去，
一诺明年再归来。

周年祭

芳草荣枯又一载，
锦花盛开满瑶台。
故人泪下化春雨，
鸳鸯伴飞恨失爱。
花仙风姿今何在，
旧园新墨寄思哀。
梦里寻觅霜露重，
明月清风九重外。
蕙质兰心咏絮才，
秀外慧中清如柏。
美玉澄明长温暖，
芳菲永继终可待。

祭玉姐

她生命的质量，
长我们何止岁百。
她的夫君和孩子，
更将延续她的神彩。
她是和风细雨，
是绚烂夏花，
是晨曦天籁。
她是我们心中最美的风笛，
永与我们同在，
永与星空同在！

致仙女小于

徐淑君

在我的认知里，你一直就是世外仙姝寂寞林的化身。无论形象、情感、才情，都完美诠释了黛玉姑娘。好了，你现在终于回归你的仙境，不再受人间琐事的打扰，可是，我怎么那么心痛呢？是心疼你那么认真，那么努力地付出吗？是深深的不舍和眷恋吗？有生以来，只经历过两次至亲的人离去，第一次是母亲，你是第二次了，可是为什么这次心更疼呢？也是因为对于母亲虽然不舍，虽然惋惜，但是想到她衰老多病的身体可以早一点解脱，心里还有一丝安慰吧。但是，你如此英年，并且接近退休快要享清闲的年纪，突然地撒手人寰，我就只剩下万分的不舍和深深的痛惜。几天来，不知不觉滴落的眼泪，数次抑制不住的失声痛哭，时不时的心动如鼓，心乱如麻。让我切切实实感受到了心痛是什么感觉，伤心是什么样子，你告诉我，我该如何解脱呢？

愿天堂里的你一样唱着婉约的歌

刘莹

生如夏花之灿烂，死如秋叶之静美，你化作夜空灵动仙子，留下永恒柔美的惊鸿一瞥。愿天堂里的你一样唱着婉约的歌，像你追求的完美模样，安详地注视人间至味清欢。不再劳累。只有清闲。

分离多年的同学虽然是在这种让人悲切的场合相见，但沉在心底的那份浓浓的情分依旧新鲜浓烈。小于那纯粹善良的眼神会在天上注视我们，保佑同学们好好继续前行的人生路，各自珍重安好。就是对于瑾最好的慰藉了。

人生就是一个饱经沧桑历经磨砺的过程。

春夏秋冬，风水轮流。揪不住的时光，衔不住的岁月。

一涯路程，不言苦痛，不问沧桑，取一份随意，肩一种责任，选一种担当，不辱使命。

一如跋涉，多一点耐心；一如探索，多一点勇敢；一如考试，多一点儿智慧。总有风起的早晨，总有绚丽的黄昏。

把握自己，活在当下，开心过好每一天。

最长情的坚守，最纯粹的心灵

王泉

瑾绝不仅是一个精致温柔的小女生，她还是一个独立的有追求的女性，生命不长，但一场全情的奔跑，永远让人感动。

抚读追思，感动莫名：人淡如菊，却有最长情的坚守，最纯粹的心灵。瑾，你是南开永远的骄傲。

温暖与爱恒留人间

李鹏

生命何惧长短，温暖与爱恒留人间

思念是一棵没有年轮的树

王蔚华

恍恍惚惚，依旧无法相信这是真的，小于儿巧笑倩兮、娇柔灵动的鲜活模样挥之不去，难以忘却。

天堂里多了一个天使

刘清

天堂里多了一个天使，一路走好！你永远活在我们心中。

除了悲伤之外，最大的感受是为有这样的同窗自豪骄傲，她是南开的光荣，平凡的园丁，伟大的人格。

悼念小于留言

梁军虎

这些年陆陆续续送走太多亲朋挚友！有一首陶渊明的诗写尽了此刻的无奈，也能稍许平复一下悲伤的心，最后四句是“亲戚或余悲，他人亦已歌，死去何所道，托体同山阿”！

我们的榜样，同学的骄傲

董越

虽然我没有去现场送别，但我能够感受大家依依不舍的心情，心里流泪难过，瑾的人格魅力、她的工作态度等等一切都是我们的榜样，是同学的骄傲！

英年远行，心痛不已

赵瑞安

到了中年，每年都要参加几场告别，有一年，最多参加了十几场送别，有中年同事，有同事的父母，有朋友的父母，每次送别，那个场景，都是一次痛苦的折磨。最痛的是父母离世，同学英年远行，心痛不已。

看学生留言和微博评论，对于瑾的评价极高，从教尽职，为人可亲。历届学生们发自内心的追捧礼赞充分证明了于瑾做人善良热心，做事严谨认真。永远值得我们尊崇和怀念！

守正出新，洁身自好

王宏

于瑾守正出新，洁身自好，用积极的人生态度，正能量地去影响她的学生和身边的每个人，非常难得！看到追思会长长的送别队伍和沉痛悲伤的气氛，足以说明她的不平凡！

生若夏花般灿烂，死若秋叶般静美

罗灵芝

生若夏花般灿烂，死若秋叶般静美！只是人间天使去了天堂。

光芒永留人间

陈英顺

于瑾同学把自己的一生都奉献给了金融教育事业，在她生命的最后一刻还在批改学生论文。在今天的告别仪式上，她的领导、同事和学生都给予她至高无上的评价，她的敬业，她的才华，她的爱心，她的善良，她的耐心，深深打动感染着周边的人。她冰清玉洁，淡泊宁静，宛如天使，光芒永留人间。

回忆追思
（三）
社交平台评论摘编

于老师的离开不仅让她身边的亲友和学生心痛，更牵动着众多贸大学子的心，曾与于老师有过交往的学生们都难以忘怀老师的音容笑貌，纷纷自发在贸大海内外校友会群、公众号、微博平台上发言追思于老师，现将其中部分内容摘录如下：

贸大海内外校友群部分评论　**2018－05－24**

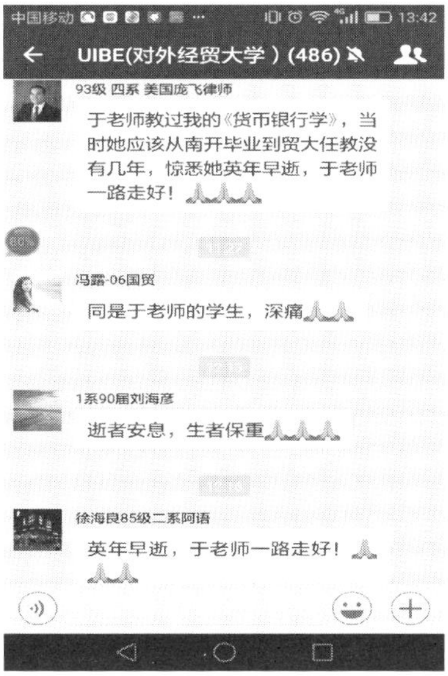

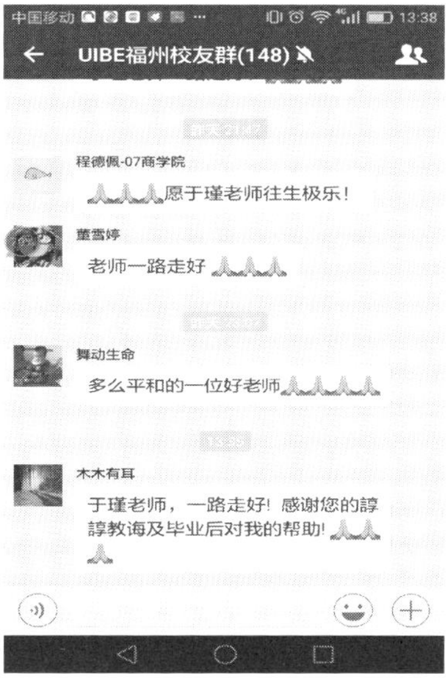

中国移动 13:27
UIBE四川校友(438)
小雅
音容笑貌历历在目
07 英语 刘盼
才 52 啊，好可惜
朱光06级公管
昨天 20:28
07金融苏瀛
RIP
冯登科
我也上过于瑾老师的课，人超好啊
为校友服务

中国移动 14:11
UIBER英国群(188)
阅读人数：【1692】
小毛兔
于老师一路走好！
昨天 22:29
Jinming hu
教过我们的老师[蜡烛][蜡烛][蜡烛]
昨天 22:36
栗开元-2012-Bristol
也教过我们 于老师人很好 太可惜了 老师一路走好

中国移动 13:42
UIBE(对外经贸大学）(486)
93级 四系 美国庞飞律师
于老师教过我的《货币银行学》，当时她应该从南开毕业到贸大任教没有几年，惊悉她英年早逝，于老师一路走好！
11:27
冯露-06国贸
同是于老师的学生，深痛
12:13
1系90届刘海彦
逝者安息，生者保重
12:16
徐海良85级二系阿语
英年早逝，于老师一路走好！

中国移动 13:34
UIBE贸大重庆校友会(183)
09:14
文晓艳-03级经济-工行
于老师是小小的身体，大大的能量，货币银行学，讲得好生动有趣
09:57
kose
kose
太可惜了
10:03
万欢招财猫
太突然了
10:41

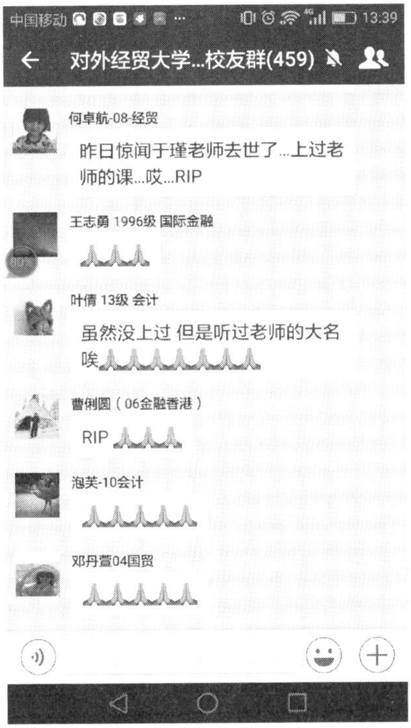
中国移动 13:39
对外经贸大学...校友群(459)
何卓航-08-经贸
昨日惊闻于瑾老师去世了...上过老师的课...哎...RIP
王志勇 1996级 国际金融
叶倩 13级 会计
虽然没上过 但是听过老师的大名唉
曹俐圆（06金融香港）
RIP
泡芙-10会计
邓丹萱04国贸

中国移动 13:41
UIBE广东校友会(500)
韦英瑛10届经贸金融
于老师一路走好
09级国贸 韦凤翅
于老师一路走好
刘锡龙（广东校友会09 中文）
14级国际商务 关曾
09公管 玮琦
10保险羊玉婷
07法学钟轶贤

中国移动 13:26
UIBE四川校友(438)
06国贸赵伟百
上过于老师的货币银行学。真难想象那么和蔼的老师这么年轻就离开了
王志军 珠江金融租赁
张真-03级acca会计
小雅
我的天 好突然 我的投资学老师
王志军 珠江金融租赁

中国移动 13:26
UIBE四川校友(438)
邓丹妮-15硕-经贸院金融学
今天上午听到这个消息，特别震惊，于瑾老师一路走好
杨德华
梁安琪 金融09
徐海燕-09届法律-能投物资公司
波波菜
余洋-09届-商院营销-本

《中国教育报》微信公众号　**2019－07－22**

《这位老师的离去引无数人追忆！她一生把两件事做到极致：课讲得好，对学生好》部分评论：

锦爔　👍 21

虽然我不是于老师的弟子，但甚是我的老师，她和蔼可亲 关心爱护我，至今难忘。她的离去于我、于她的家庭、于她的亲朋好友学生同事以及于教育界 社会都是一个重大的损失和遗憾。于老师的优秀的人品、执着的敬业精神和对专业的严谨，以及助人为乐、谦虚、可爱、对学生、同事、朋友尽力帮助的事迹也随着大家对她的思念而逐渐展开。也正说明了那句话，赠人玫瑰手有余香。大家都铭记着您，铭记着您的好。

此外，一般来说我们关注一个人，更多的是看她的工作 人品等，很少会关注到她的家庭。但于老师这最感动我的还是她和王老师之间的浪漫感人的爱情故事。他们相敬如宾、相互尊重和支持，再看到王老师现在为伊消得人憔悴的模样，更是让人感动，在当今纷繁复杂的物欲世界里，他们纯真持久的爱情显得格外珍贵。

于老师，我们想念您！王老师也请保重身体，这肯定也是于老师的心声

瓷枪　👍 10

于教授是我博士论文答辩的评审专家，她对我的认可和鼓励，让我一直铭记。与她接触，一笑一语，欢快和煦，让人如沐春风，感觉不仅是个可敬可佩的好老师，更是个善良可爱的好人。

了解于教授的过往，她一直从事自己所爱的事业，一直被自己所爱的亲人，朋友和学生陪伴，虽行色匆匆，亦无憾了🙏🥀

林然　👍18
于老师让我看到了美好，看到这个世间上的真善美，看到了责任与担当，激励更多的年轻人向着阳光努力向上，做一个志存高远的人，心怀他人，心怀国家，在这个物欲横流的社会，当本我为中心的时候，她告诉我们要有大我，在自己的领域里做到极致，师者，传道授业解惑，诠释了什么是老师！她教会我们如何成长为一个大写的人，如何成为一个有梦想有抱负的新青年！我们惋惜她的离去，千般万般不舍，但是我相信只要她还在我们心里，就不算离去，我们依然可以携手前行。致敬！我们永远敬爱的于老师！

北风那个吹　👍20
我是流着眼泪看完这篇文章的，我是于瑾小学的音乐老师，想想那时候她是那么的聪明，可爱，唱歌，跳舞，朗诵样样精彩，在南开大学的时候，我去学校看了她两次，并鼓励她好好学习，这我们的眼里，她是一个非常懂事的孩子，于瑾我们想你。

魏　👍7
我们做同学的时候有幸认识了你，在我们的纯真年代；毕业后一年我返校时，认识了你俩；有一年出差时，在你家聊了好久，我还复印了一本你从国外带回来的讲义；后来我们同学聚会又见过几次。二十多年来始终不变的是你清秀的容貌，温雅的谈吐和不断学习的精神。对教师我们社会是有个大致评价的，但是其中的艰辛付出也非常人所能想象。你过早地燃尽了自己，惠及到心心念念的教学事业与心爱的学生！至今难以接受噩耗袭来的心痛，惟愿老同学家人节哀，你能在远方安息！

北极雪　👍37
有幸成为于老师的学生，受过您很多的指导和关怀，对您充满感激和敬佩。时间好快，您离开已经一年多了。虽然在您生前的交往中，我早已知道您是极其善良美好的人，但在您过世后，通过跟您的学生、同事、家属交流，我才更深刻的意识到您的人格是多么高尚纯粹，才学是多么超凡出众，品行是多么高洁无暇。您了解这个世界的黑暗和不完美，于是尽自己的力量去温暖身边每一个人，让世界变得更好。每次去参加悼念您的活动，都感觉灵魂得到了净化，希望自己能做的更好，能更像您一点点[泪][泪][泪]最后祝您在天堂平安喜乐，夜夜安眠🙏

ZH　👍28
于无声润物，瑾芳华筑才，你是最美的人间四月天。
人生能遇到一位这样的老师何其幸甚。她不追求什么轰轰烈烈的伟业，却用一生辛勤耕耘，默默奉献，用高尚的品格，广博的学识，用她的责任心爱心甚至生命，教育培养了一批又一批的优秀学子。这样杰出的老师是我们应该永远铭记的国家脊梁，也是我们民族未来的希望！
谢谢您，于瑾老师！愿您安息，愿您的学生们能够为祖国更加美好的明天做出更大的贡献。

王凡　👍12
大学里印象最深的一门课就是于老师的投资学，于老师不仅非常专业，而且上课总是那么得幽默风趣，大家听的津津有味。有幸与老师交流过几回，每次答疑都非常耐心，至今仍然想起老师的音容笑貌。斯人已逝，作为老师弟子，唯有走好脚下的路，善待身边的人，不负华年，以报答老师教导之恩🙏🙏🙏

Kimi531　👍13
有幸上过于老师的课，真的是非常nice讲课非常好的一位老师，知道这个消息实在是太震惊了。抱歉无法参加您的追悼会，祝老师一路走好！RIP

悠悠　👍28
话语质朴，却在看到文末时泪流满面，谢谢作者，让我们认识这样一位好老师。🙏

春华秋实　👍28
作为同行，泪目！于谨老师永垂不朽！向您致敬！

芒果💞糖果 👍27

这是我第一次听说于瑾老师，她却深深地震撼了我的心！于老师真的深深地爱着她的职业，工作到生命的劲头，真是“春蚕到死丝方尽，蜡炬成灰泪始干”，她把青春和生命都留在了杏坛之上。致敬于瑾老师，一位伟大的灵魂工程师！！！！缅怀……

星硕Jolene 👍24

作为于谨老师学生的家属，虽然和老师只见过两次，但始终感恩老师对先生如灯塔般的指引和慈母般的关爱，感恩老师对我们的支持和照顾。在我们心中，老师一直都在，未曾离去。

徐徐 👍23

老师总是很优雅，她上课的时候喜欢叫我们“小朋友”特别亲切，对工作也很尽责，是贸大最早开设投资学的老师。当时听到噩耗时不敢相信，至今也觉得惋惜，天妒英才吧。

陈晓东 👍23

于老师的教书育人，像涓涓细流，润物无声，是那种很久以后，你还能体会、感知并从中受益。十六年前有幸听过于老师的课，是我今生最大的财富。

明若晓溪 👍20

边看边流眼泪。于老师生命的长度戛然而止，生命的宽度却仍在延伸，影响和鼓舞着贸大教师和学生们。于老师安息！

XSY不忘初心🙏love🙏 👍19

尽管我只是一名小学老师，但是您是我学习的榜样。看哭了、我想我应该坚持下去

周吉人👍 👍19

一生奉献讲台，一心为了学生，她永远被学生围在中间，她永远活在我们心中。

轩仔 👍17

何其有幸，成为了于老师的学生！忘不了老师在学业上对我的悉心指导，忘不了老师在日常中对我的关心帮助，忘不了老师那笑容可掬和蔼可亲的模样……直到今天还是不愿意相信于老师就那么离开了，多想敲开她的办公室，她正坐着，笑着跟我们说，这次休息的有点久，我回来了……

柠檬\萌 👍17

文末读完，早已泪目。教书育人28年，淡泊名利，集所有优秀于一身，你不曾离开，你一直在我心里。

张春积 👍17

一件件“小事”深刻构画出于瑾老师大写的人生。“传道授业解惑”，于老师用这些“小事”、用生命诠释了这六个字。向于老师致敬！作者文笔细腻、亲切感人，对于老师的敬缅之情充溢于字里行间，读后令人难忘。

之恒 👍16

常常遗忘斯人已逝。午夜梦回，音容笑貌、谆谆教诲仍犹在眼前。不敢想，又禁不住会思念。诚如作者所言，最好的思念就是活成你的样子，希望未来能不辜负您的期许，再见时仍能见到您温暖的笑颜。

张勇　👍16
师者慈母心，为了孩子们的未来，淡泊名利，不为功名，大爱无疆，于老师的高风亮节，值得我们年轻一代学习！

平常心　👍15
润物犹如四月天，尊老爱幼比圣贤。相夫教子谁人及，厚德载物谁比肩。
二十八载育桃李，累累硕果满枝间。

前行　👍15
很感动，这么有情怀的好老师！敬佩！

一庭花草　👍15
正因为有像于教授这样的老师，我们的国家才会昌盛强大。

永生　👍14
教育是最伟大的舞台，希望精神薪火相传。致敬优秀的师姐

晨曦　👍14
于瑾教授把老师做到了极致，把人做到了极致，令人景仰，让人心疼。于教授，九泉之下，一定要悠着点儿！为您祈祷！

豆荚 💕　👍14
您的事迹让我汨日！更是每一位老师的典范，代表！于老师，一路走好！！

远远地看着你　👍14
同为老师，感慨万千！向于老师学习，有大爱，肯担当，为育人，无怨无悔！

妍👫乐　👍14
细细读完，五味杂陈。于老师德才兼备，德艺双馨。是各位老师的楷模！

妹子　👍14
于无声处留下了玉般的温润，滋养了满天的桃李！你的美名将永存！

kms　👍13
老师走好😭 😭 😭 最大的遗憾是没能上过您的课 从噩耗传来时朋友圈刷屏的悼念就知道您是真正用心的好老师 已经深深留在学生心里🙏 感谢您为学生奉献的一切🖤
😭

涵　👍13
站在学生中间，她像学生；站在讲台上，她是个师者，瑾为美玉，她让周围的人如沐春风。文章中多几张照片就更好了，让我们永远记住她那春天的生命

风继续吹　👍13
没看完，就热泪盈眶，一位爱生如子，爱工作胜过爱自己的老师。

Hong　👍12
白驹过隙，四季轮回。转眼间，您离开我们已经一年多了，花儿又开了，树木已然郁郁葱葱，思念在心底，从未停歇。愿亲爱的美丽的可爱的您在天堂一切安好，悠悠寸草心，报得三春晖。

淘小若 👍11
很遗憾没有机会上于老师的课，但从这篇文章和朋友圈大家的追思缅怀能够感受到您真的是一位非常棒的老师，一路走好🙏

慕容 👍10
从没听说，从未谋面，但同为教师，深深认同于老师的价值观和做法。她是我们的榜样，最好的思念，就是活成你的样子。

焕发英姿 👍8
我的热泪顺着你的长文，慢慢地流到了脸颊。玉兰花一般的于瑾教授，您依然英朗地开在春风里。我们素不相识，但敬仰您的品格与学识。一定会有越来越多的人跟随着您的意志，绽放在华夏大地的每一个角落！于瑾教授，愿爱您的人能够好好活着，继续努力将您的芬芳撒播到无尽的银河系……

云游四海 👍7
于瑾老师是我们身边的新时代“四有好老师”的楷模和典范，是一位真正做到了“不忘教书育人初心，牢记立德树人使命”的好老师👍👍👍🙏🙏🙏

尚 👍6
文章中感人的事迹及评论区里真挚的情感流露，让我们看到了一位人格高尚爱生如子的于老师，温润、温暖、温情……万众师表，向您学习，努力活成您的模样，是对您最好的怀念。于无声润物，瑾芳华筑才！于先生，您的精神将永远传承！

赵君 👍6
作为一名普通老师，被于老师的事迹感动着，希望于老师的家人平安，她没有远去，就是换了个地方守望！

simple 👍5
于老师，由衷地敬佩您，您是学生爱戴的好老师！即将步入教师岗位，今后会以您为榜样，尽力做到最好！

三山 👍5
除了感动还是感动，看文章的过程中眼泪一直在流。“春蚕到死丝方尽，蜡炬成灰泪始干

韩竹 👍5
一位纯粹的教育人，弹奏出时代教师的最强音，她用平凡诠释了什么叫爱岗敬业！她生如秋叶之静美，逝如春花般绚丽！🙏🙏🙏

Darline 👍4
瑾为美玉，质本无暇，方诚信而达博学；美亦有则，唯求索乃得笃行。致敬，于瑾老师，您用短暂的一生更好的诠释了教师两个字，您的高贵像一座灯塔令人仰望，您的离去给大家留下了深深的遗憾，希望在另一个空间没有劳累您可以好好休息🙏🙏🙏

何天翔 👍247
于老师的事迹不禁使我怀念起我的研究生导师程英武教授，他也是教书育人的典范，突发疾病倒在了专家门诊上，即便是医生我也没能把老师的生命挽救回来，老师躺在我怀里去了，身体越来越冷，但是他对学生和事业那份热忱的心却传递给我们每一位学生！学高为师，身正为范，什么是教书？什么是育人？我想于老师和程老师给我们后辈上了最生动的一课！我们也将矢志不渝的将这种精神传承下去

岁月静好　　44
同为教师，感同身受，对学生的牵挂和无私奉献是浸润到骨子里的。这就是教师的幸福！

UIBE 经贸人公众号　2018－05－30

《难忘师恩——谨以此文纪念于瑾老师》部分评论：

李建茹　　25
印象最深的是她安慰期末焦虑的大家，说：生活的本质不是CPA，不是期末考试，生活的本质是幸福。永远不会忘🙏

墨姐　　19
真的是很难过，毕业十年，依然清晰记得于老师讲课的场景，太遗憾了

邓诗竹　　18
但求无愧琅琅心

风林　　9
于老师上课轻松俏皮，没事还卖下萌装下可爱开个玩笑，特别亲切，回想起来犹如天使一般。这么年轻，实在难以接受！愿天堂安好！

王有玉 Skye 🔑　　8
千言万语都无法表达刚看到这则消息的心情，在图书馆愣了有好久。

郭琪　　5
于瑾老师是我见过的最可爱的老师，也是大学阶段对我帮助最大的老师，不管是精神上的支持还是学业上的教诲。突然得知于瑾老师去世的消息，潸然泪下。失去了这样一位人生导师，实在是痛心。翻看之前与于瑾老师来往的短信和邮件，放佛她的音容笑貌还在眼前。最近一次的联系也就是两个月前。悼念不闻亲教诲，情怀仍忆旧音容。

Eli　　1
第一反应好震惊，老师这么活泼可爱的人怎么可能，虽然仅仅学过老师的货币银行学，却对老师印象很深刻，也很庆幸有幸做过您的学生，老师一路走好～

了了　　1
眼睛再次湿润了，于老师一路走好

微言教育公众号　2019－09－19

《追记对外经贸大学教授于瑾：既是弱女子，更是“大先生”》的部分评论：

梁君教授　　74
我和于教授一样，站讲台是我唯一的爱好和追求。无论是新课还是旧课，我每学期必须重写教案。课程结束了，教案也封存了。

为了更好地教学，我一直做学生的班主任（辅导员）。

Windwithoutroot 33
真正彰显了“学高为师，德高为范”！

柯柯法 25
她不孤独，虽没有惊世之举，也没有荣誉等身，但她永远被学生围在中间。

乐翻天 23
好老师永远活在学生心中！

陈伟莲 21
希望这样的好老师都保重身体，能带更多的学生，能为社会带来更多温暖的光亮。

杜兹肺鱼黑玛 14
感恩，人生三幸之一，遇到好老师！愿所有的孩子们都能遇到像这样的好老师。

汪毅恒 10
敬仰，祝福。

对外经济贸易大学公众号　2019－07－27

《学习传承于瑾精神　争做新时代“四有”好老师》部分评论：

wuli芳芳还能肝
没想到这么久过去了，还有这么多人一直记得于老师。我应该会一直记得，我们就是您口中的“可爱的小朋友”。

祖国强盛，海河舒畅。
向于教授致敬

对外经济贸易大学公众号　2019－09－17

《师者模范芳华存丨贸大举行于瑾教授先进事迹报告会暨于瑾教育基金会正式启动》部分评论：

海纳百川
于瑾教授用科研创造知识，用教育传递知识，用实践运用知识。她用自身的行动诠释了一名优秀教师应尽的职责，为全体教师树立了学习的榜样。于瑾老师，大家会永远怀念您！

平淡不平凡
大师典范

李思
学高者为师，德艺双馨当为大师🙏

默子
春蚕丝尽，光彩照人！

微博上纪念于老师的部分博文：

伍樂李
18-5-25 来自iPhone客户端
惊闻大学时期的于瑾老师过世了，无法相信也无法接受，印象中于老师一直都特别年轻有活力，和蔼可亲...为什么这么年轻就离开了
转发　4　2

OKinkin
19-6-13 来自微博国际版
上过她的课。对得起 为人师表 这四个字的人不多，于瑾老师是一个。

LEAVEyahh
19-6-13 来自iPhone客户端
致敬我敬爱的于瑾老师，同时也是差点成为我导师的您，也是我导师的挚友，看到您给学生的回信，又想起您当年给我的回信了，字字戳心、发自肺腑，感人至深。祝愿您在那边一切安好，想念您，怀念您，我会努力活成您！

筱菲sofia
19-8-15 来自iPhone客户端
想念于老师，看到蒋老师说手机号再也打不通的时候，心里好难过 //@惠新东街十号://@对外经济贸易大学:向于瑾老师致敬

大伙一起玩
13-6-9 来自iPhone客户端
好喜欢货银的于瑾老师 作为文科生我也愿意总坐在最后一排即使听不懂也不缺课

转发　评论　1

下 编

品读嘉文，造诣精深

博士论文
（摘要）

利率期限结构研究

对外经济贸易大学2003届博士　于瑾

背景：于瑾本科、硕士阶段就读于南开大学金融系，学术功底深厚，1991年7月毕业后在对外经济贸易大学任教27年。1999年9月起，在对外经济贸易大学学术泰斗王绍熙教授的指导下，于瑾攻读博士学位，于2000年9月至2002年9月撰写了高质量、高学术水平的博士论文，紧紧围绕现代金融理论的两类基本方法（均衡定价法和无套利定价方法）实证分析了利率期限结构，并于2003年1月顺利答辩毕业。2004年经济日报出版社出版发行于瑾的博士论文。该论文对对外经济贸易大学现代金融体系研究和课程建设有着极其深远的影响。于瑾教授奠定了对外经济贸易大学现代金融学科体系的基石。

经过最近二十年的发展，利率期限结构理论已经成为整个金融理论体系的一个重要且具有基础地位的一个子领域，与利率理论研究的同步进行，金融工程技术的发展使新的利率衍生产品被不断推向市场，以便满足各种投资者的需要。

利率期限结构的理论和模型是金融研究中最具挑战性的课题之一，于老师的研究目的是通过回顾利率期限结构理论近二十年来的发展历程，试图在各种复杂的数学模型中梳理出一个清晰的脉络，并对这一领域的主要研究成果做一个简要的评价。

本文的研究课题是利率期限结构模型的比较与分析，包含三大主题：利率水平的期限结构、利率波动率的期限结构和不同到期日的远期利率之间相关性的期限结构。对这些主题的研究不是割裂开的，事实上每一种模型都是尝试从不同的角度来解决这些问题。

本文的写作方法是紧紧围绕现代金融理论的两类基本方法——均衡定价法和无套利定价方法，运用较为复杂的数学工具，对利率期限结构的模型建立、参数拟合与实证检验等方面作出全面剖析。在均衡分析中，投资者依托利率衍生工具表达他们对未来期限结构演变的各种复杂的观点。这些观点有的十分简单，如预测利率变动的方向是上升还是下降，这种观点可以通过最简单的衍生品（如利率期货、利率互换协议等）来表达；有的观点涉及预测收益率曲线会变得平坦或是陡峭，或者同时伴随着利率水平的上下移动；还有的观点试图表明对收益率曲线发生特定变动的时间做出预测，能做出准确预测的投资者就可以在这个过程中获得回报。

根据这种观点，模型能否正确拟合市场价格变得无关紧要，如果认为某种模型是正确，其输出结果与市场价格不一致恰好是指出了获利的机会。这些模型也无须去与观察到的市场价格拟合。均衡模型通过成功地描述整体市场的状况和变动趋势，成为这种观点的代表。

无套利分析方法与上述观点截然不同，这是在金融市场研究中具有特殊地位的一种方法，套利的投资者对利率衍生品定价的目的是想与组合中其他资产形成对冲，这些资产包括利率上限、欧式互换期权，还包括一些简单的基础工具，如债券、远期利率协议、互换与期货产品等，这些资产的价格被认为是正确的，不用怀疑的，因此模型能否正确地还原出现有资产的价格是至关重要的。这也是无套利模型的主要任务和优势所在。

一言概之，均衡模型尝试解释现在的市场价格，而无套利模型把现在的市场价格视为外生输入变量。

在现代利率行为的研究中，假定利率过程服从扩散方程，已经成为建立模型的主流方法。这种方法认为利率是受到一个或多个连续的随机因素所驱动，这些驱动因素通过模型参数的设置使利率曲线演变出不同的形状和位置。扩散模型具有良好的解析性质，产生的模型十分丰富，研究也比较充分，另一种重要的数学工具是鞅定价方法，鞅方法的基本思想是先选取适当的随机贴现因子，使利率衍生品的价格除以贴现因子后得到相对价格，这一相对价格过程在风险中性测度下是一个鞅过程。本文进一步证明了利率衍生品定价的偏微分方程法和鞅方法是等价的。

第一章，在对最近二十年来利率期限结构研究成果的历史回顾的基础上，分析了现有利率模型的共同特征，特别是模型拟合问题。

第二章，对利率期限结构中包含的无套利关系进行了详细分析，这是研究各类模型的必备知识。

第三至五章，分别对单因素均衡模型和多因素均衡模型做了初步的分析和介绍，这是目前研究比较充分的领域。在主成分分析的成果上，重点分析了单因素模型中的CIR模型和多因素模型中的Brennan－Schwartz模型和Longstaff－Schwartz模型，对模型的解析性质、统计分布和推导出的债券定价方程做了详细的说明和评价。

第六章，主要集中在套利模型的分析上，对于离散情形下的Ho－Lee模型的拟合问题做了详细的说明，同时分析了Hull－White模型下波动性的拟合问题。这是套利模型首要关心和解决的问题。BDT模型由于其引入了对数正态分布的利率假设，从而赋予了模型良好的解析性质，在本章也对其做了分析。

第七章，用来讨论HJM模型的主要特征。HJM模型类是建立在整个收益率曲线上为远期利率直接建模，它得到的在风险中性测度下远期利率的波动率与漂移项之间的决定关系，是利率期限结构理论中最重要的发现之一。这包括建模思路、远期利率的波动率与漂移项之间的函数形式、波动率的限制形式、短期利率的非马尔可夫性等重要问题。同时，对HJM模型类的最新进展——随机弦振动模型做了简单的介绍，它通过引入多个彼此相关的扰动项极大地丰富了HJM模型类的形式和种类。

第八章，介绍了国外学者对期限结构模型共有的一些基本特征做的实证检验，包括均值回复性的检验、利率波动性的结构等方面，它的主要研究目的是确定利率的预期变动、利率波动率与当前的利率水平之间的关系，还对各种利率模型的选择问题做了一个简要的概括。

第九章，对利率期限结构的最新进展做了简单的介绍。这包括市场模型，它能够直接处理可观测到的市场数据，如LIBOR和互换利率等；无限维模型，它引入了不同到期日利率之间丰富的相关结构；定价核模型，它提出了研究无套利关系的一种新思路，对利率模型的构建方法产生了深远的影响；随机跳跃模型，它主要引入泊松过程和列维过程，为随机突发事件对利率曲线的影响建立了模型。此外，介绍了随机折现因子理论，它通过描述随机折现因子满足的时间序列，可以容易应用时间序列分析的技术为历史数据建立方程，最大限度地增加了模型的准确性，随机折现因子理论也是资产定价理论的一项重要发展。

第十章，开始进入利率期限结构理论的应用与实施领域。在对证券市场特性做出严格数学限制的基础上，进一步对利率衍生品的主要定价方法做了分析。分析了完备市场的特性和自我融资策略的方法，分别对衍生品定价的偏微分方程法和鞅方法做了较为详细的分析，并证明了这两种方法的等价性。事实上，鞍方法出于其巧妙的思路和优越的数学性质，已经成为衍生品定价领域中的主流方法。

第十一章，提出了类似公司债券或者抵押担保债券这一大类债券资产，其价值既依赖于对未来利率的预期，同时还取决于嵌入期权的价值，寻找对这一类债券的有效数值解法是实务领域的一个重要课题。简要介绍了在这一领域中应用广泛的有限差分法和蒙特卡罗模拟算法，分别对路径独立型债券和路径依赖型债券提出了解决办法，在这些计算方法的基础上，对资产配置、HJM模型和R－S模型在债券组合免疫中的应用等问题做了详细的分析。

本文写作特点是充分发掘了利率模型对不同形状收益率曲线的解释，并将其直接应用于利率衍生品定价和资产管理的实务之中。虽然在本文的写作中较多地使用了数学模型和统计方法，但侧重点并非在各种模型的复杂推导，而是注重研究比较不同模型的构建方法、主要特点及其经济含义，从而为深入研究中国债券市场问题提供了理论支持。

本文的主要创新是能够抓住不同期限利率之间相关结构作为研究重点，用相关结构分解的方法对现有各类模型从这一独特的角度进行分析和归类，明确提出了研究利率波动性和相关性的期限特征，是未来建模的主要方向，并研究了将HJM模型和R－S模型应用于债券组合管理过程中所遇到的问题。

本文的研究还只是对该领域的某些侧面进行了较为深入的探讨，仍有许多方面需要进一步研究，具体来说有：一是非马尔可夫性的利率模型的性质；二是模型参数的选择与模型的拟合；三是对与利率模型的进行实证检验的计量经济方法；四是利率模型与动态规划技术的结合运用。此后，于瑾教授在科研和教学过程中，一直沿着上述四个方面做了进一步的研究和探索。

（整理、复核：张少青）

科研专著
（摘要）

衍生工具定价理论*

王文灵　于瑾

衍生工具是国际金融领域的新生事物，随着近年来的飞速发展，它已经进入了金融的主流。目前，世界上几乎所有的大型银行和非银行金融机构都在积极地从事衍生工具的创造和交易工作。然而如何对衍生工具进行定价一直是金融理论界和实务界关注的焦点。本书从期货持有成本关系式的推导、期权价格区间的界定、互换价格结构的分析出发，探讨衍生工具的定价方法及其应用。

全书共分 5 篇 17 章。具体内容如下：

第一篇衍生工具总论，由第 1、2、3、4 章构成。

第 1 章衍生工具概论。本章主要论述衍生工具的定义、分类、作用、发展原因、对金融业的影响等。

第 2 章期货、第 3 章期权。这两章主要论述期货与期权的品种。

第 4 章互换。本章主要论述互换的类型及其基本结构。

第二篇期货定价理论与应用，由第 5、6、7 章构成。

第 5 章期货价格与即期价格的关系分析。本章从商品期货的套利交易入手，探讨即期价格与期货价格的关系，主要分析即期价格和期货价格相联系的套利过程、期货的期限结构及期货和远期合约的差别等。

第 6 章期货合约套期保值原理的回归分析。本章从商品期货的一般套期保值原理入手，推导出最佳套头比率公式，并对此进行回归分析，得出回归模型。主要论述以下几个主要问题：（1）为了防止商品价格的下降，商品持有者采取了在期货上的空头，这是商品期货的一般套期保值原理；（2）空头

---

* 资料来源：《衍生工具定价理论》，经济科学出版社 1998 年版。

套期者面临着基差随时间变化的风险，必须锁定基差；（3）就可交割商品的套期者来说，基差风险代表了商品持有成本的增加，就不可交割商品的套期者来说，基差风险同样代表了商品价格和期货合约价格之间相对变化的风险；（4）定义了最佳套头比率，并推导最佳套头比率公式；（5）对最佳套头比率进行回归分析，得出回归模型。

第 7 章均衡期货价格模型。本章通过分析期货市场中投机的风险与收益，推导期货合约的资本资产定价理论，推导均衡期货价格模型。

第三篇期权定价理论与应用，由第 8、9、10 章构成。

第 8 章期权价格区间界定。期权合约代表权利，但并不代表在将来某一天以某一价格完成某一特定商品交易的义务，与期货合约一样，期权合同在时间上处于现在和将来之间，但不同的是，期权持有者可以选择是否行使他的买或卖相关商品的权利。本章主要推导了商品期权、期货期权、商品期货和商品间的套利关系，探讨了这些工具的价格是如何联系的并为与相关商品相对应的期权价格界定范围。

第 9 章期权定价理论。本章在假设商品价格在期权有效期内呈对数正态分布的前提下，研究商品价格收益的分布假定对欧式看涨、看跌期权进行风险中立的定价，并对影响期权价格的因素进行分析。

第 10 章期权交易策略。本章通过建立六种基本头寸的利润函数制定无风险套利策略、复合头寸交易策略、价差交易策略，分析和讨论期权与商品资产组合的报偿结构。

第四篇互换定价理论与应用，由第 11、12、13、14 章构成。

第 11 章利率互换的价格结构分析。本章详细研究互换交易商在一般的利率互换中如何给利率互换息票定价；研究当所需期限不同于一般互换结构时如何调整互换的定价，尤其是当支付频率与一般互换不同时交易商如何调整互换息票定价；研究交易商如何调整观念本金分期支付情况下的定价；研究当客户需要市场之外的定价时交易商如何定价。

第 12 章货币互换的价格结构分析。本章主要研究货币互换的定价及不涉及本金交换的货币互换定价以及如何进行货币互换场外定价的调整主要包括：货币互换的基本结构、货币互换的参考价格表、无初始借入资金交换的货币互换、当客户所需互换与目前市场内互换不同时如何进行市场外定价、货币互换的变异形式。

第 13 章商品互换与股权互换的价格结构分析。本章主要研究商品互换、股权互换的基本结构。

第 14 章互换定价理论。本章主要研究短期利率互换定价及长期利率互换定价。

第五篇衍生工具风险管理，由第 15、16、17 章构成。

第 15 章衍生工具的风险分析。本章主要研究衍生工具的即期风险、远期风险、期权风险。

第 16 章衍生工具的市场风险管理。本章主要研究单一分析法和综合分析法。

第 17 章衍生工具的信用风险管理。本章主要研究信用风险对衍生工具定价的影响及衍生工具信用风险的防范。

（整理：惠涛涛；复核：刘震、王楸）

货币银行学*

蒋先玲 于瑾 吴青

20 世纪 50 年代以来，金融对经济活动的作用急剧加大。如果说人们着力研究利率理论意味着货币对经济的推动作用日益明显，那么价格理论的研究重心从较为虚拟化的资金价格即利率，转向更加虚拟化的资产价格，则表明以资本市场为轴心的现代金融已逐步作为现代经济的核心。在资本市场蓬勃发展之后，资本市场的规则有取代银行规则之势而逐渐成为社会经济运行规则的统一接口。蒋先玲教授、于瑾教授和吴青教授都是从事多年货币银行学教学与科研的老师，能了解学生之所需，并将一些行之有效的教学方法应用在教材编写之中。主要内容如下：

第一章货币与货币制度。本章主要概述了货币的含义、层次划分、职能、形式、演变及本位制度等，分析了货币的经济学意义，为后面各章做好了铺垫。

第二章信用及利率。信用是一种以偿还和付息为条件的借贷行为，本章首先从借贷行为、债权债务关系和价值运动这三个方面分析了信用的本质，而后介绍了信用的主要表现形式及票据、债券和股票等信用工具的概念。对现代经济而言，利率是衡量利息高低的指标，本章重点讨论了影响利率的因素及古典利率理论、“流动性”偏好利率理论、可贷资金利率理论和“IS－LM 分析的利率理论”等主要的利率决定理论，并以简答题的形式考察了学生对主要利率决定理论的理解。

第三、四、五章主要介绍了金融市场、金融中介体系、商业银行及其管理。金融市场是指货币资金融通和金融资产交换的场所，用来实现资金积累、资金分配和经济调节等功能，主要包括货币市场和资本市场；金融中介是从

* 资料来源：《货币银行学》，对外经济贸易大学出版社 2004 年版。

事金融合同和证券买卖活动的专业经济部门，包括银行、共同基金、证券公司和保险公司等。

第六、七、八章是全书的核心内容，重点论述了中央银行与货币政策、货币供求理论与货币供给机制、通货膨胀和通货紧缩。

第六章中央银行与货币政策。本章重点介绍了中央银行的货币政策目标体系，包括稳定物价、充分就业、经济增长和国际收支平衡这四个货币政策的最终目标，短期货币市场利率、银行准备金和基础货币这三个货币政策的操作指标及货币供应量、市场长期利率、汇率等货币政策的中间目标。为了实现政策目标，中央银行发展出了一般性货币政策工具、选择性货币政策工具、直接信用控制和间接信用控制等货币政策工具。在使用政策工具后，从政策实施到发挥作用又会经过一系列传导过程，传导过程中会产生不同的政策效应，本章第四节货币政策的传导机制介绍了凯恩斯学派、货币学派和金融中介学派对传导过程的不同理论认识，第五节介绍了影响货币政策效用的主要因素、衡量方法及货币政策与财政政策的配合。

第七章货币供求理论与货币供给机制，其中货币需求理论是本章的重点。货币需求是指社会微观主体在其财富中能够而且愿意以货币形式保有的那部分数量。传统的货币需求理论将产出销售值和用于交易的货币量联系了起来，给出了交易方程：$MV=PY$；剑桥学派发展出了现金余额方程式，得出了与传统货币需求理论完全相同的结论，但其分析的出发点更侧重于货币作为一种资产的功能，重视人的持币动机和判断的作用；凯恩斯发展出了流动偏好理论，认为实际货币需求与实际收入成正比，与利率成反比，得出了凯恩斯的货币需求函数 $Md/P=f(Y, i)$；而弗里德曼将货币看作一种资产，认为实际货币需求主要取决于财富、其他各种财富的预期收益率等因素。随后，本章在第二节分析了货币供给量的内生性和外生性的理论问题，在第三节分析了货币供给机制，并利用货币乘数这一概念，将货币供应与基础货币联系在了一起。

第八章通货膨胀与通货紧缩，其中通货膨胀理论是本章的重点。通货膨胀是指一定时间内一般物价水平持续的和较明显的上涨，它的形成依赖于各种条件，表现为社会总需求大于社会总供给，但这一表象下有着不同的原始动因和形成过程，具体分为需求拉动型通货膨胀、成本推动型通货膨胀、混合型通货膨胀和结构型通货膨胀。政府的高就业目标和预算赤字被认为是政府实行通货膨胀政策的两个原因，可能导致物价的持续上涨。此外，关于通货膨胀对经济的影响问题，主要观点可分为三种：通货膨胀可以促进经济发展的促进论、通货膨胀会损害经济发展的促退论和通货膨胀不影响经济发展的中性论。最后，本章在第四节分析了通货紧缩的定义、成因及影响，在第五节介绍了国外的通货紧缩理论，在第六节介绍了治理通货膨胀和通货紧缩的对策。

第九章金融创新。本章第一节阐释了金融创新的含义，采用了金融创新的广义概念，认为金融创新是金融业各种要素的重新组合，具体是指金融机构和金融管理当局出于对微观利益和宏观效益的考虑而对机构设置、业务品种、金融工具及制度安排进行的金融业创造性变革和开发活动。本章第二至第五节重点介绍了西方的金融创新，包括金融创新的原因、主要内容和效应。

第十章国际收支及其调节理论。本章主要介绍了国际收支与国际收支平衡表、国际收支失衡及其调节措施、国际收支的调节理论及中国国际收支的调节。

第十一章汇率理论。本章主要介绍了汇率理论的历史脉搏和人民币汇率的决定。

第十二章国际货币体系。本章介绍了国际金本位体系、布雷顿森林体系、牙买加体系和欧洲货币一体化的情况。

本教材探讨了货币的相关理论，通过考察金融市场和金融机构如何运行，来回答货币、信用、银行及金融市场等方面许多令人关注的问题，并在以下方面取得了突破：第一，尽可能地反映了经济改革以来我国金融领域出现的新变化 ；第二，广泛吸取了前人的成果。第三，将经济学思维引入了货币银行学的分析框架中。

本书具体编写分工如下：第二章、第三章、第十二章由对外经济贸易大学于瑾教授编写，第一章、第四章、第七章、第八章、第九章、第十章由对外经济贸易大学蒋先玲教授编写，第五章、第六章、第十一章由对外经济贸易大学吴青教授编写。

（整理：惠涛涛；复核：刘震、王湫）

利率与寿险产品定价研究*

徐景峰　于瑾

自 1980 年我国恢复保险业务以来，保险业务取得了长足的发展，随之而来的是对保险精算研究的更多需求。利率是金融产品定价的核心，也是保险精算研究的重点内容。我国寿险市场在整个保险市场中占比最大，一直以来也是全球同期增长最快的寿险市场之一。本书从利率基本概念和寿险产品定价原理出发展开阐述，详细介绍了利率期限结构理论、各类经典利率期限结构模型和利率期限结构模型的实际应用等内容。

本书主要内容如下：

第一部分阐述了利率和寿险的基础概念和理论，为之后的深入论述打下基础。

第一章利息、利率与现金流量，介绍了利息、利率和现金流量的概念，并结合生活中金融产品的实例加以描述。

第二章利率与利息力，主要论述了利率、利息力的含义，并引入了时间价值的概念。

第三章基本复利函数，推导了不同计息方式、不同利率下的复利函数形式，并介绍了价值方程和交易收益率的概念。

第四章寿险产品定价原理，将视角转向寿险产品，介绍了基本确定年金、一般确定年金和资本赎回保单三种寿险的概念，并论述了相应的定价原理。

第二部分评述了利率期限结构理论的现有理论成果。

第五章利率期限结构理论，综述了利率期限结构理论的相关理论研究和实证研究，阐述了利率模型的建模过程，并介绍了利率模型的评价标准。利

---

* 资料来源：《利率与寿险产品定价研究》，中国财政经济出版社 2004 年版。

率模型的形式必须满足一定关系才能保证服从该模型的所有利率敏感性资产价格之间不存在套利关系。

第六章利率期限结构中的无套利关系，主要介绍了利率期限结构的无套利定理。

第三部分详尽论述了经典的三大类均衡利率模型。

第七章单因素均衡模型，从模型理论基础、实证背景和特点三个维度论述了单因素模型，并介绍了 Merton 模型和 Vasicek 模型两个经典的单因素利率模型。

第八章 Cox－Ingersoll－Ross 模型，论述了 CIR 模型的分布性质、模型中参数的确定及其实证检验，之后引入了广义仿射模型类的概念。单因素模型出现了与实证研究发现不符的问题，由此自然发展出了多因素模型。

第九章多因素均衡模型分析，阐述了三个使用最为广泛的多因素模型，分别是 Brennan－Schwartz 模型、Fong－Vasicek 模型、Longstaff－Schwartz 模型。

第四部分论述了四个经典非均衡模型。单因素模型和多因素模型的参数可以从历史数据回归中得到，但由于利率期限结构的行为方式是不断变化的，对历史数据拟合得很好的模型常常不能很好地拟合当前的市场价格，而套利模型则可以很好地克服这一问题。

第十章套利模型，首先阐述了 Ho－Lee 模型、Hull－White 模型和 Black－Derman－Toy 模型。Hull－White 模型和 Black－Derman－Toy 模型均在 Ho－Lee 模型基础上进行了改进。

第十一章 Heath－Jarrow－Morton 模型，详细阐述了 HJM 模型，包括 HJM 模型蕴含的短期利率过程、利率模型的马尔可夫性和 HJM 模型的新进展等内容。

第五部分评述了利率期限结构模型研究领域的经典实证研究成果和前沿研究成果。

第十二章利率期限结构模型的实证分析，评述了利率期限结构模型均值回复性的实证分析、冲击项的波动性的实证分析、多因素模型的实证分析等内容，并论述了利率期限结构模型的选择分析。

第十三章利率期限结构模型的最新发展，主要分析了三类最新提出的模型：市场模型、无限维模型和随机跳跃过程模型。其中，市场模型可以直接处理可观测的市场利率，无穷维模型简练地构造了远期利率的相关关系结构。

第六部分主要论述了利率期限结构模型在实务中的应用方法。

第十四章利率期限结构模型在利率衍生品定价中的应用，主要阐述了完备市场的自我融资策略、利率衍生品定价的 PDE 法、离散时间下的鞅方法和连续时间下的鞅方法等内容。

第十五章利率期限结构模型在资产组合管理中的应用，论述了 R－S 模型应用于资产配置过程、HJM 模型应用于债券组合免疫过程等内容。

（整理：刘震；复核：刘翔、王楸）

国际金融市场*

徐景峰　于瑾

随着当今国际金融市场一体化、自由化趋势的加深以及美英等西方国家以市场为主导的现代金融体系的确立，国际金融市场的理论与实务已成为现代金融人才必须掌握的知识。近年来国内一些大学也相继开设了“国际金融市场”课程，它已成为金融专业本科生和研究生的核心课程。本书正是为适应这种国际化趋势而作。徐教授和于教授结合多年在该学科领域的理论研究和实践经验，力图给读者提供体系科学、研究规范、内容丰富且有一定深度的教材，为学生未来参与国际金融市场的实践与研究奠定一定的基础。

本书主要内容如下：

第一章国际金融市场导论，主要概述了当今国际金融市场的主要特点、分类、产生、现状和发展趋势，为后面各章提供了现实基础和背景性的铺垫。

第二章外汇市场，主要从外汇市场的结构入手，首先介绍目前国际主要的外汇市场及其主要特点。由于外汇市场是一个场外交易市场，因此汇率有买入价和卖出价之分，这一点与场内交易市场有很大的不同。第二个重要内容是介绍汇率以及与汇率有关的一些基本概念和基本计算，对理解整个外汇市场理论是十分重要的。第三个知识点是市场中的主要衍生工具，包括远期、期货和期权。第四个知识点是给出了两个平价公式——利率平价公式和 Call－Put 平价公式，平价公式体现了无套利的定价原则。平价理论被金融学家称为国际金融市场理论的基石。

第三章欧洲货币市场，主要指集存于伦敦或其他金融中心的境外美元或

* 资料来源：《国际金融市场》，科学出版社 2007 年版。

其他境外货币，用于国际借贷的国际资金市场。较低的贷款成本、较高的存款收益以及较松的管制，使得欧洲货币市场自 20 世纪 50 年代以来迅速发展，已成为各大银行、跨国公司和政府投资融资的最佳场所之一。欧洲货币市场的一个核心业务就是中长期大额贷款的融资场所，而这种贷款又多以辛迪加贷款的形式进行。本章的重点在于对欧洲美元相关衍生工具的详细介绍，特别是通过例题来说明这些工具的基本定价原理。欧洲美元期货期权，实际上是一种利率期权，可采用 black – scholes 模型和二叉树模型定价。

第四章国际债券市场，主要介绍了国际债券市场由外国债券市场和欧洲债券市场构成，欧洲债券市场与外国债券相比具有国际性强、自由开放、税收优惠、手续简便和形式多样等特点，因而成为国际债券市场的主体。若不考虑附息期和货币兑换等因素的差异，普通国际债券的定价原理与国内债券相同，但大多数国际债券带有期权特征，因此需要用 Black – Scholes 模型和二叉树等方法定价。互换技术（如利率互换和货币互换）因其具有降低筹资成本、规避利率或汇率风险等优点而被广泛应用于国际债券的交易中，可以用债券价格分析法对互换定价。互换期权（swaption）是基于利率互换的期权，是 20 世纪 80 年代末迅速发展起来的被广泛应用于利率风险管理的二级衍生品。现代利率期限结构模型是以扩散模型为分析主体来描述利率的行为特征的模型。

第二至第四章是全书的核心内容，每章均较深入地探讨了各市场中衍生金融工具的交易原理、定价方法和具体运用。

第五章金融市场风险管理，介绍了国际金融市场中风险管理的方法。首先从风险和风险管理的一般概念和原理入手，逐步过渡到金融市场风险的分类、风险的管理，并着重介绍了风险度量的方法。在对风险度量一般方法的基础上，我们选择了重要的 VaR 法和信用风险度量方法作为进一步讨论的专题。

第六章国际金融市场理论，首先介绍了经典的金融市场理论——有效市场理论（EMH）。首先，在提出三种形式的有效性定义的基础上，给出了 EMH 在金融市场建模中的一些应用，并讨论了模型有效性的检验方法。其次，介绍了分形市场理论，包括分形维数和 Hurst 指数的定义、计算以及与金融市场的联系。最后，简要介绍了行为金融学的一些基本内容，包括行为金融学的历史和几个有代表性的理论。

第七章国际金融市场的创新发展，主要分析了资产证券化工具和结构化产品的特点，来反映当今国际金融市场领域的新变化与新特点。目前国际金融市场最具活力的部分是新型衍生金融产品的创新发展，即在现有衍生金融产品的基础上又创造组合出更为复杂多样的金融商品。本章介绍了一些具有代表性的新型衍生产品。抵押衍生证券是基于不动产抵押贷款的衍生品，以金融机构发行的抵押贷款为标的资产，主要品种有抵押转手证券、担保抵押证券和剥离式抵押支持证券等。结构性金融产品，是指将固定收益证券的特征与衍生交易特征融为一体的新型金融产品，是一种根据需要来定制的金融投资，由债券、股权等基础金融资产与期权、互换交易等衍生金融工具构成，以使投资者在不断变化的市场环境下，在规避风险的同时获得最大的回报。其中，股票联系票据是近年来在国外发达市场发展较快较成熟的结构化产品的代表。信用衍生品则被认为是 20 世纪 90 年代以来国际金融市场衍生品创新的最新代表，主要指以贷款或债券的信用状况为基础资产的衍生金融工具，成为交易者分散和转移信用风险的有效工具。随着金融创新的深化和金融工程技术的发展，国际金融市场上衍生金融工具的创新仍在不断发展完善中。

本书以广泛吸收国内外本领域教材和专著的研究成果及作者多年从事“国际金融市场”课程教学的实践为基础，将国际金融市场中衍生金融工具的交易原理、定价方法和具体运用作为贯穿于全书各章的研究重点，一方面反映了衍生工具的交易已成为当今国际金融市场主流的趋势，体现了国际金融市场金融创新的最新成果，另一方面突出了国际金融市场课程的重点、难点问题，体现了该学科理论与应用相结合的特点，为学生进一步学习金融理论奠定基础。

具体编写分工如下：第一、三、四、七章由对外经济贸易大学于瑾教授编写；第二、五、六章由中央财经大学徐景峰教授编写。此外，对外经济贸易大学王健教授对本书编写给予了指导和帮助。

（整理：刘翔；复核：惠涛涛、王楸）

投 资 分 析*

于瑾　束景虹

本教材在充分吸收国外经典投资学教材成果的基础上，力图系统深入地介绍西方投资学基本理论和主要原理，同时注重联系我国证券市场的实际，使读者在全面掌握西方证券投资的基本原理的同时，注重投资理论在证券投资实践中的应用。

具体内容如下：

第一章投资学概论，介绍了投资工具和交易市场。证券市场上的基础投资工具可分为股票、债券和基金三大类别。股票交易市场主要包括股票交易所和场外交易市场，此外美国股票还可以在第三市场和第四市场交易。债券流通市场也可以分为场内交易市场和场外交易市场。

第二章投资组合理论，介绍了投资学中两个最重要的概念——收益和风险。马科维兹资产组合理论认为，最优资产组合需满足的条件是对每一水平的风险，该组合提供最大的预期收益；对每一水平的预期收益，该组合能提供最小的风险。有效边界是包括所有最优投资组合的边界线。投资者依据自己的风险偏好在有效边界上选取投资组合。投资者的投资组合是有效边界与最高效用曲线的切点对应的投资。

第三章资本市场均衡模型，资本资产定价模型认为在一系列假设条件下，所有的投资者都选择持有市场证券组合作为他们最优的风险资产组合。市场组合位于风险资产的有效边界上，是无风险资产与风险资产的轨迹线与有效边界唯一相切的切点。资本市场线是连接无风险资产和市场证券组合的直线。

第四章债券的定价，根据收入的资本化的定价原理，不含期权的普通债

---

* 资料来源：《投资分析》，对外经济贸易大学出版社 2009 年版。

券的价值等于未来一系列利息支付和到期偿还的本金的现值之和。债券价格和必要收益率的反向关系是债券定价的最基本特征。债券的价格–收益率曲线可以直观地说明债券价格和收益率之间的反向关系，也可以显示出债券的价格收益曲线是凸形的。

第五章债券投资组合管理，当利率发生变化时，债券价格的变动呈现以下规律和特征：债券价格与收益率存在反向关系，且债券到期收益率的增长导致价格下降的幅度低于收益率等规模减小导致的价格上升的幅度；长期债券比短期债券对利率变动更敏感；债券价格对收益增加变化的敏感性低于相应的债券期限的增加；息票率低的债券比息票率高的债券价格具有更大的利率敏感性；债券价格对其收益率的敏感性与该债券当前的到期收益率呈负相关关系。

第六章宏观经济分析，宏观经济分析是从上至下的基本面分析的首要环节，主要包括宏观经济运行分析、宏观经济政策分析和宏观经济指标分析三方面的内容。政府的宏观经济政策可以在一定程度上改变经济运行的周期，这些宏观经济政策主要包括财政政策和货币政策。

第七章行业分析，公司的盈利表现与所处的行业密切相关，行业前景是影响公司发展的重要因素，行业分析的意义在于确定值得投资的行业。依据行业的周期性与经济周期的相关程度可以将行业划分为周期型、防御型、增长型和能源型等四类行业。根据行业对经济周期的敏感度，投资者需要在不同的经济周期进行不同行业的资产配置。行业的市场结构分成四种类型：完全竞争型、不完全竞争型、寡头垄断型和完全垄断型，行业的市场结构影响行业的获利能力。行业的竞争程度受进入威胁、现有竞争程度、替代品的竞争、买方议价能力、供应商议价能力等五种因素的影响，行业的平均利润和行业的垄断程度有关。

第八章公司财务分析，财务分析的主要信息来源是财务报表，主要的财务报表包括资产负债表、损益表和现金流量表。财务比率分析是公司财务分析中最常用的方法，财务比率反映了财务报表上不同项目之间的结构关系。虽然投资者普遍重视现金流量分析，但其分析方法和体系并不完善。我们可以从现金流结构、流动性指标以及公司获取现金的指标等方面分析公司的现金流状况。

第九章权益的估值模型，权益估值模型就是要评估股票的内在价值。这些方法可以归结为三种基本的方法——基于现金流的折现方法、剩余收益模型和基于一些指标的相对价值法。

第十章技术分析。技术分析是指通过利用过去和现在的市场行为信息资料（股票的价格、交易的时间、股票的成交量等）以图形分析和指标分析工具来解释、预测未来的市场走势。技术分析的三大假设是市场行为涵盖了一切信息、股票价格沿趋势变动和历史会重演。

第十一章证券投资基金的资产配置。资产配置是指根据投资目标在不同资产类别之间分配投资资金的比例。实践中一般从时间跨度上将资产配置分为战略性资产配置和战术性资产配置。

第十二章证券投资基金业绩评价，基金业绩评价是对基金经理投资能力的衡量，主要包含两方面的内容——确定基金是否实现了超额收益和分析收益实现的原因。正确衡量基金业绩对投资者、基金管理公司以及监管部门都具有重要意义。传统的衡量基金业绩的三大经典指标是特雷诺指数、夏普指数和詹森指数。积极管理的基金业绩的好坏主要取决于它的证券选择能力和择时能力。基金业绩归属分析即对基金的超额收益进行分解，按照从上至下的分析思路，可以将基金业绩大体分解为三个来源：资产配置、行业或部门的选择和具体证券的选择。

具体编写分工如下：第一、四、五、八、十、十一、十二章由于瑾教授编写；第二、三、六、七、九章由束景虹副教授编写。

（整理：刘翔；复核：惠涛涛、王楸）

国际金融教程*

蒋先玲 于瑾 吴青

21世纪以来，国际金融危机频发，现行国际货币体系的缺陷也日趋明显，国际金融研究和国际金融实务都出现新变化，国际货币体系改革、债务危机及金融危机等新内容已成为现代金融人才必须掌握的知识。本书正是为适应这种新趋势而作，蒋教授、于教授和吴教授结合多年在该学科的研究及实践经验，把理论与实践结合在一起，既将深奥的理论模型简单化，也进一步总结了国际金融实务技术，为读者未来参与国际金融的实践与研究奠定了一定的基础。

本书主要内容如下：

第一部分（第一至四章）国际金融基础篇，主要介绍国际金融学的基本概念与基本原理，为深入学习后面的知识打下理论基础。

第一章外汇与汇率，是对国际金融学最基础的问题——外汇的基本界定。这样的安排就像研究货币金融学问题必须先研究货币一样，只是在国际金融领域中我们称之为“外汇”。对于外汇，又必须用本国货币去购买，因此就有了不同货币的交换比率，即汇率。汇率是一国重要的经济杠杆之一，汇率波动会对一国经济造成重要影响，美国政府之所以常常拿人民币汇率说事，就是因为汇率对一国经济太重要了。

第二章国际收支及其调节，这一章类似于货币金融学中介绍货币的流量，是对国民经济的统计与分析。国际收支状况是考察和分析一国国际经济交易状况的重要途径。因此，国际收支平衡表及国际收支失衡的原因、失衡的调节措施就成为本章的重要内容。

---

* 资料来源：《国际金融教程》，北京大学出版社2014年版。

第三、四章分别是汇率决定理论及国际收支调节理论，这两章是对前两章的知识进行理论深化。在整个介绍中，尽量做到条理化、简单化，以便于读者理解。前面的分析中假定汇率是给定的，是外生变量，而事实上汇率是经常波动的，若想在频繁波动的汇率中寻找规律，并探究其本质原因，就需要对汇率决定理论进行系统的掌握。第三章重点介绍了国际收支说、购买力平价理论、利率平价理论及资产市场说等有代表性的汇率决定理论。第四章详细介绍了国际收支调节理论，如弹性论、吸收论、货币论及内外均衡理论等。

第二部分（第五至七章）国际金融实务篇，主要介绍外汇市场与外汇交易、国际金融市场和国际信贷业务等主要的国际金融实务。

第五章外汇市场与外汇交易，这是国际金融实务的重要组成部分。由于外汇市场的存在，资金在不同国家或地区间的调拨划转才得以进行，国际债权债务才得以清偿，国际资本才得以流动。随着外汇市场业务的不断拓展，外汇市场交易已不再是简单的国际贸易结算工具，绝大多数的外汇交易是为了规避风险，进行套期保值和投机。因此，本章分别介绍了传统的外汇交易，如即期外汇交易、远期外汇交易、套利交易和掉期交易等。在此基础上，介绍了外汇市场创新业务，如外汇期货交易和外汇期权交易等金融衍生工具。

第六章国际金融市场，为国际金融实务操作提供了重要的工具和场所，包括国际货币市场、国际资本市场以及 20 世纪 60 年代发展起来至今仍有生命力的欧洲货币市场。欧洲货币市场为我国将上海建设成为国际金融中心提供了有益的借鉴经验。

第七章国际信贷业务，这是国际金融实务的具体体现。如果说外汇市场和国际金融市场上的业务不一定服务于国际贸易和国际投资等实体经济，而可能只是为了外汇投机，那么国际信贷业务的重点就是如何服务于国际贸易与国际投资。因此，国际信贷中的贸易融资是国际金融实务的重要内容之一，它为国际金融市场如何服务于国际贸易、国际贸易如何利用国际金融市场融资提供了思路。

第三部分（第八至十一章）国际金融宏观管理篇，主要是探讨诸如汇率制度与国际储备管理、国际资本流动与国际金融危机、国际货币体系与区域货币一体化以及国际金融机构的运行等相关问题。这些章节相互之间的逻辑性没有前两部分那样严谨，都可以作为一个相对独立的课题进行研究，但都是重要的，有些甚至是热门的国际金融课题，所以有必要进行系统性学习。

第八章汇率制度与国际储备管理，这是一国开放金融中重要的话题。首先介绍了固定汇率制与浮动汇率制的基本特征，并分析了汇率制度选择的影响因素。与汇率制度相关的另一个问题是外汇管制，尤其对于发展中国家，都存在一定程度的外汇管制，了解通行的外汇管制措施对于顺利开展国际经济交易具有重要的促进作用。通过一定的国际金融交易，在一国外汇管理法规的背景下，就形成了国际储备。国际储备是一国对外清偿力的保证，但是过多的国际储备或者过少的国际储备，都会带来一定程度的负面影响。

第九章国际资本流动与国际金融危机。随着国际经济、金融一体化的加剧，跨国资本流动频繁，在促进东道国经济发展的同时，也会带来负面影响，严重的还会带来金融危机。因此，重点介绍了国际资本流动的成因、发展趋势及主要形式，国际长期资本流动带来的债务危机，国际短期资本流动引起的货币危机及其国际传递等。

第十章国际货币体系与区域货币一体化，归纳了国际货币体系的演变，总结了当前国际货币体系的运行机理及其作用，并分析了区域货币一体化理论及其实践——欧元的运行情况。

第十一章国际金融机构，由于经济、金融全球化、一体化的加深，国际金融交往需要一个国际平台来协调彼此之间的事务，于是国际金融机构就显得十分重要了。本章分别介绍了各个重要的国际金融机构的运行机制及其业务特点，包括国际货币基金组织、世界银行集团及区域性国际金融机构。

具体编写分工如下：第一、二、三、四、十一章由蒋先玲教授编写，第五、六、七章由于瑾教授编写，第八、九、十章由吴青教授编写。

（整理：林子午；复核：刘翔、王楸）

学术论文
（摘编）

中国上市公司的国有股回购问题*

于瑾

一、股份回购与国有股回购

股份回购，是指股份有限公司将发行在外的一部分或全部股份买回的行为。在发达国家的股市上，公司股份全部都上市流通，因此股份回购的类型是按其回购目的和规模分为除市交易、发行人标购和为稳定股份而进行回购三种。但在我国，根据上市公司股权结构的特点，还应区分流通股和非流通股的回购。其具体的分类如下表所示。

<table>
<tr><th colspan="3">中国上市公司的股份回购类型</th></tr>
<tr><td rowspan="5">按流通性划分</td><td rowspan="3">非流通股回购</td><td>国有股回购</td></tr>
<tr><td>法人股回购</td></tr>
<tr><td>其他股回购</td></tr>
<tr><td rowspan="2">流通股回购</td><td>A 股回购</td></tr>
<tr><td>B 股回购</td></tr>
<tr><td rowspan="5">按目的划分</td><td>除市交易</td><td></td></tr>
<tr><td>发行人标购</td><td></td></tr>
<tr><td>为稳定股价而进行回购</td><td></td></tr>
<tr><td>减资回购</td><td></td></tr>
<tr><td>合并回购</td><td></td></tr>
</table>

在这些不同类型的股份回购中，就我国的现实情况而言，国有股回购是当前的热点和难点。因为实现国有资产战略性重组和保值增值的重要措施之一，就是要使财政投资从一些行业和企业中不同程度地逐步退出。在上市公

* 资料来源：《改革》1999 年第 6 期，第 53－56 页。

司中，就是要逐步减小某些企业中国有股的比重。同时，国有股比重太高也日益成为股市进一步发展和公司完善法人治理结构的障碍。经过几年的发展，也确有一些上市公司出现了有闲置资源（货币资金或资产）而无良好投资项目的情况，这就为推出国有股回购这个金融创新工具解决历史遗留问题提供了资金基础。

二、当前我国上市公司国有股回购的意义与难点

（一）当前我国上市公司国有股回购的意义

1. 改善上市公司的股本结构和法人治理结构，盘活国有资产

股本结构的不合理，主要是国有股在上市公司中所占股本比例过大，这是困扰我国股市发展的一大难题。通过回购就可以降低国有股比重，从而成为解决历史遗留问题的一种有益探索。上市公司、国有股东和公众股东三方都可能得益。

2. 有利于公司利用财务杠杆，灵活运用融资工具

如果公司总资产收益率稳定地高于银行贷款利率而且目前负债率偏低，那么就可以回购股权而增加负债，以此提高股东收益。在我国已 7 次降息之后，企业运用这一工具的可能性就大多了。允许国有股回购为此开辟了道路。

3. 为提高每股收益和股价上扬提供了空间

回购国有股后，当期的每股收益肯定有所提高甚至大幅度提高，如果回购不对公司的未来经营造成实质性损害，那么就为股价上升提供了基本面上的支持，从而有利于股民获利和活跃股市。

（二）当前我国上市公司国有股回购的难点

1. 对改善股权结构的作用有限性问题

虽然回购可以降低国有股的比重，但是否能降到 51%以下这一关键位置呢？其困难一是回购资金有限，二是这涉及敏感问题。而如果回购力度不到位，其对于股权结构及法人治理的改善也就有限。

2. 回购定价上存在国有资产保值增值与保护中小股东权益的冲突问题

国有股定向回购只能采取谈判定价的方式，一方是国家利益，另一方是股民利益，价格确定的客观公正不易做到。而且信息极不对称，防止内幕交

易极其关键、非常困难。

3. 回购缩股和发行配股扩张的关系

公司正是为了扩张才发行上市或配股，但如果事隔不久之后又要回购缩股，就容易被人视为或者判断力低下或者蓄意圈钱。因此，必须以充足的理由说明回购原因。这些难点可以从 T 公司回购案中得到充分说明。

三、T 公司回购案的过程与市场反响

在上市公司中，虽然早在 1994 年 10 月就出现了陆家嘴协议回购国家股、1996 年 4 月厦门国贸向全体股东回购股份的事件，但引起业内人士对国有股回购广泛关注的还是今年 4 月发生的 T 公司回购案。了解其经过与反响对探讨这一问题很有必要。

（一）T 公司回购案的发展过程

1. 公司概况

T 公司 1997 年 7 月上市，募集资金 6.07 亿。发行前净资产 4.7 亿，每股 1.01 元；发行后净资产 10.8 亿，每股 1.90 元。公司 1997 年、1998 年两年利润分配比例均几乎 100%。公司 1996 年、1997 年、1998 年净资产收益率分别为 45.08%、19.25%和 23.26%，主营业务收入增长率分别为 4.12%、3.07%和 0.8%。1997 年募集的 6 亿资金，由于相互配套的 4 个项目终止，其余项目是分期投入，到 1998 年底仍有 4 亿多的剩余资金用于购买国债和定期存款。

2. 回购操作进程、市场表现与板块效应

1999 年 3 月 22 日 T 公司与 T 集团草签《股份回购协议》。4 月 1 日发布关于协议回购部分国有法人股的警示性公告：该公司将协议回购 T 集团有限责任公司所持该公司国有法人股中的 2 亿股，占该公司总股本的 35.2%，回购价按 1998 年年末每股净资产 2.01 元确定，回购所需资金全部自筹，一部分为自有资金，一部分为银行贷款，回购完成后，该公司股本将由 5.68 亿股减至 3.68 亿股，T 集团有限责任公司的持股比例将降到 72.84%，社会公众股的比例将上升至 27.16%，5 月 11 日召开股东大会。与此同时，T 公司的股价 3 月 22 日从 9 元左右启动，到 4 月 9 日创新高 14.40 元。受此影响，中能股份等上市公司在回购概念的作用下被迅速拉升。

（二）T 公司回购案引起的质疑

就此次回购，T 公司的解释是：公司股本结构不太合理，这严重制约了 T 公司未来的发展，影响了 T 公司的成长性，影响了 T 公司广大股东的长远利益。而回购并注销部分股份，可以迅速而有效地降低国有法人股比重，改善股本结构，为 T 公司的长远发展奠定良好基础，同时也可以为广大股东提供更为丰厚的投资回报，但这个解释却引起了市场人士的普遍质疑，归纳起来主要是如下几方面：

1. 信息公开不及时。草签协议与正式公告间相隔 8 个工作日。而法规的要求是 3 个工作日。

2. 回报率过高。如果按每股 2.01 元的 1998 年底净资产值回购，加上 1997 年、1998 年的现金红利 2.6 亿元，则 1997 年 7 月至 1999 年 4 月，大股东年平均回报率高达 85.42%。

3. 有套现之嫌。发行时集团以资产折价入股，上市后 1997 年、1998 年两年的利润分配均几乎 100%，而今又以回购获得现金 4 个亿，难逃套现之嫌。

4. T 集团可能操纵了回购方案。T 集团是独家发起人，对 T 公司董事会、监事会的人选及各种重大决策都有完全的决定权，而回购方案虽使各方都可能受益，但集团却是直接的最大受益者。因此，方案的推出可能是由集团操纵的甚至是发行上市时就是有预谋的。

5. 回购很可能是有损于而不是有利于 T 公司的未来发展。一个刚上市不久的公司就几乎倾尽其流动资金去搞回购，且招股说明书的项目还基本未兑现，公告中未对如何有利给出令人信服的解释。因此不少市场人士持怀疑态度甚至相反意见。

四、呼唤中国的《国有股回购守则》

T 公司回购案充分说明，虽然国有股回购是一种利国利民的尝试，但由于没有现成的游戏规则而又牵涉国有股东和股民两个非常敏感的利益主体，因此操作难度很大。亟须《国有股回购守则》之类的法规来规范。由于外国的股票回购法规是在股份全部可流通的情况下对流通股回购适用的，因而对我国的 A 股、B 股回购有较大参考价值，而对国有股回购就小得多。所以，我们只在必要时列举一些规定以参照其立法精神。

我国目前与回购有关的法规主要是《公司法》《上市公司章程指引》《证券法》和《境外上市必备条款》。结合这些法规，笔者对我国的《国有股回购守则》提出以下初步设想。鉴于国有股回购属于试点性质且影响较大，所以，本设想的原则是严字当头、宁缺毋滥。

（一）回购的范围和条件

1. 属于国家愿意退出或减少投资的行业。

2. 国有股比例确实偏高，如目前在75%以上。

3. 公司以往业绩不错，目前有资源却没有好项目。

4. 股票价格和市盈率偏低。

（二）回购的信息披露制度

在开始回购谈判前，要向证监会申请并发布公告。谈判过程应有证监会或小股东的代表参加。草签协议后的三个工作日内要发布公告并在发布之日停牌。然后，在足够长的时间之后再开股东大会。公告披露内容要全面真实。在这方面可以参照美国的相关做法。美国要求回购披露的项目有发行人、标的证券、资金来源、交易目的及对公司的影响、回购前后的财务状况说明、可能的替代方案、交易的说明书。

（三）回购的数量和资金来源控制

国外一般都对回购的数量（或比例）与资金来源有严格的规定，比如德国股票法允许企业在特定情况下回购本公司资本金10%以内的股票。我国香港特别行政区的《公司购回本身股份守则》规定，回购上限为公司股份上一个月在联交所成交额的25%，年回购额不得超过已发行总额的25%。有鉴于此，对国有股的回购数量要根据公司闲置货币或资产的数量、今后一年左右的投资需求、公司股本总额以及国有股所占比重来综合确定。笔者认为以不超过扣除一年投资需求后的闲置资源余额为宜，而且回购后国有股的比重不能低于51%。资金来源可以是自有资金也可以是负债但回购后的负债率不能超过公认的警戒线，不能在回购后的二年内增发新股或配股。

（四）回购的定价

国有股回购的特殊性在于：定向交易、发行时与流通股的认购价相差悬殊、流通股不能以与发行时高出国有股认股价同样的倍数参与回购。这种交易各方在股权份额、股权成本、回购权利和相关信息上的严重不对称使定价成了最为敏感和关键的问题。因为如果定价偏高或偏低都会使其中一方遭到损失，尤其是没有能力进行全面评估的中小长期投资者。这就要求有一个公允的价格原则。

如果说股票发行和配股的动因是公司以收益前景良好的项目来吸引资金加盟的话，那么回购就是当企业效益已经或即将降低时，为避免被收购或摘牌而出卖低收益资产并缩小股本。从理论上讲，只有对公司前景看淡、另有更好投资选择的股东才会接受回购。那么，他就最多只能享受公司的既有利益。这个既有利益的基础就是每股净资产值。因此在定向回购中应以每股净资产值为基础。问题是在我国的上市公司中，这个每股净资产值有很大一部分是由于公众股的溢价发行创造的，是股民的钱。而国有股也理应只能享受公司的正常经营利润。因此应从中减去溢价发行形成的每股净资产增加值。这就是公允价值的基础：回购时的每股净资产值减去溢价发行形成的每股净资产增加值。在T公司案中就应是 $2.01-(1.9-1.01)=1.12$。即1.12元是T公司国有股回购的公允基准价。但对这个价格还可以进行微调，那就是公司效益如果在未来一段时间明显高于或低于社会平均水平，则可以相应调高或调低价格，但幅度不宜过大，这样就可以避免圈钱之嫌。对于当初都把优质资产注入上市公司的国有股东来说，可能要吃点亏，但由于决策失误造成的后期项目进展不佳，后果应由掌握控股权的国有股东来负。这个定价方法与西方流行的未来收益折现值法固然尚有差距，也略显偏袒股民，但相比而言是较为公允的价格。

我们期待着中国的股份回购（尤其是国有股回购）法规早日出台。

（整理：林子午；复核：刘翔、王楸）

浅析含嵌入期权的债券定价方程的数值解法*

于瑾

债券定价的基本方程 $B(t,T)=E_t^{\tilde{P}}\left[e^{-\int_t^T r_s ds}\right]$ 主要解决的是无违约风险的纯贴现债券在风险中性测度 $\tilde{P}$ 下的无套利价格问题，本文主要分析应用这一基本方程为公司债券、资产证券化债券等定价时主要面临的问题。

一、模型拟合问题

模型拟合是债券定价模型应用中非常重要的一个步骤，以下列利率过程为例。

$$dr_t=\alpha(r_t,t)d_t+\sigma(r_t,t)dW_t^*$$

如果使用计算经济学方法对于该模型中的漂移系数 α 和扩散系数 σ 进行估计，这样得到的模型一般是存在套利机会的。这是因为模型中的维纳过程 W^* 是用市场数据在连续时间下的回归残差中估计出来的，因此经济计量模型计算出来的参数是所谓的“真实世界”参数（“real world” parameters），这些参数只有在“真实世界概率”（“real world” probabilities）下才成立。与之相对应，只有对 $B(t,T)=E_t^{\tilde{P}}\left[e^{-\int_t^T r_s ds}\right]$

使用在风险中性概率下进行后向计算得到的模型才是无套利的。拟合的程序是首先选择适当的 r_t 利率过程（如 Vasicek，CIR 等），然后选择适当的参数（包括可以在市场上观测到的参数和预先任意设定的参数），维纳过程 W_t 用随机数产生①，代入定价方程，模拟产生 $\hat{B}_t$，再与市场观察到的不同期

* 资料来源：《改革》2002 年第 4 期，第 98－101 页。

① 维纳过程是连续时间过程，需要先将 dW_t 离散化为 $\Delta W_t=W_{t+1}-W_t$ 后再用正态分布的随机数乘以时间间隔 Δ 产生。

限下的债券价格 B_t 相比较，以实现 $\min\sum_{i=1}^{T^{\max}}\left|\hat{B}(t,T_i)-B(t,T_i)\right|^2$ 为最优。通常选择的拟合方法包括 Monte－Carlo 法、二项树法和有限差分法等，具体方法与下面 PDE 数值解法相类似。

二、嵌入期权的定价

公司债券和资产证券化后形成的债券[①]通常都附带有嵌入期权，允许发行人在适当的时候提前赎回在外发行的债券。那么这类债券的价格表现为从基本债券价格中减去嵌入期权的价格，得到定价偏微分方程（partial differential equations，以下简称 PDE）。在实务中面临的主要问题就是这类方程的数值解法。

（一）路径独立型债券

路径独立型债券主要是指一般公司债券，其将来的现金流与过去的利率路径无关。这一类 PDE 方程有多种数值解法，其中最常用的方法是二项树法、三项树法和有限差分法。由于有限差分法使用有限个等分的格子，逐步计算出在每个格点上的期权价格，从这种意义上说二项树法、三项树法都是有限差分法的特例。见下图所示：

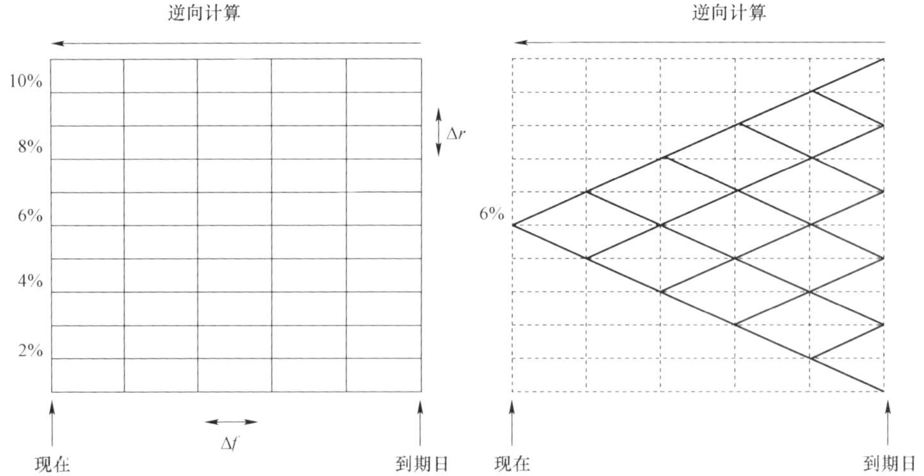

有限差分法网格图和二项树法

① 包括 MBS、ABS、CMO 等，当利率下降时投资者面临借款人提前还清债券本金的风险。

有限差分法的主要思路如下：利用网格线将定解区域转化为离散点集，在此基础上通过适当的途径将微分方程离散化为差分方程，并将定解条件离散化，一般将这一过程叫作构造差分格式，不同的离散化途径得到不同的差分格式。建立差分格式后，就将原来的偏微分方程定解问题化为代数方程组，通过解代数方程组，得到由定解问题的解在离散点集上的近似值组成的离散解，应用插值方法就可以从离散解得到定解问题在整个定解区域上的近似解。

以上图网格线为例，债券在到期日的价格是确知的，用最右边的竖线表示，沿着格子向左往回倒算每个格子对应的债券价格。偏微分方程离散化方法可以使用下列近似公式：

$$\frac{dp}{dt}=\frac{P(t+\Delta t,r)-P(t,r)}{\Delta t} \tag{1}$$

$$\frac{d^2p}{dt^2}=\frac{P(t+\Delta t,r+\Delta r)-2P(r+\Delta t,r)+P(t+\Delta t,r-\Delta r)}{(\Delta r)^2} \tag{2}$$

我们以简化的偏微分方程为例：

$$\frac{dP}{dt}=\frac{d^2P}{dr^2}$$

这是抛物线型偏微分方程（又叫扩散过程方程），该问题的定解区域是 $t-r$ 平面的上半平面，分别引入平行于 t 轴和平行于 r 轴的两族直线，将区域划分为矩形网格，这两族直线称为网格线，它们的交点称为节点或网格点。为简便起见，平行于 r 轴和 t 轴的网格线都取成等距的，其间隔分别叫作时间步长和空间步长。将前述离散化公式（1）（2）代入该抛物线方程并整理得到：

$$P(t,r)=\frac{\Delta t}{(\Delta r)^2}P(t+\Delta t,r+\Delta r)+\left(1-2\frac{\Delta t}{(\Delta r)^2}\right)P(t+\Delta t,r)+\frac{\Delta t}{(\Delta r)^2}P(t+\Delta t,r-\Delta r)$$

这种差分格式有两个特征：一是格式仅涉及两个时间层，称为二层格式，采用这种格式来计算第 n 层的 $P(t,r)$时，均只用第 $n+1$ 层的信息；二是从第 $n+1$ 层推进到第 n 层时，格式提供了逐点计算 $P(t,r)$的直接表达式，具有这种特征的格式称之为显式格式，显然二项树和三项树解法是显式解法的特殊情形。

在上式中当$1-2\Delta t/(\Delta r)^2 \geqslant 0$时，可以把

$$\frac{\Delta t}{(\Delta r)^2}, 1-2\frac{\Delta t}{(\Delta r)^2}, \frac{\Delta t}{(\Delta r)^2}$$

看作三项树模型中的概率，那么 $P(t, r)$可以看作是$P(t+\Delta t, r+\Delta r)$、$P(t+\Delta t, r)$、$P(t+\Delta t, r-\Delta r)$分别以上述概率加权后得到的平均值。

当$1-2\Delta t/(\Delta r)^2 < 0$时，显式解法不能得到稳定的解，因此不能用有限差分法来解 PDE。

当$(\Delta r)^2 = 2\Delta t$时，上式进一步退化成二项树模型，其中每一分支事件发生的概率为 0.5。第二种解法是采用另一种离散化方式：

$$\frac{dP}{dt} = \frac{P(t+\Delta t, r) - P(t, r)}{\Delta t} \tag{3}$$

$$\frac{d^2P}{dr^2} = \frac{P(t, r+\Delta r) - 2P(t, r) + P(t, r-\Delta r)}{(\Delta r)^2} \tag{4}$$

代入上述抛物线型偏微分方程并整理得到

$$\frac{\Delta t}{(\Delta r)^2} P(t, r+\Delta r) + \left(1-2\frac{\Delta t}{(\Delta r)^2}\right) P(t, r) + \frac{\Delta t}{(\Delta r)^2} P(t, r-\Delta r) = P(t+\Delta t, r)$$

因为上式没有直接告诉我们 $P(t, r)$的表达式，这种方法叫作隐式格式法，其特征在于在一个差分格式时间层上包含了多于一个的网格点。如果得到所有的 $P(t, r)$在$t+\Delta t$时的表达式，可以使用后向算法得到一系列线性方程组，直观上看这比显式解要复杂一些，但计算效率很高。在解线性方程组时是把每一个 $P(t, r)$用在时刻$t+\Delta t$时所有债券的线性组合表示出来，所以有下式成立：

$$\begin{aligned} &P(t, r) = P_{r-2\Delta r} P(t+\Delta t, r-2\Delta r) + \\ &P_{r-\Delta r} P(t+\Delta t, r-\Delta r) + PrP(t+\Delta t, r) + \\ &P_{r+\Delta r} P(t+\Delta T, r+\Delta r) + P_{r+2\Delta r} P(t+\Delta t, r + \\ &2\Delta r) + P_{r+3\Delta r} P(t+\Delta t, r+3\Delta r) \end{aligned}$$

把$P_{r-\Delta r}, P_r, P_{r+\Delta r}, P_{r+2\Delta r}$看成概率，用隐式法得到的 $P(t, r)$实际上是在$t+\Delta t$时

刻所有债券价格（一整条竖线）的加权平均和，而不只是显式解中少数几个分支的加权平均和。

比较以上几种方法可以看出在拟合过程中通过调整格子的间距，可以提高拟合的效率，而多项树法在用于短期利率模型的拟合时比有限差分法计算速度更快，因对于短期利率模型来说拟合是一个很重要的任务，所以牺牲一些准确性是值得的。而全部收益率曲线（whole yield curve）模型不需要拟合初始收益率曲线，多项树法并无太多优势。有少数期权具有间断的支付模式，如边界期权，无论用多项树法和有限差分法都不能得到良好的效果。

（二）路径依赖型债券

抵押担保债券（MBS）等的现金流是路径依赖的，是指其未来的现金流依赖于过去实现的利率路径，所以一般无法用多项树法或者有限差分法求解。我们必须直接模拟未来的利率路径，并沿每条利率路径用相应概率加权平均得到。最常用的方法是 Monte – Carlo 法。

以单因子利率模型为例，设利率 r_1 服从以下过程：

$$dr = \mu(r,t)dt + \sigma(r,t)dB_t$$

为构造到达将来某特定时间 T 的随机路径，把$[t, T]$分成一系列小的时间片断，即选择 $0=t_1 < t_2 < t_3 \cdots < t = T$，并对每个 n 用 r_{t_n} 模拟。我们先使用强欧拉近似法

$$\Delta r_n = \mu(r_{t_n}, t_n)\Delta t_n + \sigma(r_{t_n}, t_n)\Delta B_n$$

其中

$$\Delta t_n = t_{n+1} - t_n \text{ 和 } \Delta B_n = B_{t_{n+1}} - B_{t_n}$$

B_t 是标准布朗运动，ΔB_n 服从正态分布，均值为零，标准差为 $\sqrt{\Delta t_n}$，所有的 ΔB_n 相互独立[①]。通过模拟产生布朗运动就可以得到相应的利率过程。

我们可以采用优化的布朗运动近似算法：

方法一：采用不完全一致的步长。由于利率短期变动的影响比长期变动更重要，所以一段较长的时期后可以选择较大的步长，从而节省计算时间。

① 根据列维定理（levy theorem），相对于一系列信息集的维纳过程也是布朗运动，所以在本文中维纳过程和布朗运动是互相换用的。

方法二：强欧拉近似法的一个很大的计算负担是要求不断产生正态分布的随机数 ΔB_n，我们可以采用下列方法来近似：

$$\Delta r_n = \mu\left(r_{t_n}, t_n\right)\Delta t_n + \sigma\left(r_{t_n}, t_n\right)\Delta\hat{B}_n$$

其中 $\Delta\hat{B}_n$ 不是服从正态分布，而只能取值±1，概率分别是 0.5，这会大大减少计算量，这种方法叫作弱欧拉近似法。

在债券定价中我们通常只解决两大类问题：只涉及沿特定路径的利率行为和需考虑所有路径的平均值的利率行为。对于前者应该使用强欧拉近似，对于后者来说弱欧拉近似已经足够了。因为弱欧拉近似对于特定的利率路径产生的误差较大，而对于大量路径的平均化而言单个路径产生的误差互相抵消了。从中心极限定理也可知道，即使单个随机数不服从正态分布，大量随机数的平均值会服从正态分布。一般在固定收益证券的分析中如计算久期、凸性、期权调整后的利差（option adjusted spread，OAS）和其他风险指标时只需使用弱近似法，而在现金流预测，如破产概率测试、CMO（collateralized mortgage obligation）中特定层（tranch）的定价、交易策略模拟等情况下应使用强近似法。

其他的优化方法包括负向取样法，即每次产生一系列随机数（ΔB_n）后，同时选择这列随机数的相反数 –（ΔB_n）从而减少随机误差；代表路径法，即不使用随机数而是使用特殊方法选出代表路径，可用于 pass – through MBS 定价；准 Monte – Carlo 法，指不考虑所有可能的随机路径，从而加速了收敛过程，适用于重新设置帽式期权（reset caps on ARM）的估值。

公司债券和资产证券化债券的另一个主要特征在于存在违约风险。对这个问题一般的解决方法是通过对公司基本经营状况、偿债能力进行分析后得到信用风险的期限结构（term structure of credit risk），然后将包含了信用风险的利率过程 r_t 代入定价方程，对于信用风险的建模可以参见 Musiela and Rutkowski（1998）等人的著作，本文不再赘述。

（整理：林子午；复核：吴宇轩、王楸）

我国证券投资基金业绩归因分析的实证研究[*]

于瑾

基金业绩归因分析是基金业绩评价体系研究中的热门领域。在基金业绩评价中，仅仅对基金的投资表现加以考察，给出投资回报的结果或者经风险调整后的收益结果往往是不够的，投资者需要进一步了解导致基金表现优劣的原因是什么，基金的投资回报源自何处，这就是基金业绩归因分析（performance attribution analysis）所要回答的问题。基金业绩归因分析主要通过将基金主动投资的超额收益分解成不同的因素，并分析各个因素对基金业绩的贡献，来了解基金在资产配置或时机选择、证券选择等方面的管理能力，以此来更细致地考察基金的投资决策能力，分析基金的业绩来源。

一、基金业绩归因分析的传统模型及评价

（一）T－M 二次项模型

T－M 二次项模型是 Treynor 和 Mazuy 于 1966 年提出的，该模型通过在 CAPM 模型中添加一个二次项来分析基金经理的时机选择能力。模型的形式为：

$$r_i - r_f = \alpha_i + \beta_1 \left(r_m - r_f\right) + \beta_2 \left(r_m + r_f\right)^2 + \varepsilon_i$$

其中，r_i、r_m和r_f分别为基金收益、市场收益和无风险收益；α_i为证券选择能力指标，当$\alpha_i > 0$时，表明基金经理有证券选择能力；β_2为择时能力指标，当$\beta_2 > 0$时，表明基金有择时能力。

（二）H－M 二项式模型

H－M 二项式模型是 Heriksson 和 Merton 1981 年提出的，该模型通过在

* 资料来源：《中国软科学》2004 年第 9 期，第 74－78 页。

CAPM 模型中引入一个随机变量来考察基金经理的市场时机选择能力。模型形式为：

$$r_i - r_f = \alpha_i + \beta_1 \left(r_m - r_f \right) + \beta_2 \left(r_m - r_f \right) \bullet D + \varepsilon_i$$

其中，r_i、r_m 和 r_f 分别为基金收益、市场收益和无风险收益。D 是一个虚拟变量，当 $r_m - r_f > 0$ 时，D＝1，否则 D＝0。β_2 为择时能力指标，当 $\beta_2 >$ 0 时，表明基金经理有择时能力。

（三）C－L 二项式模型

1984 年，Chang 和 Lewellen 对 Heriksson 和 Merton 的 H－M 二项式模型进行了改进，提出一种基于套利定价理论（APT）的检验方法。模型形式为：

$$r_i - r_f = \alpha_i + \beta_1 \bullet \min\left[0, \left(r_m - r_f \right) \right] + \beta_2 \bullet \max\left[0, \left(r_m - r_f \right) \right] + \varepsilon_i$$

当 $\beta_2 > \beta_1$ 时，可以判断该基金经理有择时能力。

上述传统方法虽然是评价基金经理证券选择和时机选择能力的基本方法，但由于基金收益序列的时变方差性等原因，模型参数难以通过严格的统计检验。笔者认为，将其应用于我国基金业绩归因分析，效果未必显著。因为这些模型一般以经典的资产定价理论为基础（如 CAPM 和 APT 等），而这些理论对证券市场有着较强的要求，如市场是有效的、市场是完全竞争的、所有交易者都是价格的接受者、交易成本可以忽略，等等。鉴于目前我国证券市场距离成熟市场尚有很大差距，因此将应用 Brinson 模型对我国基金业绩进行归因分析，该模型的优越性在于对市场的要求较低，仅涉及到单期和多期收益率的计算。目前，Brinson 模型因其直观、实用的分解思想已成为业绩归因分析中最常用的基础模型。

二、Brinson 模型及其应用

（一）Brinson 业绩分解模型简介

Brinson 模型认为，基金组合收益与基准组合收益的差异可以归因于三个因素的作用：资产配置效应、证券选择效应以及交叉效应。资产配置效应反映了组合资产配置比例与基准组合的资产配置比例不同而带来的收益差异；证券选择效应反映了不同于基准组合的证券选择而带来的收益差异；交叉效应则给出了择时与选股的交叉影响。Brinson 模型的基本框架可用下表概括：

表 1　　Brinson 模型的基本框架

	实际收益（主动投资）	基准收益（被动投资）
实际权重（主动投资）	Q4：$\sum_j W_j^p * r_j^p$	Q2：$\sum_j W_j^p * r_j^b$
基准权重（被动投资）	Q3：$\sum_j W_j^b * r_j^p$	Q1：$\sum_j W_j^b * r_j^p$

其中，上标 P 代表基金的投资组合，b 代表投资基准，j 代表资产类别。Q1 代表按照基准的投资比例、完全复制投资基准（如指数）的投资所带来的收益；Q2 表示证券选择方面完全复制投资基准，但是进行主动资产配置所带来的收益；Q3 表示按照投资基准进行资产配置，但主动进行证券选择所带来的收益；Q4 代表既进行主动的资产配置，也进行主动的证券选择带来的收益，也就是业绩的来源：

基准投资贡献 = Q1

资产配置（或时机选择）贡献 = Q2 – Q1

证券选择贡献 = Q3 – Q1

交叉作用 = Q4 – Q3 – Q2 + Q1

基金总收益 Q4 = 基准投资贡献 + 资产配置贡献 + 证券选择贡献 + 交叉作用

或：

基金超额收益 = 基金总收益 – 基准投资贡献 = 资产配置贡献 + 证券选择贡献 + 交叉作用

标准的 Brinson 归因分析需要基金投资于各资产类的实际收益率，如基金所投资的股票资产的收益率，由于数据所限，我们可以对标准的 Brinson 模型进行简化，将业绩归因的后两项合并为股票选择贡献，即：

证券选择贡献 = Q4 – Q2

因此，基金超额收益 = 基金总收益 – 基准投资贡献 = 资产配置贡献 + 证券选择贡献

（二）多期业绩归因分析模型

基本的 Brinson 模型分解了基金在一个基本周期内取得的收益。对多个基

本周期进行累加，可以扩展到多期的业绩归因分析。

多期分析的基本思想是对基本分析周期的业绩归因进行叠加，按复利增长计算。假定共有 n 个基本分析周期，那么从 0 期至 n 期的累计业绩可以分解为：

$$\text{基准投资贡献}=\prod_{i=0}^{n-1}(1+(t+i,l+i+1)r_{total}^{b}$$

$$\text{主动资产配置贡献（时机选择贡献）}=\prod_{i=0}^{n-1}\left(1+\sum_{j}{}_{(t+i,t+i+1)}w_{j(t+i,t+i+1)}^{p*}r_{j}^{b}\right)-\prod_{i=0}^{n-1}\left(1+\sum_{j}{}_{(t+i,t+i+1)}w_{j(t+i,t+i+1)}^{b*}r_{j}^{b}\right)$$

$$\text{主动证券选择贡献}=\prod_{i=0}^{\mathrm{n}-1}\left(1+\sum_{j}{}_{(t+i,t+i+1)}w_{j(t+i,t+i+1)}^{p*}r_{j}^{p}\right)-\prod_{i=0}^{n-1}\left(1+\sum_{j}{}_{(t+i,t+i+1)}w_{j(t+i,t+i+1)}^{p*}r_{j}^{b}\right)$$

（三）Brinson 模型的实际应用

业绩归因分析是为了计算基金主动调整仓位和持仓品种所带来的收益变化，因此，确切的业绩归因分析应以某一持仓比例为起点，直至基金主动调整仓位为止作为一个基本分析周期。由于期间内未对资产进行任何调整，因此该时段的收益是由期初的配置比例所带来的（而并非因基金资产价格变动而导致的被动变化后的持仓比例所致）。

跨期计算时，每期末可以获得一个资产配置比例数据。在期间内无法获得具体持股调整信息情况下，要确切计算业绩归因，只能作两种假定：一是假定 t 期期末刚过瞬间，基金对资产配置比例就进行了调整，并一直保持持仓比例不变直至 t+1 期末，这样对本期期末配置数据依据期间内价格变动进行相应处理，可以得到期初主动调整后的配置比例，并以此作为本期期初仓位；二是假定 t 期期末配置比例保持不变，直至 t+1 期期末前的一瞬间调仓至期末配置比例，这样则应使用上期期末仓位作为本期期初仓位。但从期末配置比例的含义来看，前一假定更为合理。若假定不成立，期间内基金主动进行了仓位变动，那么确切的分析应该是把该期拆分为两个时期，前一子时期交易完成时的配置比例（不同于前一子时期末比例）作为下一子时期的期初比例。

例如，T 期末配置比例为 40%：60%，在到达 T+1 期末期间 t 时点基金进行主动调整。以 t 时点将 T 到 T+1 时期划分为两个子期间：t+1 和 t+2。

若忽略基金在 T 期期内的交易，按假定 1 近似计算，则基金在 T+1 期初的股票资产为 68.2/1.155 = 59.05。

$$r 配置 = (59.05*9.18\%)(59.05+40) = 5.47\%$$

确切计算，则资产配置贡献为：

$$r 配置 = [(40*3\%)(40+60)+1]*[(62*6\%)(62+40)+1]-1 = 4.89\%$$

可见，前一种算法因为过早提高了基金股票资产的比例（假定 t+1 期内已经减少了债券资产）而高估了资产配置带来的收益。

在进行业绩归因分析时，基本分析周期内交易越频繁，则分析误差越大；基本分析周期跨越的时间越长，则误差越大。从理论上来说，完全准确的归因分析应以基金相隔的两笔交易之间作为一个基本的分析周期，但在实际应用中不可能基金每进行一笔交易就判断它对业绩归因的影响，因为过于细化的交易也不能反映出基金经理是否在进行主动的资产配置调整。通常需要取合适的周期作为基础进行分析，这一周期能比较适当地反映基金经理主动调整资产比例的决策周期。

三、我国证券投资基金业绩归因的实证分析

（一）数据与样本选择

首先，我们的分析以季度持仓比例为基础，鉴于基金并未公布各资产类别分别实现的收益状况，我们采取简化的 Brinson 模型对其进行归因分析。依据以上对跨期计算误差的分析，以季度为频率进行业绩归因分析可能存在误差，如果基金在季度内实施了频繁的操作，那么这些操作的效果在季度归因分析中是无法体现的。因此，以季度为基础进行归因分析得到的结果可能是比较粗略的，国外市场的通常做法是以月度数据为基础进行归因，因为一个月的周期能比较合理地反映基金经理对市场趋势做出反应从而调整资产配置的主动决策。鉴于国内更高频率的数据无法获得，我们只能以基金公布的季度持仓数据为基础进行分析。

我们以中信综指作为基金股票投资部分的基准，以中信国债指数作为基

金债券投资部分的基准，整体基准即中性资产配置以 65%的中信综指和 35%的中信国债指数构成。因为中信国债指数编制的基期是 1999 年 12 月 30 日，因此我们从 1999 年 12 月 31 日公布的投资组合数据起始至最近的 2003 年 12 月 31 日组合数据，分析 2000 年至 2003 年四年的业绩归因以及 4 年的跨期业绩归因。基金样本选择为至 2003 年 12 月 31 日公布投资组合的 91 只股票型基金。

（二）业绩归因结果分析

我国对证券投资基金的绩效评估研究中，沈维涛、黄兴孪运用风险调整收益法、T－M 模型和 H－M 模型，对 1999 年至 2001 年我国证券投资基金的投资业绩进行了分析，结果表明我国证券投资基金的业绩优于市场，但没有足够的证据表明我国基金经理具有市场时机选择能力，证券投资基金的超额收益是通过一定的证券选择来获得的；张文璋、陈向民运用 Jenson、Treynor、Henriksson 等人的模型对 1998 年至 2001 年我国证券投资基金的投资业绩进行了研究，结果表明我国基金能够超越市场基准组合，具有一定的证券选择能力，但不具有市场时机选择能力。

对以上运用 Brinson 模型对我国证券投资基金 2000 年至 2003 年的投资业绩进行业绩归因的结果进行分析，我们看到：

1. 在 2000 年至 2002 年的三年中，基金通过时机选择和证券选择这两种能力带来超额收益的表现不稳定。基金在 2000 年主要通过证券选择来战胜基准，时机选择能力带来的超额收益很小；但基金在 2001 年和 2002 年又主要通过时机选择来战胜基准，证券选择带来的超额收益为负。

2. 2003 年基金超额收益的来源发生了重大变化，基金主要通过证券选择来战胜基准。这一年基金的时机选择超额收益为－0.06%，但证券选择带来的超额收益达到 19.12%。

3. 总体来看，基金的时机选择能力对基金总体超额收益的贡献不大且表现不稳定。四年累计的业绩归因结果中，证券选择收益贡献了基金超额收益的 82%，时机选择能力只贡献了基金超额收益的 18%，说明基金主动调整资产配置（即时机选择）贡献的收益相对较小。

以上实证分析结果与前述国内一些研究结果不尽一致。笔者认为，2003

年以前，我国证券投资基金的总体规模较小，投资行为较为散乱，体现在投资绩效的结果上就是，虽然基金总体上取得了超额收益，但超额收益的来源却不稳定，基金通过政策扶持（如新股申购特殊政策）、时机选择或者证券选择等多种方式获得了超额收益，且不同时段各种方式的回报很不稳定；2003年以来，我国证券投资基金不仅在规模上而且在理念上都向成熟市场不断靠近，基金整体上更注重价值投资、长期投资，弱化对市场短期涨跌的关注，强调精选个股，主要通过证券选择来获得超额收益。

需要说明的是，由于我国证券投资基金的运作时间较短，我们的实证分析只用了四年的数据，数据样本量较小，以上业绩归因分析的结果只能代表样本期间的实际结果，并不能表示基金具有持续的证券选择能力或者时机选择能力，也不能预示基金将来能够通过证券选择或者时机选择来战胜基准，获得超额收益。

国外成熟证券市场的大量研究表明，证券投资基金的投资绩效服从“回归平均"（regression to average）定律，很难取得超额收益。在过去的50年中，美国市场的共同基金平均比S&P500的年复合收益率每年低了1.8%。在过去的30年中，美国市场上所有的共同基金与市场平均业绩相比，26%的共同基金其超额收益在0%至2%，只有2%的共同基金其超额收益在2%以上。随着我国证券市场的发展和市场效率的逐步提高，基金通过证券选择和时机选择来战胜市场将越来越困难。

四、结论

Brinson 模型是证券投资基金业绩归因分析中的基础模型。本文运用该模型对我国证券投资基金在2000年至2003年之间的业绩进行了归因分析。实证结果显示，在2000年至2002年，基金超额收益的来源中，时机选择和证券选择两种能力的表现不稳定，基金在2000年主要通过证券选择战胜了基准；但基金在2001年和2002年又主要通过时机选择获得了超额收益。四年累计来看，基金通过较强的证券选择能力获得了超额收益。笔者认为，超额收益的来源不稳源于我国证券投资基金的总体规模较小和投资行为的散乱。随着我国基金业的发展和投资理念的成熟，更多的基金可能通过证券选择来获得超额收益。但需要指出的是，以上业绩归因分析的结果只能代表样本期间的实际结果，并不能说明基金具有持续的证券选择和时机把握能力。

（整理：林子午；复核：吴宇轩、王楸）

我国个人账户养老保险基金的资产配置*

于瑾

我国采取的是社会统筹与个人账户相结合的部分积累制养老保险模式，在强化个人账户的收缴和管理工作的同时，建立了社会保障基金，作为国家的长期战略储备，以应付将来可能出现的养老金支付危机。

我国基本养老保险个人账户基金的管理运营包含收缴、账户管理、投资、监管、发放等环节，其中，投资环节尤为关键，因为实施养老金的个人账户制度最突出的优点就在于其积累功能。但我国现阶段，个人账户的管理运营仍以缴付、账户管理等环节为主，着重强调了个人账户的做实，较少考虑个人账户资金的投资问题尤其是增值问题。

一、个人账户养老保险基金受益人的风险承受能力和收益目标

个人账户资金作为一种长期积累资金，其安全性有短期与长期之分，因此，需要对个人账户资金的安全性标准进行科学的界定。

“账面安全”标准。我国养老保险基金投资运营中普遍强调“安全第一、收益第二”的原则。在这种“安全性”标准指导下，个人账户养老金资产绝大部分甚至全部都配置到了银行存款和国债上。“账面安全”的个人账户资金安全标准是一种缺乏长期视野的短期行为标准，它把安全标准简单化、直观化了。而且这种标准对于广大退休人来讲仅仅是一种安全性的幻觉，实质上不能达到真正的安全。因此，这一标准是不科学、不恰当的。

“购买力安全”标准。购买力安全标准是个人账户资金保值目标下的安全标准。这是养老金管理最基本的安全性目标，旨在抵御通胀风险，维持账户

* 资料来源：《中国金融》2004 年第 19 期，第 45－46 页。

的购买力水平。

“相对生活水平”安全标准。这是个人账户资金增值目标下的安全标准，旨在维持账户所有人期末的相对生活水准。根据这一目标，养老金管理的收益目标应至少与我国的长期经济增长率持平。

基本养老保险个人账户资金具有资产长期性和收益保障性的特征。个人账户资金的投资收益目标应能够最基本地抵御通胀侵蚀，实现“购买力保值”。在此基础上，争取提供与宏观经济增长相匹配的养老金支出水准，实现基金资产的增值。

在保值要求下，个人账户资金的基本安全性标准应为“购买力安全”。中国经济在过去的25年中呈现出较明显的经济波动周期，消费物价水平的波动幅度较经济的波动更为剧烈。1978～2003年我国CPI平均水平为6.1%。如从1984年正式推出CPI统计开始计算，平均水平则达到7.4%。1988年和1994年曾分别出现了18.8%和24.1%的峰值。

近年，我国货币供应量的增速较快，货币存量较大，考虑到土地资源、矿物资源等自然资源的严重匮乏，我国通货膨胀的预期仍然不能降低。此外，全球主要商品市场价格的攀升，对于我国价格水平的影响不容忽视。从国际初级产品期货价格走势来看，整个原材料商品价格正处于一个从长期底部逐渐进入上升阶段。由美联储主导的低利率政策和美元贬值政策正冲击上游初级产品的价格体系。中国进入新一轮工业化的过程中面临输入型通货膨胀压力。

因此，从长周期上来说，中国经济中长期通胀水平将在4%～5%左右，高峰年份仍会出现两位数的通货膨胀。为了实现个人账户资金的保值目标，中长期内个人账户资金的投资目标应达到年均4%～5%的水平。

下面再看一下增值要求下的投资收益目标。目前我国经济发展正处于新一轮上升景气周期的开始阶段，长期来看宏观经济可望良性发展。按照增长性质划分，我国中期经济增长可以分为两个阶段：第一阶段是2005～2015年，以重化工为特征的投资拉动型经济增长，经济增长率持续保持较高水平。预计这一阶段的GDP的年均增长率为8.5%。2015年以后，将是第二和第三产业并重为特征的消费拉动型经济增长，经济增长率将适度放缓。预计这一阶段的GDP的年均增长率为7.5%。综上所述，我国经济在未来相当长的时间内将保持年均 8%的增长率。

为实现保持个人账户投资者未来生活水准的承诺，养老金资产的投资回报应争取与国家长期经济增长率持平。因此，个人账户资金的投资收益目标应保持在 8%为宜。

二、个人账户养老保险基金投资的资产种类

目前我国资本市场可供机构投资者投资的产品有限，个人账户养老资金资产配置应以股票和债券为主，同时在法规和市场进一步发展的情况下，逐步考虑其他资产类别。对于货币市场产品，该资产类别主要适用于对短期流动性要求很高，并注重于本金保护的投资者。美国 1926～1997 年的短期国债收益率平均为 3.9%，勉强高于同期通胀水平，根本无法达到保持相对生活水准的投资收益目标。同时，货币市场产品与债券资产的高度正相关性也决定了其不能成为养老金投资的核心资产类别。

因此，个人账户资金投资的战略资产配置应重点考虑股票和债券产品，而将货币市场产品视为辅助性投资工具。

坚持股票资产长期投资是个人账户资产配置的核心原则之一。

国内外的历史数据表明，股票资产投资收益是养老金账户投资收益的主要来源，股票资产配置可以有效地维持购买力水平，实现保值、增值的目标。

美国市场跨周期的数据表明股票抵御通货膨胀影响效果最为明显。1926 年到 1997 年美国标准普尔 500 的平均年收益率在对通货膨胀进行调整后仍然达到接近 10%的水平，有效缓解了通货膨胀压力。而且标准普尔 500 的收益率比同期长期国债收益率平均高出 7.40%，成为养老金个人账户投资收益的主要来源。因此，坚持股票长期投资是养老金个人账户资产配置的核心原则。

我国资本市场发展时间虽然较短，但也已充分证明了股票长期投资收益率高于债券的投资收益率。此外，国内股票的投资实践也初步证明随着投资期限的逐步延长，投资收益率的波动明显下降。目前中国资本市场系统性风险仍然较高，投资者羊群效应显著，而且缺乏有效的避险工具，短期投资的风险较大。但长期来看，长期股票投资仍然是基本养老保险个人账户资金防范购买力风险和获得相对生活水平的必然选择。

进行债券投资是股票投资的有益补充。债券投资包括对国债、企业债、金融债以及可转换债券的投资。虽然债券投资的收益率比较低，但是其稳定的收益特性、较低的投资风险可以为投资组合提供有益的收益保障和风险平衡。

不同的时期、不同的市场环境下，两类资产表现出不同的走势及波动情况，尤其是当股票市场处于熊市，债券投资在获得稳定的收益水平的同时，还降低了投资组合的整体风险。而且，养老保险资金在投资过程中对风险较为敏感，债券投资的低风险特性恰好满足了这一特点。基于上述分析，债券投资也是养老保险资金投资组合中不可或缺的重要组成部分。

三、确定个人账户养老保险基金最优资产配置比例及实施

（一）明确最优资产配置比例

为保持个人账户投资者未来的生活水准，基本养老保险个人账户的投资收益目标应与国内生产总值的增长速度保持一致，即年平均收益率达到 8%的水平。这就是资产配置的收益目标约束条件。确定最优资产配置比例时，将股票和债券两大类资产各自的收益率、标准差、二者的相关系数以及约束条件，分别代入马柯威茨均值方差模型中，进行规划求解，即可得到资产配置比例，股票投资应达到投资总额的 30.64%，债券投资应达到投资总额的 69.36%。此时，资产组合达到 8%的收益率目标。2002 年，美国前十大养老金的股票资产配置比例为 54.87%；1999 年，英国、美国、加拿大、意大利、荷兰、瑞典等六国的养老金资产配置中，国内股票投资比例平均为 31.33%。如果我国基本养老保险个人账户资金投资的资产配置中股票投资比例达到 30%，则股票配置比例基本上与国际养老金股票配置的比例相同。

各国养老基金资产配置既存在一定的共性，也表现出了一定的差异性。其共性表现在，首先，股票和债券，尤其政府债券，是大多数国家养老基金资产中比重最大的部分；其次，货币市场工具，如银行存款和商业票据，是各国养老基金的必然选择，但是比重非常低，其主要的目标是满足经常性的养老金支付需要，维持必要的流动性。其中的差异则体现在，各国养老基金具体的资产选择及其比例配置不尽相同，养老基金的投资必须在遵循共同的投资原则基础之上，结合自身的具体情况制定相应的投资策略。

（二）个人账户养老保险基金资产配置的实施

渐进地加大股票配置比例。鉴于目前我国资本市场的效率不高，账户持有人对风险的心理承受能力较低，我国个人账户资产配置可以考虑在目前配置比例的基础上，渐进地加大股票配置比例，随着资本市场的发展和持有人对短期风险与长期风险认识程度的提高，逐渐达到30%的合理配置水平，实现个人账户资产的投资目标。

采取被动投资策略。为降低投资股票的风险，建议个人账户资产以被动投资的方式进行股票投资。被动投资通常不进行个股和板块的选择，它通过投资指数等方式，获取市场平均收益。被动投资策略不仅可以消除个股风险和板块风险，而且可减少投资的管理费用和交易费用，提高投资总体收益，已成为目前国际养老基金广泛使用的投资策略。

分散投资。为降低我国证券市场系统性风险对个人账户资产市值的波动的影响，个人账户资产可以在我国证券市场之外进行分散投资，如海外投资、实业投资等。就投资品种而言，国外养老金投资几乎涉及所有的投资领域，不仅投资于银行存款、国债、企业债、股票以及套期保值的衍生品等，而且还直接或利用信托方式投资于房地产、实业项目、股权等其他产品。随着证券投资国际化趋势的加强，国际上很多养老基金投资于海外证券，由于国内外资产间的相关性较低，因而可以降低或避免国内投资的系统性风险，从而有效分散养老金整体资产的风险。

加强对个人账户投资的监管。通过加强对个人账户投资的监管和信息披露，促进个人账户规范投资，降低投资风险。加强个人账户投资的监管，包括加强内部监管和外部监管两方面。加强内部监管，主要是健全养老金管理公司的内控机制。由于个人账户基金的所有权属于投保人，而日常经营管理交给养老金管理公司，就会产生所有权与经营权的分离，诱发道德风险。健全管理人的内部约束机制，落实管理人的内控措施，对于降低个人账户资产的委托代理风险非常重要。加强外部监管，在审慎性监管和严格限量监管这两种主要外部监管模式中，采取严格限量监管模式，避免个人账户投资的随意性。

（整理：林子午；复核：吴宇轩、王楸）

投资基金资产配置重要性的理论述评*

于瑾

有效的资产配置被视为成功投资的关键。因此，选择合适的投资品种并确定基准组合中各投资品种的权重被视为一项重要决策。

这些说法都可以追溯到一个共同的来源，即 Gary P. Brinson、Randolph Hood 和 Gilbert L. Beebower 等人分别在 1986 年和 1991 年合作发表在《金融分析师杂志》上的两篇文章——《投资组合收益的决定因素》和《投资组合收益的决定因素——新的发现》。自从这两篇文章发表后，许多知名学者纷纷撰文，支持或质疑其论据、方法和对实务工作的指导意义，引发了一场关于资产配置重要性的精彩论战。

本文通过梳理近年金融学者关于资产配置的重要性的理论研究和主要成果，力求澄清资产配置过程中的一些常见误解，希望对我国学界和投资专业人士提供一些借鉴和启发。

一、关于资产配置重要性的论战的起源

Gary P. Brinson 是国际著名的投资管理人，他领导的团队管理着瑞银华宝公司近 4000 亿美元的资产，他曾在 1993 年与沃伦·巴菲特等人被评为当年最有影响力的四位机构投资者之一。在国际投资界关于资产配置重要性的争论就开始于他与 Singer、Beebower 等人在 1986 年发表的一篇文章。

在研究了 1974～1983 年的 10 年间美国 91 家大型养老金计划的季度收益数据后，Brinson 提出，在投资过程中，确定资产类别和权重的意义要远远大于市场时机选择或证券选择的作用，平均而言，资产配置政策解释了基金

* 资料来源：《经济管理》2004 年第 19 期，第 73－77 页。

收益方差中93.6%的部分。在1991年的另一篇文章中，他又将这一数字调整为91.5%。

Brinson研究的养老金计划投资于三种主要资产类别，即美国国内发行的股票、债券和现金等价物。他们将养老金机构的投资决策过程分为两个不同的层次：

1. 战略性资产配置：这一过程确定了投资政策（investment policy），即可以投资的资产类别 （choice of asset class），并确定基准组合中各项资产类别的权重。Brinson等人假定这一权重不随时间变化，通过一系列优化程序，得到适合特定投资者需要的预期收益和风险的最佳组合。由战略资产配置带来的收益称为被动收益。

2. 策略性资产配置。Brinson把证券选择 （security selection）和市场时机选择（market timing）都归在这一类里，用来代表在每一资产类别中选择具体的证券，以及短期调整资产类别权重的过程。由策略性资产配置带来的收益叫作主动收益。

Brinson使用了业绩分解的方法，来衡量战略性资产配置和策略性资产配置分别对组合收益的贡献。作为比较的基准，Brinson为每一资产类别选择了一种指数，如股票资产选择了标准普尔500指数。

Brinson首先计算出各只基金被动收益和积极收益的平均值，战略资产配置产生的收益率平均为10.11%，最低为9.47%，最高为10.57%，而实际收益率平均为每年 9.01%，最低为 5.85%，最高为 13.40%，最大波动范围达到7.55%。

Brinson 的另一种方法是把每一只退休金组合的季度实际收益率与其被动收益率进行回归，并得到回归方程的决定系数 R^2（coefficient of determination）。R^2可用来解释在多大程度上被动收益可以解释实际收益的方差。Brinson计算出91只基金的平均决定系数后，进行平均，得到著名的93.6%和91.5%数据。

二、关于资产配置重要性的论争

上世纪90年代中期开始，William Jahnke、John Nuttall等人对Brinson等

人的分析方法、模型和数据等提出了疑问，引发了一场广泛的争论。这些争论主要集中在以下几个方面：

1. 对研究结果的质疑

从 Brinson 的发现中，的确可以认为，积极收益的平均值接近于零。这是因为积极收益是用组合的实际收益与对应指数收益之差来衡量的。如果样本退休金计划中包括大量的股票或债券，分散程度高，则实际收益与指数收益会非常接近。因此，有人认为，Brinson 文章的结论是有效市场中退休基金广泛分散投资后的必然结果，不包含任何新的信息。

2. 对研究对象的质疑

Brinson 文章中的一个主要问题是他们的研究对象集中在收益率的波动性上，而不是收益率本身。事实上，投资者更加关注在持有期末他们投资的可能结果，而不是短期内收益的波动性。解释短期收益率的波动性无助于解释投资者最终可能得到的回报，更无助于解释收益本身。持有期末的可能结果一般用极差表示，而短期波动性则使用季度或年度收益率的方差来表示。如果用极差来表示，资产配置政策只能解释 10 年间组合实际收益率的 14.6%。即十年间，实际收益的极差中只有 14.6%可以用战略资产配置来解释。

为什么战略资产配置能解释季度收益率方差中很大的一部分，却只能解释持有期收益率中很小的一部分呢？答案在于复利的作用。短期收益率持续的微小增量（收益的平均值）随时间按复利增长，而收益的波动性（即方差）随着投资期的平方根增加，速度更加缓慢。当分析短期内收益率时，很容易忽略微小增量的持续影响。这种从持有期收益的方差转向季度收益的方差正是很多对 Brinson 文章误解的根源。

3. 对推理逻辑的质疑

Brinson 从收益数据的推理逻辑是“因为被动收益的数量总是比积极收益的数量大很多，所以战略配置的收益比策略性配置的收益重要得多”。但是，加拿大西安大略大学的 John Nuttall 认为这种推理是错误的。评价哪一类决策是否重要不在于该决策占总收益的多少，而是要看作出不同决策后结果的差异有多大。一项决策带来可能结果的差异越大，这项决策就越重要。从收益数据中可以看出，战略配置决策并不重要，因为其最差与最好的结果仅差 1.1%，而策略配置决策造成的差异要大得多，达到 7.8%。

在 1991 年的文章中，Brinson 似乎意识到原来结论的脆弱，改为积极收益的期望为 –0.08%，标准差为 1.67%。由于积极收益在统计上不能显著地区别于零，所以积极收益很可能只归因于偶然或运气因素。但是积极收益的部分既可能来自于运气，也可能是来自基金经理主动管理的能力，Brinson 没有考虑到后者的可能性。

此外，Brinson 没有把被动收益做进一步分解，而只是提出被动收益可以分解为两部分——资产类别的选择和权重的确定。后来，Calton 和 Osborn 进一步估计了每一部分的影响，他们的思路是资产类别收益用包括各种资产的市场组合收益来表示，而权重收益则表示为用被动收益减去市场组合的收益。从理论上讲，如果样本基金中资产类别的权重差别较大，其权重收益的平均值应该接近于零。

在 Brinson 的研究中，所有基金都只有股票、债券、现金三种资产类别，因此资产类别选择带来的收益在各基金中都是相同的。因而表一中被动收益的变化完全取决于资产类别的权重。如果没有卖空行为，被动收益应在三类指数收益率的最大值和最小值之间。Beebower 等人给出了研究期间的三种资产类别的指数年平均收益率的范围。由于债券和股票的年平均收益率非常接近，而且现金比重一般很小（不超过 35%），造成被动收益的范围只有 1.1%。所以有人认为被动收益波动较小的原因并不在于各基金的资产组合权重的接近，而是由于资产类别指数的年平均收益率十分接近。在 Brinson 1991 年的论文中，股票和债券的指数收益率有较大差别，从而被动收益的变动范围变大了。

4. 对忽略投资成本的质疑

Brinson 的文章只字未提投资过程中必须考虑的成本因素，这些成本包括经营费用、基金管理费、经纪人佣金等其他交易成本。对于个人投资者而言，成本因素非常重要。特别是在长期内，即使成本只高出几个百分点，在几十年后也会侵蚀掉相当可观的财富。因此对于个人投资者而言，成本是比资产配置政策、市场时机、证券选择等更有决定意义的因素。此外，投资收益率的差别中有多少可以用成本解释？周转率低的组合是否比周转率高的组合获得更高的收益率？低成本基金是否比高成本基金表现得更好？这些问题都有待回答。

三、关于资产配置重要性研究的新进展

耶鲁大学管理学院的 Ibbotson 和 Kaplan（2001）教授指出，关于资产配置的重要性实际上包含了三个不同的问题，必须加以分别研究：

一是组合收益率的时间变异性。这个问题实际上是研究战略性资产配置能够在多大程度上解释组合收益随时间的变化，即组合收益的波动中有多少可以用战略性资产配置解释。

二是组合收益的截面变异性。指不同组合收益之间的差异在多大程度上可以用战略资产配置来解释，即两只组合之间收益率的差别在多大程度上是来源于其战略资产配置方式的不同。

三是收益水平的决定。收益率水平中有多大部分可以用战略性资产配置解释，即战略性资产配置中得到的基准收益与组合实际收益的比值是多少。

Ibbotson 指出，Brinson 等人的研究只解决了第一个问题，但没有涉及后两个问题。只有对这三个问题都研究清楚后，才能对资产配置的重要性得到清晰、完整的认识。他收集了 1989－1998 年间美国 94 只平衡型共同基金的月度收益数据和 58 只退休基金 5 年内的季度收益数据，得到以下结果：

1. 收益率的时间变异性证实了 Brinson 的发现

在 Ibbotson 的研究中，共同基金月度收益率与其战略配置基准组合收益率进行回归后，R^2 为 81.4%，而退休基金回归后的 R^2 为 86%，略低于 Brinson 研究的发现，但仍支持 Brinson 的结论。Ibbotson 同时指出这表明共同基金管理的积极风格要比退休基金更明显。

Ibbotson 进一步研究了高 R^2 的意义。他改为对标准普尔 500 指数等市场基准进行回归，发现高 R^2 应该是这些基金广泛地投资于资本市场的结果，而不是来源于采用了某一特定的资产配置政策。

2. 战略资产配置只能解释组合收益截面变异性中 40%的部分

为分析不同组合之间收益率的差异有多少是由资产配置政策产生的，Ibbotson 对于上述数据进行了截面分析。回归结果表明战略性资产配置政策

只能解释组合之间收益率变异性中40%的部分，截面 R^2 较低表明积极管理的程度比较高，而剩余60%的部分来源于其他因素的影响，如市场时机选择、证券选择、管理费等。

3. 战略性资产配置对收益率水平的解释能力接近100%

Ibbotson用政策收益率除以实际收益率得到一个比率。如果组合业绩高于政策收益率，则该比率会小于1。分析结果表明，该比率在104%–112%之间。如果在实际收益率中加上成本因素，则该比率接近100%。这个结论符合威廉·夏普（1991）的推断，即在剔除成本之前，所有组合投资的平均业绩应该接近于市场组合的回报。

四、对资产配置重要性的再认识

John Nuttall进一步指出，普遍存在着对Brinson研究成果错误引用的现象，而Brinson的文章在被多次引用过程中也逐渐失去了其本来的面目。例如：在一些国际金融机构的出版物中经常可以看到："一项广泛针对养老金计划管理人的研究表明，不同基金之间业绩差异中有91.5%的部分可以用资产配置的不同来解释"、"资产配置是被领先机构投资者证实的，并被广泛使用的一项技术"。研究表明，"90%以上的基金收益可以用资产配置解释"。以及"《金融分析师杂志》刊登的一项研究表明，制订适当的资产配置策略，是资产管理中最重要的环节，它带来90%以上的长期投资回报"，等等。

但是，这些引文都没有准确地表达Brinson文章原文的观点，其中的错误包括：

1. 几乎所有的引文都忽略了"在平均意义上"。

这种忽略把基金 R^2 的平均分布改为所有的基金都有相同的 R^2。

2. 许多引文省略了"方差"，从而把政策配置对于收益率的方差的贡献改成了直接对收益率的贡献。从前者是无法得到后面的结论的。

3. 许多引文把"方差"解释为各基金之间的截面方差，正确的应该是时间方差。

4. 许多引文都"表明"或"证明"了Brinson的结论是确凿的事实，而忽略了该结论只针对特定时间、特定资产类别和特定的组合才成立的事实。

Brinson 等人的文章在投资组合业绩分析方面做出了开创性的工作，为后来更多的人研究这一问题奠定了基础。经过近二十年的发展，Ibbotson 和 Kaplan 成为关于资产配置重要性研究的集大成者，他们对这一问题进行了系统的总结和整理，标志着理论界对资产配置问题的认识进入了一个新的阶段。

（整理：吴宇轩；复核：林子午、王楸）

论现代利率期限结构模型研究的新发展及其在我国的应用*

于瑾

一、经典利率期限结构模型

（一）均衡模型：Vasicek 模型与 CIR 模型

1. Vasicek 模型

在 Vasicek 模型中，短期利率 r 的风险中性过程是：$dr = a(b-r)dt + \sigma dz$，其中 a，b 和 σ 为常数。这个模型考虑了均值回复。短期利率以速率 a 拉向水平 b。这个额外的"拉力"是服从正态分布的随机项 σdz。推导结论为

$$R(t,T) = -\frac{1}{T-1}\ln A(t,T) + \frac{1}{T-t}B(t-T)r(t)\text{，其中，}B(t,T) = \frac{1-e^{-a(T-t)}}{a}\text{，}$$

$$A(t,T) = \exp\left[\frac{\left(B(t,T)-T+t\right)\left(a^2b-\sigma^2/2\right)}{a^2} - \frac{\sigma^2 B(t,T)^2}{4a}\right]$$

该式说明，只要选择出 a，b 和 σ，整个期限结构就可以被表示为 $r(t)$ 的函数。它的形状可以上倾、下倾或稍微"隆起"。

2. CIR 模型

在 Vasicek 模型中，在未来某时刻的短期利率 r 是正态分布的，可能为负。Cox、Ingersoll 和 Ross（1985）提出了利率总是为非负值的另一个模型。在其模型中 r 的风险中性过程是：$dr = a(b-r)dt + \sigma\sqrt{r}dz$，这与 Vasicek 有同样的均值回复漂移，但随机项的标准差正比于 $\sqrt{r}$。这意味着其标准差随着短期利率的上升而上升。CIR 模型中债券价格为：$P(t,T) = A(t,T)e^{-B(t,T)r}$，与 Vasicek

* 资料来源：《国际金融研究》2004 年第 10 期，第 61－67 页。

模型中的一样，但 $A(t,T)$和 $B(t,T)$函数不同，在 CIR 模型中

$$B(t,T)=\frac{2\left(e^{r(T-t)}-1\right)}{(r+a)\left(er^{(T-t)}-1\right)+2r} \text{ 和 } A(t,T)=\left[\frac{2re^{(a+r)(T-t)/2}}{(r+a)\left(e^{r(T-t)}-1\right)+2r}\right]^{2ab/\sigma^2}$$

其中， $r=\sqrt{a^2+2\sigma^2}$ 。

Vasicek（1977）首先提出了一个均值回复的期限结构模型，Cox、Ingersoll 和 Ross（1985）进一步把期限结构理论推广到一般均衡下的经济环境中去。CIR 模型保留了短期利率围绕均值变动的性质，但是与 Vasicek 模型假设固定方差的做法不同，它允许短期利率的方差与短期利率的平方根成正比。这两个模型都预先规定了利率动态变化的具体结构，然后描述期限结构基于经济基础变量的系统变动。现在通常意义上把 Vasicek 模型和 CIR 模型归于“均衡模型”一类，因为这些模型明确规定了风险的市场价格，而且可以得到一个一般均衡的经济状态。该阶段的研究者发现了利率随机性质的重要意义并用随机游走模型来描述短期利率的演变。其特点是假定全部收益率曲线只被一个变量——短期利率 $r(t)$驱动，$r(t)$可以用一个均值回复的随机过程来表示。由于只有一个不确定性来源，可以很容易地构造出无风险组合来为其他衍生品定价。

许多学者进一步把这两个模型扩展到期限结构的动态变化受多个因素影响的情况，即多因素模型。除了瞬时短期利率，这些模型中还使用了这样一些因素，如长期利率的随机均值、短期利率的随机波动性和各种期限的利率。单因素和多因素模型的参数都可以根据利率和债券价格的历史数据估计出来，并可以用来给政府债券和债券期权定价。但是在其他时点上，根据这些参数得出的债券价格往往与市场价格不同，这有助于债券投资者根据有关经济基础变量的模型假设，找出债券可能的定价错误。但是在利率衍生品定价、曲线拟合与风险管理等领域需要能够精确拟合收益率曲线的模型，此时均衡模型存在较大的局限性，因此产生了无套利模型。

（二）无套利模型：Ho 和 Lee、Hull－White 和 HJM 模型

1. Ho 和 Lee 模型

1986 年 Ho 和 Lee 在美国《金融杂志》12 月号上发表了论文《期限结构

运动与利率有条件要求权定价》，文章中提出了一个基于无套利机会假设的利率期限结构变动模型，人们称之为 Ho－Lee 模型。Ho－Lee 模型认为现在的利率期限结构包含有现时人们对利率预测的足够信息，因此在没有套利机会的假设下，利率期限结构的变动只能反映出这些信息，因而其变化情况是可测的。模型有两个参数：短期利率标准偏差和该短期利率风险的市场价格。模型的连续时间极限为：$dr=\theta(t)dt+\sigma dz$，其中短期利率的瞬态标准偏差 σ 是常数，而 $\theta(t)$ 是为了保证模型与初始期限结构一致而选择的时间的函数。变量 $\theta(t)$ 定义了在 t 时刻 r 的平均运动方向。它独立于 r 的值。归纳起来，Ho 和 Lee 模型包括两个方面的内容：一是初始利率期限结构的估计，首先必须确定一个期限结构或相应贴现函数的初始状态，一般来说要求所选择的债券能覆盖市场上大部分可得债券，并必须运用特定的函数形式，如指数形式；二是利率变动的套利约束，利率期限结构被假设按满足某种自然约束的方式进行变化。

2. Hull－White 模型

1990 年 Hull 和 White 探讨了 CIR 模型的扩展情况，并提出了一个精确地符合初始期限结构的模型。他们建议的 Vasicek 模型的一个扩展形式是：$dr=\left[\theta(t)-ar\right]dt+\sigma dz$，其中 a 和 σ 是常数，这就是通常意义上的 Hull－White 模型。与 Ho 和 Lee 模型一样，Hull－White 模型以速率 a 向均值回复。此外，Hull－White 模型与 Vasicek 模型类似，具有时间依赖回复水平。在 t 时刻，短期利率以 a 的速度回复到 $\theta(t)/a$。Ho 和 Lee 模型是 a＝0 时 Hull－White 模型的特例。

3. HJM 模型

1992 年 Heath、R.Jarrow 和 A.Morton 在其发表的《债券定价及期限结构：一种新的方法》中将 Ho 和 Lee 模型一般化推广到连续时间的分析框架中来，得到无套利利率期限结构理论的另一个重要模型——HJM 模型。以往，包括无套利和一般均衡在内的利率期限结构模型都是以某些具体的经济变量为状态变量，进而构造出债券收益率与时间 t 和状态变量之间的函数。HJM 模型的新颖之处在于它直接从远期利率期限结构的跨期波动特征入手，直接设定债券和相关衍生品在有效期限内的波动率函数结构，以整条收益率曲线作为状态变量，根据给定的初始远期利率曲线精确拟合出当前的各种远期利率曲线。远期利率隐含市场对未来的预期，因而 HJM 模型中的债券价格和衍生品价值的决定不依赖于过去的变量，而是依赖于市场对未来的预期和利率随机波动在未来的实现过程。HJM 模型提出的远期利率的两因素对数正态分布的模型是：

$$dF(t,T)=m(t,T,\Omega_T)dt+\sigma_1(t,T)F(t,T)dz_1+\sigma_2(t,T)F(t,T)dz_2$$

其中 dz_1 和 dz_2 是不相关的，σ_1 和 σ_2 仅只是 T－t 的函数，$m(t,T,\Omega_T)$ 为漂移率。运用如因素分析等统计结果可以估计出 σ_1 和 σ_2 的函数。

最早的 HJM 方法可以追溯到 1987 年左右，但是由于 HJM 类模型方法的抽象与数值计算的困难，其正式应用于实践领域则开始于 1993 年到 1994 年间。在 HJM 模型中，传统的求封闭解、重合树等方法都已失效，代之以改进后的 Monte－Carlo 技术。在克服了早期 HJM 模型拟合的困难后，交易商可以避开估计一些难以估计的变量，如短期利率的回复水平、回复速度和波动率等，直接通过一些可交易产品来对未来利率的各种特征进行预期。另外，HJM 模型类还可以直接为互换利率建模，在为 LIB0R 类产品的定价与对冲时非常方便。

无套利模型和一般均衡模型有着类似的结构，都是采用因素模型分析，区别在于它们用不同的量来拟合模型参数。一般均衡模型明确规定了风险的市场价格，并且假设它的模型参数与时间无关，因此可以用历史数据统计估计得出，在无套利模型风险的市场价格却是个内生变量。经济学家们通常用这些模型来理解期限结构的形状并对未来经济状况进行预测。然而，交易商们却更喜欢使用无套利模型，因为这些模型已经过拟合，使得基础证券的模型价格与市场价格一致。

二、理论模型的新发展

（一）市场模型

在应用 HJM 模型对衍生品定价的过程中遇到了一些困难。其中之一就是瞬时远期利率等环境变量一般都是不可直接观测到的变量，如短期利率、短期利率的方差（LS 模型）、瞬时远期利率（HJM），它们都不能在市场中找到直接对应的可观测的经济变量。在实际应用这些模型的过程中，首要问题是选择适当的替代变量，如使用一个月期、三个月期 LIBOR 或隔夜拆借利率等，问题在于哪一种利率更近似于短期利率的行为特征。事实上，不可观测的变量与可观测的变量间的关系是很复杂的。为解决这一问题，Brace、Gatarek 和 Musiela（1995）以及 Jamshidian（1996）发展出一套用市场可观测的离散变量直接建模的方法，叫作 Brace – Gatarek – Musiela/Jamshidan 模型，后来被统一称为市场模型（1997）。

市场模型是直接处理可观测的市场数据的模型，这些市场数据包括 LIBOR 或有限期限的互换利率等。由于市场模型把期权价格和市场利率（如 LIBOR 和互换利率）直接联系起来，所以在利率衍生品定价上有着广泛的应用。市场模型虽然是建立在 HJM 方法的一般框架下，但是由于它结构简单，可以得出利率上限、利率下限和互换期权的封闭解，而且对于更复杂的衍生品，如障碍利率上限期权（barrier caps）、浮动利率上限期权（floating caps）的定价及套期保值时，用市场模型更容易。事实上，市场模型早在 1990 年左右就在一些交易机构中使用，市场模型的缺陷在于它的效果取决于设定的远期利率过程，而这一设定在实证中是否成立尚未有确定的答案。

（二）无限维模型

在为期限结构建模和为利率衍生品定价的过程中，一个最重要的问题就是如何解释不同期限利率之间相关性的结构。这个问题直接影响到套期保值策略的选择。在多因素模型中，相关结构由有限个数的因素决定，这不能准确地反映到期时间接近的债券之间相关性的细微差别。该问题可用随机域或随机弦理论来解决。

HJM 模型本应能与初始期限结构一致，但是如果参数固定在目前校准的数值上，就不能保证这些模型受到未来新信息影响后依然有效。事实上，应用这些模型需要不断校准参数。HJM 模型假定存在可以事先确定的参数，这种假定与其实际应用的内在要求是不一致的。原因在于目前的期限结构模型认为影响所有远期利率的冲击是相同的，这就约束了不同期限债券价格之间的相关关系，因而限制了收益率曲线可能的形状和变化方式。Kennedy（1994）

和 Goldstein（1997）提出的随机域模型和 Santa Clara 和 Sornette 提出的随机弦模型就是为了解决这个问题。

在这些模型中，每一个瞬时远期利率都受其自身的冲击的驱动，并可以按到期时间来排序，而且各冲击之间是不完全相关的。由于远期利率曲线上的每一点都受到自身冲击的影响，所以该模型是无限维的。假定在时间 T_1 和 T_2 上远期利率的冲击项的相关关系可以用指数形式给定，这类结构使得模型能够拟合任何时刻的远期曲线的动态变化，这是传统的多因素模型所不能实现的。需要指出的是，无穷维模型并不是含有无穷个因子。它只是用一种简练的方式获得了不同远期利率之间的相关关系，进而得出债券价格之间的相关关系，因此该模型提高了用相关债券进行套期保值的有效性。

（三）随机跳跃过程模型

金融市场自身的复杂性决定了仅仅用布朗运动来描述是不完全的。布朗运动的样本道路是连续的，这意味着用布朗运动描述的某一金融资产的价格过程是连续的，但从金融市场发展的历史来看，价格的连续性经常会被一些不可预测的随机事件破坏，这些事件包括类似金融危机、股市崩盘等重大的利空消息，也包括重大的利好消息。以下把这些事件简称为稀有事件（rare events）。为了在模型中充分反映“稀有事件”的影响，我们可以把价格过程分解成纯的随机跳跃过程与布朗运动的叠加，所谓纯跳跃过程是指一个连续时间的随机过程，其样本函数是阶梯函数，即仅在跳跃点发生变化，而两次跳跃之间维持不变。一般我们认为稀有事件是来自于公司的，或工农业、与国家有关的重要信息，这些信息也包括重大的政治事件，而普通的价格过程（不含跳跃的）则来源于金融市场中短暂的供求失衡，市场参与者对宏观经济的预期，及资本化率的变化等。所以我们在把价格过程作分解时，假定跳跃部分与连续部分是独立的，连续部分可以用布朗运动来描述，跳跃部分可以用泊松过程（Poisson Process）来描述。

泊松过程是一种计数过程，它仅取零和正整数，其含义是到某一时刻为止，发生稀有事件的次数，它是一个独立增量过程，故也是马尔可夫过程，这是因为我们假定两次稀有事件是完全独立的，且不可预测。泊松过程有一个重要的性质：在很小的时间间隔内，计数两次的可能性很小，这一性质与金融市场上稀有事件的发生情况是吻合的，在很短的时间内连续发生两个影响市场的重大事件的可能性是很小的。另一个引入跳跃项的方法是列维过程（Levy Process），它同时包含了连续部分和跳跃部分，因此是比布朗运动、泊松过程更广的一类随机过程。

（四）随机贴现因子模型（stochastic discount factor）

随机贴现因子理论是最近20年发展起来的一种定价理论。所谓随机贴现因子，其经济含义是描述不同时间点上同一证券的价值间关系的量，是广义的贴现因子。它是一种离散的模型，通过建立随机贴现因子所满足的时间序列，以及它与债券价格之间的关系，最终确定债券的定价公式。

这种定价方式不同于Ho－Lee模型，它主要使用时间序列分析的方法，在描述随机贴现因子所满足的时间序列时，采用若干个状态变量（本身也是时间序列），且一般都假定状态变量间是具有一定的相关性的，这样做可以尽量使模型与其对应的经济含义联系更紧密；随机性体现在残差项上，由于一般假定残差项服从正态分布，所以相邻两期的贴现因子的变化的可能性是无限多的，这与Ho－Lee不同。因此随机贴现因子模型是离散时间、连续状态的。它既可以看作是一种定价模型，因为它的提出首先是要确定贴现债券的价格，又可以看成期限结构模型，因为从债券的价格很容易得到期限结构。

随机贴现因子模型与Ho－Lee模型的主要区别在于：前者通过引进状态变量（状态变量的个数即是因素的个数），最终将债券价格表示为状态变量的函数（一般是线性的），后者则完全基于债券价格本身的二叉树过程通过引入扰动函数来确定相邻两期债券价格的关系，并最终确定其表达式。由于在随机贴现因子模型中一般不假定状态变量间的独立性，这给状态变量的选取带来较大的自由度，可以赋予状态变量明确的经济意义；而Ho－Lee模型中需估计的参数是不可观测的。

随机贴现因子模型的优越性还体现在可以充分地应用与状态变量有关的历史数据，建立它们的时间序列方程，通过尽量多的历史数据的运用，最大限度地增加了模型的准确性。

三、现代利率期限结构模型在我国的应用

利率期限结构的研究在我国还处于起步阶段，这是由我国的利率体系的实际情况决定的。目前我国利率体系还没有完全实现市场化，金融市场利率主体上还是由政府控制，但是利率市场化是我国利率体制改革的方向。我国的利率体系已经部分由市场形成，并且逐步向由市场资金供求决定各种利率水平的市场利率体系迈进。因此在我国当前的利率体系下加强利率期限结构理论模型的研究具有深刻的现实意义。此外，在我国利率市场化的进程中，有些学者提出政府利率的变动可以用跳跃过程来描述。

（整理：吴宇轩；复核：刘翔、王楸）

信用风险度量模型研究*

——基于精算原理的信用风险度量模型的分析

于瑾

金融市场中几乎所有的信用工具都不同程度地存在信用风险，传统意义上，信用风险是指由于借款人或交易对手违约而造成的贷款人或另一个交易方面临的风险。现代的金融理论对信用风险的含义有了一定的扩展，即包括了借款人或交易对手资产状况或信用评级的下降给贷款人或另一个交易方所造成的损失。

随着金融市场自由化趋势的加强，信用评级较低的借款人进入金融市场变得更加容易，这使得整个市场的信用风险有了较大程度的增加；另外，金融创新的深化、金融衍生品市场的迅猛发展，也提供了较传统的基础金融产品市场大得多的信用风险。所有这些因素都说明了测量信用风险的重要性。

一、信用风险度量方法回顾及简评

传统的信用风险度量法，有时又称专家法。其基本特征是：基于影响借款人信用风险的主要因素（这些因素大多是借款人的历史记录和重要的财务信息），由具有丰富的经验及较高理论素养的专家，按其各自的标准对借款人的信用风险大小做出判断。这一方法不可避免地具有主观性，对于一个借款人或一个信用风险工具，这一方法的效果较好，但对众多的借款人进行信用风险度量时，这一方法会由于对历史数据的分析过于简单而丧失其准确性。

Merton 于 1974 年首先将期权定价的理论应用于信用风险的度量，这一方法后来（1995 年）被 KMV 公司加以完善，得到 KMV 模型。这个模型的基

* 资料来源：《财贸经济》2004 年第 10 期，第 49－51 页。

础是将信用风险归结为一个以债务价值为执行价，以借款人的资产为基础资产的欧式期权（put）；将借款公司的股权看成有相同执行价的另一个欧式期权（call），从而得出风险负债的价值。这一模型虽消除了传统方法的主观性，但新的问题是：一方面，它假定借款人资产价值是连续变化的，即是一个扩散过程，但这一假定仅在市场处于正常波动时是正确的，而当市场处于异常波动时，我们应当在扩散过程的基础上增加一个跳跃过程；另一方面，这个模型分析的仍是单一借款人的信用风险，没有从总体上分析借款人之间的相关性，更无法分析多期的信用风险。

状态转移法则是将借款人按信用评级的不同分成不同的状态，用状态转移概率描述由于信用评级的变化而带来的负债价值的变化，即描述信用风险。这一方法是将一段时期的借款人的信用评级变化用 Markov 链加以描述；当分析众借款人的信用风险时，这一方法有其优越性。但这一模型很大程度上依赖于状态过程的 Markov 性，由于金融市场波动性的增大，转移概率必然是随时间变化的，因此从长期来看，用状态转移法测量信用风险将有较大的误差。

许多现代的信用风险度量模型都是对以上模型的改进，如 Longstatt 和 Schwarz（1995）模型是放宽了 Merton 模型中违约时间及违约边界，考虑了债务期限内任一时点违约的情况。Jarrow 和 Turnbull 等人考虑用随机强度过程描述违约事件，从而确定违约风险的约化模型。这些模型通常是引入更复杂的数学工具去描述信用风险，以逐步消除前人模型中过强的条件，从而增强了模型的适用性。

二、基于精算原理的信用风险模型

保险精算可分为寿险精算和非寿险精算。前者以生命表为基础，后者以损失分布为基础。我们将借款人或发债人的完全违约视为死亡，这是一个吸收状态，而将部分违约（如信用评级的下降）用若干个离散的状态来描述，这一方法类似于寿险精算中将人的生存状态分为健康、疾病、死亡；状态的选取方法有多种。例如可以仅考虑不违约和完全违约两种状态，也可以按借款人的信用评级来确定状态，或是按违约金额占总投资金额的百分比确定状态。

设状态空间为 $S=\{1, 2, 3\cdots, N\}$，其中 N 代表完全违约状态，假定考虑的时间为［0，T］，当 T 较小时，可以认为市场的波动性是不随时间变化的，因此，一个债务人违约的概率，即状态转移概率也不随时间变化。故随机过程：$\{X_t : t \in [0,T]\}$ 是一个时间齐性的 Markov 跳跃过程，其中 X_t 代表一个债务人 t 时刻所处的状态，Markov 性的含义是该债务人将来所发生的状态转移与他如何达到当前的状态的过程无关，反而与当前所处的状态有关。

我们关心的是，在某一时刻该债务人处于 i 状态，未来的某一时刻处于 j 状态的概率，即下列形式的转移概率：

$P_{ij}^{(s,t)},(t>s)$；由于 X_t 是时间齐性的，我们可将转移概率简化为 $P_{ij}^{(s)}$，这里的 t 含义为时间差。状态的转移力定义为：

$$\sigma_{ij}(s)=\left(\frac{\partial}{\partial t}P_{ij}^{(s,t)}\right)_{t=s}$$

由于：$P_{ij}^{(s,t)}=\sigma_{ij}=\begin{cases}0, i\neq j\\1, i=j\end{cases}$，故：

$$\sigma_{ij}(s)=\lim_{h\to 0}\frac{1}{h}\left(P_{ij}^{(s,s+h)}-\sigma_{ij}\right)$$

对于时间齐性的情况，我们有 $\sigma_{ij}(s)=\sigma_{ij}$ 与 s 无关。这样我们可以构造转移力矩阵为 $A=(\sigma_{ij})_{i,j\in s}$； A 是一个 $N\times N$ 阶的常数阵。由于 N 是吸收态，故

$$P_{Ni}^{(s,t)}=0, i\neq N; P_{NN}^{(s,t)}=1; \sigma_{Ni}=0, i\in s$$

用 $P(t)$ 表示 $P_{ij}(t)$ 构成的 $N\times N$ 阶方阵，由 Kolmogorov 前进方程可得：

$$\frac{d}{dt}P(t)=P(t)A$$

该方程的解为 $P(t)=e^{tA}$，为了计算 e^{tA}，我们需要计算 A^k，k 是自主的；为此，我们可将 A 对角化，即找到可逆矩阵 T，使得 $T^{-1}AT=diag(\lambda_1,\lambda_2,\cdots\lambda_n)$；故 $T^{-1}A^kT=diag(\lambda_1^k,\lambda_2^k,\cdots\lambda_n^k)$； $A^k=Tdiag(\lambda_1^k,\lambda_2^k,\cdots\lambda_n^k)T^{-1}$，但由线性代数知识可知，并非每个矩阵 A 都可以对角化，我们可以求 A 的相似标准型，使得 A^k 形式尽量简化，这样可便于计算 A^k 的值。

有了所有的转移概率 $P_{ij}^{(t)}$，我们不难得到某一风险债务的期望值与标准差。这需要计算某一债务在借款人处于任一状态时的债务的价值。以债券为例，我们可以用下式确定风险债券的价值：

$$V_j=\sum_{k=1}^{T}\frac{C}{\left(1+r_k+s_k^{(j)}\right)^k}+\frac{K}{\left(1+r_T+s_k^{(j)}\right)^T}$$

其中：V_j 代表债券的价值；C，K 分别代表利息与本金；r_k 代表 k 期的无风险收益率；$s_k^{(j)}$ 代表处于状态（j）的借款人的 k 期的风险附加收益率。

假定在期初借款人处于 i 状态，t 时间后处于 j 状态，则 t 时其债务的价值的期望应为：

$$E=\sum_{jES}P_{ij}^{(t)}V_j$$

这里的 V_j 与前面公式中的 V_j 稍有不同，这里的 V_j 是 t 时刻的价值，而前面的 V_j 则是 0 时刻的，但这里 V_j 的值是容易得到的。

债务价值的标准差应为：

$$D=\sum_{jES}P_{ij}^{(t)}\left(V_j-E\right)^2$$

有了 E 和 D 的值，在某些条件（如市场是有效的）下，我们可以得到债务的价值近似服从正态分布，因此对于事先给定的置信水平，我们可以计算出相应的 VaR 值。

如果我们要分析的信用风险来源于众多的借款人（例如商业银行的贷款组合），我们可以首先将借款人按信用评级进行分类，每一类的借款人的违约情况视为相同的；用 X_{ij} 表示第 i 类中的第 j 个借款人的未来违约金额，则 X_{ij} 是一个大于 0，小于债务的随机变量；则贷款人的总损失应为：

$$S=\sum_{ij}X_{ij}$$

当借款人的数量很大时，发生违约的借款人的个数在任一时刻都服从 Poisson 分布，即：

$$P\{n\text{个借款人违约}\}=\frac{1}{n!}e^{-\lambda t}\left(\lambda t\right)^n$$

这里的参数表示单位时间违约的借款人数。这里我们假定不同的借款人违约与否是独立的，这样到 t 时刻为止，贷款人的总损失为：

$$S_t=\sum_{k=1}^{N_{1t}}X_{1j}+\sum_{k=1}^{N_{2t}}X_{2j}+\cdots+\sum_{k=1}^{N_{mt}}X_{mj}$$

其中 $N_{1t},\cdots,N_{mt}$ 是每类借款人违约人数所对应的 Poisson 计数过程；设其参数 $\lambda_1,\cdots,\lambda_m$，则由独立性的假定，我们有 $\lambda=\lambda_1+\cdots+\lambda_m$； $X_{1j},X_{2j},\cdots,X_{mj}$ 是每类借款人违约的金额，对任意固定的 k， X_{kj} 是独立同分布的。

由每类借款人违约的历史记录，我们可以得到 X_{ij} 的期望与方差的估计值；μ_i，D_i；进一步可以得出的 S_t 期望为：

$$E=\lambda_{1t}\mu_1+\lambda_{2t}\mu_2+\cdots+\lambda_{mt}\mu_m$$

$$D=\sum_{k=1}^{m}\lambda_{kt}D_i$$

注意到借款人的数量很大，且违约情况相互独立，故由中心极限定理，S_t 近似服从正态分布 $N(E,D)$；与前面类似，我们容易求出在给定的置信水平下的 VaR 值。

三、模型的评述

将保险精算的原理应用于信用风险的度量，最早是由 Altman（1989 年）开创的，后来瑞士信贷银行的金融产品部（CSFP）开发的信用风险附加模型对 Altman 模型进行了推广。基于精算原理所建立的信用风险模型（如本文的两个模型）一般都会面临下列问题：

1. 状态转移过程的 Markov 性是否正确：正如文中所述，当期限较长时，一般是不正确的，此时必然涉及偏微分方程的求解问题，模型的复杂性将大大增加；当期限较短时，可以认为 Markov 性近似成立。

2. 状态的选择：一般可选取状态就是债务人的信用评级，这样我们可以方便地从信用评级机构的公开信息中找到风险附加收益率 $S_k^{(j)}$。

3. 参数的计算：在第一个模型中涉及转移力 σ_{ij} 以及第二个模型中涉及 λ_i 及 μ_i，D_i 可以由借款人的历史记录加以估计，由于涉及参数较多，因此这一估计的难度较大。

4. 模型的有效性应做实证检验：绝大多数模型都会有一些基本假设，这些假设往往带有一定的主观性，有的假设则是为了便于进行数学处理，这往往要以牺牲准确性为代价；本文建立的模型也不例外，这些假定对模型准确性的影响到底有多大，必须在做完实证研究后才能知道。

这一系列问题将是进一步讨论的课题。

（整理：吴宇轩；复核：林子午、王楸）

中国国债收益率曲线研究*

于瑾

一、我国国债收益率曲线的特征

债券收益率曲线的形状可以反映出当时长短期利率水平之间的关系，它是市场对当前经济状况的判断及对未来经济走势预期（包括经济增长、通货膨胀、资本回报率等）的结果。一般情况下，债券收益率曲线通常是一个有一定角度的正向曲线，即长期利率应在相当程度上高于短期利率。这是由投资者的流动性偏好引起的，由于期限短的债券其流动性要好于期限长的债券，作为流动性较差的补偿，期限长的债券收益率也就要高于期限短的收益率。当然，当资金供需严重失衡时，也可能出现短高长低的反向收益率曲线。

通过比较，可以发现中国国债收益率曲线具有以下几点特征：

1. 缺乏统一的收益率曲线

我国国债利率期限结构本身不完善，难以做到科学准确地绘制收益率曲线。首先，国债期限品种不齐备，尤其是缺乏连续期限的短期国债，目前在全国银行间债券市场中，剩余流通期限在一年期以下的债券品种仅有四只，数量相当匮乏，交易量极小，导致收益率曲线空缺了最具市场指导意义的部分，而现行绘制的国债收益率曲线一般采用国债回购利率数据作为填补，具有明显的不足。其次，国债发行与投资没有形成统一市场，分裂为银行间市场、交易所市场以及面向一般居民的凭证式国债市场三个部分，各自具有特殊的投资者群体、报价方式、交易结算机制，导致各市场具有不同的流动性、成本和收益率预期，因此任何一个市场的收益率曲线都不具备完全的市场代表性。

* 资料来源：《当代亚太》2004 年第 11 期，第 46－50 页。

2. 收益率曲线形状不规则

当前我国国债收益率曲线形状很不规则，主要受到多种因素的影响和目前市场条件的限制。如前所述，目前我国国债期限结构不健全，短期债发行量和发行规模较小，超长期的品种很少，而中期债券（7 年、10 年）占绝对比重；此外，交易主体行为的趋同性导致市场利率出现偏差。随着将来交易主体投资理念逐步成熟和交易品种和交易规模的日益扩大，收益率曲线的样本将逐渐纯正和丰富，收益率曲线的形状会日益规则和趋于平滑。

3. 收益率曲线过于平缓

通过观察可知，我国的收益率曲线是一条从左向右正向倾斜的图形，这符合收益率曲线的典型形态。但与发达国家的收益率曲线向右上方倾斜且斜率较大的形状有明显不同，我国收益率曲线过于平缓，即斜率较小，总体上看，长期的部分是趋向于水平的。也就是说，我国国债市场上长短期国债的利差较小，流动性溢价还不足以弥补长期债券所具有的风险因素。例如，我国市场 1 年期券种与 30 年期券种的收益率利差为 1.03%，美国债券市场 1 年期券与 30 年期券的收益率利差则为 2.42%，目前我国交易所 3 年期与 20 年期的收益率利差为 0.566%，而美国国债市场 3 年期与 20 年期的收益率利差则达 1.654%，两个市场的利差差异非常明显。

根据流动性偏好理论和区间偏好理论，远期利率同时受到预期和风险两种因素的影响，风险溢价不是绝对与期限正相关，还要受投资者风险厌恶程度的影响。我国国债收益率曲线过于扁平化的特征，表明不同剩余期限的国债收益率水平趋同，没有考虑期限的风险溢价因素。一般认为，当前过于平坦的收益率曲线是由于经济转型中制度因素导致价格出现扭曲的暂时现象，而且国内消费价格指数持续下降、企业经济效益不佳、资金面充裕但投资渠道不畅、短期的市场投机行为等因素延缓了国债市场风险的爆发。一旦政策的调整改变了市场投资预期，我国的收益率利差不可能长期被低估，长期国债收益率应回到利差波动的合理区域。

4. 长期收益率对利率的变化反应过度

在成熟的债券市场，长期收益率的变动更多地取决于宏观经济状况和利率的变动预期，而非短期资金的供求状况，长期收益率对利率变动的反应不如短期收益率敏感。例如，在美联储近年的多次连续降息过程中，短期收益率的下降幅度远远大于长期收益率，收益率曲线结构变化呈现平行下移与扭转移动相结合的特点。而从我国的情况来看，利率的下降过程中，长期国债收益率的敏感性接近短期券，长短期债券之间变化幅度趋同，收益率曲线变化基本呈现平行下移，且收益率的利差呈现缩小的态势。

二、国债收益率曲线特征的成因分析

（一）国债品种期限结构单一，使收益率曲线缺乏均衡的结构

我国国债流通市场自 1988 年开始建立，1994 年以来国债发行规模逐渐扩大，1997 年银行间市场的建立标志着国债规模市场的真正形成。虽然目前我国国债市场有了长足的发展，发行方式和流通机制不断改进，市场化程度逐步提高，发行额不断增加，国债发行量从 1981 年的 40 亿猛增到 2004 年约 7 200 亿的计划发行量，但是我国国债期限结构仍显单一，且发行节奏和发行期限缺乏均衡性，超长期和短期品种仍然偏少。以上交所国债交易品种为例，主要是 3 至 7 年的中期国债。虽然长期品种如 10 年期已经占到交易国债约 40%，但超长期和短期的品种还很少。短期国债的流动性强，是发达国家公开市场业务的操作主体，缺乏短期券种会使国债市场的流动性先天不足。

国债市场期限结构品种不健全，使收益率曲线缺乏均衡的结构，不能起到很好的指导作用。另一方面，国债品种过少，少数几只债券的反常表现就会使收益率曲线出现形态上的较大变化。

（二）国债交易市场分割，难以形成统一的收益率曲线

我国国债交易市场已形成了以银行间国债交易市场为主导，上海、深圳两大交易所市场和凭证式国债买卖市场（银行柜台市场）并行的局面，三个市场基本上处于行政分割状态，阻碍了整个国债市场的发展。交易所市场和银行间市场相互割裂的局面使得各个债券市场之间、债券市场和资本市场之间的利率缺乏内在的联系，导致同一个国债品种形成的利率水平存在较大差别，缺乏统一的资金供求信息，难以形成真实反映市场资金供求状况的统一的市场基准利率，从而难以形成一条反映整个国债市场资金供求的收益率曲线，现有的交易所收益率曲线只能反映部分市场的情况，因而参照性较差。

国债市场的分割也阻碍了国债交易市场的均衡发展。目前，银行间国债市场已成为国债交易的主导市场。2003 年，银行间国债市场的交易量达 8 180 亿元，占国内国债交易量的 59%以上。与之相比，交易所市场由于交易成本高等原因使交易规模受到限制，而以普通投资者为主体的柜台市场目前基本上只办理凭证式国债的买卖，其市场规模还不具有影响力，三个市场的发展极不平衡。

我们以2004年一季度为时间区间考察单只券种的收益率变化与上证国债指数的相关性，选取的四只券种分别是长中短期和浮动利率债券，其中中期券种是跨市场品种，考察结果如下：

从分析的结果来看，相关程度最高的是中期跨市场品种，这个结果验证了跨市场品种具有“稳定器”的作用，同时也从侧面表明国债交易对统一市场的要求。

（三）国债交易市场价格形成机制不完善，使收益率曲线出现扭曲

目前我国国债交易市场发展尚欠成熟，价格形成机制仍存在着缺陷，由于缺乏长期固定的基准利率，国债收益率的确定要参照银行存款利率，因此国债的收益率是银行利率的从属利率。在利率尚未完全市场化的情况下，一旦银行利率由于管制偏离了正常水平，必然会传递到国债市场价格，从而对收益率曲线产生冲击。这可以从 2003 年下半年国债市场走势中得到印证。由于央行 8 月 24 日宣布，自 2003 年 9 月 21 日起，提高存款准备金率一个百分点，造成国债市场上资金供给紧张和投资者对债市下跌的心理预期，国债收益率上移幅度甚至超过了利率上升的幅度。10 年期国债在上调准备金率之后，收益率出现大幅波动，在 8 月 20 日到 12 月中旬收益率在 2.80%到 3.80%较大区间内波动。国债收益率曲线被严重扭曲，利率风险陡增，导致未来投资成本难以确定，不利于债券市场平稳运行。

（四）国债交易主体投资行为短期化，使收益率曲线过于平缓

我国的国债市场交易者主要包括商业银行、保险公司、证券公司、投资基金、企事业单位和个人，其中商业银行是交易主体。而商业银行中，国有商业银行又是主体。因此商业银行的投资行为特征与我国国债收益率曲线的形状有很大关系。目前居民储蓄增长幅度远远高于贷款增幅，银行的存差规

模仍在增加，这导致银行的大量资金在投资渠道狭窄、负债快速上升时缺乏有效的出路，一些银行特别是国有商业银行只有大量增持债券以满足资产组合的需要。但它们投资国债更看重的是国债的安全性而对流动性要求不高，因此在市场中往往倾向于持有债券特别是长期债券而不进行债券的交易。因此，流动性溢价不会上升，长期券种收益率相对较低，从而造成收益率曲线的平缓。

另外，在目前市场投资品种不多、投资渠道狭窄的情况下，市场交易者的行为存在明显的投机成分，对长期债券大都抱着“长债短炒”套取现券与回购的利差的动机，这样就造成长短期国债利差进一步缩小，在长短期利率的决定中，资金供求成为决定因素，未来的不确定因素并未在长期收益率中反映出来。不同剩余期限的品种收益率趋同甚至“倒挂”，进一步加剧了收益率曲线的畸形，造成期限结构的不合理。

（五）国债交易方式单一，使收益率曲线反映水平有限

目前银行间市场虽然引入了做市商制度，但由于供求严重失衡、市场交易品种单一，市场交易极不活跃。首先，报价券种差价过大，有价无市。我国内地双边报价买卖差价收益率约 10 个基点，而香港为 5 个基点，英国为 3.125 个基点，美国短期国债为 2 个基点；其次，报价券种过少，没有代表性，目前银行间债券市场可流通债券数量为 140 只左右，而每日发生交易的债券数量不到 30 只，九家报价商集中在 20 只左右收益相对较好、市场认可度较高的券种上；再次，报价缺乏持续性，难以把握交易时机。

三、完善国债收益率曲线形成机制的建议

（一）逐步建立起一个全国统一、多层次、多元化的国债交易市场

我国现有的三个国债交易市场是在特殊的历史条件下形成的，目前仍各自具有阶段性的历史功能。虽然短期内难以实现完全统一，但近期国债同时在三个市场上市表明了市场统一的方向。笔者认为，可在增加柜台交易品种的同时，对上市交易的国债建立统一的托管清算体系，形成银行间和交易所互相贯通的国债交易场所，从而使银行间市场逐渐发展成为真正的国债场外市场，最后形成场内交易和场外交易贯通一致的全国统一的国债交易市场，

为编制统一的国债收益率曲线奠定基础。

（二）推进利率市场化改革，完善国债交易价格形成机制

随着外币利率、同业拆借利率、国债利率的逐步放开，目前我国利率市场化进程已经发展到本币存贷款利率市场化的关键阶段。下一阶段，央行将继续稳步推进利率市场形成机制，进一步扩大贷款利率浮动范围，逐步过渡到取消贷款利率上限，对贷款利率实行下限管理；存款利率将在条件成熟时实行上限管理，允许商业银行存款利率向下浮动。随着央行票据市场地位的逐步确立、货币政策调控能力的逐步增强以及国有商业银行股份制改造等配套建设的不断深入，最终利率水平将交由市场决定。随着利率市场化进程的不断深入，收益率曲线形成机制将逐步发生变化，存款利率作为代基准利率的作用将不断弱化，国债收益率很可能担当整个利率市场化体系中的基准利率。由于收益率曲线能够真实地反映市场利率的预期，市场交易者也将更加关注货币市场利率的走向。

（三）培育理性投资者，优化交易主体结构

首先，商业银行要成为一个理性的、健康的市场参与者，核心问题是加快国有商业银行股份制改造，建立有效的资本约束。只有商业银行真正发展成为以自我约束、自我发展为基础的金融机构，才能在一定程度上改变其交易行为的趋同性，提高利率敏感度，从而完善利率传导机制。其次，在条件成熟时，可以适当放宽限制，引进更多的国外机构投资者参与我国国债二级市场。最后，充分利用国债一级交易商的做市商制度，为机构投资者开辟优质服务渠道，并可研究和培育专门的国债投资机构，如国债投资基金等。随着市场交易主体投资理性的成熟，长期收益率的决定也将更多地取决于经济周期和对未来市场利率的预期，而非短期资金的供求变化，而且，考虑到经济景气和通货膨胀等宏观经济变化的影响，长短期利差将出现扩大趋势，收益率曲线的形状将更趋于合理化。

（四）完善交易品种，促进市场金融创新

目前中国债券市场存在着比较突出的利率、流动性上的风险，这是现有的交易体制和交易手段无法解决的问题。市场管理当局应进一步鼓励金融产品创新，在增加短期和长期定息国债发行的同时，适时开展其他交易形式，

发展国债期货、期权、远期等衍生产品，为投资者提供规避和分散风险的工具，满足不同类别投资者对风险和收益的不同需求，为完善国债市场、保护投资者提供条件。

（整理：林子午；复核：吴宇轩、王楸）

从美国次级贷危机看国际对冲基金监管的必要性*

支彦　于瑾

自2007年初以来，国际上大量的短期资本在不断寻找投机套利的可能性，其中对冲基金（Hedge Fund）的活动及其监管问题成为各界关注的热点。

对冲基金在增强全球金融体系的功能方面发挥了显著的作用，但也存在复杂的潜在操作风险。由于对冲基金的操作中存在大量的场外交易，绕过场内市场机制，脱离了监管的控制范围。并且，随着对冲基金规模的不断扩大，其对全球金融稳定的潜在风险也在不断增大。因此，各国经济与政策研究界已达成共识，将对冲基金风险作为突出问题，一些国家监管当局更明确提出应加强对对冲基金的监管。

本文从分析对冲基金的特征出发，通过对2007年美国次级贷危机中对冲基金的作用进行分析，尝试对对冲基金监管提出建议。

一、对冲基金发展现状

对冲基金区别于其他基金的主要特征在于信息的不透明性和交易的高杠杆性。从根本上说，对冲基金的出现有利于金融市场的发展。其灵活机动使其具有更强的风险分散能力，巨大的规模使其在金融市场失衡时可以作为机会资金协助稳定市场，有助于降低系统性风险。但是，由于对冲基金采取激进投资策略，其规模飞速扩张、投资者结构日趋多样化，对冲基金的不透明性和杠杆性在造就其行动灵活的优势的同时，也带来了巨大的潜在风险。如果对对冲基金不采取适当的管理措施，金融稳定可能会受到严重影响。

* 资料来源：《经济管理》2008 年第 Z2 期，第 1－5 页。

因此，对冲基金监管的问题在于，如何既能让对冲基金发挥其资金丰厚和操作灵活的优势，促进金融市场的发展，又能对其起到约束作用，保护投资者利益，并最大程度避免可能对金融市场造成的破坏。

二、对冲基金监管的必要性

（一）对冲基金风险与金融市场系统性风险

对冲基金风险导致金融市场系统性风险的可能传导机制有两种。一种是对冲基金直接在市场上大量买进和卖出，操纵价格，利用羊群效应引起其他投资者跟风，再通过反向操作，从市场的震荡中获取利润。另一种是由银行和证券公司作为杠杆借贷的主要提供者、主要交易对手和经纪人；对冲基金以自有资本和所持头寸为抵押，获得贷款（多为短期备用信用额度），购买更多头寸，并以此为抵押再次借贷。在第二种机制中，当市场波动，对冲基金头寸受损，贷款抵押物价值缩水；对冲基金多为长线投资，没有充足的流动性资产储备以应付大量的短期贷款保证金，从而陷入支付危机，杠杆借贷越高则危机越严重；若对冲基金投资者要求赎回资金，则更加重了这种危机；银行和证券公司遭受的损失包括贷款违约、经纪收入丧失以及自身在对冲基金中的投资缩水。

（二）对冲基金与美国次级贷危机

对冲基金促使2007年美国次级贷危机加剧的机制主要在于：

1. 借助高杠杆投资于债务抵押证（CDO）等结构性投资工具（SIVs）

在美国房屋次级抵押贷款相关市场上，对冲基金采取借助高杠杆投资于结构性投资工具的投资策略。这是低利率时代对冲基金提高业绩的重要方式。

结构性投资工具通常规模庞大，主要由银行经营，其利润来自短期借款利率和结构性产品投资长期回报之间的差异。近年来，这种工具大量激增，它们往往非常不透明，投资于复杂的证券，而且通常不需要显示在银行的资产负债表中。这些工具通常投资于信贷市场工具。这些资产往往评级很高，被认为是比较安全的债务，但次级贷危机中的市场动荡已经表明，这类债务仍然缺乏流动性并且难以估值。

正是由于投资于结构化投资工具，对冲基金积聚了较高的潜在风险。

2. 部分对冲基金不进行对冲，导致风险积聚

在利益的驱使下，相当一部分对冲基金不通过对冲手段对风险敞口进行管理，基金经理留下自己有把握的风险因素以获取超额收益。但是，任何人为主观的判断或者任何依靠精巧的数量模型计算结果进行的判断都可能存在失误。随着对冲基金所借助的杠杆增高，或者所投资的结构性投资工具的基础资产存在风险敞口，没有通过对冲操作进行风险管理的对冲基金便积聚了大量潜在风险，危机一触即发。

此外，由于机构投资者通常对市场有较大的影响力，上述高杠杆以及不对冲头寸所带来的风险积聚，通过对冲基金作为机构投资者所具有的较强影响力，被放大后传导给市场。

3. 对冲基金操作不透明

对冲基金不公开投资组合的特性使得监管当局在市场上风险积聚时难以及时发现潜在风险并采取相应措施。而投资者由于不清楚对冲基金的投资组合，在市场发生波动甚至危机时，恐慌加大。

在次级房屋抵押贷款以及相关的金融衍生工具和对冲基金市场中，一切都取决于投资者对这些工具和它们持有的资产保持信念。次级贷危机中，在许多结构性信贷市场匆忙退出，使得投资者信心严重受挫。没有哪个投资者完全清楚结构性投资工具和渠道持有什么资产，或者持有这些资产的损失如何。

综上所述，从内部看，对冲基金容易积累风险敞口，在危机触发时其自身难以管理风险；从外部看，由于不能掌握对冲基金的情况，在危机潜伏以及爆发时，监管当局难以采取风险控制措施。因此，对对冲基金采取一定的监管措施，即便这些监管措施改变了对冲基金的一些不透明特性，势在必行。

三、对冲基金监管建议

对冲基金监管的主要目的应在于保护投资者利益，确保市场诚信并促进市场稳定。既要制订防范对冲基金可能引发的系统性风险，也要保护对冲基金为金融市场发展带来的促进作用。对冲基金监管应包括以下几方面：

（一）增大对冲基金的透明度

对冲基金披露资料应最少达到三个目的：保障投资者、保持金融稳定并维持市场操守。即，对冲基金披露资料必须让投资者能据此做出合适的投资决定，让贷款人及交易对手能评估对冲基金的贷款风险，并符合有关的法律与规定。

一方面，对冲基金大多选择在监管较弱的地区注册，从而不必公开信息，造成监管困难。另一方面，对冲基金主要投资对象——金融衍生工具——相关的会计准则对反映对冲基金真实投资状况有着重要作用，而目前一些会计准则允许投资机构以成本持有金融衍生工具，从而不能准确反映其真实市场价值，使得投资人和监管机构难以掌握投资真实状况、评估潜在风险。

在相关注册管理制度和会计准则得到调整之前，更需要对冲基金提供足够的信息，以便对冲基金投资者和监管者对对冲基金财务数据的理解和判断。

（二）促进资金流动的有序性

首先，应加强对资产证券化使用的规范性管理。当衍生方式被屡次叠加，杠杆性和难以把握性大大增强，风险管理工具本身也成了具有强大潜力的风险助推工具。

其次，应限制对冲基金融资活动并加强对银行及其他金融中介的管理。

直接限制对冲基金的融资行为，或者通过监督银行的贷款行为来间接监督对冲基金，都是对冲基金监管中不可缺少的手段。为保持对冲基金金融创新活力，目前各国监管机构大都采取间接监管方式，即通过监管对冲基金的交易对手来管理有关风险，其中以银行及证券公司为主。间接监管的成效，关键在于市场能否发挥制约作用以及受监管的金融机构对交易对手风险是否进行了妥善管理。

问题在于：一方面，由于对冲基金业务目前已成为银行和证券公司的一个主要收入来源，这些机构可能因为面对客户压力而放宽风险管理，从而不能对对冲基金起到市场制约作用；另一方面，交易对手风险管理成效取决于是否选择了合适的风险管理模型，而目前所用风险管理模型能否准确反映“低概率事件”风险仍需探讨。

（三）加强国际金融监管合作

科技的进步，使得交易范围扩大、交易速度提高，大量投资资金能够迅速流向全球市场中那些价值尚未充分发掘的投资机会，市场因此受益。对冲基金以其灵活的投资策略，与这样的市场环境充分契合。对冲基金在全球范围内活动，其注册地、投资地等通常不局限于某一经济管辖区内。普遍认为多次金融危机爆发与现行国际金融体系中缺乏国际监管机制，与各国或地区监管标准不一致，监管不力等密切相关。

首先，各国监管机构之间应该建立针对对冲基金的信息共享渠道，以使监管机构能及时观测到对冲基金在全球范围的显著活动。

其次，在国际监管合作的责任分担中，发达国家和发展中国家应各有侧重。由于发达国家市场较为成熟，金融监管体系较为完善，在发展中国家发生金融动荡时，资金会流入发达国家。这使得发达国家的监管动力有所不足。而发展中国家由于市场不甚成熟，比较容易发现获利机会，对冲基金的趋利行为往往对发展中国家经济造成强烈冲击。而发展中国家的金融危机也会波及发达国家市场。而且，随着对冲基金的发展，在松散的金融监管下，对冲基金在发达国家本土的活动也会引起严重的金融问题。因此，发达国家在源头上的规范以及发展中国家在市场上的监控，才能引导对冲基金合理发展，维持金融稳定。

在加入世界贸易组织过渡期结束后，中国金融业面对开放的全球金融环境，对现有金融监管理念、模式和有效性提出了挑战。为维护我国金融稳定，对于防范和监控跨行业、跨市场、跨国界的系统性风险应予高度关注，包括对对冲基金的适当监管。在未来更加开放的市场环境中，我国的对冲基金监管政策，同样既要维护对冲基金的创新活力，也要防范可能导致的金融市场系统风险，密切关注全球金融风险的溢出效应，加强金融监管，建立健全协调机制，采取各方面措施构建完善的金融安全网。

（整理、复核：支彦、王楸）

提升供给，延续三十年的高增长*

于瑾 王文灵

为了应对此次全球性危机给我们经济发展造成的不利影响，中央采取了一系列旨在扩大内需、保持经济增长的政策措施，效果已开始显现。然而，中国经济能否就此走出低谷，并借势调整经济结构，站上全球经济发展的制高点，需要我们用发展的眼光审视当前面临的形势，科学地制定提升国家产业竞争力的供给政策。

一、提升供给是特定历史阶段的要求

当前，我国处于特定的发展阶段，人均收入、人均 GDP 低，全国财政收入无法全面覆盖全国医疗、教育和社会保障的支出，制造业在国际分工中不占优势，这些都决定了我们不能将刺激消费作为促进经济发展的一项长期举措。因此，我们只能通过发展生产力，依靠生产去带动消费，用供给去创造需求。

从根本上说我们面临的问题不是需求不足，而是供给不足。这种不足主要体现在供给结构的不合理和价值创造能力不高。这里提出的提升供给侧重于增强产业竞争力、创造社会财富。供给能力首先表现在一国的优势产业上，其次体现在一国在产品供应链中的地位。供给能力越强，在产品价值创造过程中获取的利润越高。我们要想增强产业竞争力，在国际分工中占据主导地位，就必须提升我们的供给能力。

二、提升供给是当前经济形势的要求

中国对外经济依存度高达 60%，因此全球经济衰退带来的外部需求急剧

---

* 资料来源：《科技日报》2009 年 3 月 29 日第 2 版。

萎缩首先冲击我国沿海地区以出口加工为主的制造企业，并逐步向内陆地区和其他行业传导。宏观经济骤然降温、劳动密集型的产业结构特性，则导致我国部分行业和局部地区在冲击下出现“倒闭潮”和“失业潮”。因此，相对美国来说，中国的问题可能更多是在实体经济层面，应对危机的政策也必须关注实体企业。

关注实体企业，就要着力去解决如何提升供给的问题，要从“需求政策”转向“供给政策”，通过促进企业增加投资，拉动上游企业的生产和投资，由此创造就业，给劳动者带来收入，促进消费，进而为企业产品打开销路，让企业获得利润回报，形成供给和需求的良性循环。只要政策得当，中国完全可以做到供给创造需求，供给拉动经济增长，走出危机阴影。

三、提升供给是国家富强的必由之路

表面看，中国的经济问题是居民消费需求不足，产能过剩，实际上需求不足归根结底是财富不足。而社会财富永远都是靠供给而不是需求创造的。供给优势决定了一个国家的经济发展水平和国际竞争力以及在国际舞台上的地位。

19 世纪中叶，蒸汽机的发明大大提升了英国的供给能力，增强了产业竞争优势，确立了英国近代史上的霸主地位。19 世纪 80 年代，美国抓住了第二次工业革命的机遇，取代了英国世界加工厂的地位。20 世纪中叶美国开创了以高科技为代表的信息时代，又一次创造了无比巨大的社会财富。

过去 100 多年，英美确立供给优势都是利用科技革命带来的生产力进步和全球产业结构调整的重大时机，把握产业结构的升级方向，迅速占领先进行业供应链的价值高端，提升供给能力，从而占领全球市场。

四、全球产业结构调整为提升供给创造机遇

当前，金融危机导致的全球经济衰退已经为我们提供了这样的机会。日前，三一重工 1 亿欧元在德国打造海外研发中心力争占领产品供应链的高端，中国铝业公司 195 亿美元投资力拓集团，中国五矿 26 亿澳元收购全球第二大锌产商为中国的资源供应打下坚实的基础。我国 2 万亿美元的外汇储备，不

应仅仅投资于美国国债，而应主要用于能提升供给能力的核心资产，包括资源、品牌和技术。全球经济衰退背景下的中国经济增长，将使得中国成为人才、资源的聚集地。此消彼长的结果，就是中国机会。

五、要提升供给，必须坚持改革开放不动摇

30年改革开放的成就在于产权制度和激励制度的变革，并由此保护并扩大了个人和企业的选择自由，刺激了生产，提升了供给，进而实现了经济持续快速的增长。但需要指出的是，我国产权制度、公平竞争、产业准入等方面的改革还远未完成。这些因素都严重地制约了供给的进一步提升。要提升供给，继续保持经济健康快速发展，必须坚持改革开放不动摇。

1. 着力深化经济体制改革。在对内资源配置上，要尽快推动利率市场化改革；对外资源配置上，要尽快推动汇率机制改革，让汇率更有弹性和灵活性，让企业去适应市场的变化，调整投资布局。

2. 着力拓宽企业投资空间。进一步减少行政审批等各类限制措施，放开市场准入，打破垄断。当前，应利用这次经济低迷的机会，把行政垄断行业的市场开放，激发企业投资创业热情。同时，还要拓宽企业海外投资空间，将我国巨额外汇储备更多地用于企业在海外的投资收购，特别是对国外高新技术企业的战略投资、海外重要资源的合作勘探、国外研发基地和营销网络的建设。

3. 着力改善企业经营环境，取消各种歧视性政策，提供公平的竞争环境，减轻税收负担，取消价格干预以及取消对劳动力市场的过度干预。特别是要让民营企业与国有企业、外资企业进行自由、平等的竞争，才有可能增加企业的自主投资，激发创业积极性，释放经济活力，提升供给。

4. 着力培育企业竞争力。一方面，促进企业技术创新和产业结构升级。中小企业是最具有创新动力和创新思维的，政府要做的就是提供资金和技术支持，搭建多种形式的科技金融合作平台，促进更多资本进入创业风险投资市场。另一方面，延伸并有效整合企业的供应链。这需要我国在法律和政策导向的调整以保障我国供应链在整合中不受国外资本的破坏；需要在有条件的城市加快形成产业集群，培育和占领供应链的高端；需要完善金融市场功

能，为企业兼并重组和供应链整合创造便利；还需要把我国企业的研发、采购、物流和销售网络延伸到国外，加快供应链的国际整合。

过去 30 年推动中国经济高速增长的工业化和城市化进程还远未结束，中国仍处于经济快速追赶阶段，长期基本面因素尚好。只要政策得当，我们完全有可能启动新一轮以供给为导向的内生增长，并由此对稳定动荡不安的全球经济形势发挥积极影响。

（整理：吴宇轩；复核：刘震、王楸）

上市公司提前强制性赎回可转债对股价的影响*

王梦然　于瑾

一、引言

可转换债券（convertible bond）是一种既具有固定收益证券特性，又具有权益特性的混合型金融工具，兼具债券和股权双重属性，含有债券性、可转换性和股权性三个特点，也可以看作是内嵌各种期权（如转股权、赎回权、回售权及转股价修正权等）的混合型证券。从 1992 年中国宝安集团股份有限公司发行第一只可转债——宝安转债到现在，我国上市公司已经发行了 60 余种可转债在沪深两市上市交易。随着可转债市场规模不断扩大，以及二级市场的快速发展，可转债品种吸引了越来越多投资者的关注，市场参与者的结构也呈现出多元化格局，包括证券基金、社保基金、券商、QFII 以及财务公司等在内的一些机构投资者已经将可转债品种作为资产配置的重要组成部分。

上市公司发行的可转债绝大多数都含有赎回条款。赎回条款一般规定公司股票价格在一段时间内连续高于转股价格达到某一幅度时，公司按事先约定的价格买回未转股的可转换公司债券。即可转债的持有者在向公司购买一份股票期权的同时，又向发行者出售一个看涨期权。一旦公司发出赎回通知，可转债持有者必须立即在转股或卖出可转债之间做出选择。一般来说，如果赎回时转换价值超过赎回价格，可转债处于实值期权的状态，那么投资者都会选择将可转换债券换成普通股票。可见赎回条款最主要的功能是强制可转债持有者行使其转股权，从而加速转换，因此它又被称为加速条款。

* 资料来源：《中南财经政法大学学报》2010 年第 4 期，第 106－111 页。

二、上市公司提前赎回可转债的时机选择及对公司股价的影响

我们可以看出在上市公司经营前景良好，股价上升空间大时，赎回条款可以避免可转债持有者无限制地行使股票期权，坐收股价上涨带来的利润。因而可转债赎回条款的设计是有利于发行者的，那么上市公司应当在什么时间赎回可转债才是最佳的选择呢？

（一）国外的研究

国外的很多学者对这一问题都做了深入的研究，如 Ingersoll（1977a）、Brennan 和 Schwartz（1977）认为一旦转换价值上升到有效赎回价格，最好马上赎回并强制性转换以使股东财富最大化。Ingersoll（1977b）发现公司在转换价值超过赎回价值平均达到 43.8%时才会赎回可转换债券。Constantinides 和 Grundy（1987）假定普通股的分红收益率和可转债票息收益率之间的收益差会影响公司赎回可转债的决定。如果公司普通股的分红收益率超过可转债的票息收益率，投资者会自愿转换，这时候公司推迟赎回是一个明智之举。如果可转债票息收益率高于普通股的分红收益率，公司会强制性赎回。Harris 和 Raviv（1985）在分析中考虑到了公司经营者和外部投资者之间的信息不对称问题。他们认为如果公司认为他们的股票价格将要下跌，应当马上进行赎回以强制转换；如果公司的股价处于上涨趋势，而且赎回会带来一定成本的话，应当推迟赎回。Asquith 和 Mullins（1991）和 Asquith（1995）考察了可转换债券的赎回情况，发现大部分公司都在转换价值超过赎回价值的 20%的时候赎回债券。然而 Ederington、Caton 和 Campbell（1997）发现许多公司都将赎回推迟到转换价值远远超过赎回价值的 20%以上。

Mikkelson 发现当公司宣布强制性赎回可转债时，公司股价会显著下降。他认为对可转债的强制赎回使税收规避作用减小而造成负面影响。Campbell、Ederington 和 Vankudre 使用一组可转债数据从现金流的角度考虑赎回通知对股价的影响。他们使用公司的所得税率来调整债券的息票收益率，使得普通股分红收益率与债券票息收益率在税后的基础上进行比较。他们发现股票市场对赎回通知的反应和可转债票息收益率与普通股分红收益率之差关系密切。处于收益优势的公司（普通股分红收益率大于可转债税收调整后的收

益率），赎回通知对股价有很大的消极影响，因为这意味着转换会导致公司应支付给可转债持有者的税后现金流增加。而低收益率的股票，股价的反应比较小。

（二）我国上市公司对可转债赎回时间的选择

我国上市公司在发行可转债时，赎回条款的设计一般要满足以下几个条件：（1）允许公司以稍高于面值的价格赎回可转换债券；（2）公司要实施赎回，前提是股价必须满足一定的条件，往往是股价在一段时间内持续高于转股价某一比例以上，一般为 30%（也有其他情况，比如复星转债规定为 20%；西钢转债规定为 50%；首钢转债规定为 140%）；（3）公司如果在一年内首次股价满足赎回条款时如果没有进行赎回则当年就不得提出赎回。

我国可转债市场与国外的可转债市场相比，还是有一定的差异，比如美国的可转债一般都要在一段时间内连续实现普通股股票收盘价是有效转股价格的150%以上，才能进行赎回，这要是由于我国和国外可转债的存续时间不同造成的。根据《我国上市公司发行可转债公司债券实施办法》第四章“发行条款”第十八条规定，我国可转换公司债券的期限最短为 3 年，最长为 5 年，由发行人和主承销商根据发行人具体情况商定。这条规定使得上市公司在选择可转债融资时，对可转债存续时间的设计基本上没有选择权，与国外可转债存续期 7、8、15、20 年不等的情况形成较大差异。这种硬性规定其结果可能导致我国发行公司在可转债融资项目尚没有产生效益时就面临转债付息还本的压力，因此我国上市公司更有意愿提前强制性赎回可转债来加速转股。

三、对我国可转债市场的实证研究

1. 研究方法——事件研究法

事件研究法是通过某一事件发生日前后股票价格的变动，来观察特定事件对股票超常收益率的影响，从而了解股票市场证券价格与特定事件之间关联性的实证分析方法。本文用事件研究法，研究上市公司可转债强制性赎回的影响，因此，本文的研究包括以下几个部分：

（1）宣告日：为重要时间或咨询发布日，通常以实际最早刊登在新闻媒体的时间为基准。本文以上市公司首次发布“可转债赎回事宜的公告”为准。

（2）事件窗口：为了确定事件对股价的影响，通常将事件发生前后各一段时间作为事件窗口，所得到股价的超额收益率为事件发生所导致。本文采用发布公告日前 11 个交易日至发布公告日后第 30 个交易日为止。

（3）估计窗口：本文采用宣告日前第 31 个交易日至宣告日前第 150 个交易日作为估计窗口。

（4）研究样本：截止到 2009 年底，沪深两市共发行了 60 余种可转债，我们在选择样本数据时要考虑的原则是如果赎回价格大于转换价值（转换价值 = 转股比率 × 转换时市场股票价格），这一赎回行为从样本中剔除。这是由于上市公司赎回可转债时如果赎回价格大于转换价值，投资者不会选择将可转债转换成普通股票，而选择清偿证券。最终，我们选取 2004 年至 2008 年 12 月 31 日，提前强制性赎回可转债的 29 家上市公司发行的 30 种可转债（其中 0000002 万科 A 发行了 125002 万科转债和 126002 万科转 2）。股票市场投资组合用上证指数和深证 300 指数代表。在所进行的实证分析中，对于数据缺失情况做了简单的处理，即将正股股价没有交易记载日期相应的股指数据予以删除，以保持回归模型中样本取值时间上一致性。本文所用的数据来自 RESSET 金融研究数据库及股票软件。

2. 模型的建立

（1）根据估计窗口时间内样本股票日收益率、上证指数收益率和深证300 指数收益率数据，建立一元线性回归模型（如果样本股票 i 公司发行的可转债在上交所上市交易，R_{mt} 为上证指数日收益率；如果可转债在深交所上市交易，R_{mt} 为深证 300 指数日收益率）

$$R_{it}=a+bR_{mt}\quad (i=1,2\cdots 30,\ t=-150,-149\cdots -31) \qquad (1)$$

（2）利用第一步得到的收益率序列，以及赎回公告发布前第 11 个交易日至发布公告日后第 30 个交易日相应的上证指数收益率数据，计算样本股票在事件窗口时间内的日收益率估计值 $\hat{R}_{it}$。

（3）计算样本股票日超额收益率 $AR_{it}=R_{it}-\hat{R}_{it}$，t 时刻所有样本股票在 t 天的平均超额收益率 $AAR_t=\frac{1}{n}\sum_{i=1}^{n}AR_{it}$；样本股票在事件窗口期中 T1 日到 T2

内的累计超额收益率 $CAAR=\sum_{i=t1}^{t2}AAR_t$ 。

（4）CAAR 的显著性检验

根据超额收益率的定义，如果赎回公告的发布事件对股票价格没有影响，即 H_0：AAR=0，在各显著性水平下，根据样本观测值计算 t 统计量值，若落入拒绝域内，则拒绝原假设，说明的事件对股票价格有影响。

（5）统计结果及分析

股票的平均超额收益率 AAR 在赎回公告发布之前的 10 个交易日里，除了第 7 天为负值，其他都为正值。－10 到＋2 个交易日内，CAAR 为 3.39%（Z＝1.94），在 10%的显著性水平下大于零。这主要是由于上市公司在第一次正式发布可转债提前赎回公告前，一般都会发布赎回的提示性公告，投资者在得知可转债强制性赎回的消息后，可能会在赎回日之前行使转股的权利，从而推动股价在第一次公告发布前上涨。这与国外学者的研究结果在赎回通知发布之前，公司盈利会经历一个高于平均速度的增长期是一致的。

上市公司正式发布可转债赎回公告的当日，平均超额收益率 AAR 转为负值，为－0.45%，公告发布前一天和公告发布当天两个交易日，累计超额平均收益率 CAAR 为 0.13%（Z＝11.88），在 5%的显著性水平下大于零。而之前默顿等学者利用美国可转债市场的数据进行实证研究的结果是，在发布公告的两个交易日内，累计超常收益率为－2%到－1%之间。很显然，利用我国可转债市场的数据得出的结果与发达国家的实证结果有很大的差距，这主要是由于我国上市公司发行可转债的历史较短，至今为止发行可转债的公司数量有限，导致研究样本比较小，对研究的结论产生了一定的影响。同时还要注意到的是，我国的可转债市场规模还比较小，主要控制在一些大型的机构投资者手中，信息传递市场化程度不高。

在赎回公告发布以后的10个交易日内，累计超常收益率CAAR为－1.08%（Z＝7.45），在 5%的显著性水平下为负。这是因为在上市公司正式发布赎回通知以后，可转债持有人在将可转债转股之后抛售，同时新增的股票具有股权稀释效应，给公司的股价造成压力。

+11 到+20 个交易日内，样本股票的平均超常收益率 AAR 不显著异于零，+21 到+30 个交易日内，样本股票的累计超常收益率 CAAR 处于下降的趋势。由分析我们可以得到上市公司发布可转债提前强制性赎回公告对股价产生了负面影响，然而这种影响是暂时的，在一段时间之后，股价慢慢地恢复原来的价值。从我国上市公司正式发布可转债提前强制性赎回公告到赎回日（即停止转股日）一般为 30 天以上，由此可以看出赎回公告的发布对股价的影响在赎回日之前就已经停止。

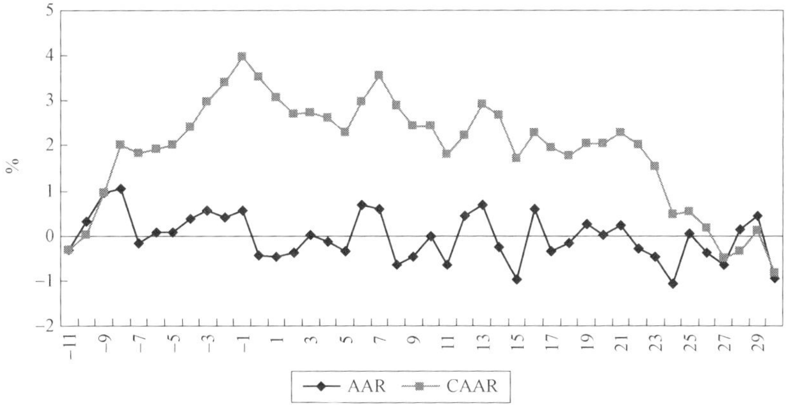

图 1　AAR 和 CAAR 的数值变化

（6）强制性赎回对可转债产生负面影响的现金流因素分析

一些国外学者的研究从现金流的动机来考虑上市公司强制性赎回可转债对股价的影响，也就是说如果一个公司普通股股息收益率大于可转换债券税收调整后的收益率，强制性赎回对股价有消极影响。这是因为上市公司赎回可转债会加速债券持有人转债，导致公司支付给可转债持有人的税后现金流增加。以我国上市公司提前强行赎回的 30 种可转换债券为例，来看这一研究结果对中国可转换债券市场是否是成立的。

从表 1 中我们可以看到，以 2004 年至 2008 年 12 月 31 日，提前强制性赎回可转债的 29 家上市公司发行的 30 种可转债为例，其中 20 种可转债的发行公司的普通股股息收益率大于可转换债券税收调整后的收益率，有 6 种可转债的发行公司的普通股股息收益率小于可转换债券税收调整后的收益率，有 4 种可转债的发行公司从可转债赎回公告的发行日到 2008 年 12 月 31 日没有分红。可以看出我国大部分强制性赎回可转债的上市公司的普通股股息收益率大于可转换债券税收调整后的收益率，由此可以得出，现金流因素可以作为上市公司强制性赎回可转债对股价产生负面影响的部分原因。

表 1　　30 种可转换债券税收调整后的收益率

可转债	I（1－t）	D
万科转债（125002）	1.2	2.31
万科转 2（126002）	1.104	3.8
招商转债（125024）	0.8	1.45
华侨转债（125069）	1.44	3.367
晨鸣转债（125488）	2.71	2.62
钢钒转债（125629）	1.44	2.84
铜都转债（125630）	0.96	4.89
韶钢转债（125717）	2.45	0.96
海化转债（125822）	1.68	2.12
华菱转债（125932）	1.6	2.09
华西转债（125936）	1.76	3.33
金牛转债（125937）	1.76	4.09
首钢转债（125959）	1.2	6.36
丰原转债（125930）	1.76	—
邯郸转债（110001）	1.84	4.02
机场转债（100009）	0.64	1.755
上电转债（110021）	1.76	—
中海转债（110026）	1.472	1.78
西钢转债（110117）	1.68	—
复星转债（100196）	1.6	1.79
南山转债（110219）	1.44	2.18
营口转债（110317）	1.92	8.11
华发转债（110325）	1.04	1.29
凯诺转债（110398）	1.36	—
江淮转债（110418）	1.68	2.06
柳化转债（110423）	1.2	0.25
天药转债（110488）	1.216	0.416
山鹰转债（100567）	1.76	2.56
创业转债（110874）	1.92	0.94
国电转债（110795）	1.68	1.64

注：I—上市公司发布赎回公告前一天可转债的票面收益率，t—20%，D＝转换率 × 1 股的税后分红（从可转债赎回公告的发行日到 2008 年 12 月 31 日，上市公司对 1 股的最大分红）。

四、完善我国可转债赎回条款设计的建议

可转债的强制赎回往往是由于上市公司所处的行业和自身基本面发生重大变化，股价升至赎回价格之上，连续运行数个交易日后满足赎回条件所致。在现实的市场中，可转债被赎回的情况很少发生，因为在执行赎回前发行者会在指定的媒体上发布公告，可转债持有人有足够的时间将手中的转债转股。在我们选择的样本——30只强制性赎回的可转债中，从发行上市到赎回公告，平均存续大约2.4年，最短为0.5年，最长则达到4.5年。可以看出赎回是可转债经常发生的事件，因此应当怎样设计可转债赎回条款，在保护发行者利益的同时，又能够对投资者有足够的吸引力就成为一个比较关键的问题。针对我国可转债市场的特点，本文提出可转债赎回条款设计的一些建议：

1. 赎回条款本身所起的主要作用一是加速转股，二是降低融资成本。如果当公司业绩大幅提升，股价快速上扬，发行公司通常希望赎回可转换债券，从而避免转换受阻的风险；另外当市场融资成本较低的时候，赎回可转换债券并进行新的融资对发行人也是非常有利的。但是从中国的实际情况来看，由于上市公司再次融资非常麻烦。一般发行公司都希望可转换债券匀速转股，从而避免股权稀释，并不希望转股的快速实现。因此，在可转债赎回条款的设计方面应当更加具有灵活性，避免转股过快，同时也为可转债的持有者提供较为丰富的获利空间以吸引投资者。比如国电电力发展股份有限公司发行国电转债赎回条款规定“在转股期内，国电电力股票在任意连续30个交易日中的收盘价不低于转股价格的130%时，国电电力有权在第二个计息年度的后六个月按面值的102%、第三个计息年度按面值的103%、第四个计息年度按面值的104%、第五个计息年度按面值的105%（以上均已含息）赎回全部或部分未转股的可转换债券。公司每年按约定条件可以行使一次赎回权。公司在首次赎回条件满足后不行使赎回权的，当年不再行使赎回权”。

2. 与美国证券市场相比，我国可转换债券在赎回时的溢价（溢价=（转换价值－赎回价格）/赎回价格）远远低于美国可转债市场的溢价比率，这会使得在股市处于牛市的上涨趋势中，上市公司在赎回保护期之后不久就能够赎回可转债，比如上海电力股份有限公司在2006年12月1日发行上电转债，

自 2007 年 6 月 1 日至 2007 年 7 月 12 日，上海电力股票收盘价格已连续 30 个交易日高于当期转股价的 130%（5.76 元），满足了上电转债赎回条款的规定，因此上海电力股份有限公司在 2007 年 7 月 13 日第一次正式发布赎回公告，将赎回未转股的所有可转债以加速转股。可见上市公司赎回条款的溢价比例定得太低会造成可转债的过早执行，损害投资者的信心，不利于可转债市场的长期稳定发展，因此上市公司在设计可转债赎回条款时应适当提高溢价比例。当然我们也要看到这一问题也是由于我国可转债存续时间较短，上市公司更愿意提早赎回可转债以强制转股所造成的。

3. 赎回条款会降低可转债对于投资者的价值，因此可转债的赎回条款里一般都会有赎回保护期，即规定公司在一定年限内不能赎回可转债。通常美国企业会发行具有相对较短赎回保护期的可换债，来为存续期间较短的投资计划融资；发行相对较长的赎回保护期的可转债来应付长期的投资计划。而我国发行的大多数可转换债券赎回保护期为半年或一年，不能够很好地反映出企业投资计划的长短特征，为不同期限的投资进行灵活的融资。因此，我国可转债赎回保护期的设计应当借鉴发达国家的经验，以能够适应公司不同期限的融资需求。

（整理、复核：王梦然）

可转债融资对上市公司市场价值的长期影响及原因分析*

于瑾　王梦然

一、可转债融资对发行公司市场价值的长期影响

对于发行可转债的上市公司，本文将选取其股票买进持有超额收益和其经营指标作为两个衡量指标，通过分析可转债发行前后这两个指标的变化来测度可转债融资对上市公司市场价值的长期影响。

（一）基于公司股票买进持有超额收益率的–分析

下面采用买进持有超额收益率（BHAR，Buy-and-Hold Adjusted Returns）作为衡量指标，来分析发行公司股票价格在长期内的变动。买进持有超额收益率为：

$$BHAR_i = \prod_{t=1}^{T}(1+r_{it}) - \prod_{t=1}^{T}(1+r_{mt})$$

r_{it}—i 公司 t 时股票收益，r_{mt}—股票市场指数或可比公司 t 时收益

1. 样本的选择

截止到 2010 年底，沪深两市共发行了 60 余种可转债，本文在选择样本时剔除银行和房地产公司（按照证监会的分类标准）；剔除可转债发行预案公告日当天没有交易所交易记录的上市公司。最终，我们选取 1999 年 1 月 1 日至 2010 年 6 月 30 日发行可转债的 45 家上市公司作为样本。

2. 样本公司股票买进持有超额收益率的统计描述

当以股票市场指数收益作为基准进行调整时，在可转债发行前，样本公司股票前 6 个月的买进持有超额收益的均值为 12.42%；前 12 个月的买进持

* 资料来源：《国际金融研究》2011 年第 5 期，第 74－80 页。

有超额收益的均值为21.1%;前12个月买进持有超额收益的中位数为3.71%。这表明可转债发行前，样本公司的股票收益率在长期内高于股票市场指数收益率。在可转债发行后，样本公司股票前6个月的买进持有超额收益的均值为0.98%；12个月的买进持有超额收益的均值为3.71%；12个月内买进持有超额收益的中位数为 1.89%。可以看出可转债发行后，样本公司的股票收益和发行前相比有所下降，但和股票市场指数收益相比，样本公司的股票收益仍然比较高。

当以可比公司作为基准进行调整时，在可转债发行前，样本公司股票前6个月买进持有超额收益的均值为14.14%；前12个月买进持有超额收益的均值为28.31%；12个月内买进持有超额收益的中位数为15.61%，这表明可转债发行公司的股票收益一般都高于同行业的其他可比公司，这也说明我国发行可转换债券融资的上市公司一般都是行业中经营状况较好的公司。在可转债发行后，前6个月样本公司股票的买进持有超额收益均值为1.11%；12个月的买进持有超额收益均值为4.12%；12个月内买进持有超额收益的中位数为–33.33%。可以看出上市公司在发行可转债之后，公司的股票价格出现显著下跌，低于同行业其他可比公司的股票价格。

（二）基于公司经营指标的分析

本文选择净资产收益率ROE、每股收益EPS和每股现金流CPS这三个经营指标，来分析样本公司和样本可比公司在可转债发行前后经营业绩的变化，样本时间选择可转债发行前两个会计年度至发行后第二个会计年度，样本公司和样本可比公司的选择同上。

从统计结果可以看出，样本公司的净资产收益率ROE在可转债发行前两个会计年度内呈逐年增长趋势，在发行当年达到最高0.111%。样本公司的每股收益EPS、每股现金流CPS在可转债发行前两个会计年度内先下降，后增长，在发行当年达到最高，分别为0.443元/股和1.628元/股。而在可转债发行后两个会计年度内，样本公司的这三个经营指标都处于显著的下降趋势。可以看出样本公司在可转债发行前经营业绩处于上升趋势，而在发行后公司经营业绩下降。

同时还可以看出，样本公司在发行可转债融资前后两个会计年度及发行当年的经营指标 EPS、ROE 及每股现金流 CPS 基本上都高于可比公司的经营指标，这一结果和我国可转债市场的发行主体都是行业中经营状况较好的上市公司这一现象一致。同时可以看出可比公司的经营指标在研究的时间范围内，没有出现经营业绩先上升，后下降的情况，这也进一步证实了发行可转债融资的上市公司经营业绩的变化情况。

二、可转债融资对上市公司市场价值影响原因的实证分析

从上面的分析可以看出，在可转债发行前，上市公司的股票价格和经营指标都处于上涨趋势，而在可转债发行后，公司股价和经营指标显著下降。国外一些学者曾从盈余管理的角度分析这一问题，他们认为发行可转换债券前，上市公司会利用盈余管理提高公司利润来吸引投资者，从而导致可转债发行后公司的经营状况会出现一定程度的恶化。本文试图运用我国可转债市场数据建立截面回归模型对此问题进行实证研究。

（一）盈余管理代理变量的选取

在测度盈余管理行为的变量选择上，本文参照 Teoh et al.（1998a）的研究结果[①]，把可控流动应计利润（下文中用变量 DCA 表示）作为盈余管理行为的代理变量。同时本文参照 Guenther（1994）、Han and Wang（1998）和 Monem（2003）的研究方法，利用时间序列模型得到公司的可控应计利润 DCA。具体计算过程如下：

首先，计算公司的流动应计利润 CA，计算公式如下：

$$CA_{it} = (\Delta CASSET_{it} - \Delta CASH_{it}) - (\Delta CL_{it} - \Delta LD_{it})$$

$$TA_{it} = CA_{it} + LA_{it}$$

其次，利用时间序列模型，计算可控性流动应计利润 DCA，计算过程如下：

$$\frac{CA_{it}}{TA_{it}} = \alpha_0\left(\frac{1}{TA_{it-1}}\right) + \alpha_1\left(\frac{\Delta SALE_{it}}{TA_{it-1}}\right) + \varepsilon_{it}$$

① Teoh，S.H，T.J.Wong，G.R.Tao. Are accruals during initial Public Offerings Opportunistic?［J］. *Reviews of Accounting Studies*，1998（3）：175－208.

$$NDCA_{it} = \hat{\alpha}_0\left(\frac{1}{TA_{it-1}}\right) + \hat{\alpha}_1\left(\frac{\Delta SALE_{it} - \Delta AR_{it}}{TA_{it-1}}\right)$$

$$DCA_{it} = \frac{CA_{it}}{TA_{it-1}} - NDCA_{it}$$

（二）截面模型的建立及变量的统计分析

本文参考 Ruey－Dang Chang，Yee－Chy Tseng and Ching－Ping Chang（2010）[①]的研究结果，建立以下三个截面数据模型分析可转债融资对上市公司市场价值负面影响的原因。样本选择及数据来源同上。

回归方程 1：

$$DCA_{it} = \beta_0 + \beta_1 SIZESIZE_{it} + \beta_2 LEV_{it} + \beta_3 CFO_{it} + \beta_4 ABSTA_{it} + \beta_5 DCA_{it-1} + \varepsilon_{\iota\tau}$$

回归方程 2：

$$DCA_{it} = \beta_0 + \beta_1 DUM_2 + \beta_2 SIZE_{it} + \beta_3 LEV_{it} + \beta_4 CFO_{it} + \beta_5 ABSTA_{it} + \varepsilon_{it}$$

回归方程 3：

$$DCA_{it} = \beta_0 + \beta_1 SIZE_{it} + \beta_2 LEV_{it} + \beta_3 CFO_{it} + \beta_4 ABSTA_{it} + \beta_5 DCA_{it-1} + \varepsilon_{it}$$

本文对 DCA 和其他自变量做了皮尔森相关系数检验，检验结果显示 DCA 与 ABSAT、SIZE 正相关。这表明公司的应计利润的绝对数额越大，公司规模越大，公司的可控流动应计利润越高。DCA 和 DUM（1）在 1%的显著性水平下正相关，意味着公司发行可转债的当年具有更多的可控流动应计利润。DCA 与 CFO、DCA（－1）负相关，表明公司经营活动产生的现金流越多、前一年的 DCA 越多，公司当年的可控流动应计利润越少。同时从下表可以看出，模型中自变量之间的相关性比较低，相关系数最高为 0.423。

（三）回归统计结果及分析

从下面的表中可以看出，回归方程中自变量的符号都与估计符号相一致，因此回归结果与前面对自变量与应计利润 DCA 之间相关性的预测相符。同时回归结果显示 DUM1 的系数为正，在 10%的水平下显著，这说明在可转债发行当年公司的应计流动利润和前一年相比增加，DUM2 的系数为负，在 10%的水平下显著，这说明可转债发行之后第一个会计年度内公司的应计流动利

① Ruey-Dang Chang，Yee-Chy Tseng，Ching-Ping Chang，“The issuance of convertible bonds and earnings management：evidence from Taiwan”，*Review of Accounting and Finance*，Vol. 9，Jan，PP65－87.，2010.

润下降。

从上面的结果可以得到，上市公司发行可转债当年，公司的DCA增加，这主要是由于我国上市公司在可转债发行当年普遍利用盈余管理提高利润来达到可转债发行资格要求，同时吸引投资者以实现顺利发行。在可转债发行当年，上市公司的盈余管理程度提高，而在可转债发行后上市公司的盈余管理程度下降，这主要是由于可转债发行前的盈余管理需要发行后公司的应计利润来进行调整，从而引起可转债发行后上市公司DCA的显著下降。可转债融资前上市公司通过盈余管理虚增DCA增加净利润，并不能够反映公司未来具有持续的盈利能力、发展能力，公司的股票投资者往往能够逐渐意识到这一点，在一定程度上识别上市公司的盈余管理行为，这时他们会选择卖出手中持有的股票，从而造成市场对可转债融资产生负面反应，导致上市公司股价下跌，经营业绩下滑。

三、结论和建议

本文研究证实了可转换债券融资在长期内会导致上市公司经营业绩的下降，通过实证的方法来研究其原因，得出上市公司普遍会在可转债发行当年利用盈余管理提高公司盈利，可转债发行前的盈余管理行为导致发行后上市公司经营业绩的下降、市场价值的下跌。

我国上市公司发行可转债融资过程中的盈余管理行为，不仅对上市公司自身的经营管理、财务状况产生不利影响，也会损害可转债投资者的利益。我国监管部门应当进一步约束和规范上市公司可转债融资行为，努力发挥可转换债券的优势特征，促进我国可转债市场的健康发展。

首先，我国上市公司进行盈余管理的一个重要目的是为了获取可转债发行资格，我国监管部门要从可转债发行资格考察体系设计的缺陷入手，不能仅通过规定上市公司的会计指标来限制可转债的发行，应当建立综合的约束和监管指标体系。监管部门可以在上市公司发行可转债资格的考察体系中，以净资产收益率为主，同时引入现金流量、主营业务利润率和总资产利润率，对上市公司的盈余能力、可持续发展能力进行综合评价，在一定程度上消除上市公司的盈余管理行为。

其次，应当建立有效的上市公司财务报告披露制度，比如增加上市公司会计信息披露的内容，加大对存在信息披露违规行为的上市公司的处罚力度等措施。健全有效的信息披露制度能够让外部投资者了解公司的实际财务状况，在一定程度上约束上市公司的盈余管理行为，保护投资者的利益。

最后，上市公司也应当积极采取措施，逐步优化公司的股权结构，建立和发展市场化的股权运作机制，加强公司内部控制体系的建立，从根本上解决上市公司的盈余管理行为。同时，上市公司也要根据自身需要设计合理的发行条款，既能够降低融资成本，避免风险，也能够充分发挥可转换债券对管理者的激励与约束作用，充分保障上市公司股东与可转债潜在投资者利益。

（整理、复核：王梦然）

分红、异常分红与我国开放式股票型基金业绩持续性研究*

刘翔　于瑾　余皓宇

一、引言

分红是一种回馈股东、满足投资者特定红利偏好的行为，会增加现金流支出、减少资产规模。分红和基金业绩持续性存在怎样的关系？本文将采用事件研究法和四因素模型，对短期内（十个工作日）分红和基金业绩的关系进行深入研究。从分红与前期基金业绩、证券市场环境、事件窗异常收益以及流动性压力等角度，研究分红、异常分红与我国开放式股票型基金业绩持续性的关系。

二、文献回顾

Goetzmann 等（1994）、Brown 等（1995）、Elton 等（1996）均发现基金业绩存在持续性，认为观测期长短对结论有重要影响。吴启芳等（2003）、王晓国等（2005）、李学峰等（2007）认为，在一年左右的时间里我国基金业绩存在持续性。但也有一些国内学者认为并不存在基金业绩持续性。王向阳等（2006）通过列联表和动量检验法对开放式基金进行研究，发现在短期内我国整体基金业绩没有表现出持续性。

分红对基金业绩的影响。陈利春（2006）采用事件研究法对开放式基金成立日至 2005 年 6 月间的 209 次分红进行研究，发现我国基金市场存在分红效应，在分红当天和分红后第一天对基金累计净值产生了正影响。李婷等（2009）对存续时间在一年以上的货币式基金（不包括封转开基金），建立开

* 资料来源：《当代财经》2012 年第 10 期，第 53－62 页。

放式基金最低红利承诺信号模型，研究发现红利并不是越高越好，中等承诺红利水平的基金经理具有最突出业绩和最高生存概率。具有高收益能力的基金经理会选择稍低水平的红利支付率，这既满足了分红的要求又不会让基金规模下降太大。

异常分红对基金业绩的影响。刘磊等（2007）和谢岚等（2009）利用二元逻辑模型，研究了异常分红与基金成立时间、累计净值、基金类型、规模和投资风格等的关系。解学成等（2009）采用开放式股票型基金季度数据，以开放式基金持有人赎回行为作为事件，发现基金投资者在牛市、熊市中对宏观信息的反应不一致，基金分红能够吸引增量资金流入，大额分红并不会减少基金规模，相反会吸引资金持续流入。

基金业绩还会对隶属同一个管理公司的其他基金产生影响。Nanda 等（2004）认为，基金投资者会先选择基金公司，再选择单个基金，绩优的明星基金对该公司其他基金销售有正效应。从引发投资者关注角度出发，Barber 等（2008）也提出投资者只会选择引发其关注的股票，业绩还会对赎回压力、现金流等产生影响。

三、数据描述性说明

以 2006 年 1 月至 2010 年 12 月间的开放式股票型基金和 A 股股票市场为样本，数据来源于 CSMAR（国泰安）数据库，数据处理采用 SAS 9.1 软件，本文所指天均为工作日。其中，基金收益率采用累计净值增长率。RMRF、SMB、HML 和 PR10D 的构建思路与 Carhart（1997）四因素模型相同。其中，RM 为总市值加权的现金红利再投资的 A 股日收益率；SMB、HML 的计算采用的是总市值和市净率 P/B。对形成期为 1 个月和持有期为 5 天、10 天和 20 天的持续性变量进行计算，得到 PR5D、PR10D 和 PR20D 的收益率分别为 0.153%、0.289%和 0.442%，在 1%的显著水平下均显著。无风险利率 r_f 为银行一年期定期存款日利率。定义每份基金每次支付大于 0 元为分红，参考股利异常分红并结合我国基金分红的实际情况（分布和中位数等），定义每份基金每次支付大于等于 0.3 元为异常分红。

定义赢者组合、输者组合。采用 Jegadeesh 和 Titman（1993）的方法，将每个时间点的过去一个月的基金收益率按升序排列后，最差的十分之一组合为P1组合，之后依次命名为P2组合至P10组合。其中，P10组合为赢者组合，P1组合为输者组合。根据股市持续涨跌情况，定义2006年为牛市，2008年为熊市。在整个样本期间，形成期为1个月、持有期为3个月策略下的等价值加权基金业绩持续性（赢者组合与输者组合的收益差）为0.749%，在统计上显著。这说明在3个月的时间里，我国开放式股票型基金存在业绩持续性。

四、分红、异常分红和基金业绩持续性的实证分析

（一）分红、异常分红事件研究框架

第一，事件定义。定义2006年1月至2010年12月间分红和异常分红为研究事件。其中，分红是指每份基金每次支付大于0元；异常分红是指每份基金每次支付大于等于0.3元。估计窗是分红（异常分红）事件的前13个工作日，事件窗为事件发生当天及之后的9个工作日（共计10个工作日）。

第二，事件选取的标准。假设不同基金的异常收益（累积异常收益）之间是相互独立的；收益服从联合多元正态分布且独立同分布。剔除相邻两次分红间隔不足半个月以及估计窗和事件窗分别少于13个和10个工作日的分红事件。分红、异常分红事件的时间点为t=0，估计窗为t=－13至t=－1，共13个工作日，事件窗为事件当天t=0至t=9，共10个工作日。

第三，正常收益和异常收益的定义。为了评估事件影响，要先估计出正常收益。用分红前13个工作日的收益率来估计分红当天及之后9个工作日的收益。异常收益为实际收益率减去估计收益率。

第四，事件窗的估计方法。采用Carhart（1997）的四因素模型，来计算事件窗正常收益率。

$$r_{it} = \alpha_i + \beta_{iM} RMRF_t + \beta_{iSMB} SMB_t + \beta_{iHML} HML_t + \beta_{iPR10D} PR10D_t + e_{it} \qquad (1)$$

其中，RMRF为A股市场超额收益率，SMB为小、大规模股票的收益率差，HML为高、低B/E股票的收益率差，PR10D为形成期1个月、持有期10天的基金动量势能变量，t=－13，…，－1。

分红事件的异常收益 $AR_{it} = r_{it} - E(r_{it})$。由于使用四因素模型，则可写成公式（2）。其中，t=0，…，9。

表 1　　分红、异常分红与基金业绩持续性组合（元）

	分红											异常分红										
	P1	P2	P3	P4	P5	P6	P7	P8	P9	P10	所有组合	P1	P2	P3	P4	P5	P6	P7	P8	P9	P10	所有组合
2006 年至 2010 年																						
样本数	29	32	30	43	29	42	40	41	44	49	379	5	7	6	8	5	7	10	6	2	6	62
均值	0.146	0.352	0.186	0.199	0.225	0.233	0.25	0.21	0.117	0.158	0.204	0.572	1.278	0.606	0.661	0.804	0.714	0.744	0.831	0.865	0.605	0.767
标准差	0.235	0.608	0.259	0.279	0.324	0.313	0.359	0.302	0.212	0.187	0.321	0.307	0.786	0.323	0.381	0.457	0.562	0.428	0.39	0.799	0.135	0.479
最小值	0.01	0.01	0.01	0.01	0.01	0.005	0.01	0.002	0.01	0.015	0.002	0.3	0.68	0.31	0.3	0.31	0.31	0.32	0.35	0.3	0.35	0.3
中位数	0.05	0.1	0.095	0.1	0.1	0.18	0.1	0.1	0.06	0.09	0.1	0.466	1.039	0.539	0.595	0.89	0.5	0.645	0.922	0.865	0.645	0.645
最大值	1.1	2.8	1.23	1.329	1.29	1.96	1.55	1.35	1.43	0.71	2.8	1.1	2.8	1.23	1.329	1.29	1.96	1.55	1.35	1.43	0.71	2.8
2006 年牛市																						
样本数	5	6	6	9	4	5	11	9	7	10	72	0	0	0	2	0	0	3	1	1	0	7
均值	0.025	0.058	0.078	0.26	0.052	0.074	0.196	0.18	0.078	0.065	0.123	0	0	0	0.934	0	0	0.583	1.04	0.3	0	0.708
标准差	0.015	0.019	0.075	0.386	0.036	0.083	0.265	0.329	0.099	0.035	0.216				0.02			0.193				0.289
最小值	0.01	0.03	0.015	0.02	0.02	0.02	0.015	0.02	0.03	0.03	0.01				0.92			0.36	1.04	0.3		0.3
中位数	0.02	0.055	0.045	0.06	0.045	0.05	0.05	0.05	0.04	0.06	0.05				0.934			0.69	1.04	0.3		0.7
最大值	0.05	0.08	0.21	0.949	0.1	0.22	0.7	1.04	0.3	0.15	1.04				0.949			0.7	1.04	0.3		1.04
2008 年熊市																						
样本数	6	0	3	5	2	8	2	3	5	0	34	4	0	2	1	1	1	0	0	1	0	10
均值	0.319	0	0.373	0.169	0.275	0.381	0.2	0.14	0.356	0	0.296	0.441	0	0.469	0.3	0.35	1.96	0	0	1.43	0	0.674
标准差	0.204		0.174	0.092	0.106	0.642	0	0.072	0.601		0.386	0.098		0.069								0.558
最小值	0.05		0.18	0.066	0.2	0.06	0.2	0.06	0.05		0.05	0.3		0.42	0.3	0.35	1.96			1.43		0.3
中位数	0.383		0.42	0.18	0.275	0.19	0.2	0.16	0.1		0.2	0.466		0.469	0.3	0.35	1.96			1.43		0.466
最大值	0.53		0.518	0.3	0.35	1.96	0.2	0.2	1.43		1.96	0.53		0.518	0.3	0.35	1.96			1.43		1.96

$$AR_{it}=r_{it}-\hat{\alpha}_i-\hat{\beta}_{iM}RMRF_t-\hat{\beta}_{iSMB}SMB_t-\hat{\beta}_{iHML}HML_t-\hat{\beta}_{iPR10D}PR10D_t \quad (2)$$

平均异常收益 AAR 为

$$AAR_t=\frac{1}{N}\sum_{i=1}^{N}AR_{it} \quad (3)$$

从事件日至 τ 日（τ=0，…，9）的累积平均异常收益率为

$$CAAR_\tau=\sum_{t=0}^{\tau}AAR_t \quad (4)$$

第五，异常收益检验方法。异常收益统计检验方法有传统 t 值、Patell 的 t 值、Boehmer 的 t 值及非参数 t 值四种方法。其中，传统 t 值、Patell 的 t 值和 Boehmer 的 t 值属于参数检验，原假设都是异常收益为 0。

传统 t 检验。假设异常收益在横截面是不相关的，但允许方差在事件发生后发生变化。

$$t_{cs}=\frac{\frac{1}{N}\sum_{i=1}^{N}AR_i}{\sqrt{\frac{1}{N(N-1)}\sum_{i=1}^{N}\left[AR_i-\frac{1}{N}\sum_{i=1}^{N}AR_i\right]^2}} \quad (5)$$

Patell 的 t 检验。假设异常收益在横截面是相互独立的，事件发生后并不会对事件窗方差造成影响。Patell 的 t 值是对事件窗异常收益使用估计窗标准差来标准化，这减少了较大收益标准差对统计检验的影响。其中，SR 为使用估计窗标准差标准化后的异常收益。

$$t_{Patell}=\frac{\sum_{i=1}^{N}SR_i}{\sqrt{N}} \quad (6)$$

Boehmer 的 t 检验。它是对传统 t 检验和 Patell 的 t 检验的改进，同时考虑了估计窗和事件窗的信息，进行了两步标准化。该检验不受事件发生后方差变化的影响。

$$t_{BMP}=\frac{\frac{1}{N}\sum_{i=1}^{N}SR_i}{\sqrt{\frac{1}{N(N-1)}\sum_{i=1}^{N}\left[SR_i-\frac{1}{N}\sum_{i=1}^{N}SR_i\right]^2}} \quad (7)$$

非参数的 t 检验。假设异常收益在横截面是不相关的，原假设是一半的异常收益为负值。该检验方法并不基于特定的异常收益分布假设。符号检验是一种常用的非参数检验方法，属单尾检验。其中，P 为异常收益为正值的比重。

$$t_{sign} = \frac{(P-0.5)}{\sqrt{0.25/N}} \tag{8}$$

第六，分析与结论。根据事件研究的异常收益及 t 值，分析事件影响并得出结论。

（二）分红事件的实证分析

分红估计窗平均超额收益为 –0.000 7%，t_{cs} 为 1.41，在统计上不显著，说明四因素模型对估计窗有较好的解释。事件窗 10 天的异常收益（AAR）分别是 –0.006 5%、–0.067 7%、–0.131 2%、–0.146 0%、–0.196 8%、–0.181 6%、–0.067 3%、–0.081 0%、–0.200 6%和 –0.260 1%，累计异常收益（CAAR）分别是 –0.006 5%、–0.074 2%、–0.205 4%、–0.351 4%、–0.548 2%、–0.729 8%、–0.797 0%、–0.878 0%、–1.078 6%和 –1.338 7%。整个估计窗和事件窗的 AAR 及事件窗的 CAAR，见表 2。在分红当天，基金的收益率出现略微的负效应（–0.006 5%），之后负效应逐步加强，到第六日和第七日负效应减弱，之后负效应又增强。整个事件窗的 CAAR 为 –1.338 7%，从整体上来看，分红后对基金业绩将产生负效应。t_{cs}、t_{patell}、t_{BMP} 和 t_{sign} 分别是 –2.85、–10.16、–1.85 和 –1.72，在统计上都显著。

表 2　　分红前后的 AAR 和 CAAR（%）

t	AAR	CAAR
–13	–0.043 1	
–12	–0.005 3	
–11	–0.010 6	
–10	0.028 9	
–9	0.015 4	
–8	0.014 9	
–7	–0.032 3	

续表

t	AAR	CAAR
−6	−0.018 3	
−5	0.000 0	
−4	0.005 5	
−3	−0.013 2	
−2	0.029 5	
−1	0.020 1	
0（分红）	−0.006 5	−0.006 5
1	−0.067 7	−0.074 2
2	−0.131 2	−0.205 4
3	−0.146 0	−0.351 4
4	−0.196 8	−0.548 2
5	−0.181 6	−0.729 8
6	−0.067 3	−0.797 0
7	−0.081 0	−0.878 0
8	−0.200 6	−1.078 6
9	−0.260 1	−1.338 7

分红是一种回馈股东的行为，是将投资收益分配给投资者。一方面，满足了投资者落袋为安的需要；另一方面，也是为了落实招募说明书和相关监管要求。但从整体上来看，分红对基金的短期（10 个工作日）存在显著的负效应，可能是基金为满足分红等流动性要求，而对资产配置进行重新分配，从而对投资结果造成了一定的影响。分红当天位于 P10 组合、P1 组合的 AAR 分别是 0.053 4%和−0.129 9%，在 10 个工作日内 CAAR 分别是−2.345 0%和−4.955 5%，t_{patell} 分别是−7.42 和−11.74，在统计上显著，P3 和 P4 组合的 CAAR 为正数，其他组合均为负数。分红后，P10 组合所受的负影响小于 P1 组合，表明分红反而会加强业绩持续性。

表 3　　　　　　　　分红事件窗的 AAR 和 CAAR（%）

	P1	P2	P3	P4	P5	P6	P7	P8	P9	P10	所有组合
样本数	29	32	30	43	29	42	40	41	44	49	379
AAR t=0	−0.129 9	−0.204 5	0.082 5	−0.039 4	0.156 5	−0.088 6	0.002 4	0.096 3	−0.009 2	0.053 4	−0.006 5
t=1	−0.346 9	0.183 4	−0.018 8	0.019 7	0.042 8	−0.187 5	−0.033 5	0.045 8	−0.272 1	−0.097 8	−0.067 7

续表

	P1	P2	P3	P4	P5	P6	P7	P8	P9	P10	所有组合
t=2	−0.304 9	0.041 6	0.079 3	0.224 3	0.089 9	−0.130 3	−0.053 2	−0.094 4	−0.101 5	−0.894 2	−0.131 2
t=3	0.130 0	−0.071 5	0.175 8	0.064 4	0.277 3	−0.931 4	−0.168 1	0.042 0	−0.099 1	−0.493 1	−0.146 0
t=4	−0.707 5	−0.149 4	0.065 8	0.057 5	−0.040 1	−0.637 5	−0.222 6	−0.053 4	−0.012 2	−0.308 8	−0.196 8
t=5	−0.916 8	0.091 5	0.006 0	−0.094 7	−0.026 3	−0.202 8	−0.355 3	0.143 6	−0.426 9	−0.138 8	−0.181 6
t=6	1.015 3	−0.029 9	0.026 2	−0.168 6	−0.513 7	−0.056 2	−0.125 6	0.008 5	−0.342 2	−0.166 5	−0.067 3
t=7	−0.069 3	0.056 7	−0.045 2	−0.063 4	0.093 6	−0.032 0	−0.277 1	−0.117 2	−0.189 0	−0.075 8	−0.081 0
t=8	−0.851 0	−0.662 3	0.080 9	0.031 7	−0.225 1	−0.114 1	−0.058 0	−0.387 4	−0.082 0	−0.030 6	−0.200 6
t=9	−2.774 6	−0.080 0	0.069 9	0.086 0	−0.084 4	−0.178 5	0.113 2	−0.170 6	−0.130 7	−0.192 7	−0.260 1
CAAR t=0	−0.129 9	−0.204 5	0.082 5	−0.039 4	0.156 5	−0.088 6	0.002 4	0.096 3	−0.009 2	0.053 4	−0.006 5
t=1	−0.476 8	−0.021 1	0.063 7	−0.019 8	0.199 4	−0.276 1	−0.031 1	0.142 2	−0.281 3	−0.044 4	−0.074 2
t=2	−0.781 6	0.020 5	0.142 9	0.204 5	0.289 3	−0.406 4	−0.084 3	0.047 7	−0.382 8	−0.938 6	−0.205 4
t=3	−0.651 6	−0.051 0	0.318 7	0.269 0	0.566 5	−1.337 8	−0.252 4	0.089 7	−0.481 8	−1.431 6	−0.351 4
t=4	−1.359 2	−0.200 4	0.384 5	0.326 5	0.526 5	−1.975 3	−0.474 9	0.036 3	−0.494 0	−1.740 5	−0.548 2
t=5	−2.275 9	−0.108 9	0.390 5	0.231 8	0.500 2	−2.178 1	−0.830 2	0.180 0	−0.920 9	−1.879 3	−0.729 8
t=6	−1.260 6	−0.138 7	0.416 7	0.063 1	−0.013 5	−2.234 3	−0.955 9	0.188 5	−1.263 1	−2.045 9	−0.797 0
t=7	−1.329 9	−0.082 0	0.371 5	−0.000 3	0.080 2	−2.266 3	−1.232 9	0.071 3	−1.452 1	−2.121 7	−0.878 0
t=8	−2.181 0	−0.744 4	0.452 4	0.031 4	−0.144 9	−2.380 4	−1.291 0	−0.316 1	−1.534 1	−2.152 3	−1.078 6
t=9	−4.955 5	−0.824 3	0.522 3	0.117 4	−0.229 4	−2.558 9	−1.177 7	−0.486 6	−1.664 8	−2.345 0	−1.338 7

（三）分红与基金长期业绩的关系

将基金按过去一个月的收益进行排序，表现好的前 50%基金为组合 1，表现差的后 50%基金为组合 2。从表 4 中发现，分红后第一个月的基金业绩是劣于整个样本的，但分红基金在一年里的累计收益率比整个样本期高出了 0.404 57%。这是因为基金为了满足之前分红流动性需要而调整了资产配置，会造成短期内业绩稍差于整个样本，但从长远看，分红基金业绩一般比较好，在一年的时间里比整个样本期表现更好。由于业绩持续性的存在，过去业绩好的基金在下一期继续表现好；同时分红的基金在长期中表现更好，更能获取资本升值。

表 4　　　　分红和整个样本期的相对强势策略的日均收益（%）

	一个月	二个月	三个月	四个月	五个月	六个月	七个月	八个月	九个月	十个月	十一个月	十二个月	累计收益
分红(1)	0.005 94	0.042 58	0.065 86	0.025 75	0.049 33	–0.027 65	0.139 85	–0.000 32	0.006 23	0.032 92	0.032 02	0.113 30	0.485 83
整个样本期(2)	0.023 06	0.019 76	0.016 13	0.029 91	0.013 45	–0.022 52	–0.000 87	–0.010 28	0.006 18	0.004 57	–0.002 51	0.004 39	0.081 26
(1)–(2)	–0.017 12	0.022 83	0.049 74	–0.004 16	0.035 88	–0.005 13	0.140 72	0.009 96	0.000 05	0.028 35	0.034 54	0.108 91	0.404 57

（四）异常分红事件的实证分析

从整体上看，异常分红对基金业绩存在负效应，10 个工作日内的 CAAR 为 – 2.571 5%，这表明异常分红不利于基金业绩表现。这与基金异常分红需要大量流动性资产、对原资产配置的重大调整有关，会对业绩产生较大不利影响。其中，P10 组合和 P1 组合分别异常分红 6 次、5 次，异常分红平均值为 0.605 元、0.572 元。P10 组合和 P1 组合的 CAAR 分别为 – 6.809 9% 和 – 0.684 7%。P10 组合的 t_{cs}、t_{patell}、t_{BMP} 和 t_{sign} 分别是 – 1.07、– 13.52、– 1.20 和 – 1.34，仅 t_{patell} 在统计上显著，其他 t 值均不显著。P1 组合的 t_{cs}、t_{patell}、t_{BMP} 和 t_{sign} 分别是 – 0.16、– 0.27、– 0.06 和 0，在统计上均不显著。分红后 10 个工作日的 AAR 和 CAAR，见表 5。相比之下，异常分红对赢者组合的影响更大的重要原因，是业绩较差基金的投资技能及把握投资机会能力远逊色于业绩较好基金。在没有好的投资机会时，业绩较差基金进行异常分红不失为一个好的策略，在满足了投资者的“落袋为安”心理需要的同时，还可以吸引投资者关注和购买。

表 5　　　　异常分红事件窗的 AAR 和 CAAR（%）

	P1	P2	P3	P4	P5	P6	P7	P8	P9	P10	所有组合
样本数	5	7	6	8	5	7	10	6	2	6	62
AAR t=0	–0.083 5	–0.188 6	0.356 1	–0.271 3	0.459 9	1.118 5	0.015 1	–0.081 8	0.486 0	0.505 7	0.201 2
t=1	–0.325 7	0.839 0	–0.409 5	–0.066 6	–0.071 2	–0.692 1	–0.441 2	–0.188 3	0.851 4	–0.196 6	–0.141 9
t=2	0.562 1	–0.013 5	–0.033 0	0.278 7	0.359 0	–0.280 0	–0.637 2	0.085 8	–0.361 8	–7.191 7	–0.657 6
t=3	0.807 6	–0.396 2	0.346 7	0.498 3	–0.141 1	–1.766 9	–0.425 4	0.010 5	1.153 6	–0.070 5	–0.157 4
t=4	0.016 1	0.076 6	0.271 4	–0.278 8	–0.030 5	–0.509 1	–0.312 9	–0.383 5	–1.809 8	0.260 9	–0.189 5
t=5	–2.942 6	0.474 5	–0.152 7	–0.308 1	0.825 6	–0.025 4	–0.534 5	0.213 0	–2.306 8	–0.451 1	–0.313 7

续表

	P1	P2	P3	P4	P5	P6	P7	P8	P9	P10	所有组合
样本数	5	7	6	8	5	7	10	6	2	6	62
t=6	0.421 3	−0.261 0	−0.219 5	−0.828 6	−0.885 8	−0.467 7	−0.347 6	−0.316 4	−6.520 3	−0.052 7	−0.570 2
t=7	0.232 0	−0.567 6	−0.022 2	0.046 3	−0.699 1	−0.973 2	−0.454 7	−0.285 8	−0.928 0	0.453 3	−0.322 3
t=8	0.890 5	−0.463 8	−0.108 9	−0.233 4	−0.527 9	−0.310 6	−0.180 0	−0.990 8	−1.398 8	−0.210 1	−0.311 5
t=9	−0.262 6	0.276 8	−0.183 8	0.341 7	−0.882 2	0.033 5	0.158 8	−0.703 1	−1.246 3	0.142 8	−0.108 6
CAAR t=0	−0.083 5	−0.188 6	0.356 1	−0.271 3	0.459 9	1.118 5	0.015 1	−0.081 8	0.486 0	0.505 7	0.201 2
t=1	−0.409 3	0.650 4	−0.053 4	−0.337 9	0.388 7	0.426 4	−0.426 1	−0.270 1	1.337 4	0.309 2	0.059 3
t=2	0.152 9	0.636 9	−0.086 4	−0.059 2	0.747 7	0.146 5	−1.063 3	−0.184 2	0.975 6	−6.882 5	−0.598 3
t=3	0.960 5	0.240 6	0.260 2	0.439 2	0.606 6	−1.620 4	−1.488 7	−0.173 7	2.129 1	−6.953 0	−0.755 7
t=4	0.976 6	0.317 2	0.531 7	0.160 3	0.576 1	−2.129 5	−1.801 6	−0.557 2	0.319 4	−6.692 1	−0.945 2
t=5	−1.966 0	0.791 7	0.378 9	−0.147 8	1.401 6	−2.154 9	−2.336 1	−0.344 2	−1.987 5	−7.143 2	−1.258 9
t=6	−1.544 6	0.530 7	0.159 4	−0.976 4	0.515 8	−2.622 5	−2.683 7	−0.660 6	−8.507 8	−7.195 9	−1.829 1
t=7	−1.312 6	−0.036 9	0.137 2	−0.930 1	−0.183 3	−3.595 7	−3.138 4	−0.946 4	−9.435 8	−6.742 6	−2.151 3
t=8	−0.422 1	−0.500 7	0.028 4	−1.163 5	−0.711 2	−3.906 3	−3.318 3	−1.937 3	−10.834 6	−6.952 7	−2.462 8
t=9	−0.684 7	−0.223 9	−0.155 4	−0.821 7	−1.593 4	−3.872 8	−3.159 6	−2.640 4	−12.080 8	−6.809 9	−2.571 5

（五）异常分红后的流动性压力

1. 基金需要准备一定的流动资产来应对日常赎回压力。定义基金持有的流动性资产占净值比率＝持有国债占净值比例＋持有金融债占净值比例＋持有央行票据占净值比例＋银行存款和清算备付金占资产总值比例。当基金进行分红后，季初平均流动性资产占比 14.86%，本季度末平均流动性资产占比 14.66%，相比季初减少了 0.2%，在统计上不显著。下个季度末为 14.93%，比上个季度末上升了 0.27%，在统计上也不显著。这表明基金分红确实会减少流动性资产，但流动性风险变化不大。

当基金进行异常分红后，季初平均流动性资产占比 14.44%，本季度末平均流动性资产占比 18.12%，相比季初增加了 3.68%，在统计上显著。下个季度末为 15.72%，比上个季度末下降了 2.4%，在统计上也显著。从整体看，基金异常分红后流动性资产增加。

赢者组合异常分红（6 次）后，季初平均流动性资产占比 12.08%，本季度末平均流动性资产占比 21.02%，相比季初增加了 8.94%，在统计上不显著。

下个季度末为 12.70%，比上个季度末下降了 8.32%，在统计上也不显著。这说明赢者组合异常分红后，流动性资产增加，流动性压力下降，流动性风险减少。但是到下个季度末，流动性压力加大。从整体看，流动性资产波动幅度较大，异常分红还是会略微增加流动性资产。

输者组合异常分红（5 次）后，季初平均流动性资产占比 12.81%，本季度末平均流动性资产占比 16.72%，相比季初增加了 3.91%，在统计上不显著。下个季度末为 18.43%，比上个季度末增加了 1.71%，在统计上也不显著。这说明输者组合异常分红后，流动性资产增加，流动性压力下降，流动性风险减少。同时，在异常分红后的下个季度末流动性资产依然在增加，但幅度小于分红所在的季度。所以，输者组合在异常分红后不但缓解了因业绩表现差而带来的赎回压力，反而在较长时间里增加了流动性资产。

2. 从分红前后的现金流角度出发，据 Dahlquist（2000）的现金流定义：

$$\text{flow}_{i,t} = TNA_{i,t} - TNA_{i,t-1} \times {}^{NAV_{i,t}}\!/\!_{NAV_{i,t-1}} \tag{9}$$

基金分红后，季末现金流比季初平均减少了 70 740.07 万元，有现金的净流出，表明分红确实减少基金规模。异常分红后，季末现金流比季初平均减少了 76 146.42 万元，现金流出规模大于分红后的值。赢者组合（P10 组合）季末现金流比季初平均减少了 117 720.27 万元，现金流出规模远大于整个样本的分红、异常分红后的值，输者组合（P1 组合）季末现金流比季初平均增加了 280 198.52 万元，再次证实了表现差的基金在异常分红后，引发了市场关注，吸引了投资者注意，有更多投资者购买，带来了现金流的净流入，缓解了赎回压力。

五、结论与建议

一是在基金业绩表现良好的情况下，分红是回馈投资者的行为。在牛市中业绩表现好的基金更倾向于分红，在熊市中业绩表现差的基金却在市场环境不好的情况下更倾向于异常分红。二是分红对短期基金业绩将产生负效应的原因，是为了满足分红等流动性要求，而重新进行资产配置，这会对投资结果造成一定影响。但是，赢者组合所受的负影响小于输者组合。所以，分红不但不会削弱、反而会加强业绩持续性，投资过去业绩好并分红的基金不失为一个好的投资策略。三是异常分红会对业绩产生不利影响，是因为基金异常分红需要大量流动性资产，需要对原资产配置进行重大调整。其中，异常分红对表现好的基金业绩有强负效应，对表现差的基金业绩有弱负效应，这与业绩差基金的投资技能及把握投资机会能力有关。四是对于投资业绩差的基金，异常分红不再单单是一种回馈投资者的行为，而是基金营销的重要策略，能够缓解因基金业绩表现差而带来的赎回压力，在较长时间里增加流动性资产。

（整理、复核：刘翔）

春节文化下的一月价值溢价与小公司效应*

——基于中国内地、香港和台湾的比较分析

张婷　于瑾

一、引言

近几年来，股票市场异象（Market Anomalies）一直是国内外学者关注和研究的热点。所谓市场异象，是指那些无法运用传统金融学理论来解释的市场现象。大量市场异象的出现给传统金融学理论带来了巨大的挑战。

在众多的市场异象中，“一月效应”、“价值溢价效应”和“小公司效应”是三个非常重要和典型的市场异象。其中，“一月效应”是指一月份股票市场收益率显著高于非一月份时期（Wachtel，1942），“价值溢价效应”是指价值型股票的收益率显著高于成长型股票收益率的现象（Basu，1977），“小公司效应”是指小规模公司的股票收益率高于大规模公司股票收益率的现象（Banz，1981）。中国内地、香港地区和台湾地区股票市场都属于亚太地区的新兴资本市场，在这种个人投资者占市场的主体的新兴资本市场中，投资者更容易受到一些非理性情绪的影响，投资决策易被其左右。因此，将“一月效应”分别与“价值溢价效应”和“小公司效应”结合是否会有新的市场异象产生？同时，中国内地、香港地区和台湾地区市场都在不同程度上受到中国传统文化的影响，因此，传统文化可能是造成市场异象的一个重要原因。

与以往研究相比，本文的创新之处在于：第一，将“价值溢价效应”和“小公司效应”分别与月份相联系，发现了“一月价值溢价效应”；第二，进

---

* 资料来源：《经济与管理》2012 年第 26（12）期，第 41－46 页。

基金项目：本研究得到了 2011 年度教育部人文社会科学研究规划基金项目“新兴市场金融的理论与实证研究”（11YJA790195）的资助。

一步发现中国内地投资者在一月份主要偏好高 BM 值的股票，而香港地区和台湾地区的投资者在一月份更偏好小规模公司中的高风险股票；第三，选择中国内地、香港地区和台湾地区三大新兴市场，发现中国传统的春节文化能够对上述两大市场异象给出合理的解释。

二、文献回顾

（一）价值溢价效应研究

Basu（1977）最早研究发现股票收益率与盈利价格比（Earning to price）具有显著的正相关关系。随后，Rosenberg 等（1984）和 Chan 等（1991）又分别发现了股票收益率与账面市值比（Book to market equity）及现金流价格比（Cash flow to price）之间存在正相关性。人们把这种具有高账面市值比、高盈利价格比及高现金流价格比的股票称为价值型股票，反之，则为成长型股票。同时，把价值型股票收益高于成长型股票收益的现象称为“价值溢价效应”。在此基础上，Fama 和 French（1992）对 1963 年至 1989 年间的美国上市公司股票进行系统研究，发现账面市值比最大的 10%的股票的平均收益率比账面市值比最小的 10%的股票的平均收益率每月高 1.53%，而且这种差异经过 β 调整后仍然明显。Davis 等（2000）把样本区间扩大到 1926 年至 1989 年，结论依然成立。

国内关于“价值溢价效应”的研究很少，王晋斌（2004）认为我国存在显著的价值溢价效应，而伍燕然和韩立岩（2009）却认为股票收益与账面市值比的正向关系不显著。

（二）小公司效应研究

Banz（1981）研究发现小规模公司平均收益率高于大规模公司，而且经过估计贝塔调整后仍然成立，人们称之为“小公司效应”。Keim（1983）进一步指出，大规模公司与小规模公司的这种收益差异有 50%是发生在 1 月份，也就说，小公司效应在一月份尤其显著。这种一月效应和小公司效应同时存在的现象称为“一月小公司效应”。Reinganum（1983）和 Blume 等（1983）利用 1963 至 1979 年的数据，发现小公司在一月份的收益率平均每天上升 0.714%。目前，针对我国股票市场的“小公司效应”研究主要集中在验证我国股票市场是否存在“小公司效应”和“一月小公司效应”。朱宝宪和何治国（2001）采用 1995 至 1997 年的数据发现中国不存在“小公司效应”，而刘昱熙和宋旺（2011）采用较新的时间样本，验证了中国 A 股市场上存在明显的“小公司效应”。张兵（2005）利用滚动样本检验法发现我国股票市场小公司一月效应显著，但风险最大。

三、数据及研究方法

（一）数据来源

根据数据的可获得性，本文选取自 2003 年 1 月至 2011 年 12 月中国沪深两市所有 A 股、香港地区和台湾地区股票市场所有股票作为研究样本。本文使用的股票及上市公司数据均来源于彭博数据库（Bloomberg）。

（二）研究方法

1.“一月价值溢价效应”和“一月小公司效应”检验

本文采用 Fama & MacBeth 的时间序列横截面回归法，采用月度数据分别对中国内地、香港地区和台湾地区三大新兴市场的一月样本和非一月样本进行回归分析，其中，检验一月价值溢价效应和一月小公司效应的具体模型分别如下所示：

$$r_{it} - r_{mt} = \alpha_0 + \alpha_1 BM_{it} + \varepsilon_t \quad (1)$$

$$r_{it} - r_{mt} = \alpha_0 + \alpha_1 Size_{it} + \varepsilon_t \quad (2)$$

其中，$r_{it} - r_{mt}$ 表示股票 i 第 t 月的股票收益率减去第 t 月的市场收益率；BM_{it} 为公司 i 在第 t 月的权益账面值与市场价值之比；$Size_{it}$ 为公司 i 在第 t 月的市场价值的自然对数值。

2. 不同风险条件下“一月价值溢价效应”和“一月小公司效应”检验

对于投资者而言，是偏好投资于高 BM 的公司或是小市值的公司，还是偏好投资于高风险的高 BM 公司或是高风险的小市值公司呢？为了检验三大新兴市场中存在的一月价值溢价效应和一月小公司效应是否与股票的风险程度有关，本文进一步根据每只股票在上一个年度的月度收益率标准差将每个市场的股票都分成 5 个组合，每年进行一次调整。其中，在样本区间内风险程度最低的 20%的股票为 VAR1，风险程度最高的 20%的股票为 VAR5。在不同的风险水平下，分别比较三大新兴市场的一月价值溢价效应和一月小公司效应。为了同时考虑价值溢价效应和小公司效应，本文采用模型（3）进行验证，如下所示：

$$r_{it} - r_{mt} = \alpha_0 + \alpha_1 BM_{it} + \alpha_2 Size_{it} + \varepsilon_t \quad (3)$$

其中，模型中每个变量的具体含义与模型（1）和模型（2）一致。

3. 春节文化对“一月价值溢价效应”和“一月小公司效应”的解释

由于本文选取的中国内地、香港地区和台湾地区三大新兴市场都受中国传统文化的影响深厚，因此，农历春节对于这三个市场而言都是一个重要的节日，大多数公司及企事业单位都会为了奖励员工过去一年的认真工作在农历春节前（一月份）颁发年终奖金。由于年终奖金与日常工资不同，这笔年终奖金的获得会促使投资者对风险的规避程度降低，对高风险股票的偏好增强。由于账面市值比（BM）越大的公司以及市值越小的公司风险程度越高，因此，本文认为中国内地、香港地区和台湾地区三大新兴市场存在的一月价值溢价效应和一月小公司效应都与三大市场的春节文化背景有关。

由于公司的息税前利润（EBIT）能够代表公司的盈利能力，公司盈利越多给员工年底颁发的奖金就越多；而一个国家或地区的 GDP 增长率越高，说明今年创造的财富水平远高于去年，对于公司（企业）而言即代表今年的利润水平较去年大幅提高，因此，公司（企业）给员工的年终奖金会越高。基于上述分析，本文分别选取三大新兴市场上市公司在前一年的息税前利润（EBIT）和三个国家（地区）前一年的 GDP 增长率作为衡量年终奖金高低的指标。分别根据以上两个指标的高低，将三大新兴市场分成两组，利用模型（3）对每个组合进行回归分析。

四、实证及结果分析

（一）三大新兴市场的“一月价值溢价效应”和“一月小公司效应”

根据模型（1）和模型（2），若 BM 的系数显著为正，则说明该市场存在价值溢价效应，即高 BM 值的公司收益率显著高于低 BM 值的公司；若 Size 的系数显著为负，则说明该市场存在小公司效应，即小规模公司的收益率显著高于大规模的公司。

对三大新兴市场一月份和非一月份的价值溢价效应及小公司效应的回归结果如表1所示。中国内地市场在一月份的BM系数为0.038，且显著为正，而在非一月份BM的系数并不显著，说明中国内地市场存在一月价值溢价效应。而中国内地市场在一月份的Size的系数并不显著，说明中国内地市场不存在一月小公司效应。香港地区市场和台湾地区市场的情况比较类似，在一月份，两个市场的BM系数均不显著，说明两个市场并不存在一月价值溢价效应。而在一月份，两个市场的Size的系数均显著为负，分别为-0.089和-0.007，且系数的绝对值都高于非一月份的系数绝对值，说明两个市场存在一月小公司效应，且该效应高于非一月份水平。

表1 三大新兴市场一月价值溢价效应和小公司效应的比较

		内地		香港		台湾	
		一月份	非一月份	一月份	非一月份	一月份	非一月份
价值溢价效应	BM	0.038*** (0.01)	-0.003 (0.62)	0.039 (0.14)	0.000 (0.70)	0.013 (0.33)	0.004* (0.09)
小公司效应	SIZE	-0.007 (0.25)	-0.004* (0.10)	-0.089* (0.09)	-0.006*** (0.00)	-0.007* (0.06)	-0.003** (0.02)

注：*、**和***表示在10%、5%和1%的显著性水平下拒绝原假设。

（二）不同风险条件下“一月价值溢价效应”和“一月小公司效应”

根据股票前一年月度收益率的标准差将每个市场的股票分成5个组合，采用模型（3）的回归结果如表2所示。由于在中国内地市场存在一月价值溢价效应，因此观察回归结果中五个风险水平下的BM系数，发现在每个风险水平下，BM系数均显著为正，且没有依次增加或减小的规律，说明在中国内地市场投资者偏好于在一月份投资高BM值的公司，与公司所处的风险等级无关。而在香港地区市场，只有在VAR4和VAR5这两个风险水平下，Size的系数才显著为负，且VAR5组合中的系数为-0.021，其绝对值高于VAR4组合中的-0.014，这两点充分说明在香港地区市场上，投资者不是单纯地偏好投资于小规模公司，而是偏好投资于高风险的小规模公司。台湾地区市场和香港地区市场的情况类似，只有在VAR5组合中Size的系数显著为负，其他组合均不显著，也说明台湾地区市场的投资者偏好投资于高风险的小规模公司。综上，中国内地市场的一月价值溢价效应与风险水平无关，而香港地区和台湾地区的一月小公司效应在风险水平越高的组合中表现得越明显。

表 2 三大新兴市场在不同风险条件下的一月价值溢价效应与小公司效应

		VAR1	VAR2	VAR3	VAR4	VAR5
内地	BM	0.042*** (0.00)	0.057** (0.023)	0.036** (0.03)	0.041** (0.05)	0.030** (0.03)
	SIZE	−0.005 (0.40)	−0.008 (0.18)	−0.008 (0.23)	−0.007 (0.43)	−0.005 (0.71)
香港	BM	0.003* (0.10)	0.008* (0.08)	0.008 (0.18)	0.011 (0.21)	−0.024 (0.27)
	SIZE	−0.003 (0.38)	−0.008 (0.14)	−0.004 (0.52)	−0.014* (0.09)	−0.021* (0.09)
台湾	BM	0.012 (0.42)	0.017 (0.44)	0.019 (0.31)	0.028 (0.23)	0.043 (0.13)
	SIZE	−0.001 (0.73)	−0.002 (0.67)	−0.003 (0.44)	−0.007 (0.19)	−0.012** (0.04)

注：*、**和***表示在 10%、5%和 1%的显著性水平下拒绝原假设。

（三）春节文化对"一月价值溢价效应"和"一月小公司效应"的解释

选择公司前一年的息税前利润（EBIT）和所在国家（地区）前一年的 GDP 增长率作为衡量年终奖金高低的指标，分别将息税前利润（EBIT）和 GDP 增长率分成高低两个组合。由于中国内地市场的一月价值溢价效应与风险水平无关，因此，在下面的分析中只对中国内地一月份整体样本进行回归分析。而由于香港地区和台湾地区两大新兴市场的一月小公司效应与风险水平密切相关，只存在于高风险的组合中，因此，仍然将一月份的样本分成 5 个风险水平进行分析。

如表 3 所示，在利用息税前利润（EBIT）对三大新兴市场的一月价值溢价效应和小公司效应进行解释的过程中，本文发现在中国内地市场中，高 EBIT 样本中的 BM 系数为 0.061，且显著；低 EBIT 样本中的 BM 系数也显著为正，为 0.022，小于高 EBIT 样本中 BM 的系数。说明年终奖金越高，中国内地投资者越倾向于在一月份投资于高 BM 值的股票，导致一月份价值溢价效应较大。而在香港地区市场，高 EBIT 样本中的 VAR2 和 VAR4 组合的 Size 系数显著为负，分别为−0.015 和−0.021，说明随着风险水平的提高，一月份小公司效应越明显；而在低 EBIT 样本中，无论风险水平高低，均不存在一月小公司效应。说明年终奖金越高，香港地区市场的一月小公司效应越明显，而当年终奖金较低时，不存在一月小公司效应。在高 EBIT 样本中，台湾地区市场只有在 VAR5 组合中 Size 的系数显著为负，值为－0.019；在低 EBIT 样本中，VAR5 组合中 Size 的系数为－0.004，其绝对值低于高 EBIT 样本的系数。

表 3　　EBIT 对三大新兴市场一月价值溢价效应和小公司效应的解释

		整体	VAR1	VAR2	VAR3	VAR4	VAR5
高 EBIT							
内地	BM	0.061** （0.03）					
	SIZE	－0.014** （0.02）					
香港	BM		－0.000 （0.93）	0.003 （0.58）	－0.000 （0.96）	0.004 （0.51）	－0.014 （0.16）
	SIZE		－0.008 （0.13）	－0.015* （0.06）	－0.014 （0.18）	－0.021** （0.05）	－0.022 （0.15）
台湾	BM		0.010 （0.39）	0.039 （0.39）	0.023 （0.46）	0.027 （0.43）	0.044 （0.37）
	SIZE		－0.003 （0.68）	0.004 （0.61）	－0.003 （0.72）	－0.008 （0.33）	－0.019* （0.09）
低 EBIT							
内地	BM	0.022* （0.09）					
	SIZE	－0.004 （0.74）					
香港	BM		0.007** （0.02）	0.014 （0.11）	0.016 （0.12）	0.018 （0.32）	－0.035 （0.47）
	SIZE		0.002 （0.36）	－0.001 （0.89）	0.006 （0.38）	－0.007 （0.61）	－0.020 （0.39）
台湾	BM		0.015 （0.65）	－0.006 （0.42）	0.016 （0.60）	0.028 （0.46）	0.043 （0.29）
	SIZE		－0.000 （0.98）	－0.007 （0.11）	－0.004 （0.54）	－0.007 （0.47）	－0.004* （0.10）

注：*、**和***表示在 10%、5%和 1%的显著性水平下拒绝原假设。

在利用 GDP 增长率作为衡量年终奖金指标的分析结果与上述分析基本一致，如表 4 所示。在内地市场，高 GDP 增长率样本中，BM 的系数为 0.052，低 GDP 样本中，BM 系数为 0.032。说明年终奖金越高，投资者越倾向投资于高 BM 的股票。而在香港地区市场和台湾地区市场，在高 GDP 增长率样本中，分别在 VAR4、VAR5 和 VAR5 组合中一月小公司效应显著，而在低 GDP 增长率样本中，一月小公司效应均不存在。充分说明在这两个市场，年终奖金的高低直接决定了一月小公司效应的存在。

选取 EBIT 和 GDP 增长率作为年终奖金高低的代理变量，上述分析充分说明了基于春节文化背景下的年终奖金能够解释三大新兴市场的一月价值溢价效应和一月小公司效应。

表 4　GDP 增长率对三大新兴市场一月价值溢价效应和小公司效应的解释

		整体	VAR1	VAR2	VAR3	VAR4	VAR5
高 GDP 增长率							
内地	BM	0.052* (0.10)					
	SIZE	−0.009* (0.09)					
香港	BM		0.004 (0.24)	0.010 (0.26)	0.007 (0.50)	0.015 (0.43)	−0.001 (0.88)
	SIZE		−0.004 (0.37)	−0.011 (0.21)	−0.009 (0.38)	−0.021* (0.06)	−0.027** (0.05)
台湾	BM		0.026 (0.45)	0.019 (0.67)	0.033 (0.40)	0.043 (0.37)	0.033 (0.52)
	SIZE		0.004 (0.55)	0.003 (0.70)	0.003 (0.64)	0.001 (0.89)	−0.016* (0.10)
低 GDP 增长率							
内地	BM	0.032*** (0.01)					
	SIZE	−0.010 (0.45)					
香港	BM		0.003 (0.37)	0.007 (0.30)	0.009 (0.31)	0.007 (0.13)	−0.048 (0.31)
	SIZE		−0.001 (0.78)	−0.006 (0.52)	0.001 (0.86)	−0.008 (0.59)	−0.014 (0.53)
台湾	BM		−0.001 (0.39)	0.015 (0.47)	0.005 (0.71)	0.012 (0.47)	0.054 (0.15)
	SIZE		−0.007 (0.16)	−0.007 (0.11)	−0.010 (0.16)	−0.015 (0.11)	−0.007 (0.31)

注：*、**和***表示在 10%、5%和 1%的显著性水平下拒绝原假设。

五、结论

本文选取中国内地、香港地区和台湾地区三大新兴市场 2003 年 1 月至 2011 年 12 月的所有股票月度数据，采用 Fama & MacBeth 的时间序列横截面回归法，发现了“一月价值溢价效应”重要市场异象。但三大市场又有一定的差异，其中，中国内地市场“一月价值溢价效应”显著，而香港地区和台湾地区市场的“一月小公司效应” 显著存在。本文通过将股票根据其收益率标准差分成 5 个组合后进一步研究发现，在中国内地市场，投资者在一月份偏好投资于高 BM 值的股票，而在香港地区和台湾地区市场，投资者只偏好小公司中的高风险股票，因此，对于低风险的股票组合而言，“一月小公司效应”并不存在。

由于三大新兴市场都受到中国传统文化的影响，因此，基于行为金融学的角度，本文尝试对“一月价值溢价效应”和“一月小公司效应”给予解释。春节是中国传统文化中的重要节日，年终奖金是广大投资者在春节前的一项重要收入。本文选择公司息税前利润和 GDP 增长率作为衡量年终奖金的指标，发现年终奖金越高，中国内地市场的“一月价值溢价效应”以及香港地区和台湾地区市场的“一月小公司效应”越显著，这充分说明春节文化背景下的年终奖金是两大市场异象产生的重要原因。

（整理、复核：张婷）

新兴市场投资者情绪与价值溢价异象*

——基于中国内地、香港和台湾的比较分析

张婷 于瑾 吕东锴

近年来，投资者情绪（investor sentiment）已经成了国内外学者的研究热点，研究内容主要围绕着投资者情绪是否会影响股票收益率这一主题。经典金融学的基本假设是行为人是“理性经济人”，即信念更新服从贝叶斯理性和偏好期望效用最大化。因此，股票收益由股票的系统风险决定，系统风险越大则收益越高。因此，投资者情绪作为一种与理性背离的投资者心态不会影响股票收益率。

然而，理性经济人假设受到了质疑。为了描述投资者的非理性行为，行为金融学将认知和情感心理学的研究成果应用到金融学的研究中，以投资者心理（psychology）和有限套利（limited arbitrage）为两大支柱进行分析。基于以上两大支柱，Bake & Wrugle（2006）给出了投资者情绪的经典定义。第一，从投资者心理角度出发，投资者情绪描述了投资者的投机倾向。投资者情绪的高低影响了投资者投机需求的大小，进而影响股票收益率。第二，从有限套利角度出发，投资者情绪描述了投资者对市场整体的乐观或悲观心态。投资者情绪高低影响了套利行为的风险和成本，进而影响股票收益率。无论是何种定义，投资者情绪都可以通过影响投机需求或市场套利力量而导致股票错误定价，进而影响股票收益率。

但是，投资者情绪对于不同类型的股票收益率是否具有一致的影响？那些具有高账面市值比（book to market equity）、高盈利价格比（carning to price）、高现金流价格比（cash flow to price）和高红利价格比（dividend to price）的

* 资料来源：《国际金融研究》2013 年第 1 期，第 87－95 页。

股票被称为价值型股票，反之称为成长型股票（Das 和 Rao，2010）。在西方发达国家股票市场中，价值型股票收益率普遍高于成长型股票收益率，这种收益率存在差异的现象被称为“价值溢价异象”或“价值溢价效应”。本文将投资者情绪与价值异象联系起来进行研究，通过分析投资者情绪对这两种类型股票收益率的影响差异，尝试利用投资者情绪指数解释这四种形式的价值溢价异象。

在新兴资本市场中，个人投资者是市场的主体，投资者情绪波动剧烈，股市更容易受到非理性投资者情绪的影响（文华，2010）。中国内地、香港地区和台湾地区股票市场都属于亚太地区的新兴资本市场，但各市场又都具有其特殊性，不尽相同。与以往研究相比，本文的创新之处在于：第一，在前人研究的基础上，选择更合理的组成指标分别构建了我国三大新兴市场的月度复合型投资者情绪指数；第二，分别在四种指标下对我国三大新兴市场的价值型和成长型股票收益率进行研究，全面探讨了我国股票市场存在“价值异象”及其产生的原因；第三，基于转换回归法，探讨了投资者情绪对价值溢价异象的预测能力。本文的研究成果对于深刻认识新兴市场投资者对市场的影响力、完善股票市场机制和加快新兴股票市场发展等方面都具有重要的意义。

一、文献回顾

在股票市场中，股票的横向平均回报异常差异被称为“股票市场横向回报之谜”，其中较为突出的就是价值型股票与成长型股票之间的横截面收益差异，即价值异象。Basu（1977）研究发现股票收益率与盈利价格比（earning to price）具有显著的正相关关系，高盈利价格比的股票收益率高于低盈利价格比的股票。随后，Rosenberg 等（1984）发现股票收益率与账面市值比（book to market equity）大小有关。Kim（1985）研究发现红利价格比对股票收益率有正向的预测能力。接着，Chan 等（1991）发现股票收益率与现金流价格比（cash flow to price）之间亦存在正相关性。当前，账面市值比、盈利价格比、红利价格比及现金流价格比已经成为区分价值型和成长型股票的依据，二者收益率存在差异的现象被称为“价值溢价异象”。Fama 和 French（1992）以账面市值比作为指标，对 1963 年至 1989 年间的美国上市公司股票进行系统研究，发现账面市值比最大的 10%的股票的平均收益率比账面市值比最小的 10%的股票的平均收益率每月高 1.53%，而且这种差异经过系统风险调整后仍然明显。Davis 等（2000）把样本区间扩大到 1926 年至 1989 年，结论依然成立。

价值溢价异象得到了学者们的广泛关注，并尝试解释该异象，但目前尚无定论。Kothari 等（1995）认为价值溢价仅仅存在于特定的样本，不具有普遍性，实质上是一种随机事件。西方发达国家普遍存在的价值溢价现象说明该解释不尽合理。Fama 和 French（1998）进一步提出了理性解释，指出价值溢价与破产风险有关，价值型股票的高收益率是系统风险补偿造成的（Black & Fraser，2004；Zhang，2005）。然而，该解释无法诠释不同国家价值溢价存在的差异性。近年来，随着行为金融学的兴起，人们开始从非理性角度去探讨价值溢价异象，认为投资者的非理性决策会导致市场整体出现系统性偏差。本文将从这一角度引入投资者情绪，去探讨价值溢价产生的原因。

投资者情绪研究的关键在于构造合理的情绪指数。在早期研究中，国内外学者往往将某一个单一指数作为投资者情绪指数的代理指标。根据单一指数的获取方式不同，学者们普遍将指标分成：（1）直接指标（主观指标），通过问卷调查等方式直接问询投资者得到投资者情绪指标[①]；（2）间接指标（客观指标），通过选取市场中已经被证实能够反映投资者情绪的某一市场变量作为投资者情绪指标，包括封闭式基金折价率（Lee，Shleifer & Thaler，1991）、消费者信心指数等（Bake & Wrugle，2006）、IPO 首日收益率和 IPO 上市公司数量（Ljungqvist 等，2006）。Brown & Cliff（2004）指出直接指标与间接指标之间存在显著的正相关性，因此，无论采用何种指标都能衡量投资者情绪。然而，单一指标主要有两个缺陷：一是缺乏全面性，即单个指标无法反映市场所有投资者的情绪，只能反映出部分投资者情绪；二是缺乏准确性，即单一指标不仅包含了投资者情绪信息，还包括了该指标的特有属性信息。

---

① Chartcraf 公司对投资评论员进行问卷调查，并根据看涨看跌的比例构造投资者智慧指数（Investors Intelligence）。类似的指数还包括：美国个体投资者协会指数（American Association of Individual Investors）、央视看盘指数和好淡指数等。

构造复合指数能够弥补单一指数的缺陷，当前被广泛认可的是 Bake & Wrugle（2006）建立的 BW 指数，该指数基于封闭式基金折价、市场交易量、IPO 数量及 IPO 首日收益率、红利溢价和证券发行中股票发行比例等 6 个指标，通过主成分法构造指数。投资者情绪越高，股票收益率相对较高；反之亦然（Brown & Cliff，2004；Qiu & Welch，2005）。Stambaugh，Yu & Yuan（2012）运用该投资者情绪指数解释了 11 种市场异象（表现为异常收益），发现投资者情绪高涨时异常收益较大，情绪低落时异常收益较小，其认为异常收益主要来源于卖空部分的股票，当情绪高涨时这些股票收益过低，导致异常收益较大，当情绪较低时卖空部分的股票收益率稍低，因此异常收益较小。

投资者情绪是否有助于解释“价值溢价异象”？目前，国内外针对该方面的研究较少。本文通过分析投资者情绪对价值型和成长型两类股票收益率的影响差异，将投资者情绪与价值异象联系起来进行研究，首次尝试利用投资者情绪指数对四种形式的价值溢价异象产生给予解释，并比较了三大新兴市场的价值溢价异象差异。

二、数据和研究方法

（一）样本数据

根据数据的可获得性，本文选取自 2004 年 1 月至 2011 年 12 月中国内地沪深两市所有 A 股、香港地区和台湾地区股票市场所有股票作为研究样本，数据来源于彭博数据库（Bloomberg）。

（二）研究方法

1. 构建月度复合型投资者情绪指数

构造情绪指数的方法包含三个步骤：（1）挑选合适的组成指标。（2）判断组成指标是否采用滞后项。根据 Bake & Wrugle（2006）采用的主成分分析法，利用所选取的指标及其滞后项构造一个中间指数。然后，进行相关性检验，依据所选指标及其滞后项二者与中间指数相关性的强弱，挑选是否选择滞后项构造情绪指数。（3）根据选定的指标构造情绪指数，为保证指数能够充分反映情绪波动，在构造过程中严格遵守主成分的累计解释力大于 85%的准则，主成分分析法如下：

$$Y_i = a_{i1}X_1 + a_{i2}X_2 + a_{i3}X_3 + \cdots + a_{in}X_n = A_i'X \qquad i = 1, 2, \cdots, n$$

$$D(Y_i) = D(A_i'X) = A_i'D(X)A_i = \lambda_i$$

$$A_i'A_i = 1 \qquad A_i'A_j = 0$$

$$Index = \frac{\lambda_1}{\sum_{i=1}^{s}\lambda_i}A_1'X + \frac{\lambda_2}{\sum_{i=1}^{s}\lambda_i}A_2'X + \cdots + \frac{\lambda_s}{\sum_{i=1}^{s}\lambda_i}A_s'X$$

其中，X_i表示投资者情绪的组成指标，Y_i表示主成分分析法下的第i个主成分，λ_i代表第i个主成分的特征值。

2. 价值异象研究

本文分别使用账面市值比、盈利价格比、现金流价格比及红利价格比作为指标，构造价值型和成长型股票组合。在每年末，将所有股票根据以上四种指标之一由小到大排序，排名在前 25%的股票为成长型股票，构成成长型股票组合；排名后 25%的股票为价值型股票，构成价值型股票组合（Das & Rao，2010）。价值型股票组合与成长型股票组合的平均收益率之差为价值溢价。

（1）投资者情绪与当期价值异象

本文采用三分法，即将投资者情绪指数由小到大排序，将样本分为投资者情绪高、中和低三个样本，即前 25%代表投资者情绪低落，后 25%代表投资者情绪高涨，中间 50%代表情绪处于中等水平。根据情绪高低，本文描述了市场收益率、价值型、成长型股票收益率和价值溢价的统计特征。同时，本文还利用回归模型（1），更为准确地描述投资者情绪指数与收益率的关系。

$$R_t = a + bSent_t + \varepsilon_t \qquad (1)$$

其中，R_t为t时期的组合月度收益率；$Sent_t$为t时期的月度情绪指数值。

（2）投资者情绪对价值异象的预测力

以往研究只关注投资者情绪对未来一期收益率的预测能力（Bake & Wrugle，2006；Stambaug 等，2011），本文选取 t 时期未来 1、3、6、12、18 个月的累计收益率分别对 t 时期的投资者情绪进行回归分析，更加全面地验证了投资者情绪的预测能力。采用累计收益率作为因变量会导致数据出现重叠问题，引起残差自相关。为解决该问题，本文使用 Jones，Neuberger & Nolte

（2011）提出的转换回归法，该方法能有效提高残差标准差的准确性，获得更加精确的 t 值，从而真实地反映投资者情绪的预测能力。模型如下：

$$\sum_{i=1}^{K} R_{t+i} = a + bSent_t + \varepsilon_t \qquad K = 1,3,6,12,18 \tag{2}$$

其中，R_t 为 t 时期的价值溢价，即价值型股票组合与成长型股票组合的月度收益率之差；$Sent_t$ 为 t 时期的月度情绪指数。

三、实证及结果分析

（一）月度投资者情绪指数

在以往关于投资者情绪的相关文献中，尽管所选择的组成指标不尽相同，但主要集中于以下 6 个变量，即新增开户数、消费者信心指数、封闭式基金折价率、IPO 首日收益率、IPO 数量和市场交易量。为了更好地体现投资者情绪的变化，本文对变量进行了挑选和修正。第一，剔除新增开户数和 IPO 数量，这两个指标与市场发展程度密切相关，在新兴市场中都处于较高水平，无法准确衡量投资者情绪；第二，修正了市场交易量指标。当市场景气时，交易量越大，说明投资者越看好市场；而当市场萧条时，交易量越大，说明投资者对市场越缺乏信心。因此当市场指数上升时，认为市场交易量为正数，反之，取市场交易量的相反数，以反映在上升和下降市场中交易量的真正含义。综上，本文认为消费者信心指数（Cci）、封闭式基金折价率（Dcef）、IPO 首日收益率（Ipor）和市场交易量（Trade）能够更加准确地衡量投资者情绪，并以此作为组成指标①。三地区投资者情绪组成指标的描述统计信息如表 1 所示。

表 1　　投资者情绪组成指标的数据描述

	变量	均值	标准差	最小值	最大值	观测值
中国内地股市	Cci	100.73	6.65	90.10	113.50	96
	Ipor	0.73	0.64	0.01	3.35	96
	Trade	2 444.24	1 971.26	142.64	7 944.22	96
	Dcef	−17.00	12.62	−33.21	20.38	96

① 由于在样本区间内，香港和台湾地区的封闭式基金数量仅有一至两只，因而在构造香港和台湾地区投资者情绪指数时，组成指标中不包括封闭式基金折价率。

续表

	变量	均值	标准差	最小值	最大值	观测值
香港地区股市	Cci	73.85	17.43	24.70	88.78	96
	Ipor	0.10	0.18	−0.69	0.75	96
	Trade	17 441.26	11 345.62	2 529.31	43 356.54	96
台湾地区股市	Cci	47.38	15.81	26.60	71.30	96
	Ipor	0.45	0.61	−0.24	4.29	96
	Trade	2 214.15	736.66	858.91	5 028.53	96

选取以上四个指标（或三个指标）及其滞后项，分别标准化后采用主成分分析法并根据解释力大于 85%的要求，分别构造了内地股市中间指数（$ML-Index_m$）、香港地区股市中间指数（$HK-Index_m$）和台湾地区股市中间指数（$TW-Index_m$），右下角带有下划线的变量代表该指标的一期滞后项，结果如表 2 所示。

表 2　　三地区的投资者情绪中间指数的系数表

		Cci	Cci_	Ipor	Ipor_	Trade	Trade_	Dcef	Dcef_
中国内地股市	$ML-Index_m$	0.266	0.257	0.269	0.238	0.173	0.055	0.108	0.117
香港地区股市	$HK-Index_m$	0.323	0.323	0.140	0.014	0.215	0.052		
台湾地区股市	$TW-Index_m$	−0.144	−0.122	0.264	0.215	0.169	0.350		

接着，我们将中国内地、香港、台湾地区三地的投资者情绪中间指数与组成指标、滞后项进行相关性分析，相关系数如表 3 所示。

表 3　　三地区的投资者情绪中间指数与组成指标、滞后项的相关性分析

		Cci	Cci_	Ipor	Ipor_	Trade	Trade_	Dcef	Dcef_
中国内地股市	$ML-Index_m$	0.893	0.879	0.699	0.677	0.103	0.084	0.512	0.505
香港地区股市	$HK-Index_m$	0.897	0.897	0.177	0.015	0.270	0.050		
台湾地区股市	$TW-Index_m$	−0.627	−0.591	0.695	0.626	0.338	0.649		

根据相关性大小来判断各指标是否需要选择滞后项，并重新采用主成分分析法，根据解释力大于85%的要求来构造情绪指数，结果如表4所示。

表4　三地区的投资者情绪指数的系数表

		Cci	Cci_	Ipor	Ipor_	Trade	Trade_	Dcef	Dcef_
中国内地股市	ML-Index	0.378		0.252		0.284		0.275	
香港地区股市	HK-Index		0.103	0.302		0.484			
台湾地区股市	TW-Index		0.009	0.417			0.434		

可见，在不同的股票市场中，投资者情绪与组成指标的关系不尽相同。内地股市投资者情绪指标与当期消费者信心指数、IPO 首日收益率、市场交易量和封闭式基金折价率相关性较强。而在香港和台湾地区股市，投资者情绪主要反映了前一期消费者信心指数。特别是在台湾地区股市，投资者情绪受前一期市场交易量影响较大（见图1）。

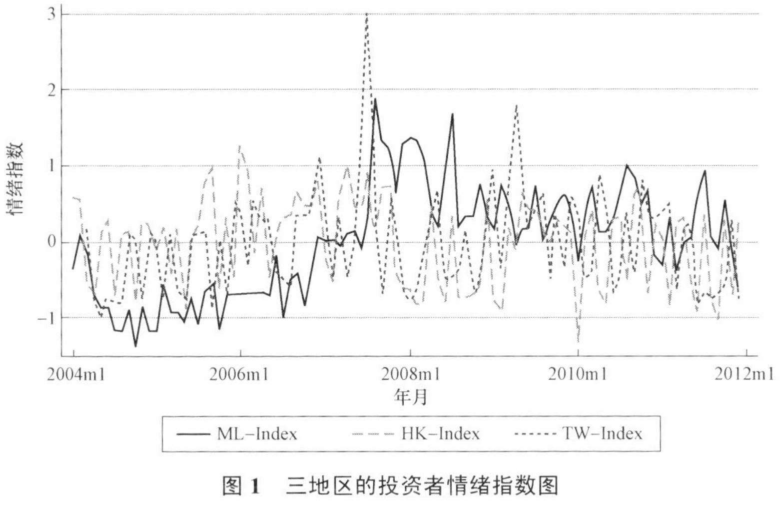

图1　三地区的投资者情绪指数图

本文将构造的中国内地、香港和台湾地区投资者情绪指数根据图1进行分析。一方面，三地区的投资者情绪指数具有差异性，表现为在局部范围内情绪指数高低不同，上升和下降的趋势不同。另一方面，三地区的投资者情绪指数也具有共同点：在2007年美国次贷危机爆发前，三地区的投资者情绪指数较低，并呈现出逐渐上升的态势；次贷危机爆发时期，三地区的投资者情绪指数都达到顶峰，这充分反映了三地投资者在次贷危机爆发前，对股票市场都拥有过高的市场预期，非理性心态较为突出；次贷危机爆发后，与内地股票市场相比，香港和台湾地区股票市场的投资者情绪下降幅度较大，这可能与香港和台湾地区股票市场受到次贷危机影响较大有关系，投资者心理受到较大打击，因而投资者情绪由高涨转为低落，投机心态弱化。

（二）价值异象研究

1. 四种指标下的价值异象

本文针对三大新兴市场，根据四个指标构造价值型和成长型股票组合，二者的收益率之差为价值溢价。如表 5 所示，除了香港地区市场中的 E/P、CF/P 和 D/P 指标外，在内地、香港和台湾地区股票市场中，价值型股票收益率都高于成长型股票收益率，即价值溢价为正。

从 T 检验统计性来看，内地股市和香港地区股市在 B/M 指标下的价值溢价都显著为正，而台湾地区股市在四个指标下的价值溢价都显著为正。可见，内地股市、香港地区股市和台湾地区股市中都存在不尽相同的价值溢价现象，其中台湾地区股市的价值溢价现象最为显著，分别在四种指标下，价值型股票比成长型股票月度收益率高 1.70%、0.81%、0.76%和 0.81%。

表 5　价值型、成长型股票组合和价值溢价的描述统计　单位：%

		B/M			E/P			CF/P			D/P		
		价值	成长	溢价	价值	成长	溢价	价值	成长	溢价	价值	成长	溢价
中国内地股市	均值	2.30	1.71	0.59**	2.29	2.08	0.21	2.23	2.02	0.21	2.21	2.08	0.14
	t 检验			1.75			0.44			0.78			0.45
香港地区股市	均值	3.03	1.78	1.25***	2.33	3.29	−0.96	2.42	2.73	−0.31	2.05	2.78	−0.73***
	t 检验			3.48			−1.90			−0.77			2.57
台湾地区股市	均值	2.05	0.35	1.70***	1.77	0.96	0.81***	1.68	0.92	0.76***	1.78	0.96	0.81***
	t 检验			3.86			2.22			4.32			2.53

注：*、**和***表示在 10%、5%和 1%的显著性水平下拒绝原假设。

2. 投资者情绪指数和价值溢价异象

根据投资者情绪指数高低，本文将样本分为情绪高、中和低三个子样本，进一步探讨价值溢价产生的原因。如下表 6 所示，无论是价值型股票、成长型股票，还是市场收益率，投资者情绪越高，股票收益率越大。而且当投资者情绪由低转高时，价值型股票、成长型股票和市场收益率统计显著性逐渐增强，均显著大于 0。可见，在三大新兴市场中，投资者情绪与股票收益率正相关。

表 6　　投资者情绪和价值异象的关系　　单位：%

	情绪	市场	B/M			E/P			CF/P			D/P		
			价值	成长	溢价	价值	成长	溢价	价值	成长	溢价	价值	成长	溢价
中国内地股市	低	−1.63	−1.32	−2.20	0.88*** (0.00)	−0.64	−2.55	1.91* (0.07)	−0.93	−2.23	1.30** (0.02)	−0.98	−2.30	1.31** (0.04)
	中	2.63	2.81	2.22	0.59 (0.16)	2.68	2.60	0.08 (0.45)	2.65	2.62	0.04 (0.46)	2.54	2.65	2.63 (0.60)
	高	4.97	4.90	4.59	0.32 (0.30)	4.43	5.65	−1.23 (0.98)	4.55	5.08	−0.52 (0.89)	4.77	5.31	−4.97 (0.94)
香港地区股市	低	−6.40	−5.04	−6.45	1.41*** (0.00)	−5.23	−6.08	0.85* (0.10)	−4.74	−6.93	2.19*** (0.00)	−4.47	−6.35	1.88*** (0.01)
	中	1.65	2.79	2.24	0.55 (0.107 0)	2.43	2.85	−0.42 (0.73)	2.70	2.70	0.00 (0.50)	2.40	2.55	−0.15 (0.59)
	高	5.58	11.59	9.11	2.48 (0.011 3)	9.71	13.6	−3.85 (1.00)	9.00	12.44	−3.44 (1.00)	7.87	12.4	−4.48 (1.00)
台湾地区股市	低	−0.84	−1.51	−2.11	0.60 (0.16)	−1.01	−2.39	1.39** (0.02)	−1.39	−2.20	0.81*** (0.01)	−0.74	−2.46	1.71*** (0.00)
	中	0.14	2.23	0.42	1.82*** (0.01)	1.68	1.09	0.59 (0.13)	1.82	1.11	0.71*** (0.00)	1.68	1.43	0.26 (0.28)
	高	2.15	5.22	2.66	2.56*** (0.00)	4.71	4.05	0.66 (0.22)	4.47	3.66	0.81** (0.04)	4.48	3.46	1.02*** (0.10)

注：*、**和***表示在 10%、5%和 1%的显著性水平下拒绝原假设。

然而，投资者情绪对不同类型股票的影响是有差异的，表现为投资者情绪对成长型股票的影响更大。投资者情绪由高转低，成长型股票收益率下降的幅度远远大于价值型股票收益率，即价值溢价逐渐增大。如下表 6 所示，在投资者情绪低时，三大新兴市场的价值溢价均显著为正，而当投资者情绪为中或高时，价值溢价不显著。可见，当投资者情绪低时，在三大新兴市场中价值溢价现象普遍存在。

这个结论与 Bake & Wrugle（2006）和 Lemmon & Portniaguina（2006）

观点类似，那些难以估值或者套利困难的股票易受到投资者情绪的影响。相对于价值型股票而言，成长型股票的价值往往是建立在未来成长预期的基础上，因此实现准确估值更加困难。因此，当情绪低落时，相对于价值型股票而言，投资者易于低估成长型股票价值，投机卖出的倾向增加，导致成长型股票收益率更大幅度地降低，最终使得价值型股票收益率将显著高于成长型股票收益率，价值溢价效应产生。换句话说，投资者情绪对两种类型股票的不对称影响导致了该异象的产生。

以下回归结果也证明了投资者情绪对两种类型的股票收益率具有不一致的影响。本文采用模型（1），分别将市场、价值型股票、成长型股票收益率和价值溢价对投资者情绪指标进行回归，结果如表 7 所示。除香港地区股市和台湾地区股市中的 B/M 外，价值溢价与投资者情绪的回归系数 b 都显著为负。这主要是由于价值型股票和成长型股票的投资者情绪的系数 b 都为正值，但成长型股票的系数 b 都大于价值型股票。当投资者情绪低落时，会造成成长型股票收益率大幅下降，从而导致价值异象显著。也就是说，情绪越低落，价值异象越显著，反之，则不显著。因此，投资者异质信念（情绪）是导致价值异象产生的主要原因之一。

表 7　　投资者情绪和价值溢价的回归结果　　单位：%

	结果	市场	B/M			E/P			CF/P			D/P		
			价值	成长	溢价	价值	成长	溢价	价值	成长	溢价	价值	成长	溢价
中国内地股市	a	2.15* (0.06)	2.30* (0.06)	1.71 (0.13)	0.59*** (0.08)	2.29** (0.05)	2.08 (0.11)	0.21 (0.66)	2.23** (0.05)	2.02* (0.10)	0.21 (0.43)	2.21** (0.05)	2.08* (0.09)	0.14 (0.65)
	b	2.25** (0.02)	2.11** (0.04)	2.33** (0.02)	−0.23 (0.37)	1.70* (0.08)	2.85*** (0.01)	−1.15*** (0.01)	1.91** (0.05)	2.46** (0.02)	−0.55** (0.03)	1.93** (0.05)	2.65*** (0.01)	−0.72*** (0.01)
香港地区股市	a	0.62 (0.21)	3.03*** (0.00)	1.78** (0.02)	1.25*** (0.00)	2.33*** (0.00)	3.29*** (0.00)	−0.96* (0.06)	2.42*** (0.00)	2.73*** (0.01)	−0.31** (0.41)	2.05*** (0.00)	2.78*** (0.01)	−0.73 (0.15)
	b	4.60*** (0.00)	4.95*** (0.00)	4.81*** (0.00)	0.15 (0.68)	4.66*** (0.00)	5.62*** (0.00)	−0.96** (0.05)	4.27*** (0.00)	5.83*** (0.00)	−1.56*** (0.00)	3.95*** (0.00)	5.48*** (0.00)	−1.53*** (0.00)
台湾地区股市	a	0.40 (0.54)	2.05** (0.02)	0.35 (0.65)	1.70*** (0.00)	1.77** (0.02)	0.96 (0.27)	0.81** (0.03)	1.68** (0.03)	0.92 (0.26)	0.76*** (0.00)	1.78*** (0.01)	0.96 (0.26)	0.81*** (0.01)
	b	1.38** (0.03)	3.07*** (0.00)	2.17*** (0.00)	0.90*** (0.01)	2.42*** (0.00)	3.11*** (0.00)	−0.69** (0.04)	2.62*** (0.00)	2.78*** (0.00)	−0.16 (0.46)	2.29*** (0.00)	2.86*** (0.00)	−0.57* (0.09)

注：*、**和***表示在 10%、5%和 1%的显著性水平下拒绝原假设。

3. 投资者情绪指数对价值溢价异象的预测能力

采用转化回归法，本文利用模型（2）验证投资者情绪对价值溢价的预测能力，发现投资者情绪对三个新兴市场的价值溢价都具有一定程度的预测能力，结果见表 8。

在内地股票市场中，投资者情绪仅仅对以 E/P、CF/P 和 D/P 为指标的未来 1 个月的价值溢价具有预测能力，对未来 1 个月以上的价值溢价不具有预测能力，表现为预测模型的情绪系数 b 都不具有统计显著性。

在台湾地区股票市场中，投资者情绪也具有较短的预测能力，这一点和内地股票市场比较类似。特别的是，投资者情绪对以 CF/P 为指标的价值溢价不具有预测能力，但对以 B/M 为指标的价值溢价预测能力较强。

在香港地区股票市场中，投资者情绪的预测能力最强，对以 B/M 为指标的未来 3 个月的价值溢价具有预测能力，对以 CF/P 为指标的未来 12 个月的价值溢价具有预测能力，对以 E/P 和 D/P 为指标的未来 18 个月的价值溢价具有预测能力。

表 8　　投资者情绪对价值溢价预测能力　　单位：%

	中国内地股市的价值溢价				香港地区股市的价值溢价				台湾地区股市的价值溢价			
	B/M	E/P	CF/P	D/P	B/M	E/P	CF/P	D/P	B/M	E/P	CF/P	D/P
K=1	-0.32 (0.49)	-1.51** (0.03)	-0.74** (0.05)	-0.97** (0.02)	0.20 (0.73)	-1.70* (0.07)	-2.74*** (0.00)	-2.66*** (0.00)	1.34** (0.04)	-1.08** (0.05)	-0.25 (0.36)	-0.90* (0.07)
K=3	-0.52 (0.69)	-2.72 (0.15)	-1.09 (0.30)	-1.82 (0.12)	2.04* (0.07)	-4.99*** (0.00)	-4.60*** (0.00)	-6.15*** (0.00)	2.44* (0.08)	-1.51 (0.19)	-0.74 (0.19)	-1.41 (0.17)
K=6	-0.41 (0.87)	-5.36 (0.14)	-2.19 (0.28)	-3.66 (0.11)	0.83 (0.66)	-8.01*** (0.00)	-6.00*** (0.01)	-8.81*** (0.00)	3.08 (0.14)	-1.40 (0.43)	-0.90 (0.29)	-0.77 (0.62)
K=12	-0.13 (0.98)	-8.19 (0.25)	-3.41 (0.38)	-6.55 (0.14)	-1.13 (0.72)	-12.73*** (0.01)	-6.69* (0.08)	-13.07*** (0.01)	7.90** (0.02)	-4.64* (0.09)	-0.32 (0.82)	-2.28 (0.36)
K=18	-0.08 (1.00)	-9.53 (0.36)	-4.69 (0.42)	-8.13 (0.21)	-2.28 (0.59)	-18.53*** (0.00)	-7.78 (0.12)	-18.72*** (0.00)	9.25** (0.02)	-4.94 (0.16)	1.10 (0.53)	-1.66 (0.59)

注：报告值为预测模型的系数 b；*、**和***表示在 10%、5%和 1%的显著性水平下拒绝原假设。

四、结论与建议

在以往关于“价值溢价异象”的文献中，研究大多局限于以账面市值比作为划分价值型和成长型股票依据的层面上。本文则以四种指标作为划分依据，对我国三大新兴市场的“价值异象”进行全面的研究。结果显示，价值溢价在我国三大新兴市场中普遍存在。

本文首先采用主成分法分别构造了我国三大新兴市场的月度复合型投资者情绪指数，然后尝试用投资者情绪解释价值异象。本文通过实证研究发现，在三大新兴市场中投资者情绪的高低对价值异象都具有重要影响。投资者情绪低落时，价值异象显著；反之，则价值异象不明显。究其根源，该现象产生主要是由于投资者情绪对价值型和成长型股票的不对称影响而导致的。当投资者情绪较高时，投资者对价值型和成长型股票都过于乐观，两类股票在收益率上不存在显著差异；而当情绪低落时，投资者易于低估成长型股票价值，使其收益率大幅下降，从而放大了两类股票的收益率差异。最后，本文利用转换回归法进一步研究了投资者情绪对价值异象的预测能力，发现在新兴市场中投资者情绪的确对价值溢价具有预测能力，但在不同的股票市场中略有差异。投资者情绪对内地股票市场价值溢价的预测能力最弱，对台湾地区股票市场的预测能力较强，对香港地区股票市场的预测能力最强。与内地股票市场相比，香港地区股票市场的投资者情绪对股票收益率影响最突出，台湾地区市场其次，因此香港地区股票市场的投资者情绪对未来股票收益率的预测效果最为显著。

本文研究成果揭示了投资者情绪在三大新兴市场中的普遍影响力，对新兴市场进一步完善股票市场运行机制，推进股票市场快速发展具有重要的指导意义。从短期来看，新兴市场中的投资者情绪必须获得重视，监管部门应充分保护和调动市场参与者的积极性，维护市场活力。从长期来看，应加快市场化改革步伐，实现资本市场的持续发展和不断创新，减少投资者的非理性行为对市场的冲击。监管部门一方面应加强投资者教育，使个人投资者充分认识到自身存在非理性认知偏差和行为偏差，在实际证券投资活动中有意识、有目的地对这些非理性行为进行修正；另一方面，应完善风险警示和实时监控措施，增加对流动性低、难以合理估值和套利股票的监督力度，抑制利用投资者情绪恶意投机的行为。

（整理、复核：张婷）

强化现金分红政策是在迎合投资者吗？*

——来自中国内地和台湾的经验证据

于瑾　张婷　吕东锴

一、引言

作为回报投资者的主要方式，红利分配一直是公司金融领域的核心，但围绕着上市公司是否应该分配以及如何分配红利等问题的争论至今仍未有定论。

近年来，西方发达国家股票市场相继出现了“现金股利消失”现象。Fama和French（2001）率先发现了美国股票市场中上市公司现金红利分配意愿逐年下降，分红公司比率从1978年的67%下降到1999年的21%。在欧盟15国，Von和Megginson（2006）也发现分红公司比率明显降低的现象。近期，Fatemi和Bildik（2012）对33个发达国家的17 000多家公司进行了全面的研究，发现分红公司比率从1985年的38%大幅下降至2006年的34%。

与发达国家不同，新兴市场国家却积极地推行不同程度的强制性或半强制性分红政策，“一刀切”地要求所有上市公司提高现金分红水平，目的在于强化上市公司的回报股东意识，提高投资者回报。2000年，中国台湾开始实行“健全股利政策”，要求所有上市或上柜公司披露股利政策，无特殊情况必须同时发放现金股利和股票股利，并列举了四种现金分红政策。受此影响，2000年至2007年现金分红公司比例由47.5%上升至76.5%（Wang等，2011）。自2001年起，中国内地股票市场开始学习新兴市场的经验，实行了一系列的

---

* 资料来源：《当代财经》2013年第2期，第58－66页。

基金项目：本研究得到了2011年度教育部人文社会科学研究规划基金项目“新兴市场金融的理论与实证研究”（11YJA790195）的资助。

强化分红政策，将分红与再融资资格相挂钩等（郭牧炫和魏诗博，2011）。受此影响，2001年至2008年间现金股利总额由423.8亿元扩大到了2 700.6亿元（李长青等，2010）。2012年上交所进一步发布了《上海证券交易所上市公司现金分红指引（征求意见稿）》，鼓励上市公司每年度实施现金分红，明确现金分红优于股票股利。

强化分红政策确实提高了现金股利水平，然而投资者的利益是否真的得到保护？本文选取中国内地和中国台湾两大新兴市场进行研究，探讨强化分红政策是能够提高投资者回报，具有合理性，还是仅仅迎合了萧条市场下的投资者需求，即现金红利的“一鸟在手”安全感。

二、文献回顾

Shleifer 和 Vishny（1997）指出，公司治理的根本目的是确保投资者获得投资回报。西方发国家资本市场拥有完善的公司治理机制、市场约束机制和投资者保护机制，相比之下许多发展中国家中的公司治理系统普遍缺乏足够的效率，导致股利支付不足。李常青等（2010）认为，实施强化分红政策可以强制这些国家的上市公司发放股利，改善公司治理，提高投资者回报。

然而，上市公司回报投资者的方式不仅仅是分红，还包括公司价值提升后带来的股票资本利得。要保护投资者利益就必须评估两种选择中何者更优，目前研究尚无定论。通过反驳 MM 分红无关理论，现有研究主要从税负、信息不对称和代理成本三个角度去研究分红政策，并提出相应的股利理论。

Farrar 和 Selwyn（1967）开创了税差理论，认为是否分红取决于税收情况，若资本利得税率低于股利税率，为了使资金成本降到最低，并使公司价值达到最大，应采用低股利政策。Black 和 Scholes（1974）指出，由于投资者处于不同的纳税等级，因而投资者对于是否分红的态度也是不同的。从股利理论来看，强化分红政策，要求所有上市公司进行现金分红的做法不尽合理。

股利信号理论认为分红政策仅仅是管理层传递公司未来良好发展信息，解决信息不对称的方式（Bhattacharya，1979）。吕长江和许静静（2010）认为，我国上市公司的股利发放只传递了当期净利润信息，信号理论本身并不成立。王珊珊等（2010）则认为信号理论与股票股市周期有关，仅仅在特定的股市周期里信号理论才有效。因此，股利信号理论成立与否还有待进一步研究。即使股利信号理论成立，强化分红政策要求所有上市公司分红，无疑将破坏分红的信息传递功能。

Easterbrook（1984）和 Jensen（1986）提出了代理成本理论，认为分红政策减少了管理层手中可支配的现金，避免了管理层的不合理挥霍，从而有效地降低代理成本，提高公司治理水平。刘旭妍和余新培（2011）指出公司治理水平提升，将有助于提高公司价值。杨熠和沈艺峰（2004）对 1994 年至 2001 年的我国内地股票市场的 962 次现金分红公告进行研究，发现现金分红具有约束自由现金流代理成本的监督作用。然而，对于一些现金流不充裕的公司，代理成本较小，仍采取现金分红的做法并不可取。可见，强化分红政策的效果还需要考虑公司的自身特性。

综上，现有股利理论主要侧重于研究什么类型的公司应该分红，无法为“一刀切”的强化现金分红政策提供理论依据，那么我国内地股票市场学习其他新兴市场强化分红政策是否合理？

三、数据来源与研究设计

（一）数据来源

根据数据的可获得性，本文选取自 2004 年 1 月至 2010 年 12 月中国沪深两市所有 A 股和台湾地区股票市场所有股票作为研究样本。本文使用的股票及上市公司数据均来源于彭博数据库（Bloomberg）。

（二）研究方法

1. 两地股市的强化分红政策的合理性比较

本文采用 Fama & MacBeth 时间序列横截面回归法，分别对中国内地和台湾两大新兴市场的全样本进行回归分析，具体模型如下所示：

$$r_{it} - r_{mt} = \alpha_0 + \alpha_1 Size_{it} + \alpha_2 BV_{it} + \alpha_3 Pay_{it} + \varepsilon_t \quad (1)$$

其中，$r_{it}-r_{mt}$ 表示第 t 月的股票收益率减去第 t 月的市场收益率；$Size_{it}$ 为公司 i 在 t 月的市场价值，单位为十亿元；BV_{it} 为公司 i 在 t 月的权益账面值，单位为十亿元；Pay_{it} 为分红虚拟变量，Pay_{it} 为 1 时表示公司 i 的股票在第 t

月为现金分红股票，Pay_{it} 为 0 时则表示在第 t 月为无现金分红股票。

分红虚拟变量（Pay_{it}）的系数代表现金红利溢价。若现金红利溢价显著大于 0，则说明现金分红公司比无现金分红的股票收益率高，即强化现金分红政策能够提高投资者回报，具有合理性；反之，则说明强化现金分红政策并不合理。

2. 在繁荣和萧条市场下，两地股市的强化分红政策的合理性比较

本文选用综合 A 股市场收益率和台湾地区 TAIEX 指数收益率分别作为判断我国两大新兴市场繁荣和萧条状态的标准。若当月的市场指数收益率大于 0，则认为该市场处于繁荣状态；反之，则认为该市场处于萧条状态。本文采用 Fama & MacBeth 时间序列横截面回归法，运用模型（1）分别对两地股市的繁荣市场样本和萧条市场样本进行回归分析。

同时，基于稳健性考虑，为了避免上述分析结果是由于公司经营业绩而导致的（Allen 等，2000），本文分别将资产回报率（ROA）和股权回报率（ROE）作为公司业绩的代理变量进行分析，具体模型如下所示：

$$r_{it} - r_{mt} = \beta_0 + \beta_1 Size_{it} + \beta_2 BV_{it} + \beta_3 Earning_{it} + \beta_4 Pay_{it} + \varepsilon_t \qquad (2)$$

其中，$Earning_{it}$ 代表上市公司 i 在前一年的资产回报率（ROA）或股权回报率（ROE）。通过分析不同市场状态下的现金红利溢价是否存在，来判断强化分红政策的短期合理性。

3. 萧条市场下强化分红政策合理性的理论解释

本文发现萧条市场下强化分红政策具有合理性，表现为萧条市场下现金红利溢价显著为正，且大于繁荣市场下的现金红利溢价，那么该现象的理论依据是什么？

（1）股利信号理论的解释

信号理论认为公司通过发放红利来传递公司具有良好发展前景信号，萧条市场较高的红利溢价可能来源于萧条市场中大部分公司通过分红来发放股利信号。

本文选取上市公司在未来一年内的息税前利润与总资产之比（EBIT/TA）作为衡量公司未来发展前景的指标。若公司的 EBIT/TA 大于同年所有样本公司 EBIT/TA 的中位数值，则为好前景公司，反之则为差前景公司。同时，根

据样本市场处于繁荣或萧条状态，将每个总体市场样本分成四个子样本，分别运用模型（1）进行回归分析。

由于差前景公司发放红利过程并不是发放信号。因此，若信号理论能够解释该现象，差前景公司在萧条市场中的红利溢价与繁荣市场的现金红利溢价应无差异。反之，则说明股利信号理论不能作为解释本文结论的依据。

（2）代理成本理论的解释

代理成本理论认为，公司分红有助于降低代理成本，改善公司经营状况，萧条市场较高的红利溢价可能来源于萧条市场中大部分公司通过分红来降低代理成本。

本文选取上市公司当年的自由现金流（FCF）作为衡量代理成本的指标。若公司的 FCF 大于当年所有样本的中位数，则认为该公司面临较高的代理成本，称为高代理成本公司，反之则为低代理成本公司。同时，根据样本市场处于繁荣或萧条状态，将每个总体市场样本分成四个子样本，分别运用模型（1）进行回归分析。

由于低代理成本公司发放红利过程并不是为了降低代理成本。因此，若代理成本理论能够解释该现象，低代理成本公司在萧条市场中的红利溢价与繁荣市场的红利溢价应无差异。反之，说明代理成本理论不能作为解释本文结论的依据。

（3）"一鸟在手"理论的解释

"一鸟在手"理论（A Bird in the Hand Theory）是一个早期的红利政策理论。该理论认为，将留存收益再投资获得的资本利得具有很大的不确定性，而现金红利则不存在不确定性，这两种方式对投资者的意义是不同的，因而投资者更加偏好现金股利并会为分配现金股利的公司股票支付更高的价格（Lintner，1956；Gordon，1959 等）。之后，Modigliani 和 Miller 对此进行反驳，认为这里存在一个"一鸟在手悖论"（A Bird in the Hand Fallacy），投资者获得公司的现金红利后，仍要投资到与原公司拥有相同风险的股票中，所以投资者没有理由会偏好现金红利的公司。在很长的一段时间里，"一鸟在手"理论都无法对此进行反驳，被称为"红利悖论"。

然而，本文认为 Modigliani 和 Miller 忽略了市场状态的影响，"一鸟在手"

理论对于萧条市场的现金红利溢价差异具有重要的解释力。当市场处于繁荣时期，投资者获得现金红利后，确实有可能会再次投资到股票市场中，"一鸟在手"理论无效。而当市场处于萧条状态时，股票市场的投资收益远远不如债券市场等固定收益市场，因此投资者并不需要继续将现金红利重新购买股票。可见，在市场处于萧条状态时，投资会更加偏好现金分红公司股票，导致现金分红股票收益率高于非现金分红公司股票收益率，即"一鸟在手"理论成立。

为了充分说明"一鸟在手"理论对于萧条市场的解释力，本文分别对两地股市进行繁荣市场和萧条市场的再度细分。根据是否大于繁荣市场样本均值，将繁荣市场分为高度繁荣市场和低度繁荣市场；根据是否大于萧条市场样本均值，将萧条市场分为低度萧条市场和高度萧条市场。采用 Fama & MacBeth 的时间序列横截面回归法，运用模型（1）分别对样本市场的四个子样本进行回归分析。通过分析和比较分红虚拟变量（Pay_{it}）的系数，研究新兴市场的市场状态与现金红利溢价的关系。

四、实证结果

1. 两地股市的强化分红政策的合理性比较

从表 1 中可以看出，从整体市场上看，中国内地和台湾两大新兴市场的分红股票收益率均高于不分红股票收益率，但中国内地市场的差异并不显著，即现金红利溢价不存在；而台湾地区市场二者差异显著，即现金红利溢价存在。

本文继而采用 Fama & MacBeth 的回归模型（1）对中国内地和台湾两大新兴市场进行回归分析，结果如表 2 所示。在全样本中，中国内地市场分红哑变量（Pay）系数为 0.280，但并不显著，说明在考虑了公司规模等因素的前提下，从整个市场来看，中国内地市场的现金红利溢价并不存在。而在全样本中，台湾地区市场分红哑变量（Pay）系数为 1.113，且显著，说明从整个市场来看，台湾地区市场的现金红利溢价显著存在。因此，在中国内地股票市场中，现金分红并不能提高投资者回报，"一刀切"的强化分红政策并不具有合理，而在台湾地区股票市场中，强化分红政策具有一定的合理性。

2. 在繁荣和萧条市场下，两地股市的强化分红政策的合理性比较

如表 1 所示，将市场状态考虑进来后，在萧条市场，两个新兴市场分红股票收益率和不分红股票收益率都小于 0，但现金红利溢价均为正，分别为 1.685%和 1.477%，且均显著。而在繁荣市场，中国内地和台湾的现金红利溢价分别为 – 0.53%和 0.583%，且均不显著。因此，在不考虑公司规模等因素时，两大新兴市场在萧条市场状态下的现金红利溢价显著存在，且均高于繁荣市场的现金红利溢价。

表 1　中国内地和台湾地区新兴市场分红股票与不分红股票收益率比较

	内地股市			台湾地区股市		
	分红股票	不分红股票	红利溢价	分红股票	不分红股票	红利溢价
整体市场	2.44	2.03	0.41 （0.103）	1.83	0.86	0.974*** （0.001）
萧条市场	– 7.13	– 8.87	1.685*** （0.000）	– 4.01	– 5.48	1.477*** （0.000）
繁荣市场	9.28	9.81	– 0.53 （0.91）	6.38	5.79	0.583 （0.102）
差异			2.215			0.894

注：*、**和***表示在 10%、5%和 1%的显著性水平下拒绝原假设。

如表 2 所示，在繁荣市场中，中国内地和台湾两大新兴市场的分红哑变量（Pay）系数均不显著。在萧条市场中，两大新兴市场分红哑变量（Pay）系数均显著为正，即现金红利溢价分别为 1.531%和 1.621%。可见，在萧条市场中，两大新兴市场分红公司股票收益率显著高于不分红公司，现金红利溢价存在，而在繁荣市场中二者无显著差异。

表 2　考虑公司规模等因素的回归结果

		整体市场	萧条市场	繁荣市场	差异
内地股市	Pay	0.280 （0.421）	1.531** （0.010）	– 0.490 （0.239）	2.021
台湾地区股市	Pay	1.113*** （0.001）	1.621*** （0.000）	0.752 （0.154）	0.869

注：*、**和***表示在 10%、5%和 1%的显著性水平下拒绝原假设。

因此，无论强化分红政策在整体市场上是否合理，在萧条市场中，中国内地和台湾地区股票市场的强化分红政策都具有短期的合理性，能够显著地提高投资者回报。

为了避免公司业绩对分析结果的影响，本文将资产回报率（ROA）和股权回报率（ROE）作为自变量，运用 Fama & MacBeth 回归模型（2）进行回归分析。如表 3 所示。不论是以 ROA 还是以 ROE 作为衡量公司经营业绩的指标，中国内地和台湾两大新兴市场在萧条市场的分红哑变量（Pay）系数均显著为正，且均大于繁荣市场的分红哑变量（Pay）系数。

表 3　　考虑公司业绩等因素的回归结果

公司业绩代理变量		ROA			ROE		
		萧条市场	繁荣市场	差异	萧条市场	繁荣市场	差异
内地股市	Pay	1.241*** （0.010）	−0.349 （0.283）	1.59	1.307*** （0.009）	−0.423 （0.243）	1.73
台湾地区股市	Pay	2.247*** （0.000）	1.470*** （0.001）	0.777	2.277*** （0.000）	1.444*** （0.002）	0.833

注：*、**和***表示在 10%、5%和 1%的显著性水平下拒绝原假设。

综上，在萧条市场中，中国内地和台湾两大新兴市场分红公司的收益率都要显著高于不分红公司的收益率，即现金红利溢价存在恒成立。因此，强化分红政策在不同市场状态下具有不同的作用，在繁荣市场中作用不明显，而在萧条市场中则能显著提高股票收益率。在金融危机爆发后，我国积极推动现金分红政策可以保护投资者利益，具有一定的短期合理性。

3. 萧条市场下强化分红政策合理性的理论解释

（1）股利信号理论的解释

以未来一年的息税前利润/总资产（EBIT/TA）作为衡量公司未来发展前景的指标，本文分别将中国内地和台湾两大新兴市场的上市公司分为“好前景公司”和“差前景公司”两个样本，并分别运用 Fama & MacBeth 回归模型（1）进行回归分析，结果如表 4 所示。

表 4　　信号理论的检验结果

		差前景公司			好前景公司		
		萧条市场	繁荣市场	差异	萧条市场	繁荣市场	差异
内地股市	Pay	0.730* （0.097）	-0.288 （0.336）	1.018	1.583*** （0.005）	-0.544 （0.332）	2.127
台湾地区股市	Pay	1.403*** （0.001）	0.245 （0.621）	1.158	1.079** （0.032）	0.856 （0.108）	0.223

注：*、**和***表示在 10%、5%和 1%的显著性水平下拒绝原假设。

在中国内地市场，差前景公司在萧条市场和繁荣市场的红利溢价分别为 0.730%和 -0.288%，萧条市场的红利溢价与繁荣市场的红利溢价之差为 1.018%。在台湾地区市场，差前景公司在萧条市场和繁荣市场的红利溢价分别为 1.403%和 0.245%，萧条市场的红利溢价与繁荣市场的红利溢价之差为 1.158%。可见，在两大新兴市场中，即使差前景公司不会发放红利信号，萧条市场的红利溢价依然高于繁荣市场的红利溢价。因此，股利信号理论无法解释该现象。

（2）代理成本理论的解释

以当年的自由现金流（FCF）作为衡量公司代理成本的指标，本文将上市公司分为高代理成本公司和低代理成本公司两个样本，分别运用 Fama & MacBeth 回归模型（1）进行回归分析。结果如表 5 所示。

表 5　　代理成本理论的检验结果

		低代理成本公司			高代理成本公司		
		萧条市场	繁荣市场	差异	萧条市场	繁荣市场	差异
内地股市	Pay	1.510*** （0.004）	-0.310 （0.363）	1.82	1.464** （0.021）	-0.620 （0.215）	2.084
台湾地区股市	Pay	1.281*** （0.006）	1.230** （0.021）	0.051	2.362*** （0.000）	0.268 （0.680）	2.094

注：*、**和***表示在 10%、5%和 1%的显著性水平下拒绝原假设。

在中国内地市场，低代理成本公司在萧条市场和繁荣市场的红利溢价分别为 1.510%和 -0.310%，萧条市场的红利溢价与繁荣市场的红利溢价之差为

1.82%。在台湾地区市场，低代理成本公司在萧条市场和繁荣市场的红利溢价分别为 1.281%和 1.230%，萧条市场的红利溢价与繁荣市场的红利溢价之差为 0.051%。尽管代理成本较低的公司发放红利与否并不能显著地降低代理成本，但是，在两大新兴市场中，萧条市场的红利溢价依然高于繁荣市场的红利溢价。因此，代理成本理论并不能解释该现象。

（3）“一鸟在手”理论的解释

如前所述，本文将两大新兴市场的繁荣和萧条状态进行进一步细分为高度繁荣状态、低度繁荣状态、低度萧条状态和高度萧条状态，利用 Fama & MacBeth 回归模型（1）分别对两大新兴市场的四个市场状态样本进行分析，结果如表 6 所示。

表 6　　依波动幅度分类后的回归结果

波动幅度		高度繁荣	低度繁荣	低度萧条	高度萧条
内地股市	Pay	−1.999*** （0.004）	0.309 （0.524）	1.288* （0.073）	2.063*** （0.062）
台湾地区股市	Pay	−0.014 （0.988）	1.319** （0.037）	1.074* （0.077）	1.917*** （0.002）

注：*、**和***表示在 10%、5%和 1%的显著性水平下拒绝原假设。

可见，在中国内地和台湾两大新兴市场中，随着市场景气程度的下降，即从高度繁荣到高度萧条，分红哑变量（Pay）的系数逐渐增大，由负变正。可见，在两大新兴市场中，市场状态越不景气，投资者越偏好现金红利的安全感，导致现金分红溢价越高。由此可知，在中国内地和台湾两大新兴市场中，对于萧条市场的红利溢价高于繁荣市场的红利溢价这一特殊现象，“一鸟在手”理论具有重要的解释力。

综上，尽管从整体市场来看，我国股票市场的强化现金分红政策的合理性欠缺，但在当前股票市场不景气背景下，我国监管部门积极推进现金分红政策，半强制地要求所有上市公司分红迎合了投资者需求，具有一定的短期合理性。

五、结论及启示

近年来，一些新兴市场国家和地区越来越重视上市公司利润分配政策，并通过出台一系列的政策和规定对上市公司现金分红做出了明确要求，旨在通过提高上市公司分红数量及比例，提高上市公司股票收益率，进而提高投资者收益，保障投资者利益，达到稳定市场的最终目标。然而，对于不同的国家和地区股票市场而言，“一刀切”的强化分红政策并不一定合理。

本文选择中国内地和台湾两大新兴市场作为研究对象，发现中国内地股票市场的现金红利溢价并不存在，而中国台湾股票市场的现金红利溢价存在。可见，强化现金分红政策在台湾地区股票市场中具有合理性，而在中国内地股票市场中合理性欠缺。因此，我国内地股票市场并不能照搬其他股票市场的成功经验。

考虑到当前我国股票市场的不景气状态，本文进一步将市场分为繁荣和萧条两种市场状态，发现萧条状态下的现金红利溢价显著，且高于繁荣状态下的现金红利溢价。这种现象无法被公司业绩、股利信号理论和代理成本理论解释。最后，本文发现“一鸟在手”理论对该现象具有重要解释力。现金红利实际上给予投资者再次选择投资产品的机会。当市场处于繁荣状态时，投资者拿到现金红利还要投资到股市中的同类股票，因此分红与否无差异；而当市场处于萧条状态时，投资者希望“落袋为安”，把现金红利投资到风险低的固定收益市场，因而投资者偏好现金分红。

强化分红政策对回报股东意识淡薄的中国内地股票市场具有重要的意义，然而其局限性必须获得重视。就中国内地股票市场而言，强化现金分红政策的长期合理性欠缺，仅仅是短期迎合了投资者对现金分红的偏好。

（整理、复核：张婷）

住房按揭贷款逾期风险与银行贷款审查*

于瑾 洪露

一、引言

中国个人住房按揭贷款市场在1998年实施城镇住房制度改革以后得到了快速发展。在这之前，由于城镇居民住房主要采用福利分配的方式获得，个人住房按揭贷款缺少有效的市场基础。城镇住房体制市场化改革之后，个人住房按揭贷款市场迎来了一个高速发展的时期。根据人民银行的统计数据，1997年末全国银行系统个人住房按揭贷款余额仅为190亿元，占银行全部贷款余额的比重仅为0.3%；经过1998年以后的快速发展，截至2012年6月末，全国银行机构的个人住房按揭贷款余额已达到74 900亿元[①]，13年来贷款规模翻了394番。个人住房按揭贷款已成为各大商业银行信贷业务的重要组成部分。随着中国市场化进程的不断加速，这一高速发展的趋势仍将继续。

2007年美国次贷危机的爆发，引起了人们对于个人住房按揭贷款违约风险的关注。尽管国内个人住房按揭贷款作为商业银行的优质贷款品种，并没有出现过大面积违约的系统性风险，但其潜存的借款人逾期甚至违约风险仍然值得我们关注。作为商业银行主要的贷款品种，如何有效防范个人住房按揭贷款的逾期风险是各家商业银行需要研究的重要课题。同时，作为贷款风险防控的重要手段，银行在进行个人住房按揭贷款贷前审查时所关注的审查要素是否能够正确帮助银行判断借款人未来的逾期风险，筛选出优质的借款人和贷款，也是各商业银行需要关注的重要问题。

本文在借鉴国内外学者研究成果的基础上，通过大量的数据分析，建立

---

* 资料来源：《金融论坛》2013年第18（3）期，第43－49页。

① 数据来源于中国人民银行官方网站统计数据。

Logistic 回归模型，对住房按揭贷款逾期风险决定因素及银行审查贷款时是否通过的决定因素进行了比较研究，并据此提出了相关政策建议。本文内容结构为：第一部分即本部分为引言；第二部分对相关文献进行综述；第三部分建立模型，并对数据来源进行说明；第四部分实证分析；第五部分是结论与启示。

二、文献综述

西方国家开展个人住房按揭贷款业务较早，因此对于住房按揭贷款逾期风险及违约风险的研究也较多，研究方法与视角多种多样。

Morton（1975）利用判别函数分析方法研究了相关因素对住房按揭贷款逾期风险的影响。研究结果表明借款人所供养的人数越多，越容易发生违约；贷款价值比（LTV，Loan to Value）、借款人非按揭类债务的数量对预测违约的可能性也比较有效。

Vandell 和 Thibodeau（1985）自行开发了一个理论模型来研究住房按揭贷款的违约风险，模型是建立在最优化借款人总财富的基础之上。研究结果表明以下因素对按揭贷款违约风险起到决定作用：相对于收入水平的支付压力、目前以及预期的房地产市场走势、经济环境、借款人财富、借款人收入稳定性、违约所导致的交易成本。

Epperson、Kau、Keenan 和 Muller（1985）利用期权理论来研究住房按揭贷款违约风险的决定因素。他们的研究结果表明住房价格的波动以及按揭贷款的利率水平对违约风险有明显的影响作用。Cooperstein、Redburn 和 Meyers（1991）也证明利率水平对住房按揭贷款的违约和提前还款均有显著的影响作用。

Hendershott 和 Schultz（1993）的研究表明，较高的贷款价值比会导致更高的违约可能性；贷款额度越大违约风险越小，作者认为这是由于较高价格的房产未来升值的可能性更大；失业率及借款人资产的多少也是违约风险的重要决定因素。

Vandell（1995）对住房按揭贷款违约风险的研究方法进行了研究，讨论了利用期权理论进行研究的优势，同时也指出了它准确性不足的缺点。作者建议可以使用类似泊松回归的方法来增强模型的解释能力。

VanderHoff（1996）比较了浮动利率按揭贷款和固定利率按揭贷款的违约风险大小。结果表明浮动利率按揭贷款违约的可能性要大于固定利率按揭贷款。

Deng、Quigley 和 Order（1996）测试了贷款价值比、失业率、房产价格一年平均的变化水平以及家庭收入等对按揭贷款违约风险的影响水平，强调贷款价值比是影响按揭贷款违约非常重要的因素。

Capozza、Kazarian 和 Thomson（1997）利用期权模型研究了借款人年龄、贷款价值比、租售比率、失业率等对按揭贷款违约风险的影响。结果表明贷款价值比对违约风险影响显著；租售比率越高，违约风险越低；同时失业率和离婚率对按揭贷款的违约也均有明显的影响。

Van Order 和 Zorn（2000）对低收入地区进行研究后发现，借款人收入和区域收入水平都对按揭贷款的违约风险造成影响，并且区域收入水平的影响更大。高收入的借款人更容易违约，但是他们违约后的损失较小。贷款价值比对违约风险和违约后损失的严重性均具有比较显著的影响。

Calhoun 和 Deng（2002）利用多元 Logistic 模型对固定利率和浮动利率按揭贷款不同状态的决定因素进行了研究。结果表明贷款年龄、贷款成数、贷款额度对违约风险有显著的影响作用。

之后的研究中 Logistic 模型越来越得到认可。Phillips 和 VanderHoff（2004）使用多元 Logistic 模型研究了按揭贷款违约发生后可能形成的最终结果（包括恢复还款、提前还款、放弃抵押物）的决定因素。结果表明当地经济环境和房地产市场状况对按揭贷款违约后可能发生的变化有显著的影响。

近些年来，随着国内个人住房按揭贷款市场的快速发展，国内的学者也对住房按揭贷款逾期风险和违约风险的决定因素进行了研究。刘春红（2000）的研究表明借款人家庭收入、首付款比例、收入还贷比、还款承受能力对住房按揭贷款违约的影响比较显著。王福林等（2005）的研究表明借款人是否当地人、贷款价值比、是否期房、收入还贷比、还款方式、家庭收入、住房面积对住房按揭贷款违约风险有显著影响。马宇（2009）利用 Logistic 模型对住房抵押贷款违约风险决定因素进行了研究，结果表明借款人受教育程度越高，工作行业稳定程度和垄断程度越高，违约率越低；借款人购房面积越大，每月偿还贷款金额与家庭收入之比越高，违约率越高；本地人比外地人违约率高；购买现房借款人比购买期房借款人的违约率高。徐淑一和王宁宁（2011）利用住房抵押贷款持续期数据，通过竞争风险下 Cox 比例危险模型研究住房抵押贷款在整个持续期内的提前还款和违约风险的概率，并讨论了与贷款相关的各个因素对抵押贷款风险的影响。丁正斌和施建军（2012）建立 Logistic 回归模型，应用因子分析、判别分析等技术，分析了影响住房按揭贷款产生逾期风险的因素，结果表明借款人自身特征、借款人职业类型、借款人家庭经济状况、借款人住房和贷款因素、地区房地产市场因素这几个方面决定了按揭贷款逾期风险的大小。

现有国内文献主要集中在对个人住房按揭贷款逾期和违约风险决定因素的研究，未见有针对银行贷款审查决定因素的分析以及对两者的比较研究。另一方面，受制于数据的可获得性，现有研究多数采用的样本数据量并不大。本文的贡献一方面是通过大量、全面的数据对个人住房按揭贷款逾期风险决定因素进行了分析；另一方面通过大量数据对银行进行个人住房按揭贷款贷前审查时所关注的审查要素进行了研究，并将其与逾期风险决定因素进行比较分析。同时根据上述分析结果，本文提出了相应的管理措施建议。

三、模型构建与数据来源

从国内外的相关文献可以看出，影响个人住房按揭贷款逾期风险的因素主要分为两类。一类是与借款人个体及本笔债项相关的微观变量，反映了借款人特征、贷款特征及所购买房屋特征，主要包括借款人性别、婚姻状况、教育程度、年龄、收入、是否有违约记录、本笔贷款金额、贷款期限、贷款成数、贷款利率、所购住房面积、是否现房等，通过对这类变量的考察能够分析出哪部分住房按揭贷款有更高的逾期风险；另一类是宏观经济变量，反映了整体的经济状况，主要包括经济增长速度、市场利率水平、货币政策、房地产市场供需状况、房价水平等，这部分变量在任一时点对所有借款人都是一样的，通过对这类变量的考察能够分析出在什么样的经济环境下，个人住房按揭贷款的逾期风险更大。在本文中，我们主要研究个人住房按揭贷款逾期风险的微观影响因素，以期为银行筛选客户及贷后管理提供一定借鉴意义。

根据有关理论、国内外学者的研究结果以及中国的现实情况，在本文中我们选择借款人的性别、婚姻状况、教育程度、年龄、户口是否当地人、供养人数、是否有其他违约记录、其他负债金额、贷款金额、贷款余额、贷款期限、贷款成数、月还款额与月收入之比、贷款利率、住房面积、是否现房作为解释变量，选择以虚拟变量表示的借款人是否逾期作为被解释变量，逾期为 1，正常为 0，以及选择虚拟变量表示的银行进行贷款审查时是否通过作为被解释变量，通过为 1，不通过为 0。具体变量说明如下表 1。

表 1　　变量说明及赋值

变量	变量含义	变量赋值
due	是否逾期	逾期 = 1，未逾期 = 0
approve	银行审查贷款时是否通过	通过 = 1，拒绝 = 0
sex	性别	男 = 1，女 = 0
marr	婚姻状况	已婚 = 1，单身 = 0
edu	教育程度	研究生及以上 = 4，本科 = 3，大专 = 2， 高中 = 1，初中及以下 = 0
age	年龄	借款人实际年龄
hukou	是否当地人	当地人 = 1，非当地人 = 0
pertorai	供养人数	借款人所供养的人数
credit	是否有其他违约记录	有违约记录 = 1，无违约记录 = 0
debt	其他负债金额	除本笔贷款外其他负债数量
loanam	贷款金额	本笔贷款金额
loanbal	贷款余额	本笔贷款截至数据提取时间的余额
term	贷款期限	本笔贷款办理时所约定的期限
loanra	贷款成数	贷款金额占总购房价的比例
payinra	月还款额比月收入	每月还款金额/月收入
interest	贷款利率	贷款执行的利率浮动水平
area	住房面积	所购住房总建筑面积
readyh	是否现房	现房 = 1，期房 = 0

从使用的分析方法上看，相关文献研究个人住房按揭贷款逾期风险决定因素时主要采用的分析方法有判别函数分析、期权理论分析、蒙特卡洛模拟、最优化理论、Logistic 回归模型。近年来 Logistic 模型越来越得到认可。本文采用 Logistic 模型对住房按揭贷款逾期风险的决定因素及银行审查是否通过的决定因素分别进行考察并进行比较分析。构建的微观因素模型是以与借款人个体有关的微观变量作为解释变量，以借款人是否逾期和银行审查是否通过作为被解释变量。

Logistic 模型形式如下：

$$\ln\left(\frac{P_i}{1-P_i}\right)=\beta_0+\beta_1X_1+\beta_2X_2+\cdots+\beta_nX_n+\mu_i$$

上式中：P_i 表示住房按揭贷款发生逾期风险的概率（在第二个回归模型中表示银行审查贷款时通过的概率），P_i 取值区间在 0 与 1 之间；β_i 是待估计系数；X_i 是自变量；μ_i 是随机误差项。

本文所用数据来源于某商业银行 2011 年进行审查的个人住房按揭贷款，共 684 828 组数据，其中审查通过的 642 048 组，审查未通过的 42 780 组，利用此数据对银行审查贷款时是否通过的决定因素进行回归分析。同时利用银行 2011 年审查通过并发放，截至数据提取时还未结清的贷款来研究住房按揭贷款逾期风险决定因素，共 587 895 组，逾期的贷款 32 960 组，未逾期的 554 935 组。

四、实证分析

（一）个人住房按揭贷款逾期风险决定因素的实证结果

运用 STATA 工具对个人住房按揭贷款逾期风险决定因素进行 Logistic 回归，具体回归结果见表 2。从回归结果的 P 值可以看出，贷款余额的回归系数 P 值略大于 10%，贷款金额在 10%置信水平下显著，其余的所有解释变量均在 5%置信水平下显著。由于我们将被解释变量定义为逾期 = 1，未逾期 = 0，因此从回归结果可以得出：

1. 借款人基本情况

性别的回归系数为正值，说明男性借款人更容易发生逾期；婚姻状况的回归系数为负值，说明已婚的借款人不容易发生逾期；教育程度的回归系数为负值，说明教育程度越高的借款人越不容易发生逾期；年龄的回归系数为正值，说明年龄越大的借款人越容易发生逾期；供养人数的回归系数为正值，说明借款人供养人数越多越容易发生逾期；是否当地人的回归系数为正值，说明当地人更容易发生逾期。这与我们通常认为的“本地户口的借款人更加稳定，更利于银行管理，所以逾期风险相对更小”是不一致的。分析其原因，由于国家的房地产调控政策，外地户口要在当地城市购房需要提供纳税证明等材料，同时购房套数限 1 套，因此这部分通过严格规定筛选之后的客户逾期风险反而较小。

2. 借款人财务状况

借款人是否有其他违约记录的回归系数为正值，说明曾经有过不良记录的借款人更容易发生逾期；其他负债金额的回归系数为正值，说明其他负债越高的借款人越容易发生逾期；月还款额比月收入的回归系数为负值，说明月还款额占月收入的比例越高越容易发生逾期。这是因为月还款额占月收入的比例越高，证明借款人每月的还款压力越大。

3. 住房按揭贷款情况

贷款金额的回归系数为负值，说明贷款金额越大越不容易发生逾期。这是因为银行往往执行审批授权制度，对于大额度的贷款需要更高级别的机构和人员进行审核，从而对大额度贷款的风险把控更加严格，风险相对更低；贷款余额的回归系数为正值，说明贷款余额越大越容易发生逾期。这是因为对于余额较小的贷款，借款人违约后实际能够少支付的资金额度较小，不值得为此影响自身的征信记录，因此余额小的贷款比较余额大的贷款更不容易发生逾期；贷款期限的回归系数为负值，说明贷款期限越长越不容易发生逾期。因为贷款期限越长借款人的还款压力相对越小；贷款成数的回归系数为正值，说明贷款成数越高越容易发生逾期。因为贷款成数越高，借款人在购房时自己付出的资金就越少，这样违约的成本就越低；利率的回归系数为负值，说明利率越高越不容易发生逾期。这是因为国家规定居民购买二套房最低执行基准利率 1.1 倍的利率水平，同时要求支付 6 成首付。因此执行利率水平较高的贷款往往首付比例也比较高，风险相对较小。

4. 所购房屋情况

住房面积的回归系数为正值，说明所购房屋面积越大越容易发生逾期；是否现房的回归系数为正值，说明所购房屋为现房的更容易发生逾期。我们考虑这可能是因为一般的按揭贷款如果是开发商正式开盘时出售的房屋大多为期房，而现房往往是某一楼盘项目的尾盘，因此风险相对较大。

表 2　　个人住房按揭贷款逾期风险决定因素 Logistic 模型回归结果

是否逾期	回归系数	标准差	T 检验值	P 值	95%置信区间	
性别	0.093 575 5	0.012 433 8	7.53	0	0.069 205 6	0.117 945 4
婚姻状况	-0.387 515 1	0.014 930 8	-25.95	0	-0.416 778 9	-0.358 251 2
教育程度	-0.136 225 3	0.006 307 3	-21.6	0	-0.148 587 5	-0.123 863 1
年龄	0.005 975 6	0.000 713 7	8.37	0	0.004 576 8	0.007 374 5
是否当地人	0.208 058 6	0.023 398 3	8.89	0	0.162 198 8	0.253 918 3
供养人数	0.032 653 2	0.006 046 4	5.4	0	0.020 802 5	0.044 503 9
是否有其他违约记录	0.213 170 1	0.088 604 3	2.41	0.016	0.039 508 9	0.386 831 3
其他负债金额	1.11E-07	3.67E-08	3.03	0.002	3.92E-08	1.83E-07
贷款金额	-2.86E-07	1.58E-07	-1.8	0.071	-5.96E-07	2.49E-08
贷款余额	2.66E-07	1.64E-07	1.63	0.104	-5.46E-08	5.88E-07
贷款期限	-0.000 617	0.000 088 9	-6.94	0	-0.000 791 3	-0.000 442 8
贷款成数	1.680 483	0.055 664 7	30.19	0	1.571 382	1.789 584
月还款额比月收入	-0.124 679 8	0.032 085 9	-3.89	0	-0.187 567	-0.061 792 6
贷款利率	-2.009 372	0.076 441 7	-26.29	0	-2.159 195	-1.859 549
住房面积	0.000 975 4	0.000 061 1	15.97	0	0.000 855 6	0.001 095 1
是否现房	0.161 697 7	0.020 166 9	8.02	0	0.122 171 2	0.201 224 1
常数	-3.792 684	0.054 588	-69.48	0	-3.899 674	-3.685 693

（二）个人住房按揭贷款银行审查决定因素的实证结果

运用同样的方法对个人住房按揭贷款银行审查时是否通过的决定因素进行 Logistic 回归，具体回归结果见表 3。从回归结果的 P 值可以看出，除了贷款期限回归系数不显著外，其余的所有解释变量均在 5%置信水平下显著。由于我们将被解释变量定义为审查通过=1，审查不通过=0，因此从回归结果可以得出：

1. 借款人基本情况

性别的回归系数为正值，说明男性借款人银行更容易审查通过；婚姻状况的回归系数为正值，说明已婚的借款人银行更容易审查通过；教育程度的回归系数为正值，说明教育程度越高的借款人银行越容易审查通过；年龄的回归系数为负值，说明年龄越大的借款人银行越不容易审查通过；是否当地人的回归系数为正值，说明本地户口的借款人银行更容易审查通过；供养人数的回归系数为负值，说明供养人数越多的借款人银行越不容易审查通过。

2. 借款人财务状况

借款人是否有其他违约记录的回归系数为负值，说明曾经有过违约记录的借款人银行不容易审查通过；其他负债金额的回归系数为负值，说明其他负债越高的借款人银行越不容易审查通过；月还款额比月收入的回归系数为正值，说明月还款额占月收入比例越高银行越容易审查通过。这与我们通常认为的“月还款额占月收入比例越高，还款压力越大，贷款风险越大因此更不易通过审查”不一致。我们考虑可能是因为月还款额比月收入比例较低的借款人，往往是因为收入证明开具的月收入较高，一方面过高的收入证明容易引起银行审查人员的质疑，另一方面高收入群体往往是自营业主，其收入缺乏稳定性，因此导致月还款额占月收入比例较低的贷款反而不易审查通过。

3. 住房按揭贷款情况

贷款金额的回归系数为正值，说明金额越大的贷款银行越容易审查通过；贷款成数的回归系数为负值，说明贷款成数越高银行越不容易审查通过。因为贷款成数越高，借款人自己支付的资金就越少，对于借款人的约束也就越小；利率的回归系数为负值，说明利率越高银行越不容易审查通过。因为高收益伴随着高风险，资质较差的客户才愿意接受高利率，银行从审慎的角度审查贷款则通过的概率较小。

4. 所购房屋情况

住房面积的回归系数为负值，说明面积越大银行越不容易审查通过。我们考虑一方面住房面积越大未来贷款出现风险时银行越不易处置（因为需求群体较小），另一方面购置大面积住房跟国家倡导的房地产政策不符，因此银行在审查贷款时所购房屋面积越大越不易审查通过；是否现房的回归系数为负值，说明现房不容易审查通过。

表 3　　个人住房按揭贷款银行审查决定因素 Logistic 模型回归结果

是否审查通过	回归系数	标准差	T 检验值	P 值	95%置信区间	
性别	0.023 4554	0.010 815 1	2.17	0.03	0.002 258 3	0.044 652 6
婚姻状况	0.343 966 4	0.013 344 2	25.78	0	0.317 812 4	0.370 120 5
教育程度	0.013 936 6	0.005 496 1	2.54	0.011	0.003 164 5	0.024 708 8
年龄	−0.010 786 5	0.000 625 3	−17.25	0	−0.012 012	−0.009 560 9
是否当地人	0.156 062 8	0.018 697 4	8.35	0	0.119 416 6	0.192 709
供养人数	−0.098 444 3	0.005 253	−18.74	0	−0.108 74	−0.088 148 7
是否有其他违约记录	−0.414 490 4	0.066 803 3	−6.2	0	−0.545 422 5	−0.283 558 3
其他负债金额	−1.37E−07	2.67E−08	−5.12	0	−1.89E−07	−8.43E−08
贷款金额	1.08E−07	1.82E−08	5.93	0	7.22E−08	1.43E−07
贷款期限	0.000 012 5	0.000 078 6	0.16	0.874	−0.000 141 7	0.000 166 6
贷款成数	−0.164 076 9	0.042 441 1	−3.87	0	−0.247 259 9	−0.080 893 9
月还款额比月收入	0.345 099 8	0.039 926 9	8.64	0	0.266 844 6	0.423 355
贷款利率	−0.775 517 7	0.062 211 2	−12.47	0	−0.897 449 4	−0.653 586
住房面积	−0.002 911 5	0.000 142	−20.5	0	−0.003 189 9	−0.002 633 1
是否现房	−0.213 403 1	0.014 998 9	−14.23	0	−0.242 800 5	−0.184 005 7
常数	3.126 682	0.045 882 6	68.15	0	3.036 754	3.216 61

（三）逾期风险决定因素和银行审查决定因素的比较

将个人住房按揭贷款逾期风险决定因素与银行审查决定因素进行比较分析可以发现：

1. 男性借款人在住房按揭贷款存续期间更容易发生逾期，但是银行在审查贷款时却更容易通过男性借款人的申请。

2. 由于按照国家规定，在限购城市外地户口居民买房要符合更加严格的标准并提供相关资料，并且对购房套数有所限制，因此这些经过严格标准筛选后的外地借款人在按揭贷款存续期间逾期的风险较小。但是银行在审查贷款时却更容易通过本地借款人的申请。

3. 期限长的贷款借款人还款压力较小，在贷款存续期间逾期的风险也较小。但是银行在审查贷款时贷款期限的长短对审查是否通过并没有明显的影响。

4. 由于国家对于居民购买二套房的相关规定，使得执行利率水平较高的贷款往往首付比例也比较高，因此从回归结果看执行利率水平越高的贷款存续期间越不容易发生逾期。但是银行在审查贷款时利率水平越高的贷款却越不容易获得通过。

五、结论与启示

本文通过对大量的数据进行分析，分别研究了个人住房按揭贷款逾期风险的决定因素和银行审查贷款时是否通过的决定因素，并对二者进行了比较研究。研究结果表明，借款人性别、婚姻状况、教育程度、年龄、户口是否当地人、供养人数、是否有其他违约记录、其他负债金额、贷款金额、贷款余额、贷款期限、贷款成数、月还款额与月收入之比、贷款利率、住房面积、是否现房对住房按揭贷款的逾期风险均有显著影响；借款人性别、婚姻状况、教育程度、年龄、户口是否当地人、供养人数、是否有其他违约记录、其他负债金额、贷款金额、贷款成数、月还款额与月收入之比、贷款利率、住房面积、是否现房对银行审查住房按揭贷款时是否通过有显著影响，银行审查贷款时贷款期限的长短对审查是否通过并没有明显的影响。

通过对二者的比较分析，我们发现了一些银行审查决定因素和逾期风险决定因素不一致的地方，未来银行在进行住房按揭贷款审查时应对这些评判标准予以调整。由于在贷款存续期间男性更容易发生逾期，银行应改变目前男性借款人更容易获得通过的审查标准，对男性借款人进行更加严格的审查；由于本地借款人更容易发生逾期，银行在审查贷款时应改变“本地人更容易管理，贷款风险更小”的评判标准，对本地借款人实施更加严格的审查；由于期限长的贷款客户还款压力较小，未来逾期的风险也较小，银行在审查贷款时应该更加关注贷款期限，为借款人制定更加合理的还款计划；银行在审查贷款时对于高利率水平的贷款应区别对待，对于由于国家二套房政策要求而导致执行高利率水平的按揭贷款，由于此时借款人首付比例也比较高，风险相对较低，应给予更高的通过率，对于由于借款人自身资质较差而导致其不得不接受高利率水平的贷款，应严格审查。

目前国内的商业银行正在逐渐按照巴塞尔协议约定的标准推进对于信用风险的内部评级法管理方式。商业银行可以借鉴本文的模型，构建适用于自身的住房按揭贷款定量风险评价模型。一方面对于新申请的贷款，模型计算的预测未来贷款风险大小的结果可以作为贷款审查人员的重要参考，帮助审查人员进行准确的判断；另一方面，对于已经发放的贷款，通过模型计算借款人未来逾期可能性的大小，并对其中的高风险客户提前采取防控措施。

本文的研究主要利用大量的数据分析了微观变量对个人住房按揭贷款逾期风险和银行审查贷款时是否通过的影响。进一步的研究方向可以将宏观经济变量纳入研究范围。一方面可以研究宏观变量和微观变量如何共同决定了住房按揭贷款的逾期风险以及银行审查贷款时是否通过；另一方面可以研究在不同的宏观经济形势下，住房按揭贷款逾期风险决定因素和银行审查决定因素是否有所变化以及变化的规律，从而为银行提出在不同宏观经济形势下的风险管理及贷款审查建议。

（整理、复核：洪露）

中国基金业业绩持续性问题研究*

——基于羊群行为的分析

刘翔　于瑾

一、引言

本文采用 LSV 法、CH 法和 CSAD 法研究羊群行为对基金业绩持续的影响。首先，采用 Jegadeesh 和 Titman（1993）构造赢者组合和输者组合方法，证实基金业绩存在持续性；其次，从交易信息角度，对按基金业绩、基金规模以及股价涨跌等维度分组的子样本，采用 LSV 法研究羊群行为和基金业绩持续性的关系；最后，从股价分散度角度，采用 CH 法和 CSAD 法进一步研究羊群行为和基金业绩持续性的关系。

二、文献回顾

业绩持续性起源于股票市场研究，而逐步转入对基金业绩持续性的研究。Hendricks 等（1993）、Goetzmann 等（1994）、Brown 等（1995）和 Elton 等（1996），从多个角度证实了在一定时间内基金业绩存在持续性。李学峰、陈曦和茅勇峰（2007）采用多期横截面回归模型，发现在半年内开放式基金业绩存在持续性。但是，国内也有一些学者，如牛淑珍（2012）以 2008 年 9 月前发行的 122 只基金为样本，使用交叉积率、卡方检验方法，发现我国开放式股票型基金业绩一般不具有较为显著的持续性。同时，俞雪飞和刘亚（2012）认为，不同业绩评价基准和业绩持续性检验方法对检验结果有较大影响。

对业绩持续性和反转的解释，更多是从信息反应程度、市场因素、投资

* 资料来源：《财经理论与实践》2013 年第 34（2）期，第 40－44 页。

者行为等角度着手。一是基于信息反应程度，Barberis、Shleifer 和 Vishny（1998）的 BSV 模型，Daniel、Hirshleifer 和 Subrahmanyam（1998）的 DHS 模型以及 Hong 和 Stein（1999）的 HS 模型，认为业绩持续性与信息反应程度有关。BSV 模型和 HS 模型的解释相似，认为最初反应不足和之后反应过度共同导致业绩持续性。而 DHS 模型认为，由于投资者自信和自我归因偏差的存在，最初反应过度导致在短期内还是以业绩持续性为主，直到在长期中意识到偏差时才出现业绩反转。谢赤、张太原和禹湘（2008）从委托代理角度，发现开放式基金对个股特征存在反应不足，而对相对惯性存在反应过度。二是基于市场因素，Carhart（1997）认为股票市场因素和投资费用可以完全解释股票型基金业绩持续性。三是基于投资者行为，吴世农和吴育辉（2003）对基金重仓持股进行研究，发现在一年后赢家组合业绩反转，而输家组合业绩具有持续性，这源于中小投资者"追涨杀跌"的投机心理和目标超常收益实现后的抛售行为。

研究羊群行为的主要方法有 LSV 法、CH 法和 CSAD 法。其中，LSV 法基于的是交易信息，而 CH 法和 CSAD 法基于的是股价分散度。比较 LSV 法、CH 法和 CSAD 法。LSV 法度量的是单个股票的买入力量与整个基金市场平均买入力量的偏离度，仅考虑了发生买入行为或卖出行为基金数量的影响，但没有考虑交易量的影响。CH 法是从股票收益率角度出发，认为当市场大幅波动时市场参与者会改变预期而认同市场信息，单个基金收益率应当紧密分布在市场组合收益率周围，从而表现出羊群行为。但 CH 法无法检测到市场小幅波动时的羊群行为，具有一定的局限性，而 CSAD 法解决了这一问题。

三、研究方法和数据说明

（一）研究方法

Lakonishok、Shleifer 和 Vishny（1992）提出 LSV 法，使用 HM（it）来衡量羊群行为。定义 $HM(it)=\left|B(it)/(B(it)+S(it))-p(t)\right|-AF(t)$，其中 B（it）是在 t 时段内买入股票 i 的基金数，S（it）是在 t 时段内卖出股票 i 的基金数，p（t）是在 t 时段内买入股票行为占整个交易行为的期望。AF（t）是调整因子，在没有羊群行为的条件下 $\left|B(it)/(B(it)+S(it))-p(t)\right|$ 大于零，所以 AF(t)=

$E\left|B(it)/(B(it)+S(it))-p(t)\right|$ 也就不一定等于零。B（it）服从参数为（N（it），p（t））的伯努利分布，其中 $N(it)=B(it)+S(it)$，所以将伯努利分布概率代入，可算出 AF 值。最后，HM 等于 $\sum_{t=1}^{T}\sum_{i=1}^{N_t}HM(it)/\sum_{t=1}^{T}N_t$ 。当 HM 显著地不等于 0 时，则基金市场表现出显著的羊群行为。Wermers（1999）在 LSV 法的基础上提出度量买入和卖出羊群行为指标，分别是 $BHM(it)=H(it)\left|(B(it)/N(it))>p(t)\right.$ 和 $SHM(it)=H(it)\left|(B(it)/N(it))<p(t)\right.$ 。

Christie 和 Huang（1995）提出 CH 法，定义收益率分散度 $S=\sqrt{\sum_{i=1}^{n}(r_i-\bar{r})^2/(n-1)}$，其中，$r_i$ 为 i 的收益率，$\bar{r}$ 为市场组合收益率。建立线性回归模型 $S_t=\alpha+\beta_1 D_t^L+\beta_2 D_t^U+\varepsilon_t$，其中 D_t^L 和 D_t^U 为虚拟变量。当 t 时刻组合收益位于收益分布左极端值的左边时 $D_t^L=1$，否则 $D_t^L=0$。当 t 时刻组合收益位于收益分布右极端值的右边时 $D_t^U=1$，否则 $D_t^U=0$。如果 β_1 和 β_2 均为正值或 β_1 和 β_2 均为负值时，则存在羊群行为。

Chang、Cheng 和 Khorana（2000）提出 CSAD 法，解决了 CH 法无法检测到市场小幅波动时的羊群行为的问题。CSAD 法采用横截面收益绝对差和市场组合收益及其平方的非线性回归分析。CSAD=$\sum_{i=1}^{n}\left|r_{it}-\bar{r}\right|/n$，其中 r_{it} 为 i 的收益率，$\bar{r}$ 为市场组合收益率。根据不同股市行情下羊群行为可能存在的非对称性，建立牛市和熊市回归模型，即 $CSAD_t^{UP}=\alpha+\gamma_1^{UP}\left|r_{m,t}^{UP}\right|+\gamma_2^{UP}\left(r_{m,t}^{UP}\right)^2+\varepsilon_t$，$CSAD_t^{DOWN}=\alpha+\gamma_1^{DOWN}\left|r_{m,t}^{DOWN}\right|+\gamma_2^{DOWN}\left(r_{m,t}^{DOWN}\right)^2+\varepsilon_t$。当 γ_1^{UP} 和 γ_1^{DOWN} 均显著地大于零、γ_2^{UP} 和 γ_2^{DOWN} 均显著地小于零，说明 CSAD 和市场组合收益率存在非线性递增关系；或者 γ_1^{UP} 和 γ_1^{DOWN} 均显著地小于零，说明 CSAD 和市场组合收益率存在非递增关系。这两种情况都表明羊群行为的存在。

（二）数据说明

本文采用 2005 年至 2010 年上半年开放式股票型基金和 A 股数据。其中，开放式股票型基金的股票投资明细、资产总额（元）、累计净值收益率（%）以及 A 股收盘价（元）等，均来源于国泰安（CSMAR）数据库，使用 SAS 9.1 处理数据和回归模型。采用累计净值收益率（考虑了分红、分拆对收益率的影响）计算基金业绩持续性和基金排名。由于开放式股票型基金在 3 月和 9

月公布前十大重仓持股量，仅在 6 月和 12 月公布完整持股量，所以 LSV 法采用的是基金投资国内股市的半年明细数据。同时，CH 法和 CSAD 法使用的是日数据。此外，2005 年至 2010 年上半年买入行为占总交易行为的 69.92%，买入行为多于卖出行为，见图 1。

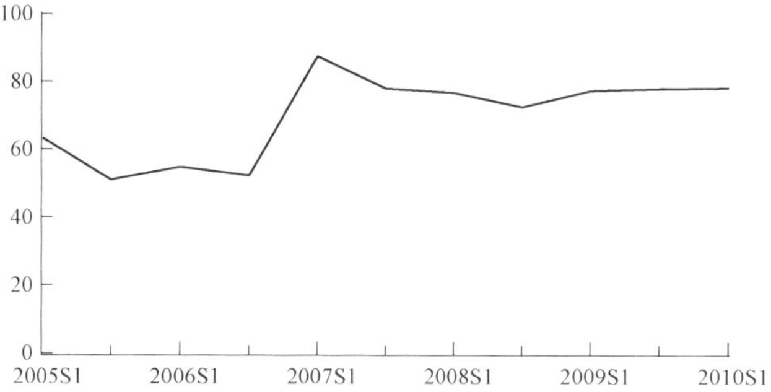

图 1　基金买入行为占总交易行为的比重（%）

四、羊群效应和基金业绩持续性的实证研究

（一）开放式股票型基金业绩持续性

采用 Jegadeesh 和 Titman（1993）构造赢者组合和输者组合方法，检验 6 个月形成期、6 个月持有期策略（6 月/6 月策略）下基金业绩持续性。将 t 时刻的前 6 个月（包括 t 时刻）收益率按升序排列并十等分，各组合依次命名为 P1 组合至 P10 组合。定义 P1 组合为输者组合，P10 组合为赢者组合。再计算 t 时刻各组合在 6 个月持有期的等权重组合收益率。最后计算出赢者组合（P10）和输者组合（P1）的收益差 2.98%，P 值是 0.065，在统计上显著。同理，得到 6 月/3 月和 6 月/6 月策略下 A 股市场的赢者组合和输者组合收益差分别是 −2.96% 和 −3.5%。也就是说，我国开放式股票型基金在 6 月/6 月策略下存在业绩持续性，而 A 股市场存在业绩反转。

（二）基于 LSV 法的羊群行为和基金业绩持续性的关系

1. 按上期业绩和当期规模分组

按照上期业绩十等分和当期规模三等分分组后的 HM、BHM 和 SHM 值，见表 1。具体来说，是将基金按业绩和规模维度升序排列后再等分，其中 P1 组合和 S1 组合分别为输者组合和规模最小组合。从整体看，开放式股票型基金存在显著的羊群行为，HM 值为 12.1%，在统计上显著。SHM 值 26.82% 大于 BHM 值 8.98%，卖出行为比买入行为具有更强的羊群行为，没有证据表明基金联手坐庄。当考虑基金规模差异时，羊群行为基本上随基金规模增加而增强，特别是卖出羊群行为。而赢者组合和输者组合的 HM 值分别是 9.42%和 9.18%，表明均存在羊群行为。而且输者组合在买入行为上表现出更强的羊群行为（高 1.73%），赢者组合在卖出行为上表现出更强的羊群行为（高 14.39%）。这源于基金业绩排名和择股能力。特别是，基金业绩排名对基金公司声誉、基金经理升迁、管理资产规模和基金赎回压力等有重要影响。从买入股票行为看，赢者组合更为自信，择股能力更强，比输者组合表现出较弱的羊群行为。从卖出股票行为看，受基金业绩排名压力等影响，赢者组合有着较强的保持排名动机，且股市存在业绩反转，当赢者组合基金（“明星”基金）卖出某只股票时，同组基金会采取追随策略，避免因卖出时机太晚、价格下跌幅度太大以及市场流动性不足等带来的更大损失，故赢者组合在卖出行为上表现出更强的趋同性；而业绩差的基金受自身研究能力以及对股票判断差异较大等影响，并不能在卖出行为上形成更强的趋同性，或者是卖出时机较晚，而造成业绩不佳。

表 1　　按上期业绩和当期规模分组的 HM、BHM 和 SHM 值

当期规模	羊群行为指标	P	P1	P2	P3	P4	P5	P6	P7	P8	P9	P10
S	HM	0.121 0 (63.41)	0.091 8 (21.01)	0.071 1 (14.88)	0.063 2 (13.24)	0.072 9 (16.28)	0.104 2 (26.40)	0.060 3 (10.62)	0.090 8 (23.02)	0.104 7 (27.44)	0.031 0 (6.56)	0.094 2 (22.92)
	BHM	0.089 8 (55.26)	0.050 7 (22.03)	0.054 4 (22.78)	0.042 8 (20.40)	0.038 2 (22.16)	0.041 9 (22.40)	0.045 2 (21.21)	0.043 2 (21.00)	0.050 2 (23.16)	0.040 1 (21.68)	0.033 4 (22.47)
	SHM	0.268 2 (48.92)	0.227 9 (21.69)	0.119 4 (9.06)	0.166 1 (11.09)	0.183 6 (13.05)	0.352 4 (44.18)	0.108 2 (6.84)	0.267 9 (23.38)	0.330 6 (37.72)	0.022 5 (1.36)	0.371 8 (35.71)
S1	HM	0.087 7 (30.67)	0.026 0 (4.84)	0.069 0 (9.59)	0.074 0 (11.76)	0.029 6 (3.67)	0.082 1 (14.87)	0.042 1 (6.44)	0.041 8 (6.52)	0.086 5 (14.26)	−0.020 2 (−2.52)	0.062 2 (10.38)
	BHM	0.068 7 (34.85)	0.011 5 (4.20)	0.027 0 (14.00)	0.019 6 (11.03)	0.015 9 (10.33)	0.015 7 (10.75)	0.021 2 (10.05)	0.014 8 (8.39)	0.017 5 (11.61)	0.013 3 (7.36)	0.011 3 (10.12)
	SHM	0.156 8 (17.79)	0.063 6 (4.64)	0.208 3 (8.86)	0.313 2 (15.41)	0.100 2 (3.42)	0.314 5 (23.06)	0.070 6 (3.88)	0.095 7 (4.13)	0.418 6 (26.14)	−0.091 5 (−3.55)	0.304 5 (11.19)
S2	HM	0.103 7 (41.87)	0.072 1 (10.79)	0.053 5 (9.19)	0.016 0 (2.68)	0.032 5 (4.37)	0.091 4 (15.02)	0.040 8 (5.71)	0.056 7 (9.08)	0.081 9 (14.67)	0.059 9 (8.65)	0.072 0 (13.94)
	BHM	0.078 6 (40.51)	0.015 3 (10.07)	0.021 9 (11.37)	0.020 8 (10.64)	0.014 1 (10.28)	0.021 9 (11.70)	0.023 8 (14.13)	0.019 2 (11.53)	0.019 2 (11.27)	0.023 8 (11.54)	0.013 3 (11.39)
	SHM	0.206 5 (28.06)	0.267 2 (14.14)	0.143 2 (8.23)	0.016 4 (0.91)	0.102 9 (3.99)	0.327 6 (19.08)	0.110 8 (4.21)	0.218 9 (9.29)	0.455 0 (30.95)	0.187 9 (7.75)	0.388 7 (25.42)

续表

当期规模	羊群行为指标	P	P1	P2	P3	P4	P5	P6	P7	P8	P9	P10
S3	HM	0.107 5 (39.46)	0.091 9 (16.99)	0.030 6 (5.00)	0.033 9 (4.37)	0.082 0 (12.96)	0.096 2 (16.55)	0.088 5 (13.02)	0.089 9 (16.73)	0.044 5 (8.43)	0.046 6 (7.53)	0.107 1 (15.66)
	BHM	0.074 2 (35.15)	0.016 9 (9.74)	0.015 6 (9.29)	0.017 8 (10.97)	0.016 2 (10.35)	0.020 2 (11.84)	0.030 5 (12.89)	0.019 3 (10.09)	0.007 0 (3.26)	0.014 7 (8.87)	0.017 4 (11.88)
	SHM	0.236 9 (31.35)	0.346 5 (28.99)	0.076 3 (4.33)	0.158 3 (5.09)	0.324 6 (15.97)	0.438 9 (34.52)	0.248 3 (12.83)	0.435 6 (38.79)	0.201 6 (11.01)	0.171 9 (7.97)	0.502 3 (37.76)

注：括号里的数字为 t 值，P 组合和 S 组合均为整个样本。

2. 按当期业绩和股价涨跌分组

按当期基金业绩和股价涨跌分组的 HM、BHM 和 SHM 值，见表 2。从整体看，HM 值为 12.44%，表明开放式股票型基金具有明显的羊群行为，且 SHM 值 19.51%大于 BHM 值 10.39%，即卖出羊群行为强于买入羊群行为。在考虑涨跌情况时，卖出羊群行为还是较强，这与赢者组合更加偏好保证收益率有关，但赢者组合和输者组合的买入羊群行为差别不大，依然无证据表明基金存在联合坐庄行为。

表 2　　按当期基金业绩和股价涨跌分组的 HM、BHM 和 SHM 值

股价变化	羊群行为指标	P	P1	P2	P3	P4	P5	P6	P7	P8	P9	P10	P1+P10
涨+跌	HM	0.124 4 (57.13)	0.093 9 (26.51)	0.099 9 (29.13)	0.063 0 (11.05)	0.094 2 (24.11)	0.057 7 (12.19)	0.077 1 (16.44)	0.051 3 (10.20)	0.108 4 (24.66)	0.069 2 (12.59)	0.088 2 (24.00)	0.105 7 (33.91)
	BHM	0.103 9 (55.49)	0.050 2 (23.94)	0.048 1 (22.22)	0.055 0 (21.33)	0.045 7 (21.47)	0.044 4 (20.54)	0.040 1 (23.07)	0.032 1 (18.72)	0.051 0 (20.18)	0.060 0 (22.77)	0.036 3 (26.65)	0.063 5 (32.58)
	SHM	0.195 1 (35.70)	0.243 7 (30.46)	0.288 0 (40.12)	0.100 1 (6.52)	0.253 9 (23.20)	0.115 7 (8.15)	0.209 3 (14.88)	0.111 9 (6.99)	0.252 0 (26.54)	0.098 5 (7.13)	0.368 9 (33.75)	0.274 1 (35.52)
涨	HM	0.115 7 (49.37)	0.086 7 (22.47)	0.095 4 (25.55)	0.055 9 (7.99)	0.085 0 (16.70)	0.070 9 (14.57)	0.069 5 (12.14)	0.026 5 (4.66)	0.093 2 (19.15)	0.078 2 (11.84)	0.084 9 (21.69)	0.092 6 (27.56)
	BHM	0.096 9 (47.68)	0.041 0 (18.14)	0.050 8 (17.69)	0.058 6 (17.31)	0.044 5 (17.50)	0.042 9 (16.46)	0.038 3 (16.85)	0.031 0 (12.40)	0.046 7 (16.47)	0.054 0 (17.78)	0.036 9 (24.35)	0.052 2 (28.17)
	SHM	0.186 8 (28.52)	0.279 8 (25.84)	0.235 2 (27.68)	0.066 6 (3.75)	0.186 8 (12.03)	0.155 9 (9.74)	0.180 2 (9.64)	0.001 6 (0.08)	0.251 2 (18.08)	0.148 0 (7.67)	0.346 8 (26.68)	0.268 8 (25.79)
跌	HM	0.137 0 (44.24)	0.113 4 (24.39)	0.122 9 (25.15)	0.067 2 (8.40)	0.119 7 (21.48)	0.052 4 (6.80)	0.096 8 (16.38)	0.084 8 (11.84)	0.122 8 (20.64)	0.073 0 (10.16)	0.104 7 (18.76)	0.129 2 (30.29)
	BHM	0.108 7 (36.67)	0.075 0 (20.18)	0.058 4 (19.04)	0.059 9 (16.07)	0.051 0 (16.11)	0.051 8 (14.17)	0.047 7 (19.46)	0.039 5 (16.10)	0.064 4 (16.19)	0.078 1 (18.72)	0.040 6 (17.61)	0.086 0 (26.83)
	SHM	0.187 8 (31.59)	0.195 3 (23.07)	0.295 9 (31.67)	0.098 3 (4.63)	0.297 2 (24.62)	0.048 9 (2.65)	0.208 6 (12.15)	0.198 7 (9.59)	0.216 5 (19.21)	0.077 0 (4.66)	0.351 2 (23.59)	0.239 0 (28.79)

注：括号里的数字为 t 值，P 组合为整个样本。

赢者组合在卖出股价下跌股票时的羊群行为更明显，且 SHM 值 35.12% 远大于输者组合的 19.53%；而在买入股价上涨股票时的羊群行为较弱，BHM 值 3.69%小于输者组合的 4.1%，赢者组合更加谨慎和理性，不盲目追涨。同时，输者组合在买入上涨股票时更倾向于买入其他基金也买入的股票，而在卖出下跌的股票时，则受信息、投资能力和投资目标等影响，并没有表现出较强的羊群行为。这也在一定程度上导致了基金业绩持续性。

（三）基于 CH 法的羊群行为和基金业绩持续性的关系

在 1%、5%和 10%显著水平下开放式股票型基金业绩十等分分组的 CH 法回归系数，见表 3。P1 组合至 P10 组的 S 均值分别是 0.678 2%、0.563%、0.637 2%、0.514 3%、0.642 5%、0.593 3%、0.541 3%、0.559 9%、0.584 8% 和 0.562 3%，赢者组合比输者组合的 S 均值要小，且标准差较小，说明赢者组合业绩稳定性较好。

表 3　　基金业绩十等分分组的 CH 法回归系数

	P1	P2	P3	P4	P5	P6	P7	P8	P9	P10
1%显著水平										
α	0.602 8*** (0.04)	0.470 0*** (0.04)	0.475 6*** (0.04)	0.469 8*** (0.03)	0.473 5*** (0.04)	0.522 9*** (0.04)	0.500 2*** (0.03)	0.485 3*** (0.03)	0.518 3*** (0.03)	0.527 2*** (0.02)
β_1	3.079 4*** (0.25)	3.991 8*** (0.25)	9.221 3*** (0.31)	2.867 6*** (0.23)	7.990 4*** (0.28)	3.820 6*** (0.28)	2.657 2*** (0.24)	4.071 7*** (0.25)	3.732 7*** (0.25)	2.138 6*** (0.16)
β_2	0.448 8 (0.49)	1.885 5*** (0.37)	0.464 2 (0.65)	0.317 2 (0.33)	0.466 9 (0.54)	0.387 2 (0.50)	0.414 1 (0.32)	0.478 2 (0.49)	0.369 1 (0.38)	0.630 0*** (0.23)
调整 R^2	0.115 2	0.177 9	0.409 6	0.105 8	0.362 2	0.126 6	0.087 0	0.165 2	0.152 3	0.115 1
5%显著水平										
α	0.558 8*** (0.04)	0.456 1*** (0.04)	0.470 5*** (0.05)	0.456 3*** (0.03)	0.451 2*** (0.05)	0.503 0*** (0.04)	0.473 7*** (0.03)	0.473 7*** (0.04)	0.504 1*** (0.03)	0.511 5*** (0.02)
β_1	2.087 3*** (0.17)	1.969 6*** (0.17)	4.430 1*** (0.25)	1.264 7*** (0.14)	4.825 2*** (0.23)	1.861 6*** (0.18)	1.344 8*** (0.14)	1.975 1*** (0.18)	1.792 7*** (0.17)	1.126 7*** (0.10)
β_2	0.490 8** (0.24)	0.834 3*** (0.25)	0.196 9 (0.40)	0.238 3 (0.20)	0.228 5 (0.33)	0.193 4 (0.27)	0.211 4 (0.19)	0.245 3 (0.24)	0.224 7 (0.23)	0.377 7*** (0.13)
调整 R^2	0.113 3	0.096 7	0.196 9	0.056 5	0.240 7	0.074 8	0.069 9	0.086 8	0.084 0	0.082 4
10%显著水平										
α	0.525 5*** (0.04)	0.451 2*** (0.04)	0.466 3*** (0.05)	0.447 9*** (0.03)	0.421 5*** (0.05)	0.480 7*** (0.04)	0.462 8*** (0.03)	0.465 5*** (0.04)	0.490 7*** (0.04)	0.492 8*** (0.02)
β_1	1.936 3*** (0.19)	1.448 5*** (0.15)	2.974 1*** (0.21)	0.942 7*** (0.12)	3.408 8*** (0.19)	1.561 6*** (0.16)	1.054 3*** (0.12)	1.328 3*** (0.15)	1.354 4*** (0.14)	0.897 2*** (0.08)
β_2	0.424 5** (0.15)	0.532 9*** (0.19)	0.140 7 (0.28)	0.195 6 (0.15)	0.239 8 (0.25)	0.173 7 (0.19)	0.208 5 (0.14)	0.230 2 (0.18)	0.247 3 (0.17)	0.411 7*** (0.09)
调整 R^2	0.129 6	0.070 0	0.130 7	0.045 3	0.188 2	0.074 8	0.059 2	0.059 6	0.068 6	0.083 1

注：括号里的数字是标准误差，*、**、***分别代表在 10%、5%和 1%显著水平上显著。

从表 3 可发现，虽然绝大多数 β_2 并不显著，但 β_2 均大于零，满足 β_1 和 β_2 均为正值的条件，即各组合具有羊群行为，且各组合的 β_1 远大于 β_2，表明单个基金业绩在基金市场业绩不佳时的波动性，远大于在基金市场业绩较好时。也就是说，在基金业投资机会较多、获利可能较大时，各组基金业绩差异小于在投资机会较少、市场较不明朗时的情况。在各显著水平下，赢者组合和输者组合的 β_1 和 β_2 较大多数都是显著的，且赢者组合与输者组合的 β_1 的差大于 β_2 的差。这表明在基金市场业绩较佳时赢者组合和输者组合的波动性差异不大，而在基金市场业绩较差时二者的波动性差异较大。而且，由不同基金市场行情带来的赢者组合波动性差异小于输者组合，赢者组合更能在市场表现不佳时保值、避免更大损失。总的来说，赢者组合更善于在基金市场出现极端不利业绩时，保证自身业绩、减少基金损失和减少业绩波动性，从而保证自身业绩排名。这与基金在不同市场行情下的羊群行为的非对称有关。

（四）基于 CSAD 法的羊群行为和基金业绩持续性的关系

在牛市和熊市环境下，采用 CSAD 法分析基金业绩持续性。根据股票市场持续上涨和下跌的特点，定义 2006 年为牛市和 2008 年为熊市。整个组合、赢者组合和输者组合的 CSAD 法系数，见表 4。从整体看，γ_1^{UP} 和 γ_1^{DOWN} 均显著地大于零，而 γ_2^{UP} 和 γ_2^{DOWN} 显著地小于零，说明 CSAD 和市场组合收益率存在非线性递增关系，即在不同市场环境下基金存在显著的羊群行为。在牛市中，赢者组合和输者组合的 γ_1^{UP} 均是负数且差别不大，而 γ_2^{UP} 均是正数。在熊市中，赢者组合的 γ_1^{Down} 是正数，而 γ_2^{Down} 是负数；输者组合的 γ_1^{Down} 是负数，而 γ_2^{Down} 是正数。这说明赢者组合和输者组合的业绩波动性和市场组合收益未呈现线性递增或递增关系，即存在羊群行为。结合回归系数和市场收益临界点（$-\gamma_1/(2\gamma_2)$），在牛市中赢者组合和输者组合业绩波动性随市场组合业绩上升而先下降后上升；在熊市中赢者组合业绩波动性随市场组合业绩下降而先上升后下降，输者组合业绩波动性随市场组合业绩下降而先下降后上升，说明赢者组合比输者组合更能把握市场动向和控制风险。

表 4　　整个组合、赢者组合和输者组合的 CSAD 法系数

组合	2006 年牛市				2008 年熊市			
	α	γ_1^{UP}	γ_2^{UP}	调整 R^2	α	γ_1^{DOWN}	γ_2^{DOWN}	调整 R^2
P	0.289 5*** (0.05)	0.206 0*** (0.07)	−0.035 0* (0.02)	0.048 8	0.281 9*** (0.03)	0.145 1*** (0.03)	−0.007 6* (0.01)	0.347 2
P1	0.221 3*** (0.06)	−0.186 0*** (0.09)	0.160 7*** (0.03)	0.319 4	0.579 9*** (0.14)	−0.168 9 (0.11)	0.066 4*** (0.02)	0.164 9
P10	0.345 7*** (0.05)	−0.187 1** (0.08)	0.095 9*** (0.02)	0.178 7	0.229 8*** (0.04)	0.221 8*** (0.04)	−0.012 6* (0.01)	0.354 1

注：括号里的数字是标准误差，*、**、***分别代表在 10%、5%和 1%显著水平上显著，P 组合为整个样本。

五、结论

本文的结论有：一是我国开放式股票型基金业绩在半年内存在持续性，LSV 法、CH 法和 CSAD 法均证实开放式股票型基金存在羊群行为，且羊群行为在一定程度上导致了基金业绩持续性。二是赢者组合和输者组合分别在卖出行为和买入行为上表现出更强的羊群行为。这与赢者组合比输者组合有更强保持排名动机、较强研究能力等有关。三是羊群行为基本上随基金规模增加而增强，特别是卖出羊群行为。四是赢者组合比输者组合在卖出股价下跌股票时的羊群行为更强，但在买入股价上涨股票时更加谨慎和理性。五是在整个基金业投资机会较多、获利可能较大时，各组基金业绩差异小于在投资机会较少、获利可能性较不明朗时的情况。六是在不同市场环境下，赢者组合和输者组合的业绩波动性和市场组合收益未呈现线性递增或递增关系。

（整理、复核：刘翔）

强化现金分红政策的合理性研究*

——基于投资者回报视角

张婷 于瑾 吕东锴

一、引言

红利是公司金融领域最为常见的术语，关于上市公司是否应该分配以及如何分配红利等问题一直是学术界和实务界广泛关注和讨论的焦点，至今仍未定论。Fisher Black（1996）曾这样描述红利：“红利就像零散图画碎片，越看越让人迷惑。”

近年来，西方发达国家股票市场相继出现了“现金股利消失”现象。Fama和French（2001）率先发现了美国股票市场中上市公司现金红利分配意愿逐年下降，分红公司比率从1978年的67%下降到1999年的21%。Fatemi和Bildik（2012）对33个国家的17 000多家公司进行了全面的研究，发现分红公司比率从1985年的38%下降至2006年的34%。与西方发达国家股票市场不同，中国证监会却积极调整上市公司分红政策，出台了一系列的规定要求所有上市公司充分听取独立董事以及中小股东的意见，制定利润分配政策尤其是现金分红政策，强化回报股东意识。但是，不同的上市公司有其自身特点，因此，从长期来看，对于所有上市公司普遍实施半强制现金分红政策是否合理？这一系列半强制现金分红政策的出台又是否与当前萧条的股票市场环境有关呢？

二、国内外文献综述

当前，现有文献主要从税负、信息不对称和代理成本三个角度提出股利

* 资料来源：《证券市场导报》2013 年第 4 期，第 67 – 72 页。

理论，研究分红政策合理性。

Farrar和Selwyn（1967）开创了税差理论，认为公司价值与税收情况有关，如果资本利得税率低于股利的税率，则为了使资金成本降到最低，并使公司价值达到最大，应当采用低股利政策，即不分红公司将比分红公司具有更高的价值（Black，1976）。然而，Black和Scholes（1974）指出，投资者处于不同的纳税等级，投资者对于是否进行分红的偏好也将不同，要对一个市场上的投资者类型进行具体分析，而不是简单地比较两种税率的高低。而且，该理论没有考虑到公司的成长性，若再投资回报率较低，那么采取低股利政策就不尽合理。因此，税差理论无法作为强化分红政策合理与否的理论依据。

股利信号理论认为当公司管理层和投资者之间存在信息不对称的情况时，管理层会通过股利政策传递公司未来发展前景的相关信息，并通过实证研究发现股利增加或首次发放股利会导致市场有正面反应（Bhattacharya，1979；Nissim，2001）。然而，实证研究表明股利政策传递了当期和上一期公司的盈利信息，而不是公司的未来盈利能力信息（Benartzi等，1997）。吕长江和许静静（2010）也认为，我国上市公司的股利发放只传递了当期净利润信息，信号理论本身并不成立。因此，股利信号理论成立与否还有待进一步研究。

Easterbrook（1984）和Jensen（1986）提出了代理成本理论，认为股利支付能够有效减少代理成本，即公司通过发放现金红利减少管理层手中可支配的现金，从而减少管理层的不合理挥霍，提高公司价值。Brockman和Unlu（2009）通过对52个国家的样本进行检验，发现股利的发放率和发放额在债权人权利较弱的国家显著较低，因此认为严格的股利政策将作为债权人权利的补充以降低公司债权的代理成本。在我国股票市场，原红旗（2001）指出上市公司通过发放现金股利或股票股利转移现金是浪费公司资金，并没有通过股利政策解决公司代理问题。而且，该理论认为分红仅仅对那些代理成本高的公司有利，对所有上市公司全面推行强化分红政策，可能会导致“监管悖论”，即对应该提高分红水平的公司约束不足，而对应该减少分红的公司形成了一定束缚（李常青等，2010）。

综上，一方面现有股利理论中的税差理论和代理成本理论结论相悖，另一方面现有股利理论本身也具有一定的局限性，有待进一步完善。

三、数据及研究方法

（一）数据来源

本文选取2003年1月至2010年12月沪深两市所有A股月度数据作为研究样本，剔除月度数据不全的数据，共计1 837家上市公司，样本总量为136 945个。本文使用的上市公司数据均来源于CSMAR数据库，包括股票收益率、股票贝塔值、公司市值和公司账面值等数据。

（二）研究方法

1. 现金红利溢价验证

采用 Fama & MacBeth 的时间序列横截面回归法，对样本进行回归分析，具体模型如下所示：

$$r_{it}-r_{ft}=\alpha_0+a_1\beta_{it}+\alpha_2 Size_{it}+\alpha_3 BV_{it}+\alpha_4 Pay_{it}+\varepsilon_t$$

其中 $r_{it}-r_{ft}$ 表示第 t 月的股票收益率减去第 t 月的无风险收益率； β_{it} 表示公司 i 在前一年第 t 月的系统风险β值；$Size_{it}$ 为公司 i 在第 t 月的市场价值，单位为千万元；BV_{it} 为公司 i 在第 t 月的权益账面值，单位为千万元；Pay_{it} 为分红虚拟变量，Pay_{it} 为 1 时表示公司 i 的股票在第 t 月为现金分红股票，Pay_{it} 为 0 时则表示在第 t 月为无现金分红股票。分红虚拟变量（Pay_{it}）的系数代表现金红利溢价。若现金红利溢价显著大于 0，则说明现金分红公司比无现金分红的股票收益率高，对该样本实施半强制现金分红政策能够提高投资者回报，强化现金分红政策合理；反之，则说明强化现金分红政策并不合理。

本文首先以所有 A 股作为样本，通过探讨现金红利溢价是否存在来分析现金分红政策的合理性。接着，本文分析了现金分红政策对不同市值、风格和行业的股票是否应该具有差异性。

根据每年末所有上市公司的市值由小到大排序，排名在前 25%的股票为小盘股，构成小盘股样本；排名在中间 50%的股票为中盘股，构成中盘股样本；排名在后 25%的股票为大盘股，构成大盘股样本。分别对上述三个样本进行回归分析，旨在发现现金分红对不同市值股票的影响。

同理，本文分别使用盈利价格比（E/P）、账面市值比（B/M）及现金流价格比（CF/P）作为衡量股票风格的指标，分别构造价值型、平衡性和成长型股票组合。在每年末，将所有股票根据以上三种指标之一由小到大排序，排名在前25%的股票为成长型股票，构成成长型股票样本；排名在中间50%的股票为平衡型股票，构成平衡型股票样本；排名后25%的股票为价值型股票，构成价值型股票样本（Das & Rao，2010）。分别对三个指标下的九个样本进行回归分析，旨在发现现金分红对不同风格股票的影响。

本文进一步分析了现金分红对不同行业股票的影响。本文采用全球行业分类标准（Global Industry Classification Standard，GICS）将所有上市公司分为10个行业样本，分别对每个行业样本利用上述模型进行回归分析。

2. 不同市场状态下的现金红利溢价比较

结合当前证监会出台“半强制”分红政策的背景，本文将市场分为繁荣和萧条两种状态，通过比较不同状态下现金红利溢价是否存在来判断强化现金分红政策的短期合理性，以及是否在迎合投资者的短期心理需求。关于现金红利溢价在不同市场状态的研究文献很少，Fuller & Goldstein（2011）对美国股票市场进行研究发现，现金红利溢价在不同的市场状态下确实存在差异。Baker 和 Wrugler（2004）指出，放松MM分红定理中关于市场有效性的假设后，心理和制度因素也会对分红的需求和偏好产生影响，表现为投资者有时会高估分红股票价值，有时会低估分红股票价值。那么，在什么时间段内投资者会偏好分红公司股票呢？对此，Baker 和 Wrugler（2004）并没有具体说明，只认为这可能与投资者情绪有关。本文认为不同的市场状态是导致现金红利对股票收益率产生不同影响的原因。当市场处于繁荣状态时，投资者会表现的过于乐观，对现金红利分配与否并没有明显偏好。而当市场处于萧条状态时，投资者会表现的过于悲观，偏好以现金分红的方式来获得收益。

本文选用综合A股市场收益率作为判断市场繁荣和萧条的标准。若当月综合A股市场收益率大于0，则认为市场处于繁荣状态；反之，则认为市场处于萧条状态。采用Fama & MacBeth的时间序列横截面回归法，运用上述模型分别对上文所有样本进行繁荣市场和萧条市场的比较分析。通过比较繁荣和萧条市场的分红虚拟变量（Pay）的系数来判断现金红利溢价在不同市场中的差异。若整体样本中不存在现金红利溢价，而仅在萧条市场中存在，则说明强化现金分红在当前的市场环境下有其合理性，是一种迎合投资者的短期行为。

四、实证及结果分析

（一）整体市场、不同规模、风格和行业的现金红利溢价

从表 1 中可以看出，在全样本中，分红哑变量（Pay）系数为正，但并不显著，说明在考虑了风险和公司规模等因素的影响下，从整个市场来看，现金红利溢价并不存在，即现金分红并不能显著提高投资者回报。这说明对于所有上市公司普遍实施的“半强制”分红政策并不合理。

表 1　市场整体及市值分类回归结果

	全部	大盘股	中盘股	小盘股
Pay	0.004 （0.215）	0.008*** （0.007）	0.002 （0.336）	0.002 （0.406）

注：*、**和***表示在 10%、5%和 1%的显著性水平下拒绝原假设。

在大盘股、中盘股和小盘股三个样本中，大盘股样本回归结果 Pay 的系数为 0.008，且显著为正，而中盘股和小盘股样本回归结果 Pay 的系数均不显著。说明对于大盘股即高市值的上市公司而言，强化现金分红是可行的，此举可以提高这类上市公司的投资者回报，而对于中、低市值的上市公司而言，强化现金分红的作用并不显著。

对于不同风格股票而言，回归结果如表 2 所示。在 E/P 指标下，价值型股票组合回归 Pay 的系数为 0.005，且显著，说明高盈利价格比股票组合中，现金红利溢价为 0.5%，而平衡型和成长型股票组合的 Pay 的系数虽然都为正，但均不显著，说明这两个组合中现金分红公司股票收益率并没有显著高于不分红公司。而在 B/M 和 CF/P 两个指标下，无论是价值型还是平衡型、成长型股票组合的 Pay 的系数均不显著。

上述分析说明，强化现金分红政策对于高盈利价格比的股票而言能够充分提高股票收益率，因此，这类股票应该成为证监会实施“半强制”分红政策的主要对象，而其他类型股票的现金分红效果并不明显。

表 2 股票风格分类回归结果

	E/P			B/M			CF/P		
	价值型	平衡型	成长型	价值型	平衡型	成长型	价值型	平衡型	成长型
Pay	0.005** （0.050）	0.002 （0.414）	0.004 （0.119）	-0.000 （0.853）	0.002 （0.576）	0.005 （0.281）	0.004 （0.258）	0.003 （0.167）	0.005 （0.110）

注：*、**和***表示在 10%、5%和 1%的显著性水平下拒绝原假设。

本文根据全球行业分类标准（GICS）将所有上市公司分为 10 个行业①，回归结果如表 3 所示。从下表中可以看出，在 9 个行业的回归结果中，分红虚拟变量 Pay 的系数均不显著，说明行业并不能作为相关机构和部门实施半强制分红政策的选择依据。

综上，针对所有上市公司强化现金分红从长期来看并不能提高投资者回报，强化分红政策对于不同的上市公司应该有所差异，对大规模和高盈利价格比的公司应强化现金分红政策。

表 3 行业分类回归结果

	能源	原材料	工业	非日常生活消费品	日常消费品	医疗保健	金融	信息技术	公用事业
Pay	0.005 （0.312）	0.002 （0.476）	0.004 （0.208）	0.005 （0.107）	0.006 （0.114）	0.003 （0.408）	0.001 （0.786）	0.004 （0.214）	-0.000 （0.975）

注：*、**和***表示在 10%、5%和 1%的显著性水平下拒绝原假设。

（二）繁荣和萧条市场状态下的现金红利溢价

为了进一步分析现金分红政策在不同市场状态下的合理性，本文将市场分为繁荣和萧条两种状态，分别对全样本和依据市值分成的三个子样本运用 Fama & MacBeth 方法进行回归分析，结果如表 4 所示。

表 4 不同市场状态下市场整体及市值分类回归结果

	全部		大盘股		中盘股		小盘股	
	繁荣	萧条	繁荣	萧条	繁荣	萧条	繁荣	萧条
Pay	-0.004 （0.260）	0.014*** （0.002）	0.001 （0.857）	0.018*** （0.000）	-0.002 （0.392）	0.007*** （0.005）	0.001 （0.827）	0.003 （0.239）

注：*、**和***表示在 10%、5%和 1%的显著性水平下拒绝原假设。

① 由于电信业务行业只有 5 只股票，样本数量过少无法进行 Fama & MacBeth 回归分析，因此，表 3 中只列出 9 个行业的回归结果。

在全部样本中，繁荣市场的分红哑变量（Pay）系数为负且不显著，而萧条市场中的分红哑变量（Pay）系数为 1.4%且显著。这说明在萧条市场中推行现金分红政策具有一定的合理性。小盘股样本无论在繁荣市场还是萧条市场中均没有明显的现金红利溢价。在萧条市场中，大盘股样本和中盘股样本现金红利溢价存在，且大盘股的溢价更大。这说明对于大盘股和中盘股股票而言，萧条市场状态下强化现金分红能够有明显的提高股东回报的效果，而对于小盘股而言，该措施失效。

本文对各种风格股票在不同市场状态均进行了回归分析，结果如表 5 所示。以 E/P 指标作为分类标准，价值型和平衡型股票在萧条市场下的现金红利溢价均显著为正，且价值型股票高于平衡型，分别为 1.2%和 0.8%；而成长型股票在繁荣和萧条市场中均不存在显著的现金红利溢价。说明在萧条市场中强化现金分红政策对于高 E/P 的股票作用最为显著，而对于低 E/P 的股票没有任何作用。以 CF/P 指标作为分类标准的结论和 E/P 指标相似，在萧条市场中价值型股票的现金红利溢价最大，平衡型和成长型依次减弱。在以 B/M 指标作为分类标准的结果和上述两个指标略有不同，虽然三种风格股票在萧条市场中的现金红利溢价均显著为正，但成长型股票最大，价值型股票最小。

表 5　　不同市场状态下股票风格分类回归结果

	价值型		平衡型		成长型	
			E/P			
	繁荣	萧条	繁荣	萧条	繁荣	萧条
Pay	−0.001 （0.857）	0.012*** （0.003）	−0.003 （0.282）	0.008*** （0.007）	0.005 （0.252）	0.004 （0.279）
			B/M			
Pay	−0.007*** （0.007）	0.009*** （0.007）	−0.006 （0.119）	0.011*** （0.006）	−0.004 （0.517）	0.017*** （0.008）
			CF/P			
Pay	−0.006* （0.086）	0.017*** （0.001）	−0.002 （0.570）	0.011*** （0.003）	0.001 （0.712）	0.009** （0.039）

注：*、**和***表示在 10%、5%和 1%的显著性水平下拒绝原假设。

对各行业在不同市场状态下的分析显示，尽管任何一个行业从整体上看均不存在显著的现金红利溢价，但除金融和公用事业两个行业外，其他行业在萧条市场中的现金红利溢价均显著为正，如表 6 所示。说明在当前萧条市场状态下的强化现金分红政策对于绝大多数行业都能起到提高股票收益和投资者回报的作用。

综上，整个 A 股市场以及各种类型的股票样本在萧条市场中的现金红利溢价基本都显著为正，说明在当前市场萧条的环境下出台现金分红政策在短期具有一定的合理性。

表 6　　不同市场状态下行业分类回归结果

市场状态	繁荣	萧条	繁荣	萧条	繁荣	萧条
行业	能源		原材料		工业	
Pay	−0.001 (0.927)	0.012** (0.042)	−0.005 (0.237)	0.012** (0.027)	−0.001 (0.792)	0.011*** (0.008)
行业	非日常生活消费品		日常消费品		医疗保健	
Pay	−0.003 (0.428)	0.017*** (0.000)	−0.001 (0.920)	0.015*** (0.005)	−0.006 (0.247)	0.015*** (0.002)
行业	金融		信息技术		公用事业	
Pay	−0.005 (0.326)	0.010 (0.111)	−0.002 (0.728)	0.012*** (0.005)	−0.005 (0.256)	0.007 (0.136)

注：*、**和***表示在 10%、5%和 1%的显著性水平下拒绝原假设。

五、结论与启示

近年来，中国证监会相继出台了一系列“半强制”的现金分红政策及规定，对于股东回报意识淡薄的我国股票市场而言，加强和完善公司利润分配政策，尤其是现金分红政策，显得十分必要。然而，强化分红政策的局限性亦不容忽视。

本文研究发现，整体 A 股市场不存在现金红利溢价。依股票市值、风格和行业进行分类后，发现大盘股和以 E/P 值为指标的价值型股票存在显著的现金红利溢价，而各行业都不存在显著的现金红利溢价。因此，政策制定者应针对大盘股和高 E/P 的股票实行半强制现金分红政策，真正达到提高投资者回报和公司价值的最终目的。

本文进一步考虑了半强制现金分红政策出台的股票市场环境，将市场分为繁荣和萧条两种状态，对这两种不同的市场状态进行比较分析。发现在萧条市场状态下，除小盘股、低 E/P 值股票和金融、公用事业两个行业的股票外，其他市值、风格和行业股票的现金红利溢价均显著为正，这在一定程度上说明当前半强制现金分红政策出台可以在短期内迎合投资者需要，具有一定合理性。

综上，从长期来看，目前这种对所有上市公司一视同仁的半强制现金分红政策有其局限性，应对高市值和高盈利价格比的上市公司实行强化分红政策，而对其他类型的上市公司而言并没有必要。但从短期来看，证监会半强制现金分红政策的出台确实有在一定程度上有助于提高投资者回报，达到稳定股市的作用。

（整理、复核：张婷）

基于反应不足的基金业绩持续性研究*

于瑾 刘翔

一、引言

本文试图从反应不足和反应过度角度出发，对基金业绩持续性进行研究。通过构建基金、股票业绩持续性变量以及基于 Bootstrap 的 AR－EGARCH 等模型，实证分析基金业绩持续性与股票业绩反转以及基金业绩持续性滞后变量的关系，分析业绩持续性是否存在对滞后信息的反应不足或反应过度的情况，考虑在牛市和熊市条件下信息反应扰动的差异性，并提出建议。

二、文献回顾

反应不足是指投资者对信息的反应不准确，这是思想上的惰性令人不愿意轻易改变原想法。如果投资者对新信息反应不足，新信息对资产价格的作用将逐步显现，在一定程度上导致了业绩持续性。反应过度是指投资者对信息理解有偏颇，对部分信息反应过激。如果投资者对新信息反应过度，将造成资产价格过度反应，业绩将出现反转。反应不足和反应过度均没有否定投资者理性行为，是投资者在有效信息集中做出的有限理性选择。

早期的业绩持续性研究主要是集中在股市。De Bondt 等（1985）发现过去表现好的股票异常收益率低于表现差的。Poterba 等（1988）再次证实这一结论。随着研究的深入，发现基金市场也是存在业绩持续性。Jegadeesh 等（1993）采用重叠形成期来构造 J 月/K 月的赢者组合和输者组合，发现股票业绩在一年多的时间里存在持续性，但在长期中业绩存在逆转。国内学者也对业绩持续性问题进行了相关研究。周琳杰（2002）和李学峰等（2007）发现

* 资料来源：《郑州大学学报（哲学社会科学版）》2013 年第 46（3）期，第 83－87 页。

我国基金和股市存在业绩持续性。有些学者研究了业绩持续性与反应不足的关系。Jegadeesh 和 Titman（1993）认为业绩持续性是因为短期内对信息反应不足，而长期业绩反转是因为信息的过度反应。王海侠等（2007）认为在 3 个月内我国基金反转策略盈利，赢利的来源是股价的反应过度，但在较长时间里股价出现反应不足，动量策略会赢利。对于投资主体的信息反应程度，游家兴（2008）认为在短期内机构投资者和个体投资者具有反应程度差异。机构投资者是相对理性的，而个体投资者则存在过度反应，而机构投资者在中长期对新信息的反应是逐步调整的，且基金业绩持续性可能源于股市持续性。

有些学者也研究了业绩持续性与股市的关系。赵瑾璐和陶玉（2008）发现我国开放式基金的业绩会受股市表现的影响。韩守富（2011）发现基金业绩持续期在牛市中后期存在但持续时间不长。但尚未有学者研究基金不同业绩表现与信息反应程度之间的关系，以及是否会受不同市场环境的影响。

由于收益率有聚类现象，故考虑使用二阶矩或者高阶矩进行建立模型，如 GARCH 和 EGARCH 等模型。宫汝凯（2008）发现股价变动存在 ARCH 效应、杠杆效应、对信息的反应并非十分灵敏。陆蓉等（2004）采用 EGARCH 模型进行研究，发现股市在牛市和熊市中对利好、利空消息有不平衡性反应。

三、数据的描述性统计

本文使用 2006 年至 2010 年间开放式股票型基金累计净值增长率、单位净值和份额以及考虑 A 股的现金红利再投资回报率和总市值，均来自国泰安（CSMAR）数据库。基金的日净资产等于日单位净值与季初、季末份额总额平均值的乘积，数据处理和回归使用的是 SAS 9.1 软件。

3 月/3 月策略下基金、A 股业绩持续性变量的构造方法：第一步，计算 t 时刻的前三个月（66 个工作日，含 t 时刻）的月均收益；第二步，将 t 时刻的月均收益按降序排列，定义排名前 30%基金为赢者组合，排名后 30%基金为输者组合；第三步，计算 t 时刻的后三个月赢者组合和输者组合的月均收益；第四步，将每个时刻的赢者组合和输者组合的收益按价值加权平均，计算赢者组合和输者组合的收益差，即为业绩持续性变量。

按照以上方法分别计算出3月/3月策略下基金和A股业绩持续性变量(实际有效数据共 1 066 个)。其中，基金业绩持续性变量为 1.041%，标准差为2.076 3%，P 值为 0，在统计上显著。A 股业绩持续性变量为 – 1.181 1%，标准差为 4.462 3%，P 值为 0，在统计上显著。故在三个月内开放式股票型基金具有业绩持续性，而 A 股具有业绩反转。基金和 A 股业绩持续性变量(图 1)。与股市业绩持续性相比，基金业绩持续性波动性较小，但二者都存在收益率聚类性，故可考虑建立 ARCH 类模型。

四、实证研究

（一）基金业绩持续性和 A 股市场的关系

对 3 月/3 月策略下基金、A 股业绩持续性变量进行 ADF 检验，t 值分别为 – 4.809 2 和 – 4.496 5，都拒绝原假设，数据是平稳的。所以基金业绩持续性变量可对 A 股业绩持续性变量建立均值方程。

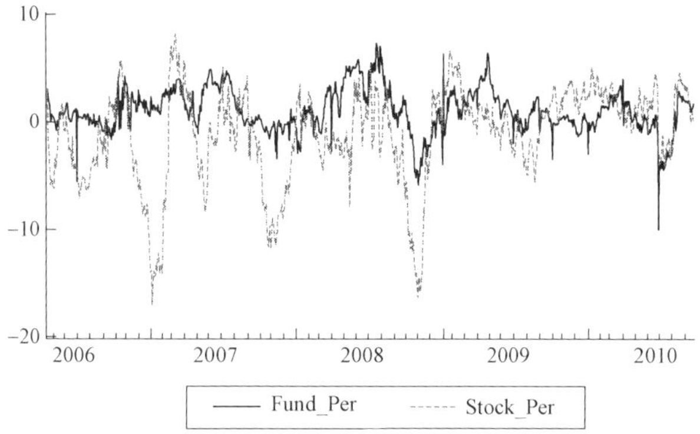

图 1　3 月/3 月策略下基金和 A 股业绩持续性变量

首先，建立基金业绩持续性变量对当期以及滞后 5、10、15、20、25、30、35、40、45、50、55、60、65 个工作日的 A 股业绩持续性变量的 White 异方差系数稳健均值方程。依次剔除回归系数 P 值大于 0.1 的，直到所有系数的 P 值都小于 0.1，得到（1）式。其中 R 为基金业绩持续性变量，r 为 A 股业绩持续性变量。对（1）式的残差进行 ARCH 模型的 LM 检验发现 P 值为 0，拒绝原假设，即存在条件异方差。对 EGARCH 模型进行残差、残差平方的 Q 检验，发

现 υ_t 是独立同分布的白噪声过程，υ_t^2 不存在自相关，故模型的建立是合适的。

$$R_t = 1.3131 + 0.1573 r_t + 0.0573 r_{t-55} + 0.0584 r_{t-60} - 0.0544 r_{t-65} \quad (1)$$

（0.069 3）（0.015 5）（0.025 4）（0.030 9）（0.024 7）

对（1）式的残差建立 EGARCH 模型，得到（2）式。

$$R_t = 1.0897 + 0.1244 r_t + 0.0713 r_{t-55} + 0.0113 r_{t-60} - 0.0433 r_{t-65} \quad (2)$$

（0.024 2）（0.010 7）（0.010 4）（0.011 3）（0.012 2）

$$\ln h_t = -0.8065 + 1.1528 \left|\upsilon_{t-1}\right| + 0.0177 \upsilon_{t-1} + 0.7481 \ln h_{t-1}$$

（0.068 8）（0.108 5）（0.061 1）　（0.037 4）

从（2）式中，发现基金业绩持续性变量和 t 时刻股市业绩持续性变量存在正相关，表明股市存在追涨的行为。当新信息来临后，基金有更强的市场分析能力和捕捉能力，当基金购买好的股票后其价格上升，进一步吸引投资者购买。在未实现盈利目标和信息充分反应在股价之前，基金不会卖出，如此基金业绩也将得以持续。前 55 至 60 个工作日可能是信息的作用充分反应在股价上或者是基金实现投资目标的时限，此后基金业绩与前 65 个工作日的股票业绩持续性出现负相关，这是因为基金在投资目标实现后或者在知悉股市 3 个月业绩反转的恐跌心理作用下，采取反转策略、卖出 65 个工作日前买入的股票，从而落袋为安。从整体上来看，基金业绩持续源于投资者对信息的反应不足、追涨心理和基金的反转操作。此外，γ 为 0.017 7，表明正扰动的方差大于负扰动。

（二）基金业绩持续性的 AR－GARCH、AR－EGARCH 和 AR－EGARCH－M 模型

基金业绩存在持续性，考虑其当期和滞后期以及对波动性风险补偿的关系，建立 AR－GARCH、AR－EGARCH 和 AR－EGARCH－M 模型，并建立基于 Bootstrap 法的模型，分析对 VaR 估计准确度的影响。

对 3 月/3 月策略下基金业绩持续性进行 ADF＝3 检验，发现 RHO 和 TAU 的 P 值都小于 0.01，所以数据是平稳的。自相关系数具有“托尾”现象，而偏自相关系数是 7 步截尾，所以考虑建立 AR 模型的最大滞后阶数为 7。分别建立基金业绩持续性的 AR（1）至 AR（7）模型。选择 AIC 和 BIC 最小的阶数，建立 AR 模型。由于这两种方法难以比较其优劣，而 BIC 对自由度的惩

罚严于 AIC，考虑使用 AIC 准则，建立异方差系数稳健 AR（7）模型，依次剔除回归系数 P 值大于 0.1 的滞后变量，直到所有回归系数 P 值小于 0.1，得到（3）式，回归的调整 R^2 为 0.828 2。

$$R_t = 0.0603 + 0.6164R_{t-1} + 0.1887R_{t-2} + 0.1146R_{t-3} - 0.0711R_{t-6} + 0.0947R_{t-7} \tag{3}$$

（0.032 9）（0.081 5）（0.063 3）　（0.047 5）　（0.034 5）（0.033 5）

对（3）式进行 ARCH 的 LM 检验，P 值小于 0.01，所以拒绝原假设，存在条件异方差，对残差建立 GARCH（1，1）、EGARCH（1，1）和 EGARCH（1，1）－M 模型，见（4）式、（5）式和（6）式。

AR（7）－GARCH（1，1），见（4）式。

$$\begin{aligned} R_t = {} & 0.0473 + 0.7972R_{t-1} + 0.0496R_{t-2} + \\ & 0.0630R_{t-3} - 0.0500R_{t-6} + 0.0881R_{t-7} \end{aligned} \tag{4}$$

（0.028 1）（0.050 4）（0.035 2）　（0.014 1）　（0.028 7）　（0.027 0）

$$h_t = 0.4467 + 0.4914\varepsilon_{t-1}^2 - 0.0321h_{t-1}$$

（0.098 7）　（0.244 1）（0.019 7）

AR（7）－EGARCH（1，1）模型，见（5）式。

$$\begin{aligned} R_t = {} & 0.0064 + 0.8579R_{t-1} - 0.0397R_{t-2} + \\ & 0.0902R_{t-3} - 0.0425R_{t-6} + 0.0929R_{t-7} \end{aligned} \tag{5}$$

（0.022 6）（0.036 6）（0.052 5）　（0.043 3）（0.024 9）　（0.022 0）

$$\ln(h_t) = -0.5539 + 0.5323|v_{t-1}| - 0.0868v_{t-1} + 0.6249\ln(h_{t-1})$$

（0.055 1）（0.044 3）（0.023 4）（0.047 0）

AR（7）－EGARCH（1，1）－M 模型，见（6）式。

$$\begin{aligned} R_t = {} & -0.2427 + 0.3729h_t + 0.8427R_{t-1} - 0.0135R_{t-2} + \\ & 0.0834R_{t-3} - 0.0373R_{t-6} + 0.0844R_{t-7} \end{aligned} \tag{6}$$

（0.209 1）（0.248 0）（0.056 9）（0.052 3）（0.036 4）（0.031 4）（0.032 4）

$$\ln(h_t) = -0.5600 + 0.5268|v_{t-1}| - 0.0683v_{t-1} + 0.6192\ln(h_{t-1})$$

（0.074 5）　（0.108 7）（0.080 9）（0.087 9）

对上述三个模型的 υ_t 和 υ_t^2 进行 Q 检验，发现 υ_t 是独立同分布的白噪声过程、υ_t^2 不存在自相关，所以这三个模型的建立是合适的。这三个模型均表明在 7 个工作日内基金对新信息呈反应不足。基金业绩持续性与滞后 1 个工作日的基金业绩持续性存在正相关，系数在 0.8 左右。与其他滞后期数相比，滞后 1 个工作日的基金业绩持续性对当期基金业绩持续的作用在规模上是最大的，是其他滞后变量系数的 10 倍左右。具体来看，AR（7）－GARCH（1，1）的调整 R^2 为 0.821 6，滞后 1 个工作日的基金业绩持续性对当期基金业绩持续有正效应且效应最大。滞后 6 个工作日有明显的负效应，但效应规模不大。AR（7）－EGARCH（1，1）的调整 R^2 为 0.815 6，滞后 1 个工作日的基金业绩持续性依然对当期基金业绩持续有最大的正效应，但滞后 2 个和 6 个工作日有较小作用的负效应。当 $\gamma = -0.0868<0$，表明同等程度的正扰动比负扰动引起的方差变化小，利空消息对基金业绩持续性的影响更大，即当上一期业绩持续性较差时对下一期的影响大于上一期业绩持续性较好时。AR（7）－EGARCH（1，1）－M 的调整 R^2 为 0.827 6，滞后 1 个工作日的基金业绩持续性依然对当期基金业绩持续有最大的正效应，滞后 2 个和 6 个工作日有较小作用的负效应。基金业绩持续波动的方差会给基金业绩带来正效应，系数为 0.372 9，表明业绩对风险有一定的补偿。而此时 γ 为 $-0.0683<0$，大于 AR（7）－EGARCH（1，1）的。$\gamma<0$，表明同等程度的正扰动比负扰动引起的方差变化小，利空消息对基金业绩持续性的影响更大。具体来说，当 $\nu_{t-1}>0$ 时，该信息冲击对对数条件方差有一个 0.458 5 倍的冲击；当 $\nu_{t-1}<0$ 时，该信息冲击对对数条件方差有一个 0.595 1 倍的冲击。

总的来说，我国基金业绩持续性的重要来源是股市的信息反应不足和投资者追涨行为。一方面，来源于股市对信息的反应的不足，新信息对于股票价格的影响逐步反应在股价上，基金业绩持续性与滞后 1 个工作日的基金业绩持续性具有影响效应最大的正相关性。另一方面，由于基金在投资分析能力和投资技巧上具有比较优势，当基金率先购买股票后，推高了股价，其他投资者追涨，进一步推高股价，在一定程度上加深了业绩持续性。此外，我国基金业绩持续性还表现为利空消息造成的扰动比利好消息造成的扰动要大，因此对在上一期表现较差的基金，需要更加谨慎对待。

建立 3 月/3 月策略下基金业绩持续性的 AR（7）－EGARCH（1，1）和 AR（7）－EGARCH（1，1）－M 模型的信息冲击曲线（图 2）。当存在利空消息时，EGARCH 模型造成的波动大于 EGARCH－M 模型。相反，当存在利好消息时，EGARCH 模型造成的波动小于 EGARCH－M 模型。

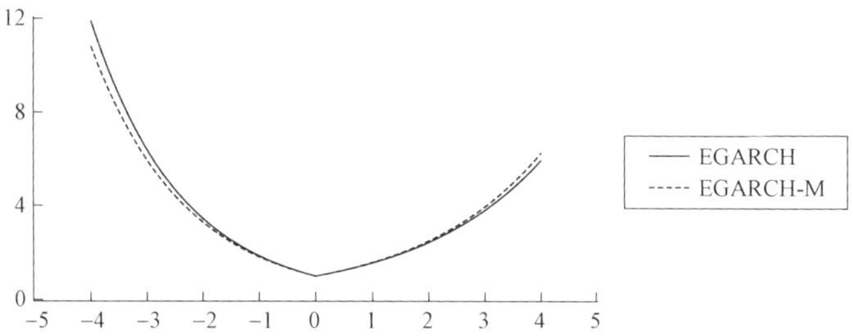

图 2　信息冲击曲线

模型的均方根误差率 $\text{RMSE}=\sqrt{\frac{1}{m}\sum_{i=1}^{m}\left(\frac{|y_i-y_i^f|}{|y_i|}\right)^2}$，可以检验模型是否很好地拟合转折点。根据静态预测值计算的 AR（7）－GARCH（1，1）、AR（7）－EGARCH（1，1）和 AR（7）－EGARCH（1，1）－M 模型的均方根误差率 RMSE 分别为 22.90、19.23 和 17.85，其中 AR（7）－EGARCH（1，1）－M 的拟合度最好。

（三）基于 Bootstrap 法的 AR－GARCH、AR－EGARCH 和 AR－EGARCH－M 模型

由于我国基金业发展时间不长，基金业绩持续性的有效样本仅有 1 066 个日数据，建立 ARCH 类模型未免有失偏颇。故考虑建立基于 Bootstrap 法的 AR－ARCH 类模型，实施 Bootstrap 法使用的是 SAS 9.1 的 proc surveyselect 命令。

运用 Bootstrap 法建立 AR（7）－GARCH（1，1）、AR（7）－EGARCH（1，1）和 AR（7）－EGARCH（1，1）－M 模型，对这三个模型的预测能力进行对比，并分析三个模型估计的 VaR。具体方法如下：第一步，建立基金业绩持续性模型，估计 ε_t 和 h_t，计算 $z_t=\varepsilon_t/\sqrt{h_t}$。第二步，利用 Bootstrap 法从 z_t 样本中有放回地产生等样本数的新 z_t 样本，代入第一步的均值模型，计算得到新的因变量。第三步，用第二步得到的因变量和自变量再次回归，建立同样

的模型，并估计参数和h_t，并计算99%置信水平下 VaR= $\hat{y}_t - 2.326\,3 * \sqrt{\hat{h}_t}$ 。第四步，重复第二步和第三步100次，并计算$\hat{y}_t$和VaR的均值。

基于Bootstrap法的AR（7）-EGARCH（1，1）和AR（7）-EGARCH（1，1）-M模型的γ均值分别为-0.297 4和-0.245 0。对P值小于0.1的γ求平均数分别为-0.277 1和-0.260 2，AR（7）-EGARCH（1，1）-M模型的γ略大于AR（7）-EGARCH（1，1）的。相比于原方法，基于Bootstrap法的γ绝对值较大。AR（7）-EGARCH（1，1）-M模型的λ均值为0.022 8，同时绝大多数的λ并不显著（72个λ不显著和28个λ显著）。基金业绩持续性和99%置信水平下EGARCH模型的VaR（图3）。

基于Bootstrap法的AR（7）-GARCH（1，1）、AR（7）-EGARCH（1，1）和AR（7）-EGARCH（1，1）-M模型的均方根误差率RMSE分别是24.90、24.43和30.12，比原方法的均方根误差率略大一点。但按照Kupiec失败频率检验，在99%置信水平下的期望失败天数为4天（样本数为1059）。基于Bootstrap法的AR（7）-GARCH（1，1）、AR（7）-EGARCH（1，1）和AR（7）-EGARCH（1，1）-M模型的失败次数为14、15和10次，LR统计量为$LR = 2\ln[(1-N/T)^{T-N}(N/T)^N] - 2\ln[(1-a)^{T-N}a^N]$，计算后发现LR统计量的值都很小。而AR（7）-GARCH（1，1）、AR（7）-EGARCH（1，1）和AR（7）-EGARCH（1，1）-M模型的失败次数为138、15和15次。相对来说，基于Bootstrap法的模型更加稳定，提高原模型的精准度。

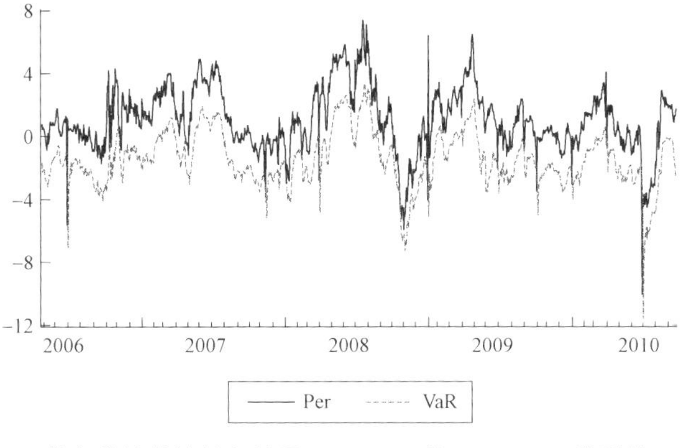

图3　基金业绩持续性和基于Bootstrap的EGARCH模型的VaR

（四）在不同股市环境下反应不足和业绩持续性的关系

根据股市的持续涨跌，定义 2006 年 5 月至 2007 年 4 月为牛市，2007 年 11 月至 2008 年 10 月为熊市，各有 239 个和 241 个观测值。

对牛市下的基金业绩持续性进行单位根检验，发现基金业绩持续性数据是平稳的。根据自相关系数托尾和偏自相关系数为 7 步截尾，剔除回归系数 P 值都大于 0.1 的原则，并考虑条件异方差，所以建立 AR（3）－EGARCH（1，1）模型，见（7）式。发现 υ_t 是独立同分布的白噪声过程、υ_t^2 不存在自相关，模型的建立是合适的。γ 为 0.094，表明同等程度的正扰动引起的方差变化比负扰动大，即在牛市中，对利好消息的反应比利空消息更加敏感。这是因为在牛市中，投资者比较乐观，当更多的利好消息出现时，投资者自我印证，更相信牛市还会继续。而对于利空消息，投资者会感到疑惑和怀疑，宁愿相信利空消息只是暂时的，不大可能改变原有投资策略，所以对利空消息不敏感、反应不足。

$$R_t = 0.694\,1R_{t-1} + 0.194\,5R_{t-3} \qquad (7)$$

（0.070 2）（0.074 7）

$$\ln(h_t) = -0.340\,1 + 0.345\,8\left|v_{t-1}\right| + 0.094v_{t-1} + 0.678\,4\ln(h_{t-1})$$

（0.081 6）（0.076 9）（0.052 5）（0.104 2）

对熊市下的基金业绩持续性，熊市下基金业绩持续性数据存在单位根。所以建立基金业绩持续性和滞后 1 个工作日的回归模型，对残差进行 ARCH 检验，发现存在条件异方差，建立 EGARCH 模型，得到（8）式。发现 υ_t 是独立同分布的白噪声过程、υ_t^2 不存在自相关，模型的建立是合适的。γ 为－0.180 7，表明同等程度的负扰动引起的方差变化比正扰动大。在熊市中，对利空消息的反应比利好消息更加敏感。这是因为在熊市中，投资者比较悲观，当更多的利空消息出现后，投资者自我印证，更相信熊市还未见底。而对于利好消息，投资者会感到疑惑和怀疑，会相信利好消息只是暂时的，并不是股市见底了，不大愿意追涨，所以对利好消息不敏感、反应不足。

$$R_t = 0.969\,6R_{t-1} \qquad (8)$$

（0.018 0）

$$\ln(h_t) = -0.2477 + 0.1860\left|v_{t-1}\right| - 0.1807v_{t-1} + 0.5263\ln(h_{t-1})$$
$$(0.1608)\ (0.1399)\ (0.1025)\quad (0.2736)$$

五、研究结论

第一，发现在三个月内开放式股票型基金具有业绩持续性，而 A 股市场具有业绩反转。基金业绩持续源于投资者对信息的反应不足、追涨心理和基金的反转操作。第二，在 7 个工作日内基金也表现出对新信息反应不足。同时，当上一期业绩持续性较差时对下一期的影响大于上一期业绩持续性较好时。第三，虽然基于 Bootstrap 法的 RMSE 比原方法略大，但 VaR 比原方法更加稳定有效，故 Bootstrap 法提高模型的精准度。第四，市场环境会对投资者情绪产生影响，使投资者对利好和利空信息的敏感度发生偏差。在牛市中，对利好消息的反应更敏感；在熊市中，对利空消息的反应更敏感。所以，应当加强信息披露力度，监管信息的真实性、有效性和及时性，防范虚假消息扰乱市场，维护金融市场稳定。

（整理、复核：刘翔）

金融化的路径选择与风险防控*

于瑾 周吉人

金融化（Financialation）这个概念是在 20 世纪 70 年代由美国马克思主义经济学家保罗·斯威齐和哈里·马格多夫共同提出的（Paul M. Sweezy and Harry Magdoff，1972），将其描述为美国资本主义的动力，指经济活动的重心由生产领域转向金融领域。此后几十年，金融化的概念逐渐被人们所认识和接受，并进一步被解释为“金融经济长期脱离实体经济的自我运转”（Kevin Phillips，1994）和“垄断金融资本”（John Bellamy Foster，2007），也被借用来分析国际化和国际霸权主义的演变（Giovanni Arrighi，1994），深刻揭示了金融化的发展阶段，以及对经济运行和国际经济关系的影响。中国学术界更多地从实证角度研究了我国金融化的程度和水平，特别是分析了金融化对经济增长率的影响（谢家智、王文涛，2013）、对企业利润率的影响（孟捷、李亚伟、唐毅南，2014）、对工业化的影响（谢家智、王文涛、江源，2014），但其研究尚未区别不同的金融化路径选择对经济运行的影响，对当前中国金融化的模式及可能出现的金融风险有待进一步深入研究。

一、金融化是经济社会发展所要经历的必然阶段和更高层次

金融化是相对于工业化的一个经济发展阶段，工业化是以工业生产总值占国内生产总值的比重以及对经济增长的贡献度两项指标占绝对重要地位为主要标志，是一个国家或地区的经济结构由农业为主体向工业为主体转变的经济发展过程。而金融化则是经济活动的重心由工业部门转为金融部门，金融业在整个国民经济中处于核心地位，并成为推动经济发展的强大动力。如

* 资料来源：《金融论坛》2015 年第 20（8）期，第 19－26 页。

果将工业化理解为生产函数中资本、劳动力、技术等各个生产要素组合的变化，从而实现由低级的劳动密集型向资本密集型进而向更高级的技术密集型和知识信息密集型的转变，那么金融化则是生产函数的彻底改变，在相同的要素投入和组合中实现更高更加有效的产出。

正如工业化并不局限于工业生产领域，也深入到了农业领域，对农业生产实行工业化改造，大大提高了农业生产力一样，金融化也并不局限于金融业本身的改革和发展，不只是表现在金融数量的增长上，更表现在金融对经济社会的深刻影响上。这种深刻影响主要体现在“化”上，它是一种“转化”“融化”“深化”“化解”“演化”，是经济社会各个领域中出现的一种能产生质变的“化学反应”。它将以工业为核心的经济活动“转化”为以金融为核心的经济活动；通过金融手段将各种资源合理配置，有效“转化”为推动经济发展的动力；通过市场运作实现企业的战略重组和产业结构调整，“深化”经济体制改革；它“融化”到生产生活的方方面面，并成为联系生产关系的纽带；它将阻碍生产力进一步发展的各种矛盾逐步“化解”，“演化”出符合生产力发展要求的新型生产关系。

如果我们从历史唯物主义的角度看待金融化的产生和发展以及其对社会经济的影响就能明白金融化是工业化发展到一定阶段的必然产物，是工业化的高级阶段。正如马克思指出的那样，在工业生产高度发展的情况下，资本集中和生产控制是阻止利润率下降和改变竞争格局的必要方法。生产越发达，这种手段的运用就越广泛和普遍，金融化就越深入。列宁（1916）在《帝国主义是资本主义的最高阶段》一文中对金融化的特征和影响力也有深刻的论述：“（1）生产和资本的集中发展到这样高的程度，以致造成了在经济生活中起决定作用的垄断组织；（2）银行资本和工业资本已经融合起来，在这个‘金融资本’的基础上形成了金融寡头；（3）与商品输出不同的资本输出有了特别重要的意义。”正如工业化是从农业社会向工业社会过渡的必然途径，是生产力发展到一定阶段的历史选择，金融化也是工业化发展到一定阶段，生产力和生产关系矛盾演变的自然结果，是工业化的自我提升，这是生产力进步的必然选择。

虽然金融化是工业化发展到一定阶段的产物，但金融化和工业化不是脱节的，并不存在清楚的分界线，不是说等工业化发展好，再去实现金融化，正好比不是等到农业实现现代化了再去建设现代工业一样，我们要在工业化发展到一定阶段时尽快推动金融化进程，通过金融化来促进工业化的发展，在一个更高层次来实现工业化。工业化和金融化是一种你中有我、我中有你，共同发展，共同促进的关系。

有些观点认为金融化会导致金融业完全脱离实体经济，虚化为自我创造和自我实现的虚拟经济和泡沫经济，由于虚拟经济运行失控而酿成危机的教训又几乎比比皆是，使得有些人对金融化有着畏惧心理。虽然金融化和泡沫经济甚至经济危机可能会存在某种联系，但这只能说明金融化及其对经济社会影响的复杂性还没有被我们充分认识，我们还没有能力完全驾驭金融化的进程和影响。正是因为如此，我们不应该惧怕它，回避它，而是应该充分认识它，掌握它，利用它。其实，金融化的本质是一种生产力的组织方式和演进过程，是植根于工业化又超越工业化，并最大限度实现物质产出和财富增长的经济发展阶段。

金融化将代替工业化成为影响全球政治经济格局的重要力量。在过去 30 年资本主义变化的三个主要特征——新自由主义、全球化和金融化中，金融化是三者中的主导力量，新自由主义全球化的本质是金融化的垄断资本在全球的扩张（胡莹，2013）。金融化不仅仅是一种客观的发展趋势，也是一个对漫长的、特定历史阶段的高度概括，这个进程不是短期内能实现的，可能和工业化一样，需要十年、二十年甚至几代人的努力。

金融化的出现和发展是必然的，它对社会经济以及世界格局的影响也是客观存在的，我们不能否认，而是应该正确认识它，掌握其演变发展的规律，利用它实现经济发展、社会进步和国家富强。

二、金融化的路径选择将决定经济转型升级的成败

金融化的出现是工业化发展到一定阶段的必然产物，其产生和发展需要具备三个条件，一是工业化发展到一定阶段，积聚了一定的社会财富；二是社会结构发生变化，人们更依赖于金融市场去经营和管理企业。三是全球市场的融合，使得金融化可以跨越国界去实现资本的循环。

当前，我国经济发展已经从工业化迈向了金融化，并呈现快速发展的势头。通常可以用经济的货币化程度来衡量一个国家的金融化水平（王广谦，1996），2014 年，我国广义货币供应量 M2 余额 122.8 万亿元，十年内翻了两番，是全年国内生产总值的 1.93 倍。2013 年，金融业增加值 41 190 亿元，占国内生产总值比重达 7%，比 1979 年提高了 5 个百分点。以 1978 年为基数 100，2013 年金融业增加值指数为 6 498，是所有行业中增长最快的。2014 年，中国商业银行的净利润总额达到 1.56 万亿元，其中 16 家上市银行的净利润总额为 1.25 万亿，超过所有上市公司净利润总额的一半。2015 年 5 月末，股票总市值 62.75 万亿元，基本达到当年国内生产总值的水平。金融业在经济社会运行中的重要作用不断增加，中国经济已经初步具备了从工业化向金融化过渡的条件。

从金融在生产生活中的介入方式和提供的资金融通服务看，金融化的路径主要有债权融资和股权融资两种。不同的融资方式，其功能、运行机制和产生的经济绩效不同，对实现整个社会资源的优化配置和经济效率的提高也不同。前者是指社会资金融通以债权债务方式为主，商业银行是金融活动的主要中介机构；后者是指资本市场和股权融资在经济社会运行中发挥了更加积极的作用。从国外发达国家所走过的金融化道路来看，两种融资模式是并存的，但不同的国家和不同的发展时期，其融资模式的比重是不同的，在金融化中的作用也是不同。如何衡量两种模式的优劣，并保持一个合理的比例，关键是看我们的金融化能否降低实体经济的融资成本，能否为经济转型发展提供支持，能否有效防控金融风险。

长期以来，我国金融化都是以国有大型商业银行为主导的债权融资来实现的（易纲、宋旺，2008）。截至 2015 年一季度末，社会融资规模存量中有 96%是通过各类负债的形式体现，其中人民币贷款更是占到了三分之二，主要通过银行等金融机构提供间接融资来满足社会经济运行对资金的需求。这种金融化路径的直接后果就是导致经济的高杠杆运行，社会总体债务率大幅攀升的同时是金融化服务实体经济的能力的不断下降。从宏观层面看，截至 2014 年 6 月底，中国的总债务与 GDP 之比已达到 251%，远高于 2008 年底的 147%，且已经接近美国（260%）、英国（277%）等国家水平。而我们的证券化率（股票市场总市值/GDP）2014 年仅 58%，远低于同期美国（160%）、韩国（90%）、印度（168%）与新加坡（256%）的证券化率水平。中国人民银行资产负债表的扩张也要远大过美欧日等国家，从金融危机后的 2008 年到 2014 年，广义货币供应量 M2 余额增长了 1.59 倍，六年平均增速为 17.2%，是将近同期名义 GDP 增速（8.7%）的 2 倍，由于 M2 余额一路快跑，持续领先名义 GDP 增长，我国 M2/GDP 在 1994 年突破 100%以后持续上升，到 2008 年末超过 150%，到 2014 年末高达 193%，意味着 1 单位的 GDP 产出，需要投入的货币量比 20 年前多出一倍。这个比例也远高于世界其他国家水平，世界银行公布的数据显示，2011 年全球 M2/GDP 为 125%，美国等高收入国家还不到 90%。

这种以债权融资主导的金融化路径，特别是国有银行在金融资源配置中的主体地位，指令性或指导性的信贷投放有利于集中金融资源支持国家重点项目和大型优质企业的发展，在中国改革开放初期金融资源相对匮乏的情况下，发挥了积极作用。在改革开放后较短的时间内，迅速建立相对健全的产业体系，支持了国家一系列重大基础设施建设的顺利完工，初步实现了中国工业现代化。随着中国经济进入常态化，这种金融化路径不利于经济社会长期健康稳定运行，不利于当前深化市场经济体制改革的因素逐步显现，其影响主要有三点：一是难以实现资源的有效配置，阻碍经济结构调整。正是依靠实体经济不断地债权融资加杠杆，打造出了 2005－2008 年的产能扩张、2006－2011 年的房地产扩张和 2009－2012 年的地方债务扩张，延缓了中国经济结构调整的进程。由于过度依赖债权融资，没有有效发挥金融市场的资源配置作用，大量信贷资金投向了传统产业，造成了几乎全行业的产能过剩，吹起经济泡沫，造成虚假繁荣。我国粗钢、水泥、电解铝、平板玻璃都占到全球产能一半左右，有的甚至更高。船舶制造能力有 1.2 亿吨左右，而全球需求加在一起也只有 8 000 万吨。这些行业产能利用率普遍很低，浪费十分严重，资源环境难以承受。一些新兴产业也存在盲目发展情况，比如风电设备，制造能力超过 3 000 万千瓦，超出国内需求一倍以上。企业规模大、产能严重过剩和负债水平高都是这种金融化的模式对企业经营和财务状况的必然影响。而中央提出的消化一批、转移一批、整合一批、淘汰一批“四个一批”化解产能过剩的思路却无法得到金融领域的有效支持，其原因就是企业转型升级和兼并重组所需的投行服务、有序破产所需的债转股服务、产能输出所需的“走出去”金融服务恰恰都是目前金融化的短板。传统的以信贷主导的金融化路径不适应当前经济新常态下的融资需求，大量信贷资金未能有效盘活，相当部分沉淀在产能过剩行业和低效率企业，导致了整体经济的“高杠杆”运行。

二是容易形成风险集聚，造成系统性风险隐患。债券融资需要还本付息，在经济增速从高速增长到中高速增长转换阶段，很多高负债的企业甚至地方政府都面临严重的负债压力，影响了再融资和持续发展的能力。近年来，中国企业一直保持高负债运行，且整体负债水平逐年升高，财务成本压力进一步加大。2014 年上半年，规模以上工业企业主营业务收入增长 8.1%，而财务费用、利息支出分别增长 17.4%和 10.5%，中小企业面临的困难更大，财务费用增长 25%，不少地方对中小企业贷款利率一般上浮 30%以上。而高负债又直接影响了企业的信用评级，增加了企业再融资的难度，进一步加剧企业财务压力。

审计署的专项审计数据显示，截至 2013 年 6 月底，地方政府性债务余额 178 909 亿元，较 2012 年底增长 12.6%。地方政府负有偿还责任的债务余额为 108 859 亿元，所占比重达到 60.8%，其中逾期债务 11 496 亿元。2014、2015、2016 年到期应偿还债务分别占 21.9%、17.1%、11.6%，三年累计应偿还债务比重达到 50.5%，部分地区地方政府性债务违约风险增加，严重制约了地方政府统筹经济发展的能力。

高负债运行的企业在经济下行的环境下财务脆弱性大大增加，表现为银行业金融机构不良贷款余额和比例在近年来持续增加，增速有所加快。从 2012 年开始，商业银行不良贷款余额和不良贷款率逐季上升，分别从 4 382 亿元和 0.94%上升至 2014 年末的 8 425 亿元和 1.26%。随着大量产能过剩企业的淘汰和“僵尸企业”风险逐渐暴露，银行资产状况可能会进一步恶化。与此同时，由于银行业为主导的金融化难以满足企业的融资需求，衍生出了大量以网络金融公司、第三方理财机构、小额贷款公司、融资性担保公司为代表的，游离于正常监管体系之外的“影子银行”系统。影子银行虽然是非银行机构，但是又确实在发挥着事实上的银行功能，也是以债权融资为主的金融机构。虽然作为传统银行体系的有益补充，在服务实体经济、丰富居民投资渠道等方面起到了积极作用，但 2008 年国际金融危机表明，影子银行风险具有复杂性、隐蔽性、脆弱性、突发性和传染性，容易诱发系统性风险。债权型的金融化模式主要特征之一就是风险集聚效应，可能引发系统性或区域性风险，对经济平稳健康运行造成较大影响。

三是无法满足经济转型升级对金融创新的需求。债权融资模式的过度金融化抑制了技术创新能力，而政府主导模式又进一步放大了对创新的消极影响（谢家智、王文涛、江源，2014）。随着中国经济发展进入“新常态”，这种金融化路径的弊端愈发明显。落实“大众创业、万众创新”战略，是新常态下实现经济提质增效的重要途径。而创新型的中小科技企业由于其良好的成长性，其融资需求也往往体现高风险、高收益的特征。而传统商业银行往往出于资金的安全性方面考虑，对贷款企业的条件要求都相对较高，审批手续也很烦琐，难以匹配小微企业贷款户数多、金额小、时限性强，灵活性高的融资需求。即使有限的银行贷款，也主要是以短期流动资金为主，难以为企业提供中长期资金，更谈不上为初创型企业提供风险资金和财务顾问服务。

而以股权融资为主导的金融化路径的优势就十分明显。资本市场所具有的引导资源流动的聚集机制、促进技术转化的创新机制、鼓励创业投资的培育机制、实现优胜劣汰的筛选机制，在推动经济转型和新兴产业发展过程中起着至关重要的作用。股权融资是以企业投资价值为主要衡量标准，资本市场的价格信号就是“无形的手”，既可以迅速聚集大量资金，又可以有效引导各种生产要素、经济资源向优势产业和优质企业集聚，形成深度融合、良性互动的协同效应，为促转型提供强有力金融支持。

三、加快推进从债权型向股权型金融化路径的转轨

我们在制定政策时要有意识地树立金融化的观点，以推动金融化路径转型作为我们政策的出发点和落脚点。一是充分认识金融化发展的战略意义，建立高层决策机制。二是要学会用金融化的思维去指导改革和发展，把金融化的观点“融化”到企业经营、产业发展和宏观经济管理的实践中去，特别

是在对外经济政治交往中要学会利用金融化的武器争取国家利益。三是要呵护资本市场的发展，严密防控金融化进程中的系统性风险。四是要在金融安全的前提下，继续有序推进资本市场开放。五是要建立有效的监管联动机制。

我们要充分利用改革开放和工业化为金融化创造的良好局面，紧紧抓住全球产业结构转移和各国国力强弱转换的微妙变化带来的有利战略机遇期，抓紧构建金融化战略与策略，尽快完成从工业化向金融化转型，实现中华民族的伟大复兴和国家的繁荣昌盛。

（整理、复核：周吉人）

商业银行支持新能源产业发展的演化博弈研究*

——以北京市为例

蒋先玲 徐鹤龙 于瑾

一、引言

2002 年 10 月，在伦敦召开的国际知名商业银行会议上，国际金融公司和荷兰银行、花旗银行、西德意志州立银行以及巴克莱银行为解决国际项目融资过程中对环境和社会责任问题引发的争议，在国际金融公司已有的政策框架基础上，联合起草了一套指南，该指南旨在解决项目融资过程中涉及的环境和社会风险，这就是著名的赤道原则。赤道原则不具有法律条文效力，但是却被视为金融机构不得不遵守的行业准则，成为可持续发展项目融资的公认标准。截至 2014 年底，近 80 家国际知名银行宣布接受该原则。

近年来，发达国家商业银行纷纷履行赤道原则，不断创新绿色金融产品，丰富完善绿色信贷服务体系，积极主动承担自身对社会可持续发展及生态环境保护的责任。

2008 年 10 月 31 日，我国兴业银行宣布实施赤道原则，成为中国首家“赤道银行”，实现了我国赤道银行零的突破。这表明我国银行业也开始逐渐认识到环境和社会风险与银行自身的社会责任的重要性。

对于商业银行如何遵循赤道原则促进一国新能源产业发展的研究，现有文献主要集中在比较分析和宏观政策方面的定性论述。例如，陈柳钦（2010）对发达国家绿色信贷进行了比较分析，并对我国主要商业银行绿色信贷现状

* 资料来源：《现代管理科学》2016 年第 2 期，第 15－17 页。

进行了整理，提出借鉴国外发展模式构建适合我国商业银行自身的绿色信贷体系。武文静（2012）介绍了发达国家银行业对赤道原则的适用及在支持本国新能源产业发展方面取得的经验，指出我国商业银行应积极适用赤道原则，在有效防范信贷风险的基础上，加大对新能源产业的支持力度。徐枫（2013）运用跨国面板数据，从宏观角度运用面板 VAR 模型对金融支持新能源产业发展进行了实证分析，提出我国政府应该从战略高度重视新能源产业的发展，积极推动新能源产业的直接融资，引导金融支持新能源产业发展。徐丹丹等（2014）对影响北京新能源产业融资的因素进行了描述性分析，并通过结构方程模型实证分析银行信贷、政府支持和企业自身等影响北京新能源产业融资的因素，得出银行贷款是新能源企业非常重要的资金来源。但是，基于博弈理论的商业银行绿色信贷分析在国内尚不多见，曹洪军（2010）运用博弈模型研究了不确定环境下我国绿色信贷交易主体的行为特征，发现在缺乏外部约束的情况下银行与企业易达成合谋。因此强化污染处罚力度、完善银行绿色信贷激励约束机制是构建绿色信贷交易机制的主要内容。王朝弟（2012）运用演化博弈模型，将银行作为有限理性的博弈方，以银行群体行为为研究对象，分析主要参数变动对均衡状态演进变化的影响及监管行为对于推动博弈模型尽快到达理想状态的作用，通过构建监管效率博弈模型对监管部门推动银行实施绿色信贷的监管效率进行分析；最后提出具有针对性和可操作性的建议。以上研究对于演化博弈分析设置参数较为简化。因此，本文加入多个参数，突出模型分析的逻辑过程，以期为后续研究和绿色信贷发展提供有效思路和参考。

二、北京市新能源产业绿色信贷现状

北京作为我国的首都面临着雾霾的严重问题，发展新能源产业是首要任务，政府和商业银行在新能源支持方面也做了大量的工作，其绿色信贷发展规模水平等都处于全国的前列。

商业银行绿色信贷是当前北京市新能源产业支持的主要手段，主要表现在工、农、中、建、交五大行以及北京银行、兴业银行、华夏银行、招商银行等各商业银行对新能源企业的支持。如 2014 年中国工商银行的绿色信贷额度达到 6 553 亿元，居各大银行之首。五大行在每年披露的社会责任报告中绿色信贷业务量和支持金额远远超过其他商业银行，可见其对绿色金融支持服务的重视。

其中，中国建设银行北京市分行高度重视对新能源企业的支持。建行陆续推出了多款中小型新能源企业的融资产品。例如：第三方担保保理、有追索权国内保理、信用保险保理、订单融资等产品。

作为中国首家赤道银行，兴业银行更是大力打造自身绿色金融品牌，逐步建立起较为完整的可持续发展管理体系。2009 年在北京成立可持续金融业务专营机构即可持续金融中心，制定可持续发展目标，分析市场现状，推出系列绿色金融支持业务。兴业银行北京分行的绿色金融服务积极对新能源、可再生能源项目进行支持。2014 年，兴业银行绿色信贷额达到 2 960 亿元，位于国内商业银行前列。

三、商业银行绿色信贷与新能源产业的演化博弈分析

1. 演化博弈模型的构建。20 世纪 60 年代初期，生物学家尝试运用博弈论中策略博弈思想，构建各种生物竞争演化模型解释生物学的进化现象。对传统博弈论进行拓展，引入选择机制建构复制子动态模型（Maynard Smith，1982）。鉴于演化博弈对传统博弈的启示，经济学家将演化博弈运用到经济学中，提出了复制子动态模型。

由于复制子动态的非线性因素，很难求解，因此，通过引入突变机制，求解从基于均衡转向对均衡稳定性的分析，并最终得到演化稳定均衡。

下面我们对新能源企业和商业银行两个博弈群体建立演化博弈模型来进行研究分析。

在新能源产业合作与商业银行金融支持的演化博弈中，有两类群体，分别为新能源企业和商业银行。新能源企业的策略组合为{合作，不合作}，商业银行的策略组合为{支持，不支持}。新能源企业选择合作的策略概率为 x，商业银行选择支持的概率为 y，($0 \leqslant x \leqslant 1, 0 \leqslant y \leqslant 1$) 博弈双方在策略选择的过程中不断演化，直至策略达到均衡。新能源企业合作的含义为不对环境造成污染，企业发展过程中始终绿色环保，或者污染的程度不超过国家或者银

行规定的阈值，商业银行对其进行绿色信贷支持意味着贷款给新能源企业，或者其他融资方式给新能源企业以支持。参数说明如下：Q 为企业从银行获得资金支持后实施项目所获得的收益，R 为企业没有获得银行贷款，以其他方式获得的融资后实施项目获得的收益，C 为企业运行中污染治理所需要的成本，π 为企业不治理或者治理不力，污染超出阈值而受到的惩罚，π_{11} 为银行资金支持合作的新能源企业后获得的收益，π_{12} 为银行资金支持不合作的新能源企业后获得的收益，π_2 为银行不信任即不对新能源企业进行资金支持自身经营利润收益，此外，由于国家政策大力支持新能源产业发展，如果银行支持新能源产业，同时新能源企业污染达到国家设定的要求，双方会分别获得额外激励补贴收益 E_1 和 E_2。根据上述假设，我们得到企业与银行博弈的支付矩阵如表 1。

表 1　　博弈支付矩阵

收益		商业银行	
		信任	不信任
新能源企业	合作	$(Q-C+E_1,\pi_{11}+E_2)$	$(R-C+E_1,\pi_2)$
	不合作	$(Q-\pi,\pi_{12}+E_2)$	$(R-\pi,\pi_2)$

由上述支付矩阵，新能源企业采取合作时的期望收益为：

$$u_{11}=y(Q-C+E_1)+(l-y)(R-C+E_1)$$

采取不合作时的期望收益为：

$$U_{12}=y(Q-\pi)+(1-y)(R-\pi)$$

平均收益为 $\bar{u}_1=xu_{11}+(1-x)u_{12}$。

商业银行采取信任时的期望收益为：$u_{21}=x(\pi_{11}+E_2)+(1-x)(\pi_{12}+E_2)$

不信任时的期望收益为：$u_{22}=\pi_2$，平均收益为 $\bar{u}_2=yu_{21}+(1-y)u_{22}$。

企业的复制子动态方程由演化博弈复制动态公式得出：

$$\frac{dx}{dt}=x(u_{11}-\bar{u}_1)=x(1-x)(E_1-C+\pi) \tag{1}$$

金融机构复制子动态方程为：

$$\frac{dy}{dt}=y(u_{21}-\bar{u}_2)=y(1-y)\left[x(\pi_{11}-\pi_{12})+\pi_{12}+E_2-\pi_2\right] \tag{2}$$

现实世界中，银行和企业都是有限理性的群体，联合共同进化达到稳定均衡状态。基于上述说明，我们将企业与银行之间的演化博弈模型转化为微分方程（1）与（2），通过联立微分方程组，由微分方程及其稳定性理论可以找出博弈双方的演化均衡点，具体描述分析如下。

2. 模型分析。由微分方程（1）与（2）建立的微分方程组可以得出该方程组的奇点，即是企业和商业银行博弈演化的稳定平衡点，令 $\frac{dx}{dt}=0$，$\frac{dx}{dt}=0$ 求得微分方程组的奇点分别为 $(0,0)$、$(0,1)$、$(1,0)$、$(1,1)$。上述微分方程组不存在内点解，说明长期博弈中，企业和银行不会以混合博弈的方式实现均衡，双方博弈的概率在 0 和 1 两种情况中选择。

对上述微分方程组可以求得其雅可比（Jacobi）矩阵为：

$$J=\begin{bmatrix}(1-2x)(E_1-C+\pi) & 0\\ y(1-y)(\pi_{11}-\pi_{12}) & (1-2y)\left[x(\pi_{11}-\pi_{12})+\pi_{12}+E_2-\pi_2\right]\end{bmatrix}$$

所以雅可比矩阵的行列式和迹分别为：

$$Det(J)=(1-2x)(E_1-C+\pi)(1-2y)[x(\pi_{11}-\pi_{12})+\pi_{12}+E_2-\pi_2]$$

$$tr(J)=(1-2x)(E_1-C+\pi)+(1-2y)[x(\pi_{11}-\pi_{12})+\pi_{12}+E_2-\pi_2]$$

将以上奇点代入行列式和迹的表达式中，基于不同的条件，可得到稳定性分析结果如表 2。

表 2　　演化稳定均衡结果

$C-E_1<\pi,\pi_{11}+E_2>\pi_2$			
	Det(J)的符号	TR(j)的符号	稳定性结果
(1,1)	+	−	ESS
$C-E_1<\pi,\pi_{11}+E_2<\pi_2$			
(1,0)	+	−	ESS
$C-E_1>\pi,\pi_{12}+E_2>\pi_2$			
(0,1)	+	−	ESS
$C-E_1>\pi,\pi_{12}+E_2<\pi_2$			
(0,0)	+	−	ESS

由表 2 的数学表达式，基于微分方程理论和经济学实际意义。可得 4 种平衡点的稳定性分析。

当企业治理污染的净成本小于政府的惩罚成本时，企业倾向于选择合作，若银行贷款给合作的企业获得的总收益大于不贷款获得的收益时，双方博弈会达到社会期望的均衡，即都选择概率为 1 的合作或者支持；若此时银行贷款给合作的企业获得的总收益小于不贷款获得的收益时，则银行选择不合作，因为银行没有必须贷款给企业的义务；当企业治理污染的净成本大于政府的惩罚成本时，企业倾向于选择不合作，若银行贷款给不合作的企业获得的总收益大于不贷款获得的收益时，双方会在（0，1）的概率处达到均衡，即是所谓的银行与企业实现了合谋，此时若政府的污染考评体系没有鉴别出企业的污染系数指标而对企业进行补贴，企业会收获更大的利益，进一步增加了社会成本和环境污染；若此时银行贷款给不合作的企业获得的总收益小于不贷款获得的收益时，则银行选择不合作，新能源企业由于没有充足的资金而得不到发展，银行也会造成资金浪费，社会效益并没有实现最优。

四、结论与启示

本文通过演化博弈理论的视角，构建了新能源企业和商业银行的合作支持行为关系模型，得出企业和银行有四种均衡的策略组合，验证了我国商业银行绿色信贷体系在支持、监管、考评等方面所存在的问题。基于此，本文提出以下结论与建议：

1. 商业银行方面。国内商业银行应结合国家产业政策和自身需求，构建适合自身发展的绿色信贷制度，加快自身转型和未来长远发展。加强社会责任意识，尽快完善可量化的评估指标，强化绿色信贷业务的准入机制。借鉴赤道银行经验，将可持续发展理念融入绿色信贷的各个环节，完善信贷流程。

提高银行人员对绿色信贷的认识和管理，新能源产业领域的项目往往周期较长，前期投入较大，投资回报率相对较低，虽然未来市场广阔，但短期内盈利能力参差不齐，加之节能环保政策相对滞后，监管起来比较困难。因此，银行在信贷业务介入新能源产业领域时，应重点加强对技术成熟度、经济可行性以及风险管理的分析把控。对新能源产业领域，积极稳妥介入商业化成熟项目，加强对环境和社会风险的管理。加大对新能源产业信贷支持力度，降低金融扶持门槛，同时加快信贷的审批，延长贷款使用期限。强化产品创新意识，加强与国内国际先进绿色信贷领域交流与合作，积极创新绿色信贷产品，丰富金融产品种类。

打造专业化、规模化的人才队伍。积极借鉴国内外同行先进经验，增加绿色信贷专业人才储备，建立银行内部环境风险评估人才储备库。主动与环保、新能源产业领域的权威科研机构合作，培养精通银行业务又通晓新能源技术的复合型人才，组建绿色信贷业务团队，创新绿色产品，提升服务，营造新的赢利空间，使其更加符合企业与环境的需求，更加细致具体。

2. 政府监管方面。进一步完善相关法律法规和绿色信贷的法律保障机制，健全绿色信贷的信息沟通机制。政府应加快制度建设，为我国发展新能源产业和绿色信贷提供强有力的法律支持。

完善产业发展促进政策体系，北京市政府扶持政策主要针对新能源产业基地，一定程度上限制了新能源产业作为有强大发展潜力的一种产业类型得到扶持而快速发展。加大财税信贷支持力度，降低扶持门槛。由于北京市多数的新能源企业处于起步阶段，需要更多的资助，政府资助门槛太高很可能无法满足真正有融资需求的企业，因此，政府应当在一定程度上降低门槛限制，使更多的企业融资困难得到有效缓解。

敦促企业加强自身财务管理，建立良好的企业信用，保持财务状况的透明，使银行能随时获得企业的财务信息。为企业融资渠道开辟更多的道路。加强全民节能意识的培养，拉动新能源产品的市场需求。加大对新能源产品的宣传力度，积极举办新能源企业的交流会。促进技术发展及人才的流动，同时可以吸引外资与民营资本的进入，吸引消费者，拉动产品需求。

建立有效的奖惩机制，增强绿色信贷政策准入机制标准的可操作性。对切实执行“绿色信贷”、成效显著的商业银行实行优惠的政策，建立有效的绿色信贷政策激励与约束机制，“有保有压”地助推商业银行实施绿色信贷。同时严格监控银行对企业的绿色信贷业务，如果银行为了谋取利益而与企业进行合谋，政府部门要予以处罚，规范银行的贷款行为。积极促进新能源产业和商业银行博弈得到良性发展。

（整理：吴宇轩；复核：林子午）

基金组合披露、投资者关注与业绩持续性*

于瑾　刘翔　丁春霞

一、引言

目前文献对基金业绩持续性的研究已经很多，但鲜有文献对基金投资组合披露与基金业绩持续性的研究。本文主要研究以下三个问题：第一，基金投资组合披露后，是否立即引起了市场的关注和反应？第二，基金投资组合披露一段时间以后，是否引起了市场关注？第三，投资者关注对基金业绩持续性有何影响？我们研究发现，基金投资组合披露后，超短期（15 个交易日）内投资者明显反应不足，未能足够关注到基金投资组合披露。但 1－3 个月内，投资组合披露能引发一定的市场关注，绩优基金资金流入明显，绩劣基金面临较大赎回压力，投资者模仿绩优基金投资组合并摒弃绩劣基金投资组合，强化基金业绩持续性。我们进一步用百度指数衡量投资者关注度，发现投资者关注度会强化基金业绩持续性，但这种强化效应有不对称性，对绩优基金业绩持续性影响更明显。

二、文献回顾

在基金业绩持续性方面，国内外学者的研究成果比较丰富。Jenson（1968）等使用斯皮尔曼等级相关系数法，认为短期内基金不存在业绩持续性。而 Hendricks、Patel 和 Zeckhauser（1993）、Goetzmann 和 Ibbotson（1994）、Brown 和 Goetzmann（1995）采用联表法、CAPM 和三因素等方法，研究发现基金业绩存在持续性。同时，Jegadeesh 和 Titman（1993）

---

* 资料来源：《国际金融研究》2016 年第 4 期，第 74－83 页。
诺贝尔经济学奖得主罗伯特·默顿将其收录为麻省理工学院教学材料。

采用重叠形成期来构建赢者组合和输者组合，研究发现业绩持续存在性问题的关键在于持有期的长度。国内学者对此也进行了实证研究。庄云志等（2004）、李学峰等（2007）采用回归系数法、绩效二分法和动量检验方法等，研究发现我国基金存在业绩持续性。而周泽炯等（2004）、马松等（2014）使用横截面回归参数检验方法和Z检验、Yates连续修正卡方检验及Fisher精确检验等三种非参数检验方法，采用总收益、选择收益和信息比率等指标，研究发现基金不存在业绩持续性。

业绩持续性等作为一种重要的金融异象，否定了有效市场假说，引发了对现代金融理论在证券资产价格定价作用的质疑。与现代金融理论不同的是，投资者关注研究假设投资者在不确定条件下按照有限理性进行决策，会受到认知影响而出现偏差。Kahneman（1973）认为，关注是一种稀缺性资源，对不同信息的关注存在明显的替代性。Barber等（2008）提出，个人投资时只选择引起其关注的股票，投资者关注的代理变量有异常交易量、异常收益率等市场指标。而Da等（2011）认为，相比现有文献的衡量指标，用Google的异常搜索量更能准确衡量投资者关注，尤其是个人投资者关注度。他们发现，Google异常搜索量高的股票，未来两周内股价更高。国内学者近年来也开始研究投资者关注度问题。岑维等（2014）采用深交所互动易平台的问答数据，张学陶等（2014）采用百度指数等网络搜索情况，饶育蕾等（2010）采用新浪网的上市公司新闻条数排名等方式来衡量投资者关注。邵新建等（2015）发现，在IPO中媒体的正面报道可以引发投资者关注（百度异常搜索量）。

目前研究基金投资组合披露的文献还比较少。一些学者研究了投资组合披露对基金投资决策的影响，Musto（1999）研究发现货币基金会在投资组合披露前后改变投资组合构成。一些学者研究了主权基金的信息披露，童宇等（2015）采用事件研究法，发现主权财富基金投资事件公告日期间的累计超额收益显著为正。另有一些学者研究了追随基金的重仓股能否给投资者带来收益，李昆（2005）发现基金披露其季末投资组合后，投资者购进基金重仓股在中短期内并不能获得超过大盘的超额收益，但有可能改善投资者的未来收益。然而，对于基金披露投资组合后，是否引起投资者关注，市场反应如何，都鲜有文献进行研究。

三、样本、数据和研究方法

（一）样本说明

本文选取 2006 年 1 月至 2014 年 12 月间开放式股票型基金为样本，涉及 299 只开放式股票型基金、累计 8 094 次基金投资组合披露。基金的累计收益率、成立日期、投资组合信息、投资组合公布日期等均来自国泰安数据库（CSMAR）。参考 Da 等（2011）和邵新建等（2015）的研究方法，我们用百度搜索指数来衡量投资者关注度，百度指数来自 http://index.baidu.com 网站，是以百度海量网民行为数据为基础，包括 PC 和移动端搜索情况的综合指数，可以研究关键词搜索趋势、洞察网民兴趣和需求等。相关数据由作者手工搜集。为进一步对比不同绩效基金的市场反应、投资者关注和业绩持续性，按照 Jegadeesh 和 Titman（1993）的重叠形成期和十等分分组。

（二）研究内容与方法

针对研究的第一个问题：基金投资组合披露后，是否立即引起了市场的关注和反应？我们采用事件研究法，如下。

以基金投资组合披露日为事件日 t_0，估计窗为基金投资组合披露前 30 个交易日至事件日，即［t_0-30，t_0-1］，事件窗为基金投资组合披露后 15 个工作日，即［t_0，t_0+15］。

基于估计窗估计三因素模型（Fama 和 French，1993）的系数如下：

$$r_{it}=\alpha_i+\beta_{iM}RMRF_t+\beta_{iSMB}SMB_t+\beta_{iHML}HML_t+e_{it} \quad (1)$$

其中，RMRF、SMB 和 HML 分别考虑了市场、公司规模和公司成长性的风险溢价[①]。

基于估计的贝塔系数，代入事件窗期间的三因子数值以及基金累计收益率，计算异常收益 AR_{it} 如下：

$$AR_{it}=r_{it}-\hat{\alpha}_i-\hat{\beta}_{iM}RMRF_t-\hat{\beta}_{iSMB}SMB_t-\hat{\beta}_{iHML}HML_t \quad (2)$$

其中，$t=1$，…，15。

① 具体计算方式见 Fama 和 French（1993）。国泰安数据库（CSMAR）提供了基于中国市场的三因子数据，因此我们直接使用了 CSMAR 提供的三因子进行估算。

15 个工作日的日平均异常收益 AAR 为

$$AAR_t = \frac{1}{N}\sum_{i=1}^{N} AR_{it} \tag{3}$$

事件日至第 τ 日（$\tau=1$，…，15）的累积平均异常收益率为

$$CAAR_\tau = \sum_{t=1}^{\tau} AAR_t \tag{4}$$

我们的目的是考察超短期内的市场反应，所以事件窗取值较短。如果市场有快速、及时的反应，那我们应该观测到 AAR 和 CAAR 在投资组合披露后显著不为 0。我们将分类比较不同绩效基金，以考察对不同绩效基金的市场反应是否有差别。

本文研究的第二个问题是，基金投资组合披露一段时间以后，是否引起了市场关注？这部分我们将在一个更长的时间窗口上观察，基金投资组合披露后带来的潜在市场反应。具体而言，考察了基金投资组合披露 1 个月、2 个月和 3 个月后，投资者是否会追随买入绩优基金的重仓股以及绩优基金，或者卖出绩劣基金的重仓股以及绩劣基金。

具体而言，考察了基金披露投资组合后，基金重仓股的收益表现、换手率，基金下一季度的投资收益、现金流变化和份额变化。基金重仓股的股票收益增长率为股利和拆股并股调整后的收益率。重仓股的换手率为 T/S，其中 T 为交易量，S 为流通股数。基金下一季度的实现投资收益为季初股票持有量*季初股价－季末股票持有量*季末股价。基金下一季度的份额变化为基金季末份额数减去季初份额数。

基金下一季度的资金净流入，参考 Dahlquist、Engström 和 Söderlind（2000）的计算方法，t 时刻基金 i 的资金净流入 Flow 为：

$$Flow_{i,t} = TNA_{i,t} - TNA_{i,t-1} \times \frac{NAV_{i,t}}{NAV_{i,t-1}} \tag{5}$$

其中，$TNA_{i,t}$ 是基金 i 在 t 时刻的净资产总额，$NAV_{i,t}$ 是基金 i 在 t 时刻的单位净值。

如果基金投资组合披露后，在 1－3 个月内引起了市场关注，则我们可能会观测到重仓股的收益率、换手率有所变化。基金的投资收益也会受到相应

影响，基金的申购赎回也会有所体现。具体而言，我们将基于业绩对所有基金进行分组对比，预计业绩越好的绩优基金，重仓股有更高的收益，换手率会提升，绩优基金有更多的资金净流入和份额增加，收益提升。而绩劣基金可能会有相反的发现。

我们研究的第三个问题是，如果基金投资组合披露后，引起了投资者关注，那么投资者关注对基金业绩持续性有何影响？我们用百度指数（IP）作为研究投资者关注的代理变量，若基金披露后一个月内的百度指数高于同期样本中位数的，则取值为 1，否则为 0。由于百度指数只公布了 2011 年以后的数据，所以这部分的样本从 2011 年开始，到 2014 年结束，包含了所有的开放式股票型基金，涉及 299 个基金、14 159 个观测值。

首先，基于 Fama－French（1993）三因子模型，估算以下回归方程的截距项作为基金 i 在 t 时刻的收益率 $Alpha_{i,t}$：

$$R_{i,t}=\alpha_i+\beta_{1i}RMRF_t+\beta_{2i}SMB_t+\beta_{3i}HML_t+\varepsilon_{i,t} \tag{6}$$

然后，建立如下固定效应面板回归模型：

$$Alpha_{i,t}=\gamma_0+\gamma_1\times Alpha_{i,t-1}+\gamma_2\times Time_{i,t}+\gamma_3 Alpha_{i,t-1}\times IP_{i,t}+Fund\ Fixed\ Effect+\varepsilon_{i,t} \tag{7}$$

其中，$Alpha_{i,t}$ 为基金 i 在 t 时刻的超额收益率；IP 为投资者关注度，如果基金 i 披露投资组合后一个月内的百度指数高于同期样本中位数的，则取值为 1，否则为 0；回归方程控制了基金成立时间（Time 为基金 i 在 t 时刻的存续时间）和基金固定效应[①]。

如果基金存在业绩持续性，则我们会观察到 γ_1 显著大于 0。在基金投资组合披露后，投资者关注度高的绩优基金会有更多投资者追随买入基金重仓股，推高基金收益，从而加强业绩持续性。而绩劣基金则会有更多投资者卖出基金重仓股，进一步导致基金收益下降，基金业绩持续性得到加强。因此，我们会期望 γ_3 显著大于 0。

但需要注意的是，投资者关注对基金业绩持续性的影响可能会因为基金业绩而不同。理论上，绩优基金披露投资组合后引发投资者关注，一方面，

① 因为基金规模等变量的月度数据不可得，所以我们这里主要控制了基金成立时间。

投资者认可绩优基金的声誉并大量买入，让绩优基金没有赎回压力，有更多的资金来优化现有投资组合；另一方面，投资者模仿绩优基金的投资组合，买入相应股票，进一步提升基金业绩，从而强者恒强，基金业绩持续性得到加强。对绩劣基金而言，披露组合后引发投资者关注，一方面，投资者不认可绩劣基金的声誉，绩劣基金面临较大的赎回压力，为了满足投资者赎回要求，绩劣基金通过减少股票投资等方式，资产组合偏离最优配置，可能导致基金业绩进一步恶化；另一方面，投资者对绩劣基金重仓持有的股票持怀疑态度，进而抛售，导致绩劣基金的投资收益下滑。我们会看到弱者恒弱，绩劣基金持续性加强。但实践中，对绩劣基金来说，即使投资者摒弃绩劣基金的投资组合，但由于中国卖空限制较多，只有指定的股票可以卖空，且卖空成本高，所以投资者很难通过直接卖空绩劣基金的重仓股来获利，只有已经持有绩劣基金重仓股的投资者才有可能卖出手中的股票。因此，我们预计投资者关注对基金业绩持续性的强化效应，对绩优基金更显著。

为了进一步考察绩优基金和绩劣基金在基金持续性上的差异，作回归分析如下：

$$Alpha_{i,t} = \gamma_0 + \gamma_1 \times Alpha_{i,t-1} + \gamma_2 \times Time_{i,t} + \gamma_3 \times Alpha_{i,t-1} \times IP_{i,t} + \gamma_4 \times Alpha_{i,t-1} \times IP_{i,t} \times P1_{i,t} + Fund\ Fixed\ Effect + \varepsilon_{i,t} \quad (8)$$

$$Alpha_{i,t} = \gamma_0 + \gamma_1 \times Alpha_{i,t-1} + \gamma_2 \times Time_{i,t} + \gamma_3 \times Alpha_{i,t-1} \times IP_{i,t} + \gamma_4 \times Alpha_{i,t-1} \times IP_{i,t} \times P10_{i,t} + Fund\ Fixed\ Effect + \varepsilon_{i,t} \quad (9)$$

其中，Alpha 来自方程（6）的回归截距项；IP 为投资者关注度，如果基金 i 披露投资组合后一个月内的百度指数高于同期样本中位数的，则取值为 1，否则为 0；P1（P10）为虚拟变量，代表了业绩最差（最好）的 10%基金组合，如果基金 i 在 t 时刻属于 P1（P10）组合，则取值为 1，否则为 0。基于以上讨论，我们预计公式（8）中的 $Alpha_{t-1}$*IP*P1 不显著，公式（9）中的 $Alpha_{t-1}$*IP*P10 显著为正。

四、实证分析

（一）基金投资组合披露的事件研究

基金作为重要的机构投资者，其投资组合披露可能会引发市场关注，受到广大投资者的关注和模仿。本部分采用事件研究法，分析基金投资组合披露对基金业绩的超短期影响。为了便于对比，我们重点关注绩优基金和绩劣基金的市场反应。按照 Jegadeesh 和 Titman（1993）的重叠形成期和十等分分组法，绩优基金 P10 为业绩前 10%的基金，绩劣基金 P1 为业绩后 10%的基金，据此绩优基金和绩劣基金投资组合披露分别有 406 和 441 个有效事件，我们的事件窗定义为投资组合披露后的十五个工作日。绩优基金投资组合披露后的 AAR 和 CAAR 见图 1a，具体数据见表 1 左侧。可以看出，在绩优基金披露投资组合后的第 2、3 和 4 个工作日存在正异常收益 AAR（但不显著），其他时间 AAR 均为负（第 5 到第 9 个工作日非常显著），CAAR 总体为负。绩劣基金投资组合披露后的 AAR 和 CAAR 见图 1b，具体数据见表 1 右侧。可以看出，在绩劣基金披露投资组合后的 1 至 7 个工作日，绩劣基金存在明显的正异常收益（t 值部分显著），CAAR 总体为正，但数值较小。这表明在超短期内投资者对基金投资组合披露的反应不足，未能及时认识和模仿绩优基金的投资组合；绩劣基金可能迫于业绩压力，适度调整组合，改善了基金业绩。

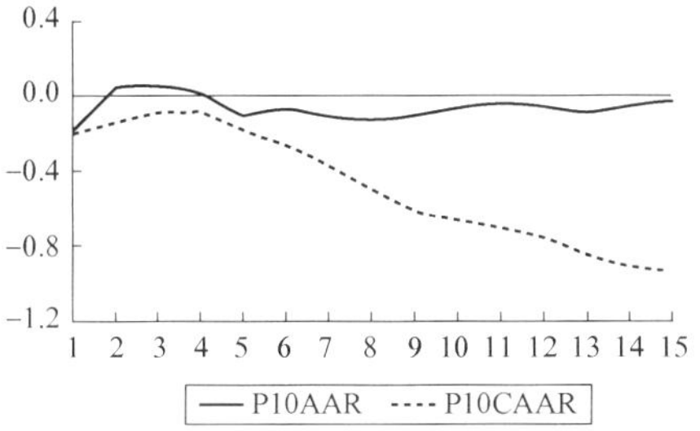

图 1a　绩优基金投资组合披露后的 AAR 和 CAAR

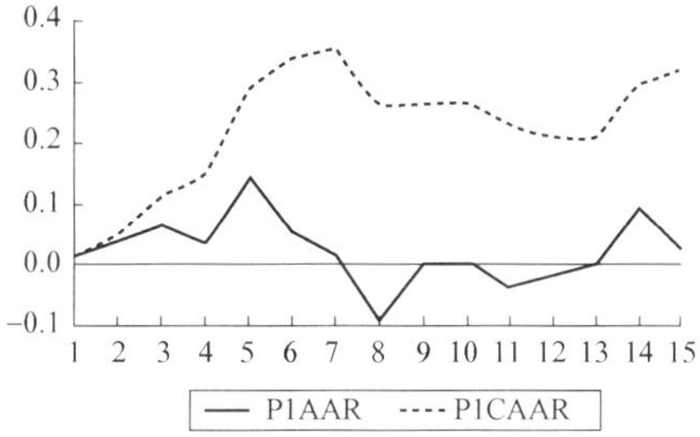

图 1b　绩劣基金投资组合披露后的 AAR 和 CAAR

表 1　　　投资组合披露后异常收益统计表

	绩优基金			绩劣基金		
t	AAR	t 值	CAAR	AAR	t 值	CAAR
1	−0.19%	−0.84	−0.19%	0.01%	0.34	0.01%
2	0.05%	1.36	−0.15%	0.04%	1.09	0.05%
3	0.06%	1.77	−0.09%	0.07%	1.95	0.11%
4	0.01%	0.23	−0.08%	0.03%	1.13	0.15%
5	−0.11%	−3.05	−0.19%	0.14%	3.73	0.29%

续表

	绩优基金			绩劣基金		
t	AAR	t 值	CAAR	AAR	t 值	CAAR
6	−0.07%	−2.33	−0.26%	0.05%	1.28	0.34%
7	−0.11%	−3.22	−0.37%	0.02%	0.38	0.36%
8	−0.13%	−3.78	−0.51%	−0.09%	−2.31	0.26%
9	−0.11%	−3.11	−0.61%	0.00%	−0.02	0.26%
10	−0.06%	−1.42	−0.67%	0.00%	0.09	0.27%
11	−0.04%	−1.45	−0.71%	−0.04%	−1.26	0.23%
12	−0.05%	−1.64	−0.77%	−0.02%	−0.65	0.21%
13	−0.10%	−3.60	−0.86%	0.00%	−0.07	0.21%
14	−0.06%	−1.83	−0.92%	0.09%	2.64	0.30%
15	−0.03%	−0.92	−0.95%	0.03%	0.83	0.32%
最大值	0.06%			0.14%		
最小值	−0.19%			−0.09%		
平均值	−0.06%			0.02%		
事件数	406			441		

（二）基金投资组合披露对基金的影响

上文发现，在超短期内基金投资组合披露未能引起市场足够关注，而且基金业绩持续性被弱化。那么我国基金业绩持续性在略长的区间内是否还存在？若存在，那么基金投资组合披露对其业绩持续性的影响方式是什么？

定义 2006 年 1 月至 2014 年 12 月间开放式股票型基金季末披露时点为观测时点，涉及 299 只开放式股票型基金、累计 8 094 次基金投资组合披露，以基金持有的前十大重仓股为观测对象（仅考虑投资 A 股情况）。

首先，按照 Jegadeesh 和 Titman（1993）的重叠形成期和十等分分组，依次将每个时点的基金按照过去 3 个月的累积收益率进行排列并十等分分组，按照业绩由高至低，将这十个组合命名为 P10、P9、…、P2、P1 组合，然后计算每个时点各组合在未来三个月平均收益，将 P10 组合与 P1 组合在每个时点的未来三个月平均收益率作差并取平均值，由此得到 2006 年至 2014

年间 3 月/3 月（形成期、持有期均为 3 个月）等价值加权基金业绩持续性（P10 组合与 P1 组合的收益差）为 1.38%，P 值是 0.040 9，在 5%显著水平下显著，见表 2。同理，将每个时点的基金按照过去 3 个月的累积收益率进行排列并分为三组，定义 PH 组合、PM 组合和 PL 组合，可计算 3 月/3 月等价值加权基金业绩持续性（PH 组合与 PL 组合的收益差）为 0.69%，P 值是 0.066 6，在 10%显著水平下显著。这些结果均表明在 3 个月内我国开放式股票型基金存在业绩持续性。那么，基金投资组合披露对其业绩持续性的影响方式是什么？

表 2　基金业绩持续性统计表

	P10 组合	P1 组合	P10－P1 组合	PH 组合	PL 组合	PH－PL 组合
收益率	5.75%	4.38%	1.38%	5.39%	4.70%	0.69%
P 值	0.000 1	0.001 9	0.040 9	0.000 1	0.000 9	0.066 6

接下来，我们在 3 个月的时间内，考察投资组合披露对基金的影响（见表 3），重点考察了基金重仓股的收益表现、换手率，基金下一季度的投资收益、现金流变化和份额变化。为了便于对比，我们根据业绩对基金进行分类。表 3 显示，基金投资组合披露在较长期间内（1－3 个月），引起了市场关注。投资者追随买入绩优基金持有的前十大重仓股，这些重仓股在下季度的涨幅较好（1.08%），比绩劣基金显著高 32 个基点，比整个组合高 7 个基点。逐月观察绩优基金和绩劣基金的重仓股股价增幅，发现基金投资组合披露强化其业绩表现的作用在下季度第二个月见顶。就重仓股换手率而言，绩优基金持有的前十大重仓股在未来一个月、二个月和三个月的换手率均为最高，约比绩劣基金高 40 倍。对基金而言，绩优基金下季度平均实现投资收益（17 378 万元），分别比绩劣基金和整个组合多 2 064 万元、699 万元，表明在 1－3 个月内，基金业绩依然具有持续性。同时，较好的基金业绩给绩优基金带来了较好的声誉，而绩劣基金承受了较大赎回压力。绩优基金下季度资金净流入为 6 086 万元，明显好于绩劣基金的资金净流出－14 974 万元，而且绩优基金也是所有组合中唯一资金净流入的组合。绩优基金下季度份额平均增加 1.1 亿份，明显好于绩劣基金的平均减少 1.2 亿份，这也表明基金投资业绩确实

对基金发展起了很好的约束和激励作用。

绩优基金较好的投资收益和其重仓股的较高收益、换手率，表明绩优基金披露投资组合后，确实在一定程度上引发了投资者关注，投资者开始追随和模仿绩优基金投资组合，绩优基金未来的业绩情况比绩劣基金更好。绩劣基金选择的股票换手率与整个组合基本持平，受市场关注程度一般。此外，通过分析 PH 组合和 PL 组合也能得到类似的结论。

表 3　　基金投资组合披露对基金的影响

		P1 组合	PL 组合	PM 组合	PH 组合	P10 组合	整个组合
股票价格增长率的算术平均	下季度	1.86%	1.85%	1.56%	1.53%	1.39%	1.65%
	第 1 个月	（12.27）	（22.87）	（19.53）	（18.02）	（8.47）	（34.80）
	下季度	0.45%	0.27%	0.79%	1.40%	1.92%	0.82%
	第 2 个月	（3.15）	（3.50）	（10.18）	（16.78）	（11.77）	（17.86）
	下季度	−0.04%	0.36%	0.92%	0.39%	−0.06%	0.56%
	第 3 个月	（−0.27）	（4.26）	（10.91）	（4.51）	（−0.39）	（11.51）
	下季度	0.76%	0.83%	1.09%	1.11%	1.08%	1.01%
	累计收益	（8.82）	（17.58）	（22.75）	（22.27）	（11.29）	（36.25）
换手率的算术平均	下季度	258.11	246.36	247.37	272.92	302.99	255.39
	第 1 个月	（84.20）	（159.37）	（161.62）	（160.35）	（84.13）	（277.40）
	下季度	255.11	244.57	250.65	274.80	302.18	256.55
	第 2 个月	（83.66）	（158.25）	（159.39）	（153.82）	（80.63）	（271.20）
	下季度	266.97	255.66	255.91	277.01	300.83	262.72
	第 3 个月	（84.91）	（157.72）	（161.71）	（153.67）	（81.55）	（272.52）
下季度末实现投资收益		153 132 906	161 276 506	174 275 041	164 330 500	173 780 989	166 788 755
		（57.73）	（112.28）	（126.66）	（111.63）	（59.61）	（202.37）
下季度现金流变化		−149 741 151	−89 601 171	−72 903 934	−10 833 837	60 856 604	−57 600 724
		（−5.60）	（−4.51）	（−2.84）	（−0.47）	（1.33）	（−4.32）
下季度份额变化		−118 073 820	−26 567 988	49 090 579	63 790 172	110 676 673	29 345 452
		（−4.22）	（−1.30）	（1.86）	（3.59）	（3.28）	（2.32）

注：括号内为 t 值。

（三）投资者关注对基金业绩持续性的影响

目前我们发现，在略长区间内基金业绩具有持续性，原因之一是基金投资组合披露引起投资者关注，对基金重仓股的股价带来支撑，减少了基金净赎回的压力。本部分我们进一步考察，不同的投资者关注度是否会对基金业绩持续性有显著影响？理论上，投资者关注度越高，就会有越多投资者去追随绩优基金的重仓股，从而加强绩优基金业绩持续性；对绩劣基金，也会有越多投资者去卖出绩劣基金的重仓股，使得绩劣基金业绩更差。

虽然已经有文献用换手率来衡量投资者关注度，但 Da 等（2011）指出，换手率等投资者关注度的衡量指标均有缺陷，用 Google 网络搜索量能更准确衡量投资者关注程度。因此，本文用百度指数来衡量投资者关注度。由于百度指数只公布了 2011 年以后的数据，所以本部分的样本包括 2011 年至 2014 年间开放式股票型基金。

表 4　　投资者关注与业绩持续性

	（1）	（2）	（3）	（4）
$Alpha_{t-1}$	0.352 4***	0.320 2***	0.320 2***	0.319 8***
	（0.008 2）	（0.008 4）	（0.008 4）	（0.008 4）
Time	0.012 2***	0.012 5***	0.012 5***	0.012 6***
	（0.000 7）	（0.000 7）	（0.000 7）	（0.000 7）
$Alpha_{t-1}$*IP		0.403 0***	0.400 1***	0.083 3*
		（0.028 0）	（0.029 4）	（0.050 0）
$Alpha_{t-1}$*IP*P1			0.029 9	
			（0.090 6）	
$Alpha_{t-1}$*IP*P10				0.427 1***
				（0.062 0）
R^2	0.300 8	0.311 4	0.311 4	0.313 8
F 检验	3.51	3.70	3.70	3.75
N	14 159	14 159	14 159	14 159

注：括号内为标准误，***、**和*分别代表 1%、5%和 10%显著水平下显著。

基于公式（7）、（8）和（9）进行固定效应面板回归。第一列为基金 t 期业绩对 t－1 期业绩、基金存续时间进行回归，第二列为加入 t－1 期业绩与投资者关注（IP）的交乘项。为进一步比较投资者关注对业绩持续性的影响，是否因为绩劣基金与绩优基金而不同。因此，在第三列（第四列）加入 P1（P10）

与投资者关注以及 t－1 期业绩的交乘项。

回归结果见表 4。$Alpha_{t-1}$、Time 在所有列均回归系数显著为正，说明基金存在业绩持续性，与表 2 的结果相一致，且存续时间越长的基金，其基金业绩越好。第二列中，投资者关注度与 t－1 期业绩的交乘项为正，表明投资者关注会强化业绩持续性，投资者关注度越高，则基金业绩持续性越强。原因是投资者关注度越高，潜在追随基金投资组合的投资者就越多，从而会加强基金业绩持续性。第三列和第四列的结果显示，$Alpha_{t-1}$*IP*P10 的系数显著为正，表明绩优基金的投资者关注度越高，其业绩持续性就越强；与此相反，$Alpha_{t-1}$*IP*P1 的系数不显著，表明绩劣基金不存在此效应。我们认为，造成这个现象的主要原因是，中国卖空限制和高成本，使得投资者难以通过直接卖空绩劣基金的重仓股来获利。

四、结论与建议

本文从投资者关注角度出发，研究分析了基金投资组合披露的市场反应以及对基金业绩持续性的影响。我国开放式股票型基金在 3 个月左右的时间里存在业绩持续性，表明开放式股票型基金市场并非“有效市场”。投资者可以通过买入业绩较好基金、卖出业绩较差基金，获取超额收益，这为投资者提供了一种重要交易策略。投资者对基金投资组合等信息存在一定的反应时滞。极短期内投资者对基金投资组合披露具有明显的反应不足，未对投资组合披露有足够关注，表现为未能及时认识和模仿绩优基金的投资组合。但在略长的时间里（1－3 个月），投资者还是会关注到基金投资组合披露，表现为绩优基金的重仓股受到追捧，投资者模仿绩优基金投资组合并摒弃绩劣基金投资组合。基金公司有明显的“造星”动机。一方面，短期内基金投资业绩确实对基金起了很好的约束和激励作用，当基金业绩较差时，其资金流出，承受着较大赎回压力，而绩优基金会有较多资金流入。另一方面，投资者关注度会加强基金业绩持续性，且对不同业绩基金的强化效应具有不对称性，对绩优基金业绩持续性的影响更明显，而对绩劣基金不存在此效应。绩优基金公司可以将基金投资组合披露作为一种重要策略。基金投资组合披露会影响投资者决策和行为，当绩优基金发现好的投资机会时，较少会考虑其未来缺乏流动性而放弃投资机会，主要原因是在其披露投资组合后，会引发投资者关注，投资者愿意持有绩优基金的重仓股，为绩优基金投资变现提供流动性，甚至绩优基金的投资收益还会因为投资者关注和模仿而被进一步推高。

基于本文的研究结果，提出以下监管建议：一是对基金公司旗下基金加强监管力度，避免其旗下基金间的利益输送；二是绩优基金可能把基金投资组合披露作为一种重要策略，所以有必要对媒体信息的有效性加强监管，避免虚假信息披露扰乱市场，保持金融市场稳定发展。

（整理、复核：刘翔）

基于 BEYR 的动态资产配置策略实证分析*

——中美两国市场比较的视角

于瑾 丁春霞 刘翔

一、引言

BEYR（Bond-Equity Yield Ratio）是指债券收益率与股票收益率的比值。假设 BEYR 存在一个长期均衡水平，那么当它偏离均衡水平时，可以视为股票相对于债券的价格偏离内在价值的信号。当 BEYR 高于其均衡水平时，认为债券价格相对股票来说被低估，因此建议买入债券，卖出股票。反之，当 BEYR 低于其均衡水平时，认为股票价格相对债券来说被低估，因此建议买入股票，卖出债券。

本文主要研究基于 BEYR 的动态资产配置策略运用于中国市场的可行性。为进行对比，也对美国市场进行了实证分析。首先，对 BEYR 样本数据进行统计检验和初步分析，根据 BEYR 序列的分布特征，决定选取两状态的机制转换模型进行研究。其次，对 BEYR 建立 Markov 机制转换模型进行参数估计和检验，并创建股票/债券动态转换组合，按照模型预测结果和预先设定的交易规则对组合业绩进行回测。为了更好地研究 Markov 机制转换模型的特点，本文引入其他三个常见的时间序列模型进行对比分析。第三，对参数估计、检验及回测结果进行详细分析，得出结论。

研究结果显示，基于 BEYR 的动态资产配置策略在中国资本市场是可行的。无论是与任意比例的静态股票/债券组合相比，还是与基于其余可选模型的动态转换组合相比，Markov 转换组合的业绩均明显占优。

本文的主要贡献在于：从 BEYR 这类相对估值指标的角度，研究适用于

* 资料来源：《国际贸易问题》2017 年第 3 期，第 143-153 页。

中国资本市场的动态资产配置策略，拓展了动态资产配置研究的广度；将Markov机制转换模型引入对中国BEYR的分析和预测，根据模型预测结果设置交易规则，一定程度上降低了从直觉上或历史均值角度上判断股债相对价格高还是低的随意性。总体来说，我们的研究对投资者在中国资本市场进行动态资产配置具有参考意义。

二、样本、数据和统计检验

定义BEYR为债券到期收益率与股票盈利收益率之比，即BEYR=债券到期收益率/股票盈利收益率=债券到期收益率*股票市盈率（P/E Ratio）。选取2006年5月至2016年1月期间中美两国的代表性股票指数和长期国债数据来计算BEYR的样本数据，合计117个观测值。股票市盈率为沪深300和标普500成分股市值加权的市盈率月末值，债券收益率为中美两国10年期国债到期收益率月末值，股票回报率为沪深300和标普500全收益指数的月度回报，债券回报率为中债综合全价总值指数和JP Morgan美元债券全价指数的月度回报。数据来源于万德（Wind）和彭博（Bloomberg）数据库。

本文计算了关于中美两国BEYR序列的描述性统计变量，详见表1。偏度和尖峰值说明两国的BEYR均不服从正态分布，且中国的非正态性更为明显，这与Jarque-Bera正态性检验的结果相一致。分别对两国BEYR序列进行单位根检验，发现原序列均存在单位根，而差分后的序列则是平稳的。Ljung Box Q*检验则拒绝了不存在自相关的零假设，表明BEYR序列存在着较强的自相关关系。ARCH检验则证明中国BEYR序列存在着自回归条件异方差效应。

表1　中美两国BEYR序列的描述性统计量（2006年5月-2016年1月）

统计量	中国	美国
观测数	117	117
最小值	0.504	0.215
25%分位数	0.752	0.372
均值	1.063	0.505
中位数	0.913	0.447
75%分位数	1.128	0.682
最大值	3.170	0.863

续表

统计量	中国	美国
标准差	0.506	0.184
峰度	3.533	−1.145
偏度	1.917	0.321
Jarque−Bera 正态性检验	132.540*** （0.001）	8.395** （0.022）
ADF 检验（12 阶）	−2.581（0.307）	−2.369（0.410）
差分后的 ADF 检验（12 阶）	−4.547*** （0.003）	−4.185*** （0.007）
Ljung Box Q*统计量	34.689** （0.022）	39.828*** （0.005）
ARCH 效应检验	17.153*** （0.002）	3.645（0.456）

注：括号内为 p 值，***和**分别代表 1%和 5%显著性水平下显著。

从图 1−2 也可以看出，中国 BEYR 序列并不服从正态分布，呈现明显的有偏、尖峰、厚尾特征。美国 BEYR 序列也不服从正态分布，呈现出有偏、双峰等特征。从直观上看，BEYR 观测值可以分成两种状态或者说机制。鉴于 BEYR 这种分布结构，可以尝试使用两机制转换模型来进行分析。

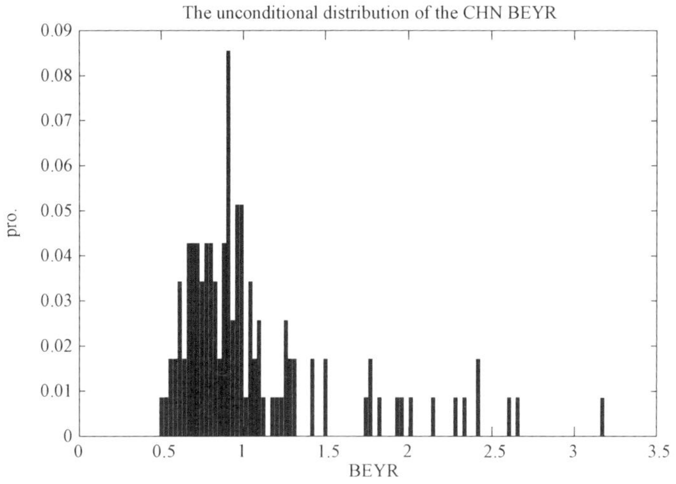

图 1 中国 BEYR 无条件概率分布图

三、模型和算法

（一）Markov 机制转换模型

按照 Hamilton（1989，1990）和 Brooks 等（2001）的做法，建立基于

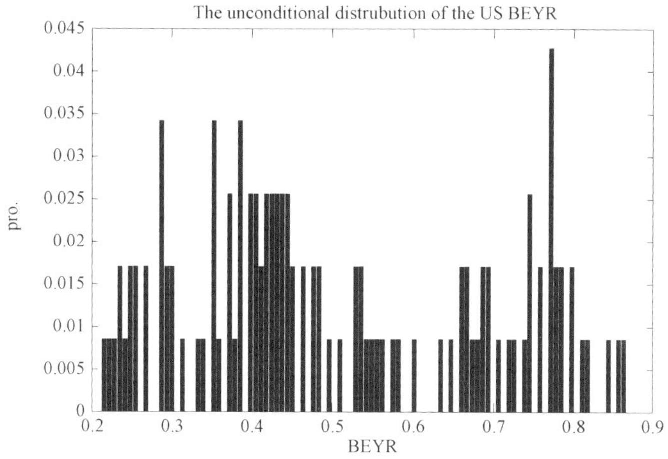

图 2 美国 BEYR 无条件概率分布图

BEYR 的 Markov 机制转换模型。假设 BEYR 在整个观察期内存在两种状态，状态变量 s_t 不可观测，且只取 1 或 2 两个值。$s_t=1$ 时，意味着 BEYR 处于较低机制，当 $s_t=2$ 时，意味着 BEYR 处于较高机制。假设每种状态对应着均值为 μ_i，方差为 σ_i^2 的正态分布，i=1，2。假设 s_t 服从一阶 Markov 过程，且转移概率为：

$$\begin{aligned} p(s_t=1|s_{t-1}=1)&=p_{11}\\ p(s_t=2|s_{t-1}=1)&=1-p_{11}\\ p(s_t=2|s_{t-1}=2)&=p_{22}\\ p(s_t=1|s_{t-1}=2)&=1-p_{22} \end{aligned} \tag{1}$$

由此，整个模型需要估计的参数可记为 $\theta=(\mu_1, \mu_2, \sigma_1^2, \sigma_2^2, p_{11}, p_{22})$。参数向量 θ 可以通过极大似然估计获得。

Markov 机制转换模型的假设前提是，确实存在高、低两种状态。理想状况下，需验证的零假设是：$\mu_1=\mu_2$，$\sigma_1^2=\sigma_2^2$。但是直接检验存在困难。本文使用 Engel 和 Hamilton（1990）的方法进行 Wald 检验。

（二）对比模型

本文引入几个常用的时间序列模型，进行对比分析。这几个模型分别是自激励门限自回归模型（SETAR）、MA－GARCH 模型和 p 阶自回归模型（AR(p)）。其中，阶数 p 通过在样本内最小化 AIC 确定。

（三）回测方法

回测的具体方法是：第一步：选取前 48 个月的 BEYR 观测值为初始样本，进行参数估计，并进一步预测，即可得到第 49 个月的相关数据。第二步：向前滚动 1 个月，将第 49 个月的观测值加入初始样本，重新估计参数并用于预测第 50 个月的数据。以此类推，直到获得所有 69 个预测值。第三步：根据这些预测结果，设定交易规则，并构建不同的股票/债券动态转换组合。以历史回报率作为回测组合内各类资产的回报率，根据模型预测结果确定股票和债券资产的配置权重，计算组合的回报和波动率。第四步：对基于不同模型及相应策略的投资组合进行绩效评估。

Markov 机制转换模型的交易规则：按照 Engel 和 Hamilton（1990）的做法，通过公式（2）预测 BEYR 在 t+1 时刻处于状态 1 的概率：

$$p^f_{1,t+1|t} = \rho + (p_{11} + p_{12} - 1) \times (p_{1t} - \rho) \tag{2}$$

其中，$\rho = \dfrac{1 - p_{22}}{(1 - p_{11}) + (1 - p_{22})}$，$p_{1t}$ 为 t 时刻 BEYR 处在状态 1 的概率。如果 $p^f_{1,t+1|t}$ ＞0.5，则认为 BEYR 在 t+1 时刻仍将处于状态 1，即“低 BEYR”状态，那么，应当在 t+1 时刻买入股票，卖出债券。反之，如果 $p^f_{1,t+1|t}$ ＜0.5，则认为 BEYR 在 t+1 时刻将切换到状态 2，即“高 BEYR”状态，则卖出股票，买入债券。

四、实证结果

（一）Markov 机制转换模型的估计结果

表 2　　Markov 机制转换模型的参数估计（全样本）

统计量	μ_1	μ_2	σ_1^2	σ_2^2	p_{11}	p_{22}	N_1	N_2	W_1	W_2
中国	0.815	1.673	0.022	0.306	0.963	0.906	84	33	18.325	65.577
	（0.019）	（0.109）	（0.004）	（0.075）	（0.114）	（0.185）				
美国	0.385	0.721	0.008	0.006	0.986	0.952	76	41	24.198	447.257
	（0.011）	（0.013）	（0.001）	（0.001）	（0.116）	（0.154）				

表 2 是 Markov 机制转换模型的全样本参数估计和假设检验结果。可以

看出，所有参数的估计值都非常显著（t 值都大于 2）。Wald 统计量也非常显著，说明确实可以将中、美两国的 BEYR 序列分成高、低两种机制。所以，建立两种机制的 Markov 转换模型是合理且必要的。

图 3 是 Markov 机制转换模型估计的中国 BEYR 处于状态 2，即"高 BEYR"机制的平滑概率。可见，Markov 机制转换模型能够根据历史数据判断当前 BEYR 处于某种状态的概率，从而为投资决策提供灵活有用的工具。根据概率高低，投资者可以决定是否触发调整，以及调整资产配置比例的幅度。

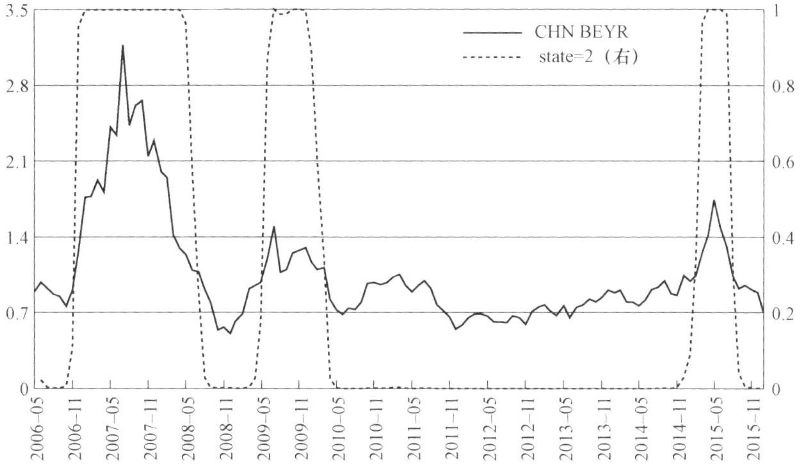

图 3　中国 BEYR 序列及处于高 BEYR 状态的概率

（二）不同投资策略回测业绩比较

表 3　买入持有债券、买入持有股票和 Markov 转换组合的平均回报率和波动率

	买入持有债券组合	买入持有股票组合	Markov 转换组合	切换次数
中国				
平均回报率	0.109	0.414	0.933（0.932）	2
标准误	0.701	8.015	7.578	
夏普比率	0.000	0.038	0.109（0.109）	
美国				
平均回报率	0.324	0.965	1.159（1.159）	1
标准误	0.862	3.831	3.594	
夏普比率	0.000	0.167	0.233（0.232）	

注：数据为月度数据，单位为%。括号内为减去交易成本之后的平均回报率和夏普比率。

表 3 展示了买入持有债券组合、买入持有股票组合和基于 Markov 机制转换模型的股票/债券动态转换组合的回测结果。结果表明，Markov 转换组合有较强的优越性。无论是中国还是美国，Markov 转换组合的平均回报率均高于静态的买入持有股票和债券组合，而波动率低于买入持有股票组合，高于买入持有债券组合。以夏普比率衡量，Markov 转换组合的业绩比买入持有股票组合有相当的提升。

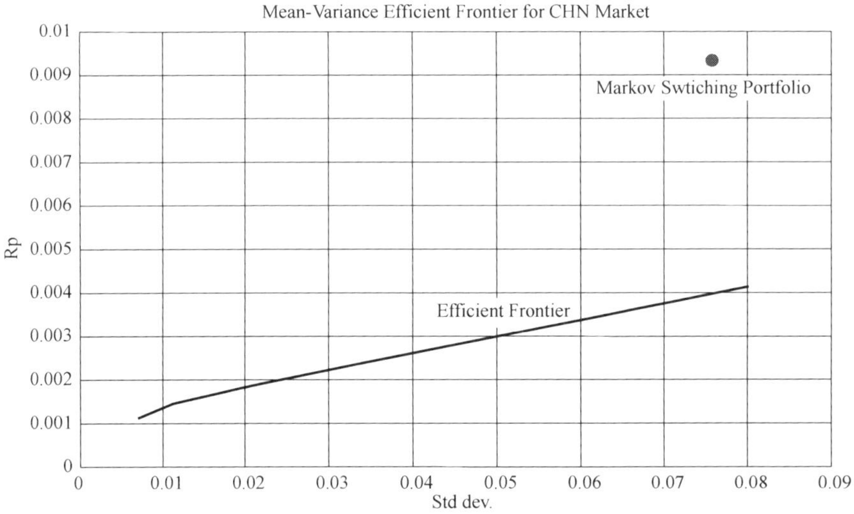

图 4 中国资本市场均值－方差有效前沿

图 4 是基于组合存续期的历史回报率计算的股票/债券静态组合的均值－方差有效边界。可以看出，Markov 转换组合落在有效边界上方，在中国市场战胜指数取得的超额收益（0.52%）要比在美国市场取得的超额收益（0.19%）高得多。

表 4　　对比模型所形成组合的平均回报率和波动率

	SETAR 转换组合	MA－GARCH 转换组合	AR（p）转换组合
中国			
平均回报率	0.332（0.325）	0.748（0.736）	0.731（0.721）
标准误	5.287	6.285	6.286
夏普比率	0.042（0.041）	0.102（0.100）	0.099（0.097）
切换次数	10	16	14

续表

	SETAR 转换组合	MA－GARCH 转换组合	AR（p）转换组合
美国			
平均回报率	0.049（0.048）	0.575（0.570）	0.612（0.606）
标准误	1.062	3.350	3.334
夏普比率	－0.258（－0.259）	0.075（0.073）	0.086（0.084）
切换次数	2	7	9

注：数据为月度数据，单位为%。括号内为减去交易成本之后的平均回报率和夏普比率。

表 4 给出了基于三个对比模型的股票/债券动态转换组合的业绩表现。整体而言，Markov 转换组合的业绩表现最为优秀，基于 MA－GARCH 和 AR（p）模型的组合业绩居中，基于 SETAR 模型的组合业绩表现最差。

五、结论

本文对中、美两国的 BEYR 序列进行统计检验和分析，建立了包含高、低两种机制的 Markov 机制转换模型，并通过严格的 Wald 检验证明了其合理性。根据模型的预测结果，本文构建了一个灵活的动态资产调整策略，并执行了回溯测试。结果表明，基于 Markov 机制转换模型进行动态转化的组合，相对任意股比例的静态股票/债券组合来说，风险收益特征的优势相当明显。此外，本文还对比了 SETAR、MA-GARCH 和 AR 模型的效果，发现 Markov 机制转换模型在回测中的绩效表现是最出色的。所以，无论在中国市场还是美国市场，根据 BEYR 指标对股票、债券这两类大类资产进行动态切换是可行的。Markov 机制转换模型能为大类资产切换时点和时间区间提供有益参考，有利于提升组合的回报，降低组合风险。从这两点来看，本文对 BEYR 的研究颇有实际价值，能够为在资本市场进行动态资产配置提供良好的参考。

（整理、复核：丁春霞）

投资决策委员会特征与投资业绩、投资能力*

——基于公募基金的研究

于瑾　侯伟相

一、引言

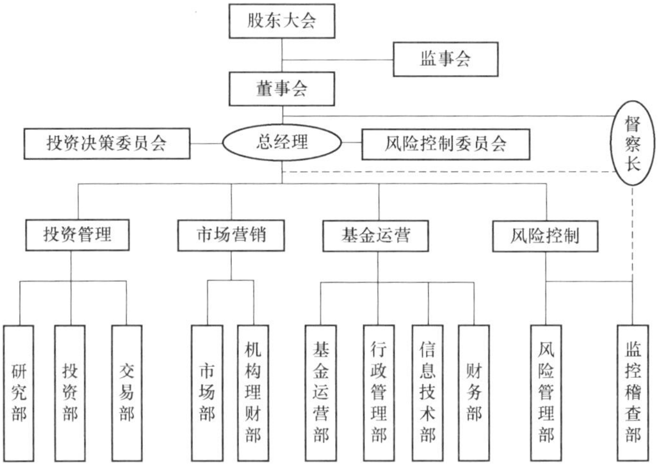

图 1　公募基金公司组织架构图

如图 1 所示，基金公司组织架构包括最高权力机构——股东大会，股东大会下设董事会，董事会选任总经理，总经理直接对董事会负责，基金公司还另设有监事会、风险控制委员会、投资决策委员会等重要机构。根据 SCP 理论（S—structure；C—Conduct；P—performance），组织结构决定组织行为，组织行为决定组织绩效。不同组织架构会直接影响基金公司投资行为，进而影响基金绩效，投决会作为基金公司最高投资决策机构，其构成对基金投资

* 资料来源：《投资研究》2017 年第 36（6）期，第 116 – 136 页。

诺贝尔经济学奖得主罗伯特·默顿将其收录为麻省理工学院教学材料。

行为起到至关重要的作用。在基金公司里，不同成员发挥的职能不同。一般而言，监事会由股东委派和基金公司员工组成，监事主要职责是听取风险控制委员会的报告，及时发现，纠正公司风险问题，确保合法合规经营，对公司高管进行监督，纠正损害公司利益的行为。

二、数据、变量与研究方法

表 1　　变量说明

变量类型	变量名称	变量定义
被解释变量	*alpha_ff3*	Fama_French 三因子半年内日超额收益率，市值加权 ，%
	alpha_carhart4	Carhart 四因子半年内日超额收益率，市值加权 ，%
	stock_hm_ff3	Fama_French 三因子 HM 模型择股能力，市值加权，%
	stock_tm_ff3	Fama_French 三因子 TM 模型择股能力，市值加权，%
	time_hm_ff3	Fama_French 三因子 HM 模型择时能力，市值加权
	time_tm_ff3	Fama_French 三因子 TM 模型择时能力，市值加权
	num_board	基金所在的基金公司当期投决会成员数量总和
	percent_female	基金所在的基金公司当期投决会成员中女性数量占比
解释变量	*Dummy CEO*	基金所在的基金公司当期投决会成员中是否由总经理担任投决会的主席（主任），如果是，置为 1，否则为 0，衡量投决会中基金经理独立性，1 代表基金经理缺乏独立性
	Dummy_jianshi	基金所在公司当期投决会成员中是否包括监事，如果是，置为 1，否则为 0
	Jianshi_num	基金所在公司当期投决会成员中监事会成员数量
	Dummy_dongshi	基金所在公司当期投决会成员中是否包括董事会成员，如果是，置为 1，否则为 0
	Dongshi_num	基金所在公司当期投决会成员中董事会成员数量
控制变量基金层面	*manage_fee*	基金当期收取的管理费率，%
	fee_total	基金当期费率结构：基金的首次认购费率、前后端申购费率和赎回费率之和，对于分段收费的，取各段费率的平均值作为该费率的水平，%
	avg_tenure	基金经理当期任职平均年限：$avg\_tenure_{i,t}=\frac{\sum_{j=1}^{n}tenure_{i,j,t}}{n}$ $tenure_{i,j,t}$是基金 i 的第 j 个基金经理在 t 期的任职时间， n是基金 i 当期拥有的基金经理数目，该指标反映了基金经理的投资经验
	sum_flow	基金当期资金净流入，十亿，参见 Dahlquist（2000） 定义方法： $sum\_flow_{i,t}=TNA_{i,t}-TNA_{i,t-1}*\frac{NAV_{i,t}}{NAV_{i,t-1}}$ 其中：$TNA_{i,t}$是基金 i 在 t 期的净资产总额， $NAV_{i,t}$ 是基金 i 在 t 期的单位复权净值

续表

变量类型	变量名称	变量定义
控制变量基金公司层面	*size*	基金当期规模，定义方法： $size_{i,t}=ln\left(TNA_{i,t}\right)$， $TNA_{i,\ t}$是基金i在t期的净资产总额
	fund age	基金年龄，用每期（半年）的截止日期减去基金成立日期后除 365，刻画基金知名度
	fund total	基金所在的基金公司当期旗下各类型的基金数量总和。衡量基金所在的公司实力
	HHI_ownership	基金所在的基金公司当期股权集中度，衡量基金公司治理水平
	investbank_percent	基金所在的基金公司当期股权结构里证券公司持股比例之和
	merbank_percent	基金所在的基金公司当期股权结构里商业银行持股比例之和
	joint_venture	哑变量，基金所在公司当期股权结构里是否有外资参股，若有，置为 1，否则为 0

本文数据为面板数据，需考虑截面异方差和自相关问题，先做 Hausman 检验，发现无法拒绝随机效应[①]，故采用面板广义最小二乘方法。面板广义最小二乘方法不仅可以控制截面异方差问题，还可以控制一阶自相关问题，且自相关系数在不同截面之间可以不同（Coval and Moskowitz，1999；江萍等，2011），回归方程如下：

$$alpha_{i,\ t}=\alpha+\beta_1*InvBoard\_character_{i,\ t}+\beta*Control+time_t+\varepsilon_{i,\ t} \quad (1)$$

$$stock_{i,\ t}=\alpha+\beta_1*InvBoard\_character_{i,\ t}+\beta*Control+time_t+\varepsilon_{i,\ t} \quad (2)$$

$$time_{i,\ t}=\alpha+\beta_1*InvBoard\_character_{i,\ t}+\beta*Control+time_t+\varepsilon_{i,\ t} \quad (3)$$

其中$alpha_{i,\ t}$是基金 i 在第 t 期业绩，用 *alpha_ff3*，*alpha_carhart4* 表示，$stock_{i,\ t}$是基金 i 在第 t 期择股能力，用 *stock_hm_ff3*，*stock_tm_ff3* 表示，$time_{i,\ t}$是基金 i 在第 t 期择时能力，用 *time_hm_ff3*，*time_tm_ff3* 表示，解释变量$InvBoard_character_{i,\ t}$是基金 i 所在的公司第 t 期投决会特征，包括：投决会规模（*num_board*），投决会女性占比（*percent_female*），是否由总经理任投决会主席（*Dummy_CEO*），是否有监事会成员参与投决会（*Dummy_jianshi*）以及参与人数（*Jianshi_num*），是否有董事会成员参与投决会（*Dummy_dongshi*）以及参人数（*Dongshi_num*），*Control* 是控制变量，*time* 是时间效应。

① 本文首先用豪斯曼检验面板固定效应和随机效应，Prob>chi2 = 0.9301，无法拒绝 H0，且应控制截面异方差和序列自相关等面板数据与生俱来的问题，故采用面板广义最小二乘模型。该模型需要每个个体至少在样本内存在两期及以上数据。

三、结果分析

如表 2 所示：投决会规模（*board_num*）最小是 3 人，最多是 22 人，平均为 8 人，女性成员占比（*percent_female*）最高是 66.7%，最低是 0，平均为 12.3%，中值为 12.5%；由总经理担任投决会主任（或主席，*Dummy_CEO*）的样本占比是 80.8%；有监事参与的投决会（*Dummy_jianshi*）在样本中占比为 15.4%，参与投决会的监事数量（*Jianshi_num*）最多的是 4 个，有董事会成员参与的投决会样本占比为 62.1%，参与投决会的董事人数最多为 3 个，样本均值为 0.663[①]。样本内股票型基金半年内日超额收益 *alpha* 和择股能力指标的均值均为负值，择时能力为正。基金业绩，择时择股的标准差较大，由此可看出样本内基金业绩，择时择股能力差异较大。其他变量统计性结果如表 2，不再赘述。表 3 到表 5 分别汇报投决会成员特征和基金业绩 *alpha*（表 3），基金择股能力 *stock*（表 4）、择时能力 *time*（表 5）回归结果。

表 2　　　　变量描述性统计

variable	*N*	*mean*	*p50*	*sd*	*min*	*max*
alpha_ ff3	3 148	−0.011 0	−0.002 00	0.082 0	−0.846	0.444
alpha_carhart4	3 148	−0.005	0.006 00	0.078 0	−0.809	0.464
stock_hm ff3	3 148	−0.026	−0.029 0	0.114	−0.327	0.348
stock_tm ff3	3 148	−0.011	−0.009 00	0.088 0	−0.256	0.249
time hm ff3	3 148	5.147	4.064	15.22	−32.86	47.15
time tm ff3	3 148	80.67	38.65	246.2	−592.4	774.9
num_board	3 148	7.645	7	3.278	3	22
percent_ female	3 148	0.123	0.125	0.115	0	0.667
Dummy_CEO	3 148	0.808	1	0.394	0	1
Dummy_jianshi	3 148	0.154	0	0.361	0	1
Jianshi_num	3 148	0.190	0	0.492	0	4
Dummy_dongshi	3 148	0.621	1	0.485	0	1
Dongshi_num	3 148	0.663	1	0.562	0	3
manage fee	3 148	1.495	1.500	0.058 0	0.500	2
fee total	3 148	1.255	1.183	0.273	0.250	2.500
avg tenure	3 148	2.047	1.608	1.662	0.005 00	11.24

① 本文变量间不存在严重的多重共线性问题。各个解释变量间的相关系数很低（绝大多数低于 0.1），且多数不显著，详情参见附录。

续表

variable	*N*	*mean*	*p50*	*sd*	*min*	*max*
sum flow	3 148	−0.265	−0.131	1.692	−16.79	26.39
size	3 148	21.00	21.25	1.539	14.90	24.36
fund age	3 148	5.098	4.697	3.015	0.282	14.27
fund total	3 148	35.18	30	18.84	4	92
HHI_ownership	3 148	0.412	0.363	0.143	0.200	1
investbank_percent	3 148	0.291	0.333	0.277	0	1
merbank_percent	3 148	0.084 0	0	0.224	0	0.835
joint_venture	3 148	0.524	1	0.499	0	1

表3结果显示，投决会规模对旗下股票型基金业绩没有显著影响，由此可见，在投资这件事上，众人拾柴火焰未必高；女性占比越高的投决会，其旗下股票型基金业绩越差，这也验证了之前女性成员风险规避的假说；CEO任主席的投决会对旗下股票型基金业绩有显著的负向影响，验证了假说3；有董事会成员参与的投决会会提高旗下股票型基金业绩，参与董事数目越多时，旗下股票型基金业绩越好。

表 3　　基金投决会成员特征与基金业绩

	(1)	(2)	(3)	(4)	(5)	(6)	(7)	(8)	(9)
Y = alpha	*Alpha_ff3*	*Alpha_ff3*	*Alpha_ff3*	*Alpha_ff3*	*Alpha_ff3*	*Alpha_ff3*	*Alpha_ff3*	*Alpha_ff3*	*Alpha_ff3*
num_board	−0.000 6***							0.000 0	−0.000 1
	(−3.224)							(0.188)	(−0.475)
percent_female		−0.008 1*						−0.017 9***	−0.018 6***
		(−1.658)						(−4.174)	(−4.864)
Dummy_CEO			−0.003 9***					−0.005 0***	−0.005 3***
			(−3.107)					(−3.812)	(−4.018)
Dummy_jianshi				−0.016 4***				−0.014 6***	
				(−11.053)				(−7.683)	
jianshi_num					−0.011 9***				−0.010 3***
					(−9.091)				(−6.296)
Dummy_dongshi						0.006 2***		0.007 7***	
						(5.423)		(6.124)	
dongshi_num							0.005 4***		0.007 7***
							(4.994)		(6.417)

续表

	(1)	(2)	(3)	(4)	(5)	(6)	(7)	(8)	(9)
Constant	0.026 5	0.027 0	0.030 4	0.034 0	0.038 7	0.019 5	0.021 5	0.041 2	0.045 5
	(0.643)	(0.652)	(0.733)	(0.781)	(0.889)	(0.473)	(0.520)	(0.924)	(1.009)
控制时间效应	YES	YES	YES	YES	YES	YES	YES	YES	YES
Observations	3 148	3 148	3 148	3 148	3 148	3 148	3 148	3 148	3 148
N of Fund	423	423	423	423	423	423	423	423	423
chi2	48 574	47 716	11 145	11 343	11 900	11 956	10 876	12 520	11 727

注：（1） ***，**，* 分别表示在 1%，5%，10%水平上显著；（2）括号里是 Z 值，下同。

表4、表5结果显示，投决会规模（num_board）对基金择时能力有显著的负向影响，对基金的择股能力有一定的正向影响[①]，投决会规模越大，提供的投资信息越多，旗下基金的择股能力一定程度上较强，但是在择时上，每个人对于市场的认识不同，交易思想、理念差异较大，人众则意见分歧较大，难以凝聚共识，因此择时能力较差，择股择时合理影响下，其对基金业绩并无显著影响。表5结果显示女性成员占比越高的投决会，旗下基金择时能力越差，其对择股能力无稳健一致影响。表4、5结果显示由总经理任主席的投决会对旗下基金择股能力有显著的负向影响，其对基金择时能力有一定的正向影响。当总经理任投决会主席时，这在较大程度上影响了各个基金经理投资决策的独立性，总经理更多地需要各基金经理协调一致、统一行动而非单独决策，且不少基金公司总经理属于基金公司的行政人员而非投资一线人员，当总经理利用其职权在投决会中独揽大权时，其对基金经理的掣肘作用将更加明显。有监事会成员参与的投决会对旗下股票型基金择时、择股能力均有显著的负向影响，且参与的监事数量越多时，这种负向影响越明显，这与监事会成员多属于非投资一线的人员，且监事会成员更加厌恶风险，倾向于风险规避，其交易理念，投资逻辑，市场理解上外行成分更多一些，因此其对基金业绩、择时、择股能力都有显著的负向影响。有董事会成员参与的投决会对基金择股能力有显著正向影响，参与投决会的董事会成员数量越多时，这种正向影响越明显，表5显示其对旗下基金择时能力也有一定的正向影响。

① 在表 3 的赛马回归 8 和 9 中，投决会的规模对基金业绩的影响被其他特征冲减掉，可见投决会规模并不是一个可以显著影响旗下基金业绩的重要因素，即投资在于人专，而非人多。

董事会成员拥有众多资源和社会网络关系，本文结果也验证了“董事资源提供假说”。

表 4 基金投决会成员特征与基金择股能力

	(1)	(2)	(3)	(4)	(5)	(6)	(7)	(8)	(9)
Y=*stock*	*Stock_hm_ff3*	*Stock_hm_ff3*	*Stock_hm_ff3*	*Stock_hm_ff3*	*Stock_hm_ff3*	*Stock_hm_ff3*	*Stock_hm_ff3*	*Stock_hm_ff3*	*Stock_hm_ff3*
num_board	0.000 1							0.000 4***	0.000 3
	(1.032)							(2.585)	(1.576)
percent_female		0.016 1***						0.002 4	0.001 6
		(3.914)						(0.630)	(0.401)
Dummy_CEO			−0.011 1***					−0.013 1***	−0.013 3***
			(−9.598)					(−10.819)	(−10.632)
Dummy_jianshi				−0.009 5***				−0.010 1***	
				(−8.153)				(−7.654)	
Y=*stock*	*Stock_hm_ff3*	*Stock_hm_ff3*	*Stock_hm_ff3*	*Stock_hm_ff3*	*Stock_hm_ff3*	*Stock_hm_ff3*	*Stock_hm_ff3*	*Stock_hm_ff3*	*Stock_hm_ff3*
jianshi_num					−0.003 0***				−0.003 8***
					(−3.410)				(−4.174)
Dummy_dongshi						0.003 8***		0.006 9***	
						(3.913)		(6.303)	
dongshi_num							0.004 0***		0.006 7***
							(3.805)		(5.728)
Constant	−0.049 3	−0.053 4	−0.037 0	−0.044 4	−0.048 3	−0.053 9	−0.051 8	−0.034 7	−0.033 3
	(−0.994)	(−1.079)	(−0.743)	(−0.891)	(−0.968)	(−1.081)	(−1.043)	(−0.684)	(−0.660)
控制时间效应	YES	YES	YES	YES	YES	YES	YES	YES	YES
Observations	3 148	3 148	3 148	3 148	3 148	3 148	3 148	3 148	3 148
N of Fund	423	423	423	423	423	423	423	423	423
chi2	2.177e+06	1.080e+06	864 397	177 373	6.734e+06	420 379	590 416	153 721	174 067

表 5 基金投决会成员特征与基金择时能力

	(1)	(2)	(3)	(4)	(5)	(6)	(7)	(8)	(9)
Y=*time*	*Time_hm_ff3*	*Time_hm_ff3*	*Time_hm_ff3*	*Time_hm_ff3*	*Time_hm_ff3*	*Time_hm_ff3*	*Time_hm_ff3*	*Time_hm_ff3*	*Time_hm_ff3*
num_board	−0.076 1***							−0.049 1**	−0.058 5***
	(−2.951)							(−2.496)	(−2.958)
percent_female		−2.887 5***						−3.001 4***	−2.842 4***
		(−3.785)						(−3.403)	(−3.475)

续表

	(1)	(2)	(3)	(4)	(5)	(6)	(7)	(8)	(9)
Dummy_CEO			1.192 1***					1.096 2***	0.988 0***
			(6.164)					(4.859)	(4.140)
Dummy_jianshi				−1.286 9***				−1.081 5***	
				(−3.954)				(−3.909)	
jianshi_num					−1.769 1***				−1.621 7***
					(−6.898)				(−6.930)
Dummy_dongshi						0.451 5**		0.217 6	
						(2.405)		(1.010)	
dongshi_num							0.177 1		0.022 3
							(1.129)		(0.113)
Y＝time	*Time_hm_ff3*	*Time_hm_ff3*	*Time_hm_ff3*	*Time_hm_ff3*	*Time_hm_ff3*	*Time_hm_ff3*	*Time_hm_ff3*	*Time_hm_ff3*	*Time_hm_ff3*
Constant	6.963 4	7.559 4	5.493 0	7.292 4	7.268 9	5.841 6	5.763 3	5.787 8	5.921 3
	(0.804)	(0.872)	(0.633)	(0.846)	(0.848)	(0.675)	(0.667)	(0.668)	(0.687)
控制时间效应	YES	YES	YES	YES	YES	YES	YES	YES	YES
Observations	3 148	3 148	3 148	3 148	3 148	3 148	3 148	3 148	3 148
N of Fund	423	423	423	423	423	423	423	423	423
chi2	62 257	23 482	133 512	70 506	52 498	25 957	25 497	852 896	295 547

四、结论与建议

利用公募基金行业数据，本文实证研究了基金公司投决会成员特征对旗下开放式股票型基金业绩的影响，并从择时、择股能力两个渠道进一步解释潜在机制。研究发现：投决会规模对基金业绩没有显著的影响；投决会构成中女性成员占比越高，其对旗下基金业绩有显著的负向影响，验证了女性是风险厌恶者的假说，与以往相关文献发现一致；同样的，由监事会成员参与的投决会对旗下基金业绩有显著的负向影响，主要是源于其对基金择时，择股能力均有显著的负向影响，且当投决会构成中监事会成员数量越多时，这种负向效果越明显，这需要重新思考投决会构成中监事发挥的职能和定位。由基金公司总经理任主席的投决会对旗下基金业绩，择股能力有显著的负向影响，应适度增加基金经理在投资决策中的自主性和独立性。有董事会成员参与的投决会对旗下基金业绩、择股能力均有显著的正向影响，验证了董事会资源提供假说。综上，本文认为对于投决会的构成，基金公司可以在考虑风控、合规基础上，给基金经理更大的投资决策权，增强其投资决策的独立性；适度增加投决会中董事会成员数量，减少监事会成员数量，增加男性成员占比，进而提高投决会运行效率，提升旗下基金投资业绩，本文结论对于投决会组织构成，基金投资选择具有重要借鉴意义。此外后续研究可以从投决会人员特征（如是否有政治关联，是否有海龟背景，是否有某行业专业知识背景等）等角度进一步深入研究[①]。

（整理、复核：刘翔）

① 本文衷心感谢匿名评审专家提到这一点。

杠杆交易、机构投资者行为与资产价格暴跌风险*

——来自股票市场的证据

于瑾 侯伟相

一、引言

资产价格泡沫和局部金融风险日益成为资本市场以及中央高层关注的突出问题。2016 年中央经济工作会议指出，要把防控金融风险放在更加重要的位置，应着力防控资产泡沫，提高和改进监管能力，确保不发生系统性金融风险。2014 年 9 月，新一轮股票牛市启动，融资融券（以下简称“两融”）余额不断攀升。两融余额与 A 股市场行情之间紧密相关。2015 年始，股票市场场外杠杆资金逐渐浮出水面，据粗略估算，场外配资规模在 5 000 亿元以上，而场内“两融”余额最高时达 2.2 万亿元，其中融资余额占 99%以上。2015 年 6 月下旬，股市泡沫开始破灭，A 股被迫开始去杠杆。在此期间不断有融资客，甚至部分私募基金因爆仓被清盘。至此，杠杆交易对资产价格的影响引起了多方关注，杠杆、配资等引发业界和学界越来越多的探讨和争论。金融加杠杆会增强系统性风险，其创造的货币和信用会进一步推升资产价格，导致资产价格的大起大落，从而对经济金融稳定造成巨大伤害（崔宇清，2017）。杠杆交易扩大了资产价格的波幅，活跃了市场投资者的情绪，也为个别投资者获得巨额收益提供了可能；与此同时，杠杆交易还通过资产价格的波动，改变了投资者的结构。目前，鲜有文献对加杠杆的投资标的对投资者结构的影响进行研究。鉴于公开上市交易的股票拥有良好的流动性和较好的信息透明度，投资者交易行为对股票价格的影响也较易观测，以及我国股票

* 资料来源：《金融监管研究》2017 年第 12 期，第 17－34 页。
诺贝尔经济学奖得主罗伯特·默顿将其收录为麻省理工学院教学材料。

市场制度建设在逐步完善，故本文以股票市场作为研究切入点，分析杠杆交易如何对投资者结构产生影响。

杠杆和信用交易是金融活动的内在要求，当使用杠杆较高的资金（尤其是缺乏监管的场外杠杆资金）交易各类金融资产时，其对金融资产价格的影响是多方面的。这些影响包括增加资产价格的波动、降低价格稳定性以及改变投资者结构。股票市场拥有较高的流动性和信息透明度，2010 年 4 月以来，逐步推广的融资融券改革更为我们研究杠杆交易对资产价格、机构投资者结构的影响提供了很好的拟自然实验背景。本文利用倾向得分匹配－多期倍差法（PSM－DID）进行的实证研究发现，杠杆交易会显著增加股价暴跌风险，机构投资者（主要是公募证券投资基金）会进行风险规避，即大幅降低杠杆交易活跃的股票标的持有量（持股占比降低约 0.84%）；进一步的研究发现，这种风险规避行为与融资做多活动相关，而融券交易不会影响以证券投资基金为代表的机构投资者的持股比例。本文以我国股票市场制度建设的契机为背景，探索杠杆交易对上市公司投资者结构的影响，并从资产价格暴跌风险视角探索其潜在的影响机制；同时，进一步填补了杠杆交易对投资者结构影响以及从风险规避视角进一步解释机构投资者结构变动原因的研究空白。

二、研究设计

（一）数据与变量定义

本文的数据来源是国泰安数据库和锐思数据库。个股投资者结构数据采用个股每半年公布的（年中，年末两期）机构投资者，包括公募基金、合格境外机构投资者（QFII）和证券公司（简称券商）的持股结构信息，并对年内两期数据进行平均（见表 2）。本文的样本为 2005—2014 年上市的股票，剔除变量缺失的数据样本[①]。

① 2015 年是 A 股市场场外配资、杠杆交易最活跃且最为缺乏有效监管的时候，也是因“粗暴”去杠杆致使股灾爆发的一年；但沪港通开通以及 IH50 和 IC500 股指期货开始上市交易也在这一年。为避免上述情况对本文结果可能产生的混合效应，本文将样本时间范围选定为 2005—2014 年。

表 2　变量定义

变量	定　　义
Mutalfund	公募基金股票持股数量占总股本比例（%），取股票当期（年中、年末）均值
QFII	QFII（合格境外机构投资者）持股数占总股本比例（%），取当期（年中、年末）均值
Broker	券商持股数量占总股本比例（%），取股票当期（年中、年末）均值
Nsckew	股价暴跌风险衡量指标 1，负收益偏态系数
Duvol	股价暴跌风险衡量指标 2，收益率上下波动比
LIST	股票在样本期内是否可以杠杆交易，即是否进入过融资融券标的，如果是，则置为 1，否则为 0。LIST 用以区别实验组和对照组（从未进入过融资融券标的的股票）
inlist	可杠杆交易的融资融券标的，即两融标的当年是否可进行杠杆交易，即是否可融资融券交易。当融资融券标的可杠杆交易时，inlist 置为 1，否则为 0
Long（*Long_ratio*）	股票日融资余额占流通市值比例，年内均值（%），衡量杠杆做多的活跃度
Short（*Short_ratio*）	股票日融券余额占流通市值比例，年内均值（%），衡量杠杆做空的活跃度
size	公司当年规模，总资产取对数
Leverage	资产负债率，总负债/总资产
Stkcd_age	公司已上市时间，截止日减公司上市日后除 365，单位：年
DivYieldyear	股息率，年内的年中年末两期均值
PE	市盈率
PB	市净率
HHI10	前十大股东持股集中度的赫芬达尔指数
yearret	股票当年复权收益率
AH	当年是否是 A 股和港股同时上市的股票
AB	当年是否是 A 股和 B 股同时上市的股票
HS300	对于 2010—2014 年沪深 300 指数标的股票置为 1，其余为 0
sigma	股票经市场调整后周特有收益率的年内标准差
Dturn	去趋势的股票换手率，股票本年度月均换手率与上年度月均换手率之差
ROA	总资产回报率 =（利润总额 + 财务费用）/平均资产总额，平均资产余额 =（资产期末余额 + 资产期初余额）/2
Ret	股票当年净市场调整后的周特有收益率的年内均值
value total	创业板当期日均总市值（单位：10 亿元）

（二）研究方法

我国融资融券业务经历了多次较大规模的扩容以及存量标的调整，其对市场的影响是多次渐进式。但由于这种外生冲击并非理想的自然实验，即进入“两融”标的的股票并非随机，而是根据一定的特征筛选出来的股票，考虑到“两融”标的筛选标准的非外生性，本文使用 PSM 对原始样本进行了一对一的近邻匹配。匹配变量如下：公司已上市年数、流通市值、换手率、市盈率、所在行业、流通盘占比和所在市场类型[①]。PSM－DID 模型能很好地处理该情形，因此本文采取的识别策略是基于倾向得分匹配的多期倍差法，即 PSM－DID 方法（Different in Different－Test，基于多期外生政策冲击下的拟自然实验）。具体识别方法如下：

$$Hold\_percent_{i,t} = \alpha + \beta_1 * inlist_{i,t} + \beta_2 * LIST_{i,t} + \beta * Control + \varepsilon_{i,t} \quad (1)$$

$$Hold\_percent_{i,t} = \alpha + \beta_1 * long_{i,t} + \beta_2 * inlist_{i,t} + \beta_3 * LIST_{i,t} + \beta * Control + \varepsilon_{i,t} \quad (2)$$

$$Hold\_percent_{i,t} = \alpha + \beta_1 * short_{i,t} + \beta_2 * inlist_{i,t} + \beta_3 * LIST_{i,t} + \beta * Control + \varepsilon_{i,t} \quad (3)$$

$$CrashRisk_{i,t} = \alpha + \beta_1 * inlist_{i,t} + \beta_2 * LIST_{i,t} + \beta * Control + \varepsilon_{i,t} \quad (4)$$

$$Hold\_percent_{i,t} = \alpha + \beta_1 * CrashRisk_{i,t-1} + \beta * Control + \varepsilon_{i,t} \quad (5)$$

其中 $Hold\_percent_{i,t}$ 是股票 i 第 t 期机构持股比例，包括公募基金持股占比（*Mutual*），合格境外机构投资者（*QFII*）持股占比，券商持股占比（*Broker*）。$CrashRisk_{i,t}$ 是股票 i 在第 t 期的股价暴跌风险，用 *Nsckew* 和 *Duvol* 表示，主要解释变量：$inlist$，$long$，$short$。方程（1）到（5）探究杠杆交易对于投资者结构、资产价格的影响，并为这种影响探寻潜在影响机制。*Control* 是控制变量，根据基金持股影响因素，回归方程（1）—（3）和（5）的控制变量包括：$size$、ROA、$Lererage$、$Stkcd\_age$、$DivYieldyear$、PE、PB、HHI_10、$yearret$、AB、AH 和 *HS300*。由于股指期货 IF300 在 2010 年 4 月 16 日推出，其对本文的识别策略有一定影响，因此对于 2010 年及以后的沪深 300 股票标的，*HS300* 变量置为 1，其他置为 0（具体定义见变量定义表 2）。对于回归方程（4）中的控制变量，与以往文献（许年行等，2011）一致，包括以下变

① 本文首先通过 logit 回归得到每个样本的倾向得分，然后根据最近邻匹配法对控制组和实验组进行一对一匹配，最终得到基于 PSM 方法的匹配样本，共计 15010 个样本。logit 回归结果显示，伪 r2 为 0.268，各个变量显著性高，模型匹配效果良好。

量：$Nsckewl_{t-1}$、$sigma_{t-1}$、$Dturn_{t-1}$、ROA_{t-1}、Ret_{t-1}、$size_{t-1}$、$leverage_{t-1}$、PB_{t-1}和 $yearret_{t-1}$。另外，本文还控制了时间效应和行业效应（制造业具体到二级代码，其他具体到一级代码）。如回归方程（1）—（5）所示，如果股票在样本期内是融资融券标的，则 *LIST* 置为 1，否则为 0。*LIST* 较好地控制了实验组和控制组在“先天”分组上的差异（未经融资融券的股票作为控制组，经过融资融券的股票作为实验组）。当 *LIST* 组中的股票可融资融券交易时，*inlist* 置为 1，否则为 0。

三、实证结果分析

图 1 展示了实验组（融资融券标的股，图中显示为 LIST）和控制组（非融资融券标的股，图中显示为 NOT LIST）股票的公募基金持股占比差异（1 代表上半年，2 代表下半年，下同）：从 2005 年到 2010 年，公募基金持股比例在两组股票上有显著差异，即相比于控制组，实验组股票公募基金持股占比更高（这与融资融券标的选择标准有关），但是这种持股比例差异在 2010 年后逐渐缩小。对于实验组，公募基金持股比例在 2010 年后逐年降低；但是对于控制组，公募基金持股比例在 2012 年后逐年递增，且在 2014 年下半年公募基金的持股比例还首次超过了实验组。

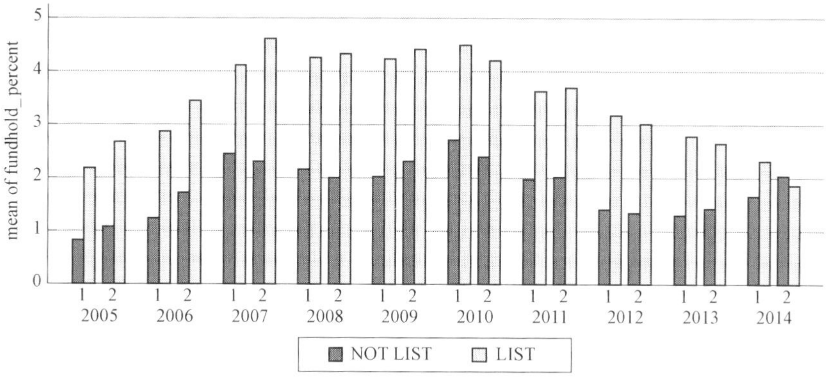

图 1　实验组和控制组股票公募基金持股差异

图 2 展示了实验组股票在加入融资融券标的后公募基金持股比例的情

况。图 2 显示，在 2010 年以后，对于实验组股票，公募基金持股占比整体呈现下滑趋势，但对于进入融资融券标的的实验组股票，公募基金持股比例下滑幅度更大。这种差异在 2010 和 2011 年更加明显（差异约为 1%），而在 2012 和 2013 年则不十分明显（差异约为 0.5%）。

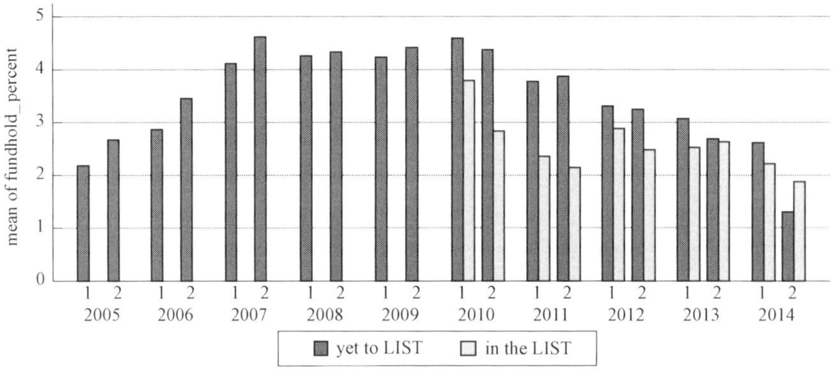

图 2 实验组加入融资融券标的前后公募基金持股差异[①]

表 4 杠杆交易与投资者结构变化

	(1)	(2)	(3)	(4)	(5)	(6)
Y = Hold_percent	*Mutualfund*	*QFII*	*Broker*	*Mutualfund*	*QFII*	*Broker*
inlist	−0.860 6***	0.024 3	−0.028 5	−0.837 8***	−0.024 0	−0.012 4
	(−6.938)	(0.934)	(−0.409)	(−6.618)	(−1.247)	(−0.174)
LIST	2.319 5***	0.118 1***	0.120 3**	1.273 1***	0.047 6**	0.075 3
	(16.938)	(6.917)	(2.114)	(9.203)	(2.227)	(1.249)
Constant	0.749 6*	−0.010 6	0.213 8***	−11.474 4***	−1.128 3***	−1.386 8
	(1.877)	(−0.353)	(2.653)	(−8.939)	(−3.259)	(−1.484)
时间和行业	YES	YES	YES	YES	YES	YES
Observations	15 010	15 010	15 010	15 010	15 010	15 010
R −squared	0.152	0.245	0.019	0.257	0.254	0.024
r2_a	0.147	0.241	0.013 7	0.253	0.250	0.017 8

注：***，**，*分别表示在 1%，5%，10%水平上显著；括号里是 t 值，标准误在公司层面 Cluster 处理。

① yet to LIST 是指尚未加入两融标的实验组股票，in the LIST 是指已经加入两融标的的实验组股票。

表 5　　杠杆交易与机构投资者结构变化

	(4)	(5)	(6)	(4)	(5)	(6)
Y = Hold_percent	*Mutualfund*	*QFII*	*Broker*	*Mutualfund*	*QFII*	*Broker*
long	−0.177 5***	−0.015 1**	−0.001 8			
	(−6.303)	(−2.252)	(−0.119)			
short				1.032 3	0.950 8	1.958 5***
				(0.853)	(0.884)	(3.410)
Constant	−9.679 2***	−0.788 0**	−1.439 5*	−11.474 0***	−1.127 9***	−1.386 0
	(−8.209)	(−2.512)	(−1.752)	(−8.940)	(−3.262)	(−1.483)
时间和行业	YES	YES	YES	YES	YES	YES
Observations	15 010	15 010	15 010	15 010	15 010	15 010
R −squared	0.243	0.251	0.021	0.257	0.254	0.024
r2_a	0.239	0.247	0.015 6	0.253	0.250	0.017 9

注：***，**，* 分别表示在 1%、5%、10%水平上显著；括号里是 t 值，标准误在公司层面 Cluster 处理。

表 5 显示，杠杆做多越活跃的股票，机构投资者规避越多。不仅仅公募基金会规避此类股票，*QFII* 也会。而对于融券做空越活越的股票，没有发现机构投资者存在明显的上述风险规避行为。表 6 为杠杆交易与股价暴跌风险的回归结果，表 6 的第一和第三列显示的是未加入未控制变量的结果，表明“两融”标的在可融资融券后，其股价暴跌风险会大大增加。表 6 的第二和第四列回归结果显示，杠杆交易加剧了股价暴跌风险。这与以往文献研究一致（褚剑和方军雄，2016；李政、梁琪和涂晓枫，2016），即杠杆交易增加了股价的暴跌风险：融资交易活动往往会使得股价被不断高估，直到出现泡沫，鉴于股价长期要回到均衡价值位置，而杠杆交易需要支付融资利息，如果无法追加保证金则有被平仓的风险，从而增加了股价暴跌风险。特别是当不受监管的杠杆资金被强制平仓时，这种由杠杆交易引发的股价暴跌风险会更加严重。

表 6　　杠杆交易与股价暴跌风险

	(1)	(2)	(3)	(4)
Y = Crash_Risk	*Nsckew*	*Nsckew*	*Duvol*	*Duvol*
inlist	0.097 0***	0.095 1***	0.098 9***	0.083 6***
	(3.313)	(2.971)	(4.180)	(3.185)
LIST	−0.174 7***	−0.255 2***	−0.184 1***	−0.259 9***
	(−10.598)	(−11.990)	(−14.777)	(−15.712)
Constant	0.047 9	−1.799 7***	0.054 1	−1.782 3***
	(0.689)	(−7.917)	(1.060)	(−10.023)

续表

	(1)	(2)	(3)	(4)
时间和行业	YES	YES	YES	YES
Observations	15 010	11 991	15 010	11 991
R-squared	0.049	0.074	0.046	0.073
r2_a	0.043 3	0.067 6	0.040 2	0.066 4

注：***，**，* 分别表示在 1%、5%、10%的水平上显著；括号里是 *t* 值，标准误在公司层面 Cluster 处理。L.变量代表该变量的上一期，下同。

五、结论与启示

利用股票市场制度建设提供的特殊背景和“外生”冲击，本文采用 PSM—多期 DID 方法研究了杠杆交易对投资者结构、资产价格暴跌风险的影响。本文研究发现，杠杆交易会显著增加股价暴跌风险。对于可杠杆交易的“两融”标的，机构投资者，尤其是以公募基金为代表的机构投资者会显著降低持股比例，降低约 0.84%。杠杆交易显著增加了标的股的股价暴跌风险，这种风险规避行为与股价暴跌风险显著相关。

本文的研究结论对于当下的金融活动具有重要的启示意义。信用交易本是金融应有之意，但若控制不好杠杆比率，对杠杆交易行为缺乏有效的监管，那么过高的杠杆将给资产价格带来较大的负面冲击，尤其会加重资产价格暴跌风险。这种恶劣影响已在股市、债市有所反映。而当监管措施实施不当时，粗暴地去杠杆行为也会加剧股价暴跌风险，甚至引发多米诺骨牌效应，使恐慌情绪蔓延，加速风险传染。对于杠杆交易行为，应当合理监管；对于场外配资，尤其是不受监管、不可控的杠杆资金，更应加强审核和监管，提高市场准入门槛。对于部分投机活跃的资产标的，应采取适当方法降低投资者资金杠杆，如提高保证金比率等。对于杠杆交易引致的股价暴跌风险以及机构投资者规避行为，后续研究可从融资融券活动的活跃度、机构投资者的羊群行为，以及分析师行为等角度做进一步深入探讨。

（整理、复核：侯伟相）

中国 P2P 借贷利率与逾期行为研究*

——基于 A 网贷平台数据追踪的实证检验

于瑾　杨泽锋

P2P（Peer to Peer）借贷模式主要就是依托互联网技术和计算机技术，能够以金融脱煤形式实施个人借贷行为。P2P 摆脱了传统借贷中必须以金融机构作为中介的借贷模式。

P2P 借贷模式之所以快速发展，主要原因如下：第一，我国人口多，各种理财项目需求众多；第二，互联网技术的快速发展、普遍应用，能够更好地控制风险；第三，门槛要求低，没有特殊监管。P2P 借贷平台除具备上述外部环境优势外，还有着自身因素：P2P 借贷平台中的出借人和借款人等对 P2P 借款平台的发展具有重要影响。

一、文献回顾

从实证结果角度进行研究。徐二明、谢广营（2016）利用实证分析得知，在对借贷收益和出借人意见影响因素主要包括第三方信用度和中介信用度，此外还有个人信用度也具有显著影响。周菁、赵子健、赵旭（2016）针对 A 网贷平台相关数据进行多元线性回归分析得知，若借款者所进行的借贷成功次数多，那么借贷者的信用度越高，所进行的资金投入也越多，因此在当地市场经济条件下，所能够获得借款的概率自然越高。

从 P2P 借贷模式角度进行研究。廖理等（2014）提出作为 P2P 借贷平台的中介机构在我国经济市场中生存发展空间小，目前所面临的两个重要问题就是风险控制和交易规模，因此必须要结合本地经济市场实施创新，且要有

* 资料来源：《广西大学学报（哲学社会科学版）》2018 年第 40（1）期，第 62－68 页。

针对性。谈超（2014）提出，线上线下模式的借贷平台经历了“倒闭潮”现象，从2011年开始，以网络为平台对借款者实施线上和线下借贷模式在我国经济市场中快速发展。

二、模型构建与数据收集

通过借鉴前人研究成果和廖理等（2014）、徐二明等（2016）等研究模型和经验，本文将从两个角度实施研究：（1）P2P 借贷平台中借款者行为对收益率主要的影响因素和 P2P 平台本身对融资利率产生的影响因素；（2）对 P2P 网贷平台中出现的逾期实施特征分析。本文研究中主要模型选择 OLS 多元线性回归模型和 Logistic 模型。

（一）理论假设

1. P2P 网贷对融资利率产生的影响因素

基于网络借贷平台会影响融资利率，本文进行相应的假设，详见表1所示。

表1　关于 P2P 借贷平台对平台融资利率的假设

假设	内　容	假设依据
H1	平台的成交量越大，平台的平均年化收益率越低	平台的成交量越大说明平台的规模越大，出借人对平台的认可度较高，能够接受较低的年化收益率的补偿
H2	平台透明度越高，平台的平均年化收益率越低	平台透明度越高，说明平台的借款项目质量越高，出借人能够接受较低的年化收益率
H3	平台出借人资金分散度越高，平台的平均年化收益率越低	平台资金分散程度越高，说明平台的风险控制做得很好，理性的出借人能够接受风险小、收益低的借款项目
H4	平台的资金流动性越强，平台的平均年化收益率越低	平台的流动性越强，说明平台的短期借款较多，平均年化收益率会略低

2. P2P 网络借贷中逾期行为分析

逾期行为在借贷关系中为普遍存在的行为，本文对逾期行为做出如表2所示的假设。

表2　逾期行为的假设

假设	内　容	假设依据
H1	借款金额、借款利率、借款期限与逾期发生概率正相关	借款金额越少、利率越低、期限越短，借款人的还款压力就越小，逾期行为发生的概率也越小

续表

假设	内 容	假设依据
H2	男性借款者的逾期率高于女性	男性比较愿意去尝试高风险的事情，逾期的可能性更大
H3	年龄与逾期发生的概率负相关	年龄越大的人越稳重，逾期的情况较之于年轻人会好一些
H4	未婚借款者的逾期率高于已婚借款者	未婚借款者还款来源相对而言比较不稳定，逾期发生的可能性会较大
H5	借款者的收入与逾期发生的概率负相关	借款人收入越高，还款保障越强，逾期发生的可能性越小
H6	借款者的信用等级与逾期发生的概率负相关	借款人信用等级越高，资质越好，逾期发生的可能性就越小

（二）数据来源

本文的实证数据来自 A 网贷网站 2014 年 1 月 1 日－2017 年 6 月 30 日的交易数据，共抓取 232 854 条有效数据，在对数据进行分类并剔除无用数据后，本文所使用的数据共有 885 643 条数据；同时，对第三方网贷平台的数据进行记录，对其年度评级分数求均值，然后对各大平台进行比较。为使方程能够更好地回归，本文先对 A 网贷平台上所抓取的数据做如表 3 赋值处理：

表 3　　投资行为研究变量赋值释意

指标变量	变量	变量的取值定义
借款信息变量（L_i）	认证方式（Certification）	“机构担保标”赋值为 3；“实地认证标”赋值为 2；“信用认证标”赋值为 1
	借款金额（Amount）	借款金额按以下分类赋值：（0，10 000]、（10 000，50 000]、（50 000，100 000]、（100 000，+∞）为 1、2、3、4、
	借款期限（Time）	借款期限按 1－12 个月、12－18 个月、18－24 个月、24 个月以上分别赋值为 1、2、3、4
	借款利率（Rate）	借款年利率按 0%－12%、12%－15%、15%－20%、20%及以上分别赋值为 1、2、3、4
用户信息变量（D_i）	年龄（Age）	年龄段按照 20 岁以下、20－30 岁、30－40 岁、40－50 岁、50 以上分别赋值为 1、2、3、4、5
	性别（Gender）	“男性”赋值为 2；“女性”赋值为 1
	婚姻状况（Marriage）	“丧偶”赋值为 4；“离异”赋值为 3；“已婚”赋值为 1；“未婚”赋值为 0
	房产（House）	有房赋值为 1；无房赋值为 0
	车产（Car）	有车赋值为 1；无车赋值为 0
	学历（Education）	大专/高中以下赋值为 1；本科赋值为 2；研究生及以上赋值为 3

续表

指标变量	变量	变量的取值定义
用户信息变量（D_i）	收入情况－月薪（Income）	收入按照（0，2 000]、(2 000，5 000]、(5 000，10 000]、(10 000，20 000]、(20 000，50 000]、(50 000，+∞）分别赋值为 1、2、3、4、5、6
信用变量（C_i）	信用等级（Credit）	信用等级按照 A、B、C、D、E、HR 分别赋值为 6、5、4、3、2、1
	逾期比率＝逾期次数/申请借款笔数（OverdueR）	0%，1%－99%，100%分别赋值为 0，1，2
	已清偿比率＝已清偿笔数/申请借款笔数（PayoffR）	0%，1%－99%，100%分别赋值为 0，1，2
	成功借款比率＝成功借款笔数/申请借款笔数（SuccessR）	0%－10%，10%－20%，20%－30%，30%－40%，40%－50%，50%－60%，60%－70%，70%－80%，80%－90%，90%－100%分别赋值为 1，2，3，4，5，6，7，8，9，10

研究 P2P 借贷平台对借款利率影响时，所使用变量及其赋值如表 4 所示。

表 4　研究 P2P 网络借贷平台对融资利率影响所需要的变量

因变量	自变量	赋值
平台平均综合年化收益率（Y_1）	平台的人气指数（Popularity）	按评分 0－10、10－20、20－30、30－40、40－50、50－60、60－70、70－80、80－90、90－100 分别赋值为 1、2、3、4、5、6、7、8、9、10
	平台成交量指数（Number）	
	平台的分散程度（Separation）	
	平台的流动程度（Liquility）	
	平台的透明程度（Public information）	

三、P2P 网贷平台对融资利率和逾期行为的影响因素分解

（一）融资利率的影响因素变量选择与检验

表 5　研究 P2P 网络借贷平台对融资利率影响所需要的变量

因变量	自变量
平台平均综合年化收益率（Y_1）	平台的人气指数（Popularity）
	平台成交量指数（Number）
	平台的分散程度（Separation）
	平台的流动程度（Liquility）
	平台的透明程度（Public information）

在研究该行为问题的时候，我们构建模型如下：

$$Y_1 = \beta_0 + \beta_1 P + \beta_2 N + \beta_3 S + \beta_4 L + \beta_5 PI + \varepsilon$$

其中，P、N、S、L、PI 分别表示上表列出的解释变量，β_i 为系数，ε 为由其他原因引起平台平均综合收益率变动的误差项。采用逐步分析法得出的结论如下：

表 6　　模型摘要（平台）

R	R 平方	调整后 R 平方	Durbin – Watson
.877[e]	.854	.868	2.024

调整后的 R 平方为 0.868，说明模型中自变量对因变量的解释力度为 86.8%。Durbin – watson 值为 2.024，该值接近 2，说明模型的残差不存在自相关性。

表 7　　方差分析表（平台）

模型		平方和	平均值平方	F	显著性
	回归	563.668	343.436	333.834	.333
	残差	36.333	.636		
	总计	588.333			

由上表可知，模型的回归拟合很好。

经过逐步回归法，被方程回归所接受的变量及其系数如表 8 所示。

表 8　　方程系数（平台）

模型		非标准化系数		标准化系数	T	显著性
		B	标准错误	Beta		
	透明度	.433	.388	.563	4.334	.333
	流动性	.333	.364	.433	3.484	.333
	分散度	.383	.383	.438	3.568	.333
	成交	– .333	.363	– .383	– 3.838	.336

通过分析第三方发布的指标，得知具有显著影响的变量如下：

1. 透明度。当系数为正，该平台具有很好的透明度，平台所公布的借款人收益率也能够被更多人所相信。

2. 流动性。当系数为正时，该平台具有更高的流动性，借款效率更高。

3. 分散度。当该系数为正时，该平台具有较高的分散度，其借款率相应较高。

4. 成交量。当该系数为负时，该平台具有更大的交易量，平台具有更低的平均利率。

根据上文中实证分析可以得知，上述表 1 所进行的融资利率假设，H1 假设得到赞同，但是 H2、H3、H4 假设却被否定。对这四个假设进行分析，H1 假设：平台若具有更大的成交量，那么出借人进行的资金投资越多，借款人相应地更易得到借款资金，因此平台回报率较低；H2 假设：平台具有很好的透明度，平台所公布的借款人收益率也能够被更多人所相信，那么出借人将更倾向于回报率更高的项目进行投资，进而一定条件下促进了必要收益率的增加；H3 假设：平台具有更高的分散度，那么就该平台将风险进行分散后，会使得借款人更多倾向于高利率平台；H4 假设：平台具有更高的流动性，则会出现更多的债权转让现象，出借人会选择高收益率的项目。

（二）逾期行为特征分析的变量选择与实证检验

P2P 网贷平台本质上就是实现借款者和出借者对资金需求的匹配，因此必然存在预期行为风险。预期行为风险主要变量详见表 9。

表 9　　研究借款者的逾期行为所需要的变量

因变量名	自变量名			
	借款信息变量（Loan）	用户信息变量（Demographic）		信用变量（Credit）
借款人是否逾期 Y_1	借款金额（Amount）	年龄（Age）	婚姻状况（Marriage）	信用等级（Credit）
	借款期限（Time）	性别（Gender）	有无房产（House）	逾期比例（$OverdueR_2$）
	借款利率（Rate）	学历（Education）	有无房贷（HouseL）	已还清比率（PayoffR）
	认证方式（Certification）	收入（Income）	有无车产（Car）	已成功比率（SuccessR）

因为对因变量的赋值为 0 和 1，我们同样建立 logistic 回归模型。构建的模型如下：

$$\ln\frac{P(Y_1=1)}{P(Y_1=0)}=b_0+\beta_{1i}L_i+\beta_{2i}D_i+\beta_{3i}C_i+\varepsilon$$

其中，b_0 为在不被任何自变量影响的情况下，因变量逾期和不逾期的事件概率之比的对数值。β_{1i}、β_{2i}、β_{3i} 为相对应的因素改变一个单位时，因变量逾期与不逾期发生概率之比的对数变化值。

表 10　　　　模型系数 Omnibus 测试（逾期）

		卡方	df	显著性
步骤	步骤	773.707	35	.000
	区块	773.707	35	.000
	模型	773.707	35	.000

Omnibus 的零假设是新增变量会增加模型的解释力度。说明变量的模型的每一个系数都显著不为 0。

表 11　　　　分频表（逾期）

观察值			预测值		
			逾期行为		
			0	1	正确百分比
步骤	逾期行为	0	5 960	63	90.7
		1	540	40	6.9
	整体百分比				90.6

在该模型中，出现的解释比为 90.7%。然而，该模型在进行预期行为分析程度仅仅为 6.9%，而且对没有发生预期行为的借贷平台解释比高达 90.6%。引起这种现象的主要原因是由于在成功借款中不存在预期行为的案例高达 91%，出现逾期行为的借款项目样本比例仅仅为 8%，逾期样本数量过少。

表 12 方程系数（逾期）

		B	显著性	Exp（B）
	Amount	–.407	.000***	.777
	Rate	.357	.000***	1.431
	Time	–.310	.000***	.711
	Gender	.377	.077**	1.307
	Income	.333	.000***	1.347
	Age	–.039	.517	.971
	House	.091	.417	1.097
	Education	–.410	.000***	.774
	HouseL	–.411	.007*	.773
	Car	–.137	.317	.771
	Marriage	.335	.007*	1.375
	CarL	–.331	.333	.703
	Credit	.347	.004**	1.379
	PayoffR	1.337	.000***	3.447
	SucceseR	.179	.000***	1.197
	常数	–4.195	.000***	.015

注：*显著性水平为 0.1，**显著性水平为 0.05，***显著性水平为 0.01。

显著的变量及分析如表13所示：

表 13 显著性变量的分析说明（逾期）

变量	系数	说　明
Amount（借款金额）	–0.406***	系数为负，说明借款金额越大，借款人逾期的可能性越小
Rate（借款利率）	0.375***	系数为正，说明借款利率越低，借款人逾期的可能性越小
Time（借款期限）	–0.31***	系数为负，说明借款期限越长，借款人逾期的可能性越小
Gender（性别）	0.367***	系数为正，说明女性与男性相比，逾期的可能性更小
Income（收入）	0.333***	系数为正，说明在 A 网贷网站上，收入较低的人，逾期的可能性较小
Education（学历）	–0.410***	系数为负，说明学历越高的人，逾期的可能性越小
HouseL（房贷）	–0.411***	系数为负，说明有房贷的借款人逾期的可能性更大
Marriage（婚姻）	0.335***	系数为正，说明未婚的借款人逾期的可能性更小
Credit（信用等级）	0.346***	系数为正，说明信用等级低的借款者发生逾期的可能性较小，这主要是因为评级为 HR（赋值为 1）的借款者大多是第一次借款没有逾期行为记录

续表

变量	系数	说　明
PayoffR（已清偿比率）	1.337***	系数为正，但不具备参考性。实际上清偿比率为 0 的借款人占比为 92%，对结果有一定的误导，清偿比率 1－99%、100% 的逾期率分别为 36%、16%
SucessR（借款成功比率）	0.169***	系数为正，但不具参考性。实际上借款成功率在 50－70%的借款人，由于样本量较少呈现出逾期率上升的趋势

通过上文进行实证分析，进而对表 2 所制定的逾期行为假设进行检验，得出：H1 假设是被赞同的，H2 假设被赞同，H4 和 H5 假设则被否定，H6 假设没有被证实。

四、结论与建议

通过上述内容的实证分析和检验，并对影响 P2P 网贷平台的影响因素分析，本文得出以下总结。

1. P2P 网络平台对融资利率的影响

使用多元线性回归模型进行实证分析，得知在影响融资利率各项因素中，收益率与分散度、流动性、透明度等指标因素呈现正相关性，但是与成交量呈现负相关性。该结论与市场经济实际检验具有差异，反映了我国经济市场中 P2P 平台存在不规范性，因此 P2P 网贷平台中所标明的年化收益率并不合理。

为此，本文结合我国市场中 P2P 平台不规范现象，提出相应的改进措施和建议。

（1）要完善对 P2P 监管体系。对 P2P 平台实施监管需要银监会和央行共同实施，原因如下：（一）我国经济市场中，只有央行才能实现对征信体系的监管；（二）P2P 网贷平台中借贷行为需要第三方机构进行参与，央行要重视对第三方机构实施监管；（三）央行要加大对 P2P 平台中的违法行为的惩罚力度；四，银行中实施的信贷业务主要是由银监会进行监管，因此银监会应当复制央行对 P2P 平台的监管措施。

（2）P2P 平台要保证所有节点信息的绝对真实。

2. P2P 借贷平台逾期行为

研究发现在 P2P 平台中对发生逾期行为重要的影响因素为有无房贷

（HouseL）、借款人成功率（SuccessR）、借款人经济条件和收入（Income）、信用等级（Credit）、借款金额（Amount）、借款人性别（Gender）、利率（Rate）、期限（Time）、借款偿还比例（PayoffR）、教育程度（Education）。从借款人个人角度分析，出现借款逾期行为概率中，女性相对于男性来说较低，高教育程度个体相对于低教育程度来说更低。

对于出借人来说，应当重点针对上述因素进行分析，一旦发现借款者存在逾期行为风险，则要慎重考虑该项目投资，出借人可通过实施资金的分散性投资，来降低各种借款逾期风险。

P2P 平台也要重视分析所有借款项目逾期行为影响因素，并对高逾期风险的项目，按照一定比例相应增加其风险金额，做好风险补偿工作。

（整理、复核：杨泽锋）

重仓家族重仓股与基金业绩、净值暴跌风险*

——基于股票型基金的研究

于瑾　侯伟相　江萍

一、引言

在中国，不少基金公司有持续稳定的重仓持股偏好。

《证券投资基金运作管理办法》第三十一条规定：一只基金持有一家上市公司的股票，其市值不得超过基金资产净值的百分之十；同一基金管理人管理的全部基金持有一家公司发行的证券，不得超过该证券的百分之十。这便是公募投资领域著名的双十规定，由于后者计算基数是股票总股本，非流通盘，在我国特殊国情下，不少股票非全流通，即使全流通，不少股票的流通盘也被不同性质的大股东持有，这大大降低了股票真正意义上的流通盘占总股本比例，这也为基金集中控盘某些股票带来了潜在机会。

本文创新之处体现在以下几个方面：第一，引入了“基金——重仓股——基金家族重仓股”关系对，重仓本、外基金家族重仓股的基金（特殊基金[2]）等概念，从基金个体层面研究重仓本、外家族重仓股对基金业绩、净值暴跌风险的影响，并从基金择时、择股能力的视角予以解释；以往研究关注于基金规模、费率结构、资金流入、历史业绩、基金公司特征等因素，鲜有文献关注重仓家族重仓股对基金业绩的影响，因此本文研究也丰富了影响基金业绩因素的文献。第二，本文创新性地提出了基金净值暴跌风险的概念，量化

---

* 资料来源：《经济评论》2018 年第 1 期，第 150－166 页。

诺贝尔经济学奖得主罗伯特 • 默顿将其收录为麻省理工学院教学材料。

① 为表述方便，特殊基金代指重仓本、外家族重仓股的基金，基金家族特殊股票代指基金家族重仓的股票，详见变量定义表格 1，基金家族重仓股是指基金家族持有该股票数量超过该股票当期流通盘的 10% 的股票。

并研究了重仓本、外家族重仓股对基金净值暴跌风险的影响；以往关于暴跌风险的研究主要关注股价暴跌风险，本文将暴跌风险和基金研究相结合，为基金研究扩展了新领域。此外，本文研究结论对于规范基金投资行为，加强基金监管提供了依据和支撑，也为基金监管提供了合理可行建议。

二、数据、变量与研究方法

（一）基金重仓本、外家族重仓股与基金业绩

1. 变量定义

本文定义的基金家族为：基金管理公司当期旗下所有的主动型开放式股票类基金，包括：普通股票型基金、偏股混合型基金、灵活配置型基金、平衡混合型基金；不含指数类、债券类、货币类基金以及 QDII 基金。本文先定义"基金——重仓股——家族重仓股"关系对，进而识别出股票型基金重仓本、外家族重仓股的行为。该关系对的成立须基金重仓股恰好是某基金家族的重仓股，这种"基金——股票——基金家族"三者之间的关系是以重仓股为桥梁，前者须基金 5%以上的持仓净值占比，后者须基金家族控盘 10%以上流通盘①。

表 1　　重仓本、外家族重仓股关系定义方法

时间	基金	重仓股	基金家族重仓股	special fund1	special stock1	special fund2	special stock2
200501	$fund_1$	$stock_i$	本家族 domesticfamily	1	1	1	2
200501	$fund_1$	$stock_j$	外家族 1 $foreignfamily_i$	1	1	1	2
200501	$fund_1$	$stock_j$	外家族 2 $foreignfamily_j$	1	1	1	2
200501	$fund_2$	$stock_j$	外家族 1 $foreignfamily_i$	0	0	1	2
200501	$fund_2$	$stock_k$	外家族 2 $foreignfamily_j$	0	0	1	2
200502	$fund_3$	……	……	……	……	……	……
……	……	……	……	……	……	……	……

① 根据双十规定，本文选取 5%作为基金的重仓标准，总流通股本的 10%作为基金家族的重仓标准。

如图 1 所示，集合 A 代表基金家族 A 当期持有的重仓股，集合 C 代表同期由其他基金家族持有的重仓股，二者的并集就是市场上被各基金家族持有并看好的全部重仓股，定义为集合 S。若不把基金家族重仓持股行为视为“坐庄”，即这些股票是基金家族看好的股票，则集合 S 是被各基金家族看好的股票集合。

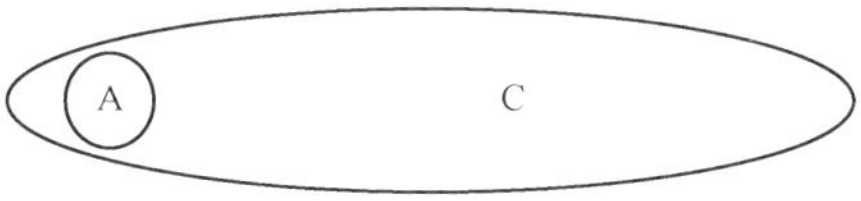

图 1　基金重仓持股示意图

集合 C 代表了除 A 以外的其他家族整体看好的股票，与集合 C 相比，集合 A 仅是基金家族 A 自己看好的股票，未必是被大家整体看好的股票，而集合 C 是除 A 以外为其他基金家族看好的股票，其范围更广，更有代表性。若用投资“选美理论”[①]解释，集合 A 是仅仅被本家族看好的股票，集合 C 可认为是被大家共同看好的股票。投资往往不是选那些你看好的标的，而是选择那些被大家都看好的投资标的，然而被大家都看好的标的也会有较大风险，尤其当公募基金面临较大赎回压力时[②]。

表 2　　基金业绩、重仓家族重仓股等变量定义

变量类型	变量名称	变量定义（频率：基金—半年）
基金业绩	alpha_ff3	Fama_French 三因子日超额收益率，市值加权，%
	alpha_carhart4	Carhart 四因子日超额收益率，市值加权，%
	alpha_capm	Capm 日超额收益率，市值加权，%
基金择股能力	stock_hm	基金择股能力，HM 模型
	stock_tm	基金择股能力，TM 模型
基金择时能力	time_hm	基金择时能力，HM 模型
	time_tm	基金择时能力，TM 模型
重仓本、外基金家族重仓股的基金	special_fund1	哑变量，特殊基金 1，基金当期是否拥有重仓本家族重仓股关系对
	special_stock1	基金当期拥有重仓本家族重仓股关系对的数量
	special_fund2	哑变量，特殊基金 2，基金当期是否拥有重仓外家族重仓股关系对
	special_stock2	基金当期拥有重仓外家族重仓股关系对的数量

① 投资中往往不是选择那些你看好的投资标的，而是要选择那些大家都看好的标的。

② 股票投资里，人多的地方极易踩踏，如 2015 年上半年的惨痛案例——中国中车。

续表

变量类型	变量名称	变量定义（频率：基金—半年）
基金层面控制变量	HHI_stock	基金当期持股集中度的赫芬达尔指数
	manage_fee	基金收取的管理费率，%
	fund_age	基金年龄，具体计算方法是用每期（半年）的截止日期减去基金成立日期后除 365，刻画基金知名度
	sum_flow	基金当期资金净流入，十亿元，参见 Dahlquist 和 Engstrom et al.（2000）：$sum\_flow_{i,t} = TNA_{i,t} - TNA_{i,t-1} * \frac{NAV_{i,t}}{NAV_{i,t-1}}$，其中：$TNA_{i,t}$ 是基金 i 在 t 期的净资产总额，$NAV_{i,t}$ 是基金 i 在 t 期的单位复权净值
	fee_total	基金费率结构，%。基金的首次认购费率、前后端申购费率和赎回费率之和。对于分段收费的，取各段费率的平均值作为该费率的水平
	avg_tenure	基金经理任职平均年限：$avg\_tenure_{i,t} = \frac{\sum_{j=1}^{n} tenure_{i,j,t}}{n}$，$tenure_{i,j,t}$ 是基金 i 的第 j 个基金经理在 t 期的任职时间，n 是基金 i 当期拥有的基金经理数量，反映基金经理投资经验
	size	基金当期规模：$size_{i,t} = \ln(TNA_{i,t})$，$TNA_{i,t}$ 是基金 i 在 t 期的净资产总额
基金公司层面控制变量	fund_total	基金所在的基金公司当期旗下各类基金数量总和。衡量基金所在公司实力
	HHI_ownership	基金所在基金公司当期的股权集中度，衡量基金公司治理水平
	investbank_percent	基金所在基金公司当期的股权结构里证券公司持股比例之和，%
	commercial_percent	基金所在基金公司当期的股权结构里商业银行持股比例之和，%
	joint_venture	哑变量，基金所在基金公司当期是否有外资参股，若有，则为 1，否则为 0

三、实证结果分析

（一）重仓家族重仓股与基金业绩

表 3 汇报了变量的描述性统计结果，可知我国开放式股票型基金日超额回报率的均值为正，但各日超额回报率的方差较大，反映出我国股票型基金总体投资水平尚可，但个体间业绩差异较大。基金家族里重仓本家族重仓股的股票型基金（特殊基金 1）占比较低，均值为 10.3%，基金家族里重仓外家族重仓股的股票型基金占比（特殊基金 2）略高，均值为 14.9%。特殊基金 1 拥有的重仓本家族重仓股关系对数量均值为 1.35（0.139/0.103），特殊基金 2 拥有的重仓外家族重仓股关系对数量均值为 1.46（0.218/0.149），比前者高 8%。另外均值结果显示，样本内基金有一定择时能力，择股能力均值为

负，但是二者标准差均较大，这也反映出样本内基金个体间的择时、择股能力差异很大。

表 3 股票型基金重仓本家族重仓股与基金业绩

	(1)	(2)	(3)	(4)	(5)	(6)
Y = alpha	alpha_ff3	alpha_carhart4	alpha_capm	alpha_ff3	alpha_carhart4	alpha_capm
specialstock1				0.001 6*	0.001 5	0.010 1***
				(1.649)	(1.367)	(10.437)
specialfund1	−0.000 2	−0.000 1	0.015 0***			
	(−0.151)	(−0.068)	(14.806)			
控制变量和时间效应	YES	YES	YES	YES	YES	YES
Constant	−0.029 5**	−0.037 2***	0.027 4*	−0.030 0**	−0.036 8***	0.032 3**
	(−2.290)	(−2.780)	(1.796)	(−2.309)	(−2.756)	(2.103)
Observations	4 434	4 434	4 434	4 434	4 434	4 434
N of fund	404	404	404	404	404	404
chi2	14 796	40 871	23 208	15 004	24 520	19 827

注：（1） ***，**，* 分别表示在 1%，5%，10%水平上显著；（2）括号里是 Z 值。篇幅限制，控制变量结果未报告，下同。

表 4 重仓外家族重仓股对基金业绩的影响

	(1)	(2)	(3)	(4)	(5)	(6)
Y = alpha	alpha_ff3	alpha_carhart4	alpha_capm	alpha_ff3	alpha_carhart4	alpha_capm
specialstock2				0.002 1***	0.002 0**	0.004 8***
				（3.286）	（2.294）	（6.081）
specialfund2	0.003 0**	0.002 5*	0.004 6***			
	(2.075)	(1.873)	(2.904)			
控制变量和时间效应	YES	YES	YES	YES	YES	YES
Constant	−0.027 1**	−0.047 9***	0.024 8	−0.033 8***	−0.043 5***	0.021 4
	(−1.964)	(−3.405)	(1.459)	(−2.597)	(−3.202)	(1.284)
Observations	4 434	4 434	4 434	4 434	4 434	4 434
N of fund	404	404	404	404	404	404
chi2	16 516	10 632	15 248	15 587	13 284	24 156

表 5　　重仓本、外家族重仓股与基金业绩

	(1)	(2)	(3)	(4)	(5)	(6)
Y = alpha	alpha_ff3	alpha_carhart4	alpha_capm	alpha_ff3	alpha_carhart4	alpha_capm
specialfund1	0.001 4	−0.000 6	0.014 5***			
	(1.001)	(−0.507)	(14.287)			
specialstock1				0.001 1	0.001 0	0.009 4***
				(1.102)	(0.918)	(9.708)
specialfund2	0.002 6*	0.002 5*	0.002 3**	0.002 9*	0.002 1	0.002 5**
	(1.712)	(1.869)	(2.094)	(1.836)	(1.498)	(2.278)
控制变量和时间效应	YES	YES	YES	YES	YES	YES
Constant	−0.026 9*	−0.049 1***	0.027 6*	−0.027 1*	−0.048 6***	0.033 1**
	(−1.958)	(−3.457)	(1.803)	(−1.955)	(−3.428)	(2.152)
Observations	4 434	4 434	4 434	4 434	4 434	4 434
N of fund	404	404	404	404	404	404
chi2	15 570	10 802	21 391	14 969	9 161	15 287

表 6　　重仓家族重仓股与基金择时择股能力

	(1)	(2)	(3)	(4)	(5)	(6)	(7)	(8)
Y = time/stock	stock_hm	time_hm	stock_tm	time_tm	stock_hm	time_hm	stock_tm	time_tm
specialfund1	0.035 1***	−4.953 4***	0.027 7***	−101.571 9***				
	(16.387)	(−11.329)	(20.225)	(−17.885)				
specialfund2					0.016 5***	−1.730 5***	0.011 0***	−27.861 2***
					(6.713)	(−4.002)	(6.216)	(−4.565)
控制变量和时间效应	YES	YES	YES	YES	YES	YES	YES	YES
Constant	−0.142 7***	24.842 5***	−0.062 8***	408.586 4***	−0.140 7***	22.067 9***	−0.060 8**	418.348 9***
	(−3.508)	(4.647)	(−2.703)	(5.033)	(−3.457)	(3.993)	(−2.535)	(5.840)
Observations	4 434	4 434	4 434	4 434	4 434	4 434	4 434	4 434
N of fund	404	404	404	404	404	404	404	404
chi2	7 636	9 879	10 426	13 125	6 164	9 934	7 464	10 846

注：因篇幅限制，控制变量结果未展示，下同。

实证结果显示：重仓本、外家族重仓股均可使基金获得超市场收益（alpha_capm），但重仓本家族重仓股可获得更多的超市场收益，重仓外基金家族重仓股的基金还可获得其他超额收益（alpha_ff3 和 alpha_carhart4）；相比于没有重仓本、外基金家族重仓股的基金，重仓本、外基金家族重仓股的基金均具备一定的择股能力，但择时能力均较差，与重仓外家族重仓股相比，重仓本家族重仓股的基金择时能力更差。对于其他控制变量的回归结果，和以往文献发现一致：基金年龄对基金业绩有显著的负向影响，基金持仓集中度、资金净流入、基金经理平均任职年限、基金所在家族实力、基金所在公司股权集中度对基金业绩有显著正向影响。以上主要是探究重仓本、外基金家族重仓股对基金业绩的影响，下面将继续探究重仓基金家族重仓股对基金净值暴跌风险的影响。

（二）重仓家族重仓股与基金净值暴跌风险

表 7　　重仓本家族重仓股与基金净值暴跌风险

	(1)	(2)	(3)	(4)
Y = crash	ncskew	ncskew	duvol	duvol
mean_Specialfund1	0.028 0***		0.037 4***	
	(3.315)		(5.989)	
mean_Specialstock1		0.029 7***		0.031 5***
		(6.877)		(6.814)
控制变量和时间效应	YES	YES	YES	YES
Constant	1.388 8***	1.371 4***	1.425 3***	1.362 5***
	(13.054)	(13.976)	(11.036)	(11.129)
Observations	2 356	2 356	2 356	2 356
N of fund	394	394	394	394
chi2	36 424	490 900	97 137	49 731

表 8　　重仓本、外家族重仓股与基金净值暴跌风险

	(1)	(2)	(3)	(4)	(5)	(6)	(7)	(8)
Y = crash	ncskew	ncskew	duvol	duvol	ncskew	ncskew	duvol	duvol
mean_specialstock1					0.013 8**		−0.005 3	
					(2.408)		(−0.584)	
mean_specialfund1						−0.003 0		−0.016 0
						(−0.265)		(−1.328)

续表

	(1)	(2)	(3)	(4)	(5)	(6)	(7)	(8)
mean_specialstock2	0.059 0***		0.060 6***		0.056 8***		0.066 4***	
	(25.919)		(10.847)		(12.017)		(10.143)	
mean_specialfund2		0.110 9***		0.102 5***		0.116 8***		0.110 0***
		(26.139)		(10.717)		(10.859)		(8.887)
控制变量和时间效应	YES	YES	YES	YES	YES	YES	YES	YES
Constant	1.306 6***	1.321 1***	1.378 3***	1.369 3***	1.327 0***	1.308 2***	0.000 0	1.348 3***
	(13.203)	(13.019)	(11.151)	(10.435)	(13.130)	(11.052)	(.)	(10.026)
Observations	2 356	2 356	2 356	2 356	2 356	2 356	2 356	2 356
N of fund	394	394	394	394	394	394	394	394
chi2	553 511	480 900	49 102	54 418	380 451	36 628	26 079	38 138

结果显示重仓外家族重仓股显著增加了基金净值暴跌风险（经济意义上大于重仓本家族重仓股带来的净值暴跌风险），且当基金拥有的重仓外家族重仓股关系对数量越多时，基金净值暴跌风险越大。当考虑到重仓外家族重仓股带来的净值暴跌风险时，重仓本家族重仓股带来的净值暴跌风险不再稳健一致，这与投资常识相一致，基金重仓股往往估值偏高，被高估的股票理论上均存在被做空的风险；在股票市场里，人多的地方虽好，但要承担一定代价——人多的地方容易踩踏。重仓外基金家族重仓股可带来一定的超额收益，但也面临相应的风险，开放式股票型基金往往需要面对基民赎回压力，尤其当市场行情不好时，基民赎回压力瞬间增加，为筹集备付金，基金常常会把重仓股卖出，然而这只是多米诺骨牌的第一块，基民大幅赎回引致基金砸盘，被基金重仓持有的股票往往是你中有我、我中有你，各个基金家族因通过交叉持有一些重仓股而建立起了一种风险传染机制（肖欣荣等；2012），为应对基民赎回压力基金不得不卖出重仓股，这种避险行为引发基金囚徒困境，恐慌情绪在各基金间传染，基金个体理性往往造成整体的非理性，基金重仓股暴跌，继而引发基金净值暴跌①，此外当基金重仓外家族重仓股时，不同家族的基金意见分歧可能更大，更容易触发股价暴跌的连锁反应②。由于本基金家

① 今日暴跌的幕后推手.（2016-12-12）. http：//www.sohu.com/a/121384860_143343.

② Hong 和 Stein（2003）发现，投资者的异质信念是导致股价崩盘的重要原因。

族集体持股可以抱团取暖，减少内部意见分歧，一定程度上降低了基金净值暴跌风险，当同时考虑基金重仓了本、外家族重仓股时，即使重仓了本家族重仓股，由于是自己家族的内部利益和家族内部协同保护，重仓本基金家族重仓股对基金净值暴跌风险的影响不再稳健一致，仅在其过多重仓本家族重仓股时才有一定的净值暴跌风险。综上所述，重仓本、外家族重仓股均可使基金获得超市场收益（alpha_capm），重仓外基金家族重仓股的基金还可获得其他超额收益（alpha_ff3和alpha_carhart4）；相比于没有重仓本、外基金家族重仓股的基金，重仓本、外基金家族重仓股的基金具备一定的择股能力，较差的择时能力。重仓本、外基金家族重仓股均会增加基金净值暴跌风险，重仓外家族重仓股带来的净值暴跌风险更大，这主要与基金择时能力、基金囚徒困境有关。

五、结论、建议与展望

本文研究表明：重仓本、外基金家族重仓股的基金均可获得显著的超市场收益（alpha_capm），但只有重仓外家族重仓股的基金群体获得了显著的经多风险因子调整后超额收益（alpha_carhart4 和 alpha_ff3），然而这些都增加了基金净值暴跌风险。进一步研究发现，相较于未重仓本、外基金家族重仓股的基金，重仓本、外基金家族重仓股的基金择股能力较好，但择时能力较差，重仓本家族重仓股的基金择时能力更差；重仓本、外家族重仓股均显著增加了基金当期的净值暴跌风险，且当基金重仓外家族重仓股时，其净值暴跌风险更大。因此对于重仓本、外家族重仓股的基金，投资者在制定投资决策时，应理性认识，合理投资。对于基金家族重仓持股的行为，应加大日常管理、监测、监控力度，严控基金公司控盘某些“特殊小盘股”，“双十协定”中的第二个百分之十是一个较大的政策漏洞，易引发某些基金公司利用资金优势控盘某些股票，应当将第二个百分之十的计算基数改为流通盘或真正的可流通盘（为此基金公司持股比例可适当上调）。基金家族内，以及基金家族间重仓持股关系往往可能引发踩踏和囚徒困境下的非理性行为，极端行情下个体的理性往往会造成整体的非理性行为，进而增加系统性风险，对此投资者应适度规避。本文从择时、择股能力的视角解释基金重仓本、外基金家族重仓股与基金业绩、净值暴跌风险的关系，基金择股能力均值和基金择股能力回归结果或存在一定的矛盾性[①]，后续研究可从基金流动性风险的视角继续展开，对于基金净值暴跌风险的影响因素，后续研究可从宏观政策（如货币政策）、行业风险、基金网络关系、基金个体投资行为等层面继续深入研究。

（整理、复核：侯伟相）

① 基金择股能力均值为负，回归结果显示重仓本、外基金家族重仓股的基金有较好的择股能力。

净值家族同步性、主动投资能力与 FOF 策略*

——基于股票型基金的研究

于瑾　侯伟相　江萍

一、概述

本文创新性地引入并量化了基金净值家族同步性的概念，从基金净值家族同步性的视角研究基金个体主动投资管理能力，进一步研究其与基金业绩，择时、择股能力以及净值暴跌风险的关系；基于基金主动投资能力（净值家族同步性）的分析，形成本文的 FOF（Fund of Funds，基金中的基金）投资策略。以往研究往往关注于基金规模、费率结构、资金流入、历史业绩、基金公司特征等因素对基金业绩的影响，未有文献从净值家族同步性视角研究基金个体投资能力对基金业绩的影响；此外，基金净值家族同步性地引入为后续基金主动投资能力研究扩展了新的领域。本文后续安排如下：在第一部分引言的基础上，第二部分回顾相关文献，第三部分是数据、变量定义与研究方法，第四部分是实证结果汇报，第五部分是 FOF 投资策略构建，最后进行总结。

二、数据、变量与研究方法

（一）数据与变量

本文主要解释变量是基金净值家族同步性，未有文献涉及基金净值家族同步性量化计量，本文量化了基金净值家族同步性，这也是本文创新点之一，参考 morck 等（2000），Durnev 等（2003）和张鸣等（2013）的方法，采用如下模型计量基金净值家族同步性：

* 资料来源：《金融学季刊》2018 年第 12（1）期，第 51 – 80 页。
诺贝尔经济学奖得主罗伯特 • 默顿将其收录为麻省理工学院教学材料。

$$R_{i,t}=\alpha_i+\beta_1*R_{m,t}+\varepsilon_{i,t} \tag{1}$$

$$R_{i,t}=\alpha_{i,t}+\beta_1*R_{m,t}+\beta_2*R\_family_{i,t}+\varepsilon_{i,t} \tag{2}$$

其中，$R_{i,t}$ 是基金 i 在第 t 期的日净值复权回报率，$R_{m,t}$ 是全 A 股经流通市值加权后的同期市场收益，$R\_family_{i,t}$ 是基金 i 所在的基金家族同期收益，由基金 i 所在家族各个成员的净值复权回报率加权而成。

$$R_{i,1}^2=1-\frac{RMSE_i^2+RMSE_f^2}{\text{Variance}}=1-\frac{RMSE_i^2+RMSE_f^2}{Systemrisk^2+RMSE_i^2+RMSE_f^2} \tag{3}$$

$$R_{i,2}^2=1-\frac{RMSE_i^2}{Systemrisk^2+RMSE_i^2+RMSE_f^2} \tag{4}$$

$$synch\_family_{i,t}=ln\left(1+R_{i,2,t}^2-R_{i,1,t}^2\right)=ln\left(1+\frac{RMSE_f^2}{Systemrisk^2+RMSE_i^2+RMSE_f^2}\right) \tag{5}$$

$R_{i,1,t}^2$ 是模型（1）中基金 i 在第 t 期回归拟合优度，$R_{i,2,t}^2$ 是模型（2）中基金 i 在第 t 期回归拟合优度，$R_{i,1,t}^2$ 越大，说明基金 i 在 t 期的净值市场同步性越强，其含有的特质信息越少，其净值更多的是跟随市场波动，$R_{i,2,t}^2$ 代表基金 i 的净值波动性被市场和其家族解释的部分。$RMSE_i$ 是回归方程（2）的残差，代表基金个体收益特质波动，$RMSE_i+RMSE_f$ 是回归方程（1）的残差，代表基金个体收益特质波动和基金个体收益随家族收益的波动，$Systemrisk^2$ 是市场波动风险。公式（5）扣除基金净值波动被市场解释的部分，仅留下基金净值波动被家族解释的部分，本文把该部分定义为基金净值家族同步性，即 $\text{synch\_family}_{i,t}$ 是基金 i 在 t 期净值家族同步性。可知 $synch\_family_{i,t}$ 是一个在定义域内，随拟合优度之差增加而增加的单增函数，即拟合优度之差越大，基金净值家族同步性越强，表征基金投资越盲从，越随波逐流，其主动投资能力越差。

表 1　　　　变量定义

变量	变量符号	变量名称与定义
解变变量	*synch_family*	基金净值家族同步性，衡量基金投资能力，具体计算见模型 1 到 5
基金业绩	*alpha_ff3*	基于 Fama_French 三因子模型的基金年内日超额收益率，%
	alpha_carhart4	基于 Carhart 四因子模型的基金年内日超额收益率，%

续表

变量	变量符号	变量名称与定义
净值暴跌风险	*nsckew*	见实证第三部分公式（12）
	duvol	见实证第三部分公式（13）
择股能力	*stock_hm_ff3*	*Fama_French –HM* 模型择股能力，%
	stock_tm_ff3	*Fama_French –TM* 模型择股能力，%
择时能力	*time_hm_ff3*	*Fama_French –HM* 模型择时能力
	time_tm_ff3	*Fama_French –TM* 模型择时能力
基金层面控制变量	*manage_fee*	基金当期收取的管理费率，%
	fee_total	基金当期费率结构：首次认购费率、前后端申购费率和赎回费率之和。对于分段收费的，取各段费率的平均值作为该费率的水平
	avg_tenure	基金经理当期任职平均年限：$avg\_tenure_{i,t}=\frac{\sum_{j=1}^{n}tenure_{i,j,t}}{n}$ $tenure_{i,j,t}$ 是基金 i 的第 j 个基金经理在 t 期的任职时间，n 是基金 i 当期拥有的基金经理数目，反映基金经理的投资经验
	sum_flow	基金当期资金净流入，参见 Dahlquist（2000）定义方法：$sum\_flow_{i,t}=TNA_{i,t}-TNA_{i,t-1}*\frac{NAV_{i,t}}{NAV_{i,t-1}}$，$TNA_{i,t}$ 是基金 i 在 t 期净资产总额，$NAV_{i,t}$ 是基金 i 在 t 期的单位复权净值
	size	基金当期规模，$size_{i,t}=ln(TNA_{i,t})$，$TNA_{i,t}$ 是基金 i 在 t 期的净值产总额
	fund_age	基金年龄，用每期（年）的截止日期减基金成立日期除 365，刻画基金知名度
基金公司层面控制变量	*fund_total*	基金所在基金公司当期旗下各类基金数量总和，衡量基金公司实力
	HHI_ownership	基金所在基金公司当期的股权集中度，衡量基金公司治理水平
	investbank_percent	基金所在基金公司当期的股权结构中证券公司持股比例之和
	commercial_percent	基金所在基金公司当期的股权结构里商业银行持股比例之和
	joint_venture	基金所在公司当期股权结构中是否有外资参股，若有，则置为 1，否则为 0

三、实证结果分析

（一）图表分析

如图 1 所示，股票型基金净值家族同步性表现一定年度差异：在熊市后期（2005，2013）以及大牛市初期（2006，2014），基金净值家族同步性水平整体较高；当市场处于单边下跌的大熊市（2008）以及熊市初期（2011，2012），基金净值家族同步性整体较低，熊市过后的反弹行情（2009）里，基金净值家族同步性也较低。

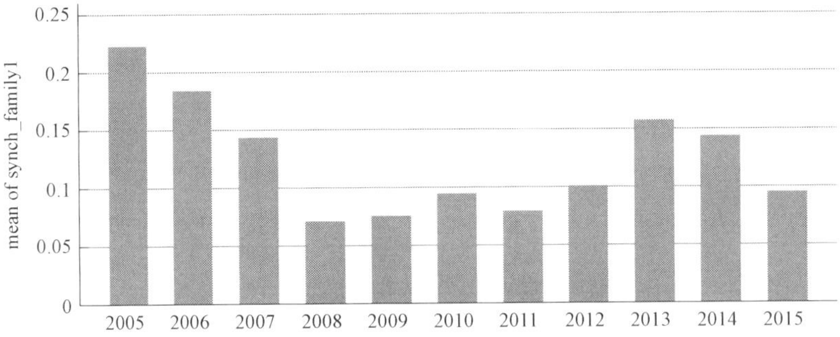

图 1　样本内基金净值家族同步性各年度均值水平

（二）实证结果

表 2　基金净值家族同步性与基金业绩

被解释变量	*alpha_ff3*	*alpha_carhart4*	*alpha_ff3*	*alpha_carhart4*	*alpha_ff3*	*alpha_carhart4*
解释变量	(1)	(2)	(3)	(4)	(5)	(6)
synch_family	$-0.099\ 9^{***}$	$-0.046\ 7^{***}$	$-0.094\ 2^{***}$	$-0.049\ 1^{***}$		
	(−41.435)	(−16.334)	(−28.910)	(−22.723)		
L.synch_family					$-0.087\ 3^{***}$	$-0.052\ 5^{***}$
					(−9.645)	(−6.276)
Constant	$0.053\ 1^{***}$	$0.038\ 7^{***}$	$-0.023\ 8^{***}$	$-0.046\ 0^{***}$	$-0.061\ 4^{**}$	$-0.066\ 3^{**}$
	(8.487)	(6.294)	(−2.964)	(−5.175)	(−2.095)	(−2.425)
控制时间效应	YES	YES	YES	YES	YES	YES
Observations	2 730	2 730	2 730	2 730	2 308	2 308
N of Fund	422	422	422	422	422	422
N of Fundcompany	69	69	69	69	69	69
chi2	23 012	10 527	14 739	104 071	3 412	2 115

注：（1）***，**，* 分别表示在 1%，5%，10%水平上显著；（2）括号里是 z 值，下同。

结果显示，基金净值家族同步性越强，基金当期业绩越差，粗略估计，基金净值家族同步性每提高1%，基金三因子模型的日超额收益降低0.000 9%，年内（240个交易日）超额收益降低0.22%，若按照四因子模型估算，基金净值家族同步性每提高1%，基金年内超额收益降低0.12%。若基金净值家族同步性增加10%，基金年内超额收益降低1.2%—2.2%。由表3第5、6列的回归结果可知，基金上一期的净值家族同步性对基金当期业绩也有较强负向影响，即可通过基金净值家族同步性来预测基金未来业绩①，基金净值家族同步性反映出基金个体主动投资能力的强弱且这种能力具有一定持续性，这为我们构造FOF策略提供了可能。

表 3　　基金净值家族同步性与基金择股能力

被解释变量	*stock_hm_ff3*	*stock_tm_ff3*	*stock_hm_ff3*	*stock_tm_ff3*	*stock_hm_ff3*	*stock_tm_ff3*
解释变量	(1)	(2)	(3)	(4)	(5)	(6)
synch_family	0.003 3	−0.024 1***	0.004 9	−0.021 7***		
	(0.986)	(−7.642)	(1.059)	(−5.212)		
L.synch_family					−0.021 5	−0.035 0***
					(−1.618)	(−3.116)
控制时间效应	YES	YES	YES	YES	YES	YES
Observations	2 730	2 730	2 730	2 730	2 308	2 308
N of Fund	422	422	422	422	422	422
N of Fundcompany	69	69	69	69	69	69
chi2	1.528e+07	17 794	371 771	63 098	6 002	2 980

基金净值家族同步性对基金业绩的主要影响渠道是基金择时能力，即基金净值家族同步性越强，基金择时能力越差，同时基金净值家族同步性与基金择股能力也有一定的负相关性，即基金净值家族同步性越强，代表了基金择时能力很差，其择股能力也较差，即基金整体主动投资管理能力较差。基金净值家族同步性越强，代表基金越依赖家族的庇护和投资资讯，而不是独立自主地投资决策，在投资行为上更多表现为随波逐流。这类投资能力较差的基金虽然标榜自己是主动型基金，但其更多的是依赖基金家族决策，而不

① Amihud 等（2013）用基金收益回归的拟合优度作为衡量基金投资选择能力的标准，本文内在思想与其一致。

是独立投资决策。综合来看，基金家族里主动投资管理能力（择时、择股能力）越差的基金，其净值家族同步性越强，其业绩越差，且这种能力具有一定持续性，其对基金未来业绩、投资能力有较强的预测能力。

表 4 基金净值家族同步性与基金择时能力

被解释变量	*time_hm_ff3*	*time_tm_ff3*	*time_hm_ff3*	*time_tm_ff3*	*time_hm_ff3*	*time_tm_ff3*
解释变量	(1)	(2)	(3)	(4)	(5)	(6)
synch_family	−5.473 1***	−73.859 1***	−5.666 2***	−76.981 5***		
	(−11.099)	(−5.337)	(−5.805)	(−5.360)		
L.synch_family					−7.384 8***	−141.981 9***
					(−4.455)	(−6.855)
Constant	5.084 3***	76.328 8***	−1.037 8	38.651 5	−8.572 6*	−57.974 1
	(3.425)	(4.093)	(−0.239)	(0.660)	(−1.674)	(−1.136)
控制时间效应	YES	YES	YES	YES	YES	YES
Observations	2 730	2 730	2 730	2 730	2 308	2 308
N of Fund	422	422	422	422	386	386
N of Fundcompany	69	69	69	69	69	69
chi2	18 900	8 214	25 433	15 513	6 031	3 417

四、FOF 策略构造与说明

本文FOF策略基本逻辑是在当期选择主动投资能力强的股票型基金，即净值家族同步性弱的基金，同时做空基金净值家族同步性强的基金（多空投资组合），持有一年并观测未来收益（也可只做多前者，不做空后者，比较不同投资组合未来业绩表现）。遵循以上思路，在每期对基金净值家族同步性*synch_family*由低到高进行排序并等分为10组，可知每期的第1分组是同期基金净值家族同步性最低的一组，也是本文认为主动投资能力最强的一组，第10组是同年度里基金净值家族同步性最高的一组，也是本文认为主动投资能力最差的一组。

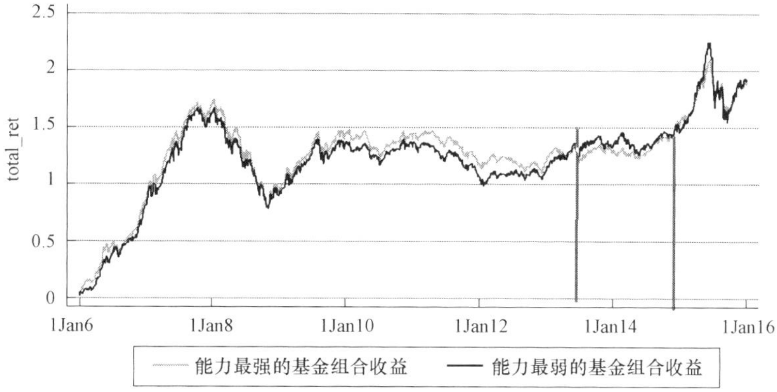

图 2　基金投资组合收益差距

为更直观显示二者业绩差异，本文在每年年末根据基金净值家族同步性对基金进行分组，选出投资能力最强的前百分之十和投资能力最差的前百分之十，每年调整一次投资组合。根据上述组合累计收益，可知 2006 年到 2013 年，能力最强的基金组合收益超过能力最差基金组合收益（2013 年 8 月 – 2014 年 11 月除外），二者差异在牛市中不明显，在熊市中差异很明显（2010 年 1 月 – 2013 年 6 月），投资能力强的基金组合收益比投资能力差的基金业绩高 10% – 15%，二者在牛市里差异并不明显，甚至前者略差于后者。众做周知，在熊市里主动管理能力更显重要，而在牛市里，主动管理导致的过多交易行为反而容易跑输大盘或那些被动管理者，如指数类基金或“类指数”的主动型基金。

五、结论与建议

本文研究了基金净值家族同步性与基金业绩、基金主动投资能力（择时、择股能力）、净值暴跌风险之间的关系。研究发现：基金净值家族同步性与基金当期、未来一期的业绩显著负相关，这主要因为基金净值家族同步性越强的基金，其市场择时能力差，其择股能力也较差；基金净值家族同步性越强的基金，其当期以及未来一期净值暴跌风险也更大；基金净值家族同步性很大程度上反映出基金主动投资能力的强弱，即投资越缺乏特质性，越随波逐流的主动型基金，其投资决策不会对股票有较强选择能力，也不会对市场有很好的择时能力；基金净值家族同步性可作为基金主动投资管理能力的衡量标准，其对基金业绩有很好的预测能力，但是这种预测能力限于 2 年内，其长期预测能力一般。根据基金投资能力的强弱，本文构造了 FOF 策略，获得了较高投资回报，并指出应规避那些投资能力弱（净值家族同步性强）的基金。对于基金净值家族同步性的研究刚起步，本文研究开拓了基金未来研究的新领域，对于其他影响基金净值家族同步性的因素值得继续深入研究，同时本文也为如火如荼的 FOF 投资提供了一个可行的选基策略。

（整理、复核：侯伟相）

基金资产网络关系、投资能力与基金净值暴跌风险*

——基于开放式股票型基金的研究

侯伟相　于瑾

一、引言

本文依据复杂关系网络中心度理论，用基金交叉持股定义基金多值网络关系，从基金网络关系点中心度、中间中心度（Freeman 等 1977，1979）的视角研究基金网络中心度对基金业绩、基金净值暴跌风险的影响，并从基金投资能力（择时、择股能力）的视角解释其中潜在机制或原因。研究发现：越处于基金关系网络核心位置（点中心度越高）的股票型基金，其投资业绩越好，这主要因其拥有良好的择股能力但择时能力一般；越位于网络中介位置（中间中心度越高）的股票型基金业绩也较好，这主要因其较好的择时能力；与中间中心度高的股票型基金相比，点中心度越高的股票型基金更能获得好的投资业绩。进一步研究发现：越位于基金网络核心位置（点中心度越高）的股票型基金，其净值暴跌风险越小；越处于基金网络“中介”位置（中间中心度越高）的股票型基金，其净值暴跌风险越大。本文结论对于基金监管、投资者基金选择具有重要借鉴意义。本文贡献如下：第一，本文研究了基金多值（赋值）关系网络对基金业绩的影响，并从投资能力的视角解释基金网络关系影响基金业绩的潜在机制；第二，本文进一步研究了基金网络关系对基金净值暴跌风险的影响，从风险的视度探究基金网络关系对基金业绩的潜在影响；此外，本文将基金净值暴跌风险、基金多值资产网络关系引入

* 资料来源：《国际金融研究》2018 年第 4 期，第 86－96 页。
诺贝尔经济学奖得主罗伯特·默顿将其收录为麻省理工学院教学材料。

基金研究领域，为未来基金研究拓展了新领域和新方法①。

二、数据、变量与研究方法

（一）基金网络关系与基金业绩、投资能力

（1）变量定义

本文用基金季度公告的前十大重仓股的交叉持股定义基金多值网络关系矩阵，定义如下：

$$\text{fundrelation}_{i,j,\text{t}} = \sum_{s=1}^{N} \min\left(stock_{i,t,s}, stock_{j,t,s}\right)$$

N 指基金 i 和基金 j 在第 t 期交叉持有的股票总数量，$stock_{i,t,s}$ 是基金 i 在第 t 期与基金 j 交叉持有的第 s 个股票的净值占比。$\text{fundrelation}_{i,j,\text{t}}$ 基金 i 和基金 j 在 t 期的网络关系矩阵中的网络关系值（关系强度），即赋值网络关系，可知本文构造的基金关系网络是多值关系网络，与以往粗糙的二值关系网络不同，多值关系网络可更细致地量化基金间的网络关系强度。如图 1 所示，fund900 和 fund696 之间网络关系强度 $\text{fundrelation}_{900,696,\text{t}}$ 为 3%。其他变量定义参见附表 1。

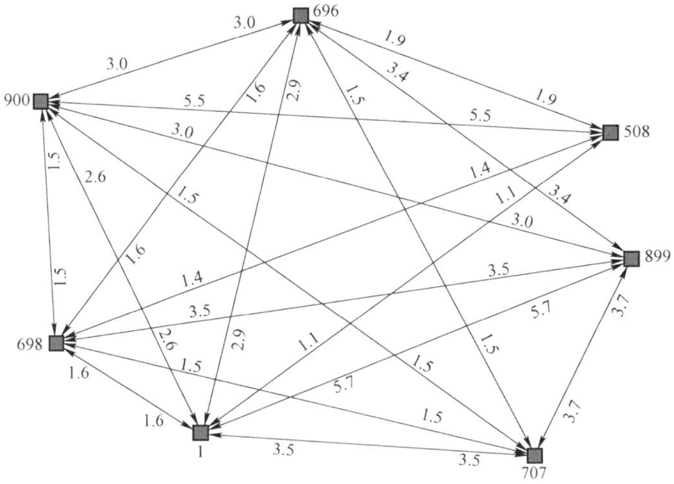

图 1　基金持股网络关系实例

① 以往相关研究采用的是二值关系网络，比较粗糙地衡量基金间网络关系，可在本文基础上进一步研究基金关系网络与风险传染、业绩持续性等。

根据 Freeman（1977，1979）的中心度理论，本文从两个维度计算基金网络中心度：点中心度（Freeman Point Centrality）和中间中心度（Freeman Betweenness Centrality），采用 Ucinet 软件计算网络中心度的绝对和相对量化指标。弗里曼点中心度（Freeman Point Centrality）计算公式为：

$$\text{Point\_centrality}_{i,t} = \sum_{j=1} fund_{i,t,j} \qquad (a);$$

$$\text{Point\_centrality\_Nrm}_{i,t} = \frac{\sum_{j=1} fund_{i,t,j}}{N-1} \qquad (b);$$

其中 $fund_{i,t,j}$ 是基金 i 在第 t 期拥有的第 j 个网络关系强度，公式（a）衡量的是基金绝对中心度，公式（b）衡量基金相对中心度，N 为当期网络规模，即基金个数，（N－1）是用来消除网络规模差异的影响。

弗里曼中间中心度（（Freeman Betweenness Centrality）计算公式为：

$$\text{Betweenness\_centrality}_{i,t} = \sum_j \sum_k \frac{g(i)_{t,jk}}{g_{t,jk}} \qquad (c);$$

$$\text{Betweenness\_centrality\_Nrm}_{i,t} = \frac{2 * \sum_j \sum_k \frac{g(i)_{t,jk}}{g_{t,jk}}}{(N-1)(N-2)} \qquad (d);$$

其中 $\frac{g(i)_{jk}}{g_{jk}}$ 是基金 i 在第 t 期位于基金 j 和基金 k 之间捷径（最短路径）上的概率，把基金 i 相应于网络中其他全部点对的中间度加综起来，便得到基金 i 的绝对中间中心度 $\text{Betweenness\_centrality}_{i,t}$，公式（d）中 N 是当期基金网络规模，即基金个数，$(N-1)(N-2)/2$ 是用来消除网络规模差异的影响。

表 1　　基金网络关系等变量定义

变量类型		变量名称	变量定义（基金—半年/年）
基金网路关系	点中心度	ln_point_cen	Freeman（1979）网络点中心度绝对值，取当期均值的对数
		ln_point_Ncen	Freeman（1979）网络点中心度相对值，取当期均值的对数
	中间中心度	ln betw abs	Freeman（1979）网络中间中心度绝对值，取当期均值的对数
		ln betw rela	Freeman（1979）网络中间中心度相对值，取当期均值的对数
基金业绩		alpha_ff3	Fama_French 三因子半年内日超额收益率，市值加权，%
		alpha_carhart4	Carhart 四因子半年内日超额收益率，市值加权，%

续表

变量类型	变量名称	变量定义（基金—半年/年）
基金择时能力	stock_hm_ff3	HM—Fama—French 模型半年内择股能力，市值加权
	stock_tm_ff3	TM—Fama—French 模型半年内择股能力，市值加权
	time_hm_ff3	HM—Fama—French 模型半年内择时能力，市值加权
	time_tm_ff3	TM—Fama—French 模型半年内择时能力，市值加权
基金层面的控制变量	HHI_ stock	投资集中度，基金当期股票持仓占比的赫芬达尔指数
	manage_fee	基金当期收取的管理费率，%
	fund_age	基金年龄，具体计算方法：每期截止日期减基金成立日期后除 365，刻画基金知名度
	sum_flow	$sum\_flow_{i,t} = TNA_{i,t} - TNA_{i,t-1} * \frac{NAV_{i,t}}{NAV_{i,t-1}}$ 基金当期资金净流入，参见 Dahlquist 等（2000）定义方法。其中：$TNA_{i,t}$ 是基金 i 在 t 期净资产总额，$NAV_{i,t}$，是基金 i 在 t 期单位复权净值，十亿元
	fee_total	基金费率结构：基金的首次认购费率、前后端申购费率和赎回费率之和。对于分段收费的，取各段费率的平均值作为该费率的水平，%
	avg_tenure	基金经理任职平均年限：$avg\_tenure_{i,t} = \frac{\sum_{j=1}^{n} tenure_{i,j,t}}{n}$ $tenure_{i,j,t}$ 是基金 i 的第 j 个基金经理在 t 期的任职时间，n 是基金 i 当期拥有的基金经理数目。反映基金经理的投资经验
	size	基金当期规模，定义方法：$size_{i,t} = \ln(TNA_{i,t})$，$TNA_{i,t}$ 是基金 i 在 t 期的净资产总额
基金公司层面控制变量	fund_total	基金所在基金公司当期旗下各类基金数量总和。衡量基金所在基金公司实力和能力
	HHI_ownership	基金所在的基金公司当期股权集中度，衡量基金公司治理水平
	investbankpercent	基金所在的基金公司当期的股权结构里证券公司持股比例之和，%
	commercialpercent	基金所在的基金公司当期的股权结构里商业银行持股比例之和，%
	joint_venture	哑变量，基金所在公司当期股权结构里是否有外资参股，若有，则置为 1，否则为 0。
基金净值暴跌风险	nsckew	参见实证第二部分的公式（11），数据频率为基金——年
	duvol	参见实证第二部分的公式（12），数据频率为基金——年
基金收益波动	sigma	基金收益波动，基金年内周特有收益方差，数据频率为基金——年

三、实证结果分析

（一）基金网络关系与基金业绩、基金能力

表 2　　基金网络关系与基金业绩多元回归 1

	(1)	(2)	(3)	(4)	(5)	(6)	(7)	(8)
Y＝alpha	Alpha _ff3	Alpha carhart4	Alpha _ff3	Alpha _carhart4	Alpha _ff3	Alpha _carhart4	Alpha _ff3	Alpha _carhart4
ln_point_cen	0.009 3***	0.009 7***						
	(13.956)	(16.233)						
ln_point_Ncen			0.009 2***	0.009 7***				
			(13.625)	(15.761)				
ln_betw_abs					0.007 8***	0.008 8***		
					(13.301)	(17.606)		
ln_betw_rela							0.009 9***	0.010 7***
							(27.199)	(23.058)
Constant	−0.058 6***	−0.069 3***	−0.027 2	−0.036 8**	−0.032 3*	−0.039 5***	0.007 0	0.004 8
	(−3.325)	(−4.900)	(−1.424)	(−2.389)	(−1.786)	(−2.603)	(0.542)	(0.305)
控制变量和时间效应	YES	YES	YES	YES	YES	YES	YES	YES
Obs	4 447	4 447	4 447	4 447	4 442	4 442	4 432	4 432
N fund	404	404	404	404	404	404	403	403
chi2	20 368	5 258	17 687	5 251	14 244	7 443	26 585	18 277

注：（1）***，**，* 分别表示在 1%，5%，10%水平上显著；（2）括号里是 z 值，下同。

基金网络关系对基金业绩有显著的正向影响，加入不同层面控制变量以及在不同的业绩衡量方式下，结果稳健一致。基金网络关系点中心度每增加 1%，基金日超额回报率增加 0.01%，半年（半年按 120 个交易日算，全年按 240 个交易日算）内超额回报率增加 1.21%，年内超额回报率增加 2.43%，这是比较可观的收益，基金年内超额收益对基金网络关系的弹性系数为 2.43（富有弹性）；基金网络关系中间中心度每增加 1%，基金日超额回报率增加 0.009%，半年（半年按 120 个交易日算，全年按 240 个交易日算）内超额回报率增加 1.09%，年内超额回报率增加 2.18%，即基金年内超额收益对基金

网络中间中心度的弹性系数为 2.18（亦富有弹性）。“赛马回归”进一步研究基金网络中心度（点中心度和中间中心度）对基金业绩的共同影响。

表 3　　基金业绩与基金网络关系多元回归 2

	(1)	(2)	(3)	(4)
Y = alpha	Alpha_ff3	Alpha_carhart4	Alpha_ff3	Alpha_carhart4
ln_point_cen	0.009 9***	0.009 7***		
	(7.455)	(8.931)		
ln_point_Ncen			0.009 1***	0.008 9***
			(7.201)	(8.736)
ln_betw_abs	0.000 7	0.001 4		
	(0.585)	(1.371)		
ln_betw_rela			0.002 7**	0.003 6***
			(2.479)	(3.977)
Constant	−0.054 2***	−0.069 2***	−0.003 5	−0.020 0
	(−3.044)	(−5.507)	(−0.234)	(−1.408)
控制变量和时间效应	YES	YES	YES	YES
Obs	4 442	4 442	4 432	4 432
N of fund	404	404	403	403
chi2	13 173	6 528	15 435	8 776

当同时考虑基金网络中间中心度和点中心度后，基金网络点中心度对基金业绩的影响并未受到影响，经济意义上和统计意义上的显著性与之前结果一致，但基金网络中间中心度对基金业绩的影响不再稳健，且经济意义上的显著性下降了 2/3，可知与处在网络“中介位置”（中间中心度高）的基金相比，处于网络核心位置（点中心度高）的基金更能获得稳健良好的投资业绩。

网络关系点中心度越高的股票型基金，基金择股能力越好，然而其择时能力一般（甚至为负）；中间中心度越高的股票型基金，择股能力一般，但具备较好的择时能力。由此可知，处于网络核心位置（点中心度越高）的股票型基金其良好的业绩来源是基金择股能力，处于网络中介位置（中间中心度越高）的股票型基金其良好的业绩来源于其较好的择时能力。

表 4　　基金网络关系与投资能力分析

Y=stock/time	(1)	(2)	(3)	(4)	(5)	(6)	(7)	(8)
	Stock_hm_ff3	Stock_tm_ff3	time_hm_ff3	time_tm_ff3	Stock_hm_ff3	Stock_tm_ff3	time_hm_ff3	time_tm_ff3
ln_point_cen	0.011 1***	0.012 1***	−0.621 9*	−21.574 2***				
	(4.998)	(7.549)	(−1.853)	(−3.717)				
	Stock_hm_ff3	Stock_tm_ff3	time_hm_ff3	time_tm_ff3	Stock_hm_ff3	Stock_tm_ff3	time_hm_ff3	time_tm_ff3
ln_betw_abs	−0.000 5	0.000 3	0.946 9***	24.175 9***				
	(−0.197)	(0.162)	(2.966)	(4.306)				
ln_point_Ncen					0.011 6***	0.011 9***	−0.548 4	−21.796 2***
					(4.953)	(6.581)	(−1.540)	(−3.693)
ln_betw_rela					0.002 2	0.001 8	0.606 7*	20.095 1***
					(0.867)	(0.952)	(1.714)	(3.462)
Constant	0.046 5	−0.018 0	−8.687 4	−15.694 3	0.037 4	0.010 3	−5.292 9	37.505 9
	(1.178)	(−0.531)	(−1.356)	(−0.137)	(1.065)	(0.321)	(−0.997)	(0.365)
控制变量和时间效应	YES	YES	YES	YES	YES	YES	YES	YES
Obs	4 442	4 442	4 442	4 442	4 432	4 432	4 432	4 432
N of fund	404	404	404	404	403	403	403	403
chi2	4 833	10 194	7 716	20 917	6 169	10 145	6 967	22 775

综上可知，基金网络关系中心度与基金业绩、投资管理能力显著相关，具体表现为：处于网络核心位置（基金网络点中心度越高）的股票型基金，其择股能力较好，即位于网络中心位置的个体拥有资源和信息更多，基金择时能力一般（当同时考虑基金网络中间中心度时，其择时能力甚至为负）；处于基金网络中介位置（即网络中间中心度越高）的股票型基金，其投资业绩也较好，这主要与其良好的择时能力有关，其择股能力比处于基金网络核心位置的基金差。

表 5　　基金网络关系与基金净值暴跌风险分析

	（1）	（2）	（3）	（4）
Y = Craskrisk	Nsckew	Duvol	Nsckew	Duvol
ln_point_abs	− 0.086 3***	− 0.071 6***		
	（ − 11.482）	（ − 5.338）		

续表

	（1）	（2）	（3）	（4）
ln_point_rela			$-0.094\ 8^{***}$	$-0.083\ 0^{***}$
			（-15.440）	（-6.115）
ln_betw_abs	$0.094\ 9^{***}$	$0.078\ 8^{***}$		
	（14.319）	（6.828）		
ln_bewt_rela			$0.108\ 6^{***}$	$0.099\ 0^{***}$
			（22.517）	（8.669）
Constant	$1.564\ 1^{***}$	$1.373\ 1^{***}$	$1.569\ 0^{***}$	$1.438\ 0^{***}$
	（11.207）	（8.754）	（11.735）	（8.885）
控制变量和时间效应	YES	YES	YES	YES
Obs	2 355	2 355	2 352	2 352
N of fund	394	394	393	393
chi2	25 625	12 728	106 817	9 615

由表 5 可知不同网络中心度对基金净值暴跌风险的影响不同。具体而言，股票型基金越处于核心位置，即股票型基金网络点中心度越高，其基金净值暴跌风险越小，这主要与其良好的择股能力相关（网络核心位置的基金掌控的资源和信息更多）；股票型基金越位于中介位置，即股票型基金网络中间中心度越高，基金净值暴跌风险较大，这与其所在网络结构相关，基金所处的网络位置越偏“中介”，其面临的风险越大，其择股能力不如处于基金网络核心位置的基金，其择时能力虽然较好，但是当股票市场异常行情来临时，中间中心度高的基金处于多个基金关系对的直接中间位置，其面临的风险更大，尤其是当各个基金间风险传染，囚徒困境严重时，越是位于中介位置上的基金最先遭殃，即中间中心度越高的股票型基金，其位于多个网络核心的中介位置，其承担的风险更高，虽然其可“直接接近”各个位于网络核心位置的基金，其投资业绩虽较好，但其净值暴跌风险也较大，应适度规避。另外控制变量回归结果显示，基金当期收益波动对基金净值暴跌风险有显著正向影响，基金资金净流入，基金管理费水平，基金经理平均任职年限，基金规模，基金所在公司股权集中度对基金当期净值暴跌风险有显著的负向影响；年龄越大，所在基金公司旗下各类基金总数越多，所在的基金公司由商业银行持

股占比越高的基金，净值暴跌风险越大。

四、结论、建议与展望

通过定义基金多值网络关系，本文实证研究了基金网络中心度与基金投资业绩的关系，并从投资能力（择时、择股）、净值暴跌风险的视角解释二者之间的潜在关系。控制各层面控制变量后，本文研究发现：越处于基金关系网络核心位置（点中心度越高）的股票型基金，其投资业绩越好，这主要因其拥有良好的择股能力但择时能力一般；位于网络中介位置（中间中心度越高）的股票型基金业绩也较好，主要因其择时能力较好；与位于网络中介位置的股票型基金相比，处于核心位置的股票型基金可获得更好的投资业绩。进一步研究发现：位于基金网络关系越中心位置（点中心度越高）的股票型基金净值暴跌风险越小；越处于基金网络关系“中介”位置（中间中心度越高）的股票型基金净值暴跌风险越大。本文结论对于基金投资，基金监管，投资者基金选择具有重要借鉴意义。建议投资者选择处于基金网络关系核心位置的基金，对于处于基金网络中介位置的基金，应当适度规避。此外对于由二级股票市场形成的各机构投资者网络关系，本文主要研究公募基金网络关系对股票型基金业绩、风险的影响，其他金融机构投资者形成的网络关系对基金业绩、风险也会有一定的影响，本文未能控制其他机构投资者网络关系对基金业绩、风险的影响，后续研究可进一步深入探究。

（整理、复核：侯伟相）

风险溢价、非流动性风险预警与基金净值暴跌风险*

——基于开放式股票型基金的研究

丁春霞 王唯先 于瑾 侯伟相

一、引言

在基金投资领域，非流动性风险的识别与预警至关重要。2017 年在股票市场上，不少股票出现“闪崩”现象，仅 2017 年 7 月，就有 16 只闪崩股，约 420 只公募基金参与其中，许多公募基金由于躺枪闪崩股，其基金净值大幅下挫。这些闪崩股与其业绩预期不佳有关，也与股票流动性风险有关。股票流动性的丧失不会突然来临，其流动性在丧失前会有一些显著的预警指标，比如交易量萎缩，无端大涨或是大跌。基金是一系列股票的组合，基金资产也同样面临流动性风险，尤其是开放式基金，当市场行情异常时，投资者在基金存续期内可随时用脚投票，随时赎回基金份额。

本文创新点如下：第一，用滚动回归的方法量化个股非流动性风险，进而构造我国 A 股市场非流动性风险溢价因子（ILML）；第二，创新性地提出了基金非流动性风险的预警方法，可在事前很好地量化并预警基金所面临的非流动性风险；第三，创新性地提出并研究了基金净值暴跌风险与基金非流动性风险之间的关系，基金净值暴跌风险的研究为未来基金研究扩展了新的领域。本文研究发现：基金非流动性风险因子敏感系数可较好地量化、预警基金面临的非流动性风险；当基金面临的非流动性风险越大时，基金净值暴跌风险也越大。本文结论和方法具有较强的现实意义和可实践操作性。本文

* 资料来源：《金融论坛》2018 年第 23（8）期，第 55－67 页。

结构如下：第一部分是引言，第二部分进行文献回顾，第三部分是数据、变量与研究方法，第四部分汇报研究结果，最后对全文进行总结。

二、数据、变量与研究方法

本文研究逻辑如下：首先根据已有文献滚动回归量化个股流动性风险，继而根据 Fama – French（1993）的方法、思想构造市场非流动性风险因子——ILML（Illiquidity Minus Liquidity），市场非流动性风险因子累积收益如图 1 所示；本文继而将基金收益序列对五因子模型（Carhart 四因子模型加上本文构造的非流动性风险因子 ILML）滚动回归，计算基金收益对非流动性风险因子敏感系数，用该系数识别基金非流动性风险并构造基金非流动性风险预警指标，用事件研究法研究并展示基金遭遇重大流动性风险预警后的收益情况；本文继而将基金非流动性风险与基金净值暴跌风险联系起来，研究基金非流动性风险与基金净值暴跌风险之间的关系，为基金净值暴跌风险找到理论上解释。考虑基金类型的差异，本文选取的基金样本为开放式股票型基金和开放式偏股混合型基金，基金各控制变量数据来源于 Wind 和 CSMAR 数据库，Fama – French（1993），Carhart（1997）风险因子数据来源于中央财经大学中国资产管理研究中心。

（一）市场非流动性风险因子构造与基金非流动性风险识别与预警指标构建

本文根据 Pástor 等（2003）的方法，用滚动回归的方法量化个股非流动性大小，继而采用 Fama 等（1993）的方法构造本文的市场非流动性风险因子（ILML），具体方法如下：

$$R^e_{i,t+1}=\alpha_{i,t}+\beta 1_{i,t}*R_{i,t}+\beta 2_{i,t}*sign(R^e_{i,t})*Vol_{i,t}+\varepsilon_{i,t} \qquad (1)$$

模型（1）$R_{i,t}$ 是股票 i 第 t 日的收益率（复权），$R^e_{i,t}=R_{i,t}-MKT_{i,t}$，其中 $MKT_{i,t}$ 是市场第 t 日的收益率，$Vol_{i,t}$ 是股票 i 第 t 日的成交金额（亿元），sign 为符号函数（当 $R^e_{i,t}$ 大于 0 是，其值为 1，当 $R^e_{i,t}$ 小于 0 时，其值为 – 1，否则为 0）。本文用滚动回归法（Roll Regression）计算个股每日流动性风险水平，即采用每只股票前 30 日（[– 30， – 1]）的数据滚动计算模型（1）中各个参数，$\beta 2_{i,t}$ 即为本文定义的股票 i 在 t 日的非流动性风险，其值越大，代表股票流动性水平越高，其值越小，代表股票流动性越差。当某只股票流动性较差时，即使其短期内股价快速上涨，但是其未来必将收益反转，因为没有足够多的流动性去支撑已经位于高位的股票价格，因此当$\beta 2$越小时，股票流动性越差，反之亦然。根据 Fama 等（1993）的方法，本文构建了我国 A 股非流动性风险因子，具体构造方法如下，每日对股票流动性风险值$\beta 2_{i,t}$从低到高排序并等分为 10 组，前三组（1 到 3）为低流动性股票组，后三组（8 到 10）为高流动性股票组，然后用低流动性股票组市值加权收益减去高流动性股票组市值加权收益，即为本文定义的市场非流动性风险溢价，即 ILML 因子（Illiquidity Minus Liquidity），思想和方法与 Fama 等（1997）一致。如图 1 所示，ILML 累积回报率如下：

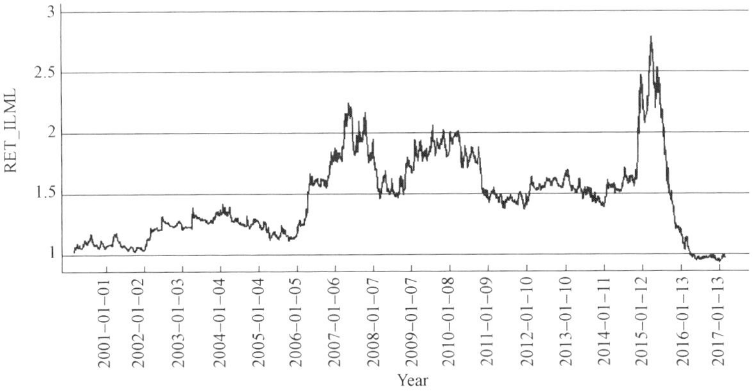

图 1 ILML 因子累积回报率（2001－2017）

由图 1 可知在最近 10 年的两次重大牛熊转换里（2006－2008；2014－2015），非流动性风险因子累积回报率提前大盘指数 4 个多月见顶，即在 2007 年 10 月 16 日上证大盘见顶之前，非流动性风险因子累积净值已经在 2007 年 5 月 24 号见顶（最值为 2.247），在 2007 年 10 月 16 日大盘见顶之前，非流动性风险因子累积净值一直在高位大幅震荡；在 2015 年 6 月 15 日大盘见顶之前，非流动性风险因子累积净值已经在 2015 年 4 月 14 号见顶（最值为 2.747），提前大盘约 2 个月见顶，且在大盘见顶前高位大幅震荡；在 2015 年 5 月中旬之后，市场非流动性风险收益一直为负，其净值一路下跌至 1 以下，这也与市场现实遥相呼应，流动性越差的股票在这轮股灾里经历了巨幅波动，一些流动性差的股票出现“闪崩”的景象，而市场投资者纷纷选择那些流动性好的大盘股，尤其是一些蓝筹股。本文构建的非流动性风险因子

ILML 在熊市来临前（即市场变盘前）可以较好地预警市场变盘风险，因此，可以通过基金收益对该因子敏感度系数识别基金非流动性风险，进而预警基金所面临的非流动性风险。本文用模型（2）滚动回归（Roll Regression）计算基金非流动性风险敏感系数，进而识别、预警基金非流动风险。

$$narrday_{i,t} = \alpha_{i,t} + \beta_1 * RMRF + \beta_2 * SMB + \beta_3 * HML + \beta_4 * UMD + \beta_5 * ILML + \varepsilon_{i,t} \quad (2)$$

其中 i 代表基金个体，本文共选取 2005 年 1 月 1 日到 2014 年 12 月 31 日期间的 394 只开放式股票型基金、偏股混合型基金，其中 $narrday_{i,t}$ 是基金日复权回报率和日化无风险利率之差，无风险利率采用的是一年期定存利率。*RMRF* 是同期市场日回报率与日无风险利率之差，*SMB*、*HML*、*UMD* 分别代表公司规模、账面市值比、惯性因子的同期收益，*ILML* 为本文构造的非流动性风险因子，回归系数 β_5 是基金 i 在 t 日的非流动性敏感系数，同样模型（2）也采用基金过去 30 个交易日（[－30，－1]）的数据进行回归分析，若 β_5 显著为正，则表明基金收益对非流动性风险因子敏感，若 β_5 显著为负，则表明基金收益对非流动性风险溢价负向敏感。如图 2 所示，本文以华安策略优选基金为例，黑色曲线代表基金非流动性风险因子敏感度，红色曲线为敏感度系数的 t 值，当敏感度显著为正时，即认为基金收益序列与市场非流动性风险因子高度相关，即基金投资组合里持有较多非流动性风险较大的股票，其未来将面临较高的非流动性风险；同理当敏感度显著为负时，即基金收益序列与市场非流动性溢价高度负相关，即未来不会面临较大的非流动性风险。

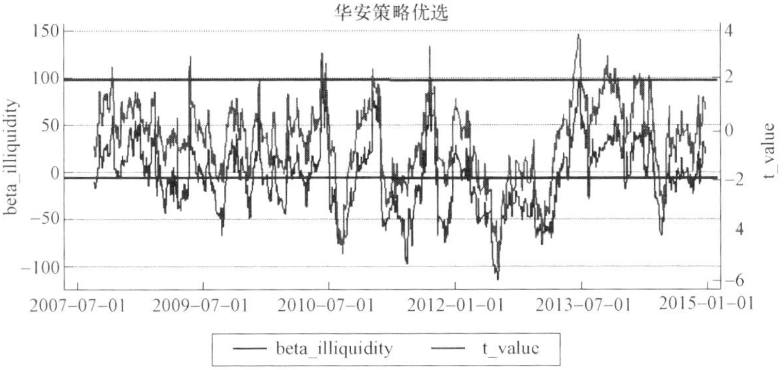

图 2 基金非流动性风险敏感度与显著性水平（T 值）

本文先用基金收益对 ILML 的敏感系数识别基金面临的非流动性风险水平，进而构造基金非流动性风险预警指标。当基金 i 在 t 日的非流动性风险因子敏感系数显著为正时，本文将该基金该日的非流动性风险值（Risk_Illiquidity_Beta）识别为 1，否则为 0；当基金 i 在 t 日的非流动性因子敏感系数显著为负时，本文将该基金该日的流动性风险值（Risk_Liquidity_Beta）识别为 1，否则为 0。当基金非流动性风险值（Risk_Illiquidity_Beta）连续 15 个交易日及以上都为 1 时，即对基金发出非流动性风险预警，即基金未来或面临较大的非流动性风险。如表 1 所示，基金非流动性风险识别与预警方法如下：

表 1　　基金非流动性风险识别与预警指标定义

变量类型	变量名称	变量定义
基金非流动性风险识别与预警	Big_Warning	基金发生非流动性风险重大预警，重大预警定义为基金连续 15 个交易日（及以上）的非流动性风险敏感度系数显著大于 0，即非流动性风险值 Risk_Illiquidity_Beta 连续 15 日（及以上）均为 1
	Risk_Illiquidity_Beta	基金 i 在 t 日的非流动性风险因子敏感系数显著为正时，该基金该日的非流动性风险值（Risk_Illiquidity_Beta）识别为 1，否则为 0
	Risk_Liquidity_Beta	基金 i 在 t 日的非流动性因子敏感度显著为负时，该基金该日的流动性风险值（Risk_Liquidity_Beta）识别为 1，否则为 0

本文继而用“事件研究法”研究基金在面临重大非流动性风险预警后的市场同期累积净值和基金累积净值和超额累积净值，如图 3 所示，dif_ev 为时间轴，事件日当天 dif_ev 为 0，本文研究的事件窗口为［-25，+100］，其中 CR 为期间基金累积净值，CMKT 为期间市场累积净值，CAR 为期间基金异常累积净值（AR 为基金收益减去同期市场收益），如图 3 所示，基金期间累积净值在［-25，+35］均高于市场累积回报，即基金所持资产短期内具有一定的非流动性风险溢价（Pástor et al，2003），但在［+36，+100］，基金累积净值落后于市场累积净值，从［0，+100］，基金超额累积净值 CAR 一路下滑，最终跑输市场，“亏损”约 6%。

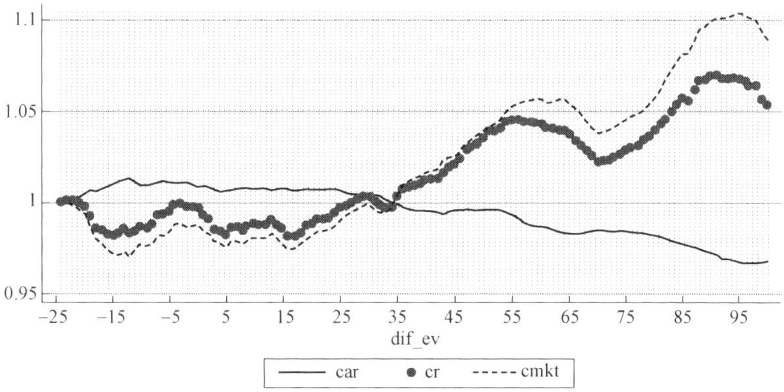

图 3　非流动性风险预警后的市场同期累积回报和基金累积回报

表 2　基金非流动性风险与基金净值暴跌风险等变量定义

变量类型	变量名称	变量定义（基金一年）
基金净值暴跌风险	ncskew	参见实证第二部分的公式（5）
	duvol	参见实证第二部分的公式（6）
基金流动性风险水平	Net_Illiquidity_Risk	基金当年非流动性风险净暴露次数：$Net\_Illiquidity\_Risk_{i,t}=\sum_{t=1} Risk\_Illiquidity\_Beta_{i,t}-\sum_{t=1} Risk\_Illiquidity\_Beta_{i,t}$ 即用基金当年非流动性风险值（Risk_Illiquidity_Beta）总数减去基金流动性风险值（Risk_Iiquidity_Beta）总数
	Net_Illiquidity_RiskRatio	基金当年非流动性风险净暴露比率，用基金非流动性风险净暴露次数除基金年交易天数
	N_Big_Warning	基金当年发生重大非流动性风险预警的次数
收益波动	sigma	基金收益波动，基金年内周特有收益 W_i 的方差，W_i 定义见本文公式（4）
基金层面控制变量	manage_fee	基金收取的管理费率，%
	fund_age（年）	基金年龄，用每期（年）截止日期减基金成立日期后除 365，刻画基金知名度
	sum_flow	基金当期资金净流入（十亿元），参见 Dahlquist（2000）定义方法：$sum\_flow_{i,t}=TNA_{i,t}-TNA_{i,t-1}*\frac{NAV_{i,t}}{TNA_{i,t-1}}$，其中：$TNA_{i,t}$ 是基金 i 在 t 期的净资产总额，$TNA_{i,t}$ 是基金 i 在 t 期的单位复权净值
	fee_tota	基金费率结构：基金首次认购费率、前后端申购费率和赎回费率之和。对于分段收费的，取各段费率的平均值作为该费率的水平，%
	avg_tenure（年）	基金经理任职平均年限：$avg\_tenure_{i,t}=\frac{\sum_{j=1}^{n} tenure_{i,j,t}}{n}$，$tenure_{i,j,t}$，是基金 i 的第 j 个基金经理在 t 期的任职时间，n 是基金 i 当期拥有的基金经理数目。反映基金经理的投资经验
	size	基金当期规模，定义方法：$size_{i,t}=\ln(TNA_{i,t})$，$TNA_{i,t}$ 是基金 i 在 t 期的净资产总额

续表

变量类型	变量名称	变量定义（基金一年）
基金公司层面控制变量	fund_total	基金所在基金管理公司当期旗下各类基金数量总和，衡量基金所在公司实力和能力
	HHI_ownership	基金所在基金公司当期股权集中度，衡量基金公司治理水平
	investbank_percent	基金所在基金公司当期股权结构里证券公司持股比例之和，%
	commercial_percent	基金所在基金公司当期的股权结构里商业银行持股比例之和，%
	joint_venture	哑变量，基金所在基金公司当期股权结构里是否有外资参股，若有置为1，否则为0。

三、实证结果分析

由表3回归结果可知，基金非流动性风险净暴露越大，基金当期净值暴跌风险越大，基金非流动性风险暴露比率每提高10%，基金净值暴跌风险增加0.021。股票型基金主要投资于股票资产，按照最新规定，股票型基金80%以上的资产必须投资在股票上，而股票作为一种资产，除了具有收益性特征以外，还具有风险性、流动性等特征，当基金持有的股票失去流动性或是面临较大的非流动性风险时，公募基金往往须面对基民的赎回压力。尤其是当市场行情不好或异常波动时，基金不得不将部分资产变现。而基金资产在变现时若遇到流动性风险，即资产变现面临较大损失时，基金净值便会较大幅度的下降；当某基金大量抛售某资产导致该资产价格大幅下跌时，其他相关联的理性投资者会规避风险、降低损失，进而也会跟风抛售该资产，而资产价格的大幅下跌让潜在购买者退却、不敢再买入该资产。跟风卖出式的羊群行为以及资产大幅下跌让潜在购买者止步观望，这些都将放大原有的非流动性风险，继而耗竭仅存的流动性，最终导致相关资产价格暴跌，基金净值暴跌。

表3　　基金非流动性风险净暴露与基金净值暴跌风险

	(1)	(2)	(3)	(4)	(5)	(6)	(7)	(8)
Y=Crash_Risk	Ncskew	Duvol	Ncskew	Duvol	Ncskew	Duvol	Ncskew	Duvol
Net_Illiquidity_Risk	0.000 2***	0.001 5***			0.000 8***	0.001 7***		
	(5.444)	(42.313)			(9.113)	(12.652)		

续表

	(1)	(2)	(3)	(4)	(5)	(6)	(7)	(8)
Net_Illiquidity_RiskRatio			0.124 1***	0.214 1***			0.208 3***	0.206 5***
			(15.189)	(23.450)			(11.599)	(10.489)
joint_venture					0.025 4***	0.050 3***	0.027 0***	0.052 4***
					(5.762)	(7.000)	(5.275)	(8.123)
Constant	0.197 3**	0.077 5	0.219 2**	0.050 2	1.274 4***	1.313 8***	1.280 6***	1.366 8***
	(2.289)	(0.931)	(2.533)	(0.617)	(10.775)	(8.270)	(10.318)	(10.630)
控制时间效应	YES	YES	YES	YES	YES	YES	YES	YES
Observations	2 356	2 356	2 356	2 356	2 356	2 356	2 356	2 356
Number of fund	394	394	394	394	394	394	394	394
chi2	50 758	13 421	20 362	12 656	62 459	21 745	127 504	36 487

注：（1）***，**，* 分别表示在 1%，5%，10%水平上显著；（2）括号里是 z 值。

由表 4 回归结果可知，基金当期非流动性风险重大预警次数越多，基金净值暴跌风险越大，这也从侧面证明了本文基金非流动性风险预警指标的有效性，即当股票型基金当年面临的非流动性风险预警次数越多，其非流动性风险暴露就越大，其净值暴跌风险也越大；非流动性风险暴露越大，基金在面临基民巨额赎回和市场异常波动时，其资产变现能力就越差，而投资者的囚徒困境以及卖方羊群行为将放大这种非流动性风险（许年行等，2013），最终导致基金资产在变现时遇到更大的非流动性风险，其资产净值大幅下挫，进而导致基金净值暴跌。以上证据表明本文对于基金非流动性风险的识别和预警指标合理且有效，当股票型基金非流动性暴露越大，即其面临的非流动性风险越大时，股票型基金净值暴跌风险较大；股票型基金当期非流动性风险重大预警次数越多，其净值暴跌风险越大。

表 4　　基金非流动性风险重大预警与基金净值暴跌风险

	（1）	（2）	（3）	（4）
Y = Crash_Risk	Ncskew	Duvol	Ncskew	Duvol
N_Big_Warning	0.040 1***	0.026 6***	0.018 6***	0.007 6***
	（26.047）	（14.006）	（8.784）	（2.683）
joint_venture			0.020 3***	0.052 9***
			（2.830）	（7.966）

续表

	（1）	（2）	（3）	（4）
Constant	0.190 7**	−0.009 4	1.283 6***	1.417 6***
	（2.232）	（−0.119）	（10.202）	（10.243）
控制时间效应	YES	YES	YES	YES
Observations	2 356	2 356	2 356	2 356
Number of fund	394	394	394	394
chi2	30 975	14 943	63 794	23 378

注：（1）***，**，* 分别表示在 1%，5%，10%水平上显著；（2）括号里是 z 值。

四、结论

非流动性风险是资产管理必须面对的问题，当市场流动性变差时，资产的变现能力将大大减弱，已有文献研究表明，市场存在非流动性风险溢价，且该定价因子具有不可替代性。自 2008 年股灾以来，我国 A 股市场遭遇了多次流动性危机，不少股票股价异常波动，甚至大范围连续跌停，其中股票流动性匮乏是一个极为重要原因，投资者羊群行为也将迅速衰竭仅存的流动性，进而造成“闪崩”现象。根据已有文献，本文通过滚动回归的方法量化股票流动性，构造市场非流动性风险因子 ILML，继而根据基金收益对非流动性风险因子 ILML 滚动回归所得的非流动性风险敏感系数识别基金非流动性风险，构造基金非流动性风险预警指标。研究结果表明：非流动性风险因子 ILML 可很好的量化和预警市场非流动性风险；基金收益对非流动性风险因子 ILML 敏感系数可很好地识别和预警基金非流动性风险，其预警前置期为一个月，面临非流动性风险的基金在未来三个月将跑输市场约 6%；当基金非流动性风险净暴露越大，基金非流动性风险重大预警次数越多时，基金净值暴跌风险越大。本文方法对基金管理人识别、预警基金非流动性风险具有重要现实意义，且本文方法具有较强的实践性和可操作性；本文方法对投资者基金筛选也具有借鉴意义。

（整理、复核：侯伟相）

后　　记

于瑾（1966-2018），对外经济贸易大学国际经济贸易学院金融学系教授，博士生导师。于瑾出身教师世家，中学时代在河北省重点中学车轴山中学度过，她品学出众，曾作为中学生代表参加河北省学联。在中学同学的记忆中，“那时候于瑾的优秀是大家公认的，学校无论各种评奖，哪怕只有一个名额，于瑾都是毫无争议的人选”。1984 年，于瑾以优异的成绩考入南开大学金融系，在作为新生代表发言时写下这样的话：“朋友，别再感叹不能做出惊天动地的伟业，就让我们做一块砌进墙根的砖头，默默承受历史的重量吧！”这番话也成为于瑾终身无悔的选择。1988 年，于瑾继续在南开大学金融系攻读货币银行学专业硕士研究生，得钱荣堃等名师言传身教，从此立下终身教书育人的初心。

1991 年起，于瑾在对外经济贸易大学国际经济贸易学院金融学系任教，2005 年评为教授，博士生导师。于瑾是国内最早从事金融衍生品定价研究的学者之一，在学校首创开设了“投资学”“证券投资基金”等应用金融学全新课程，在微观金融领域特别是新兴市场微观金融领域成果丰硕，为推进学校现代金融前沿学科建设做出巨大贡献。于瑾的研究成果获得了国际金融学术权威的重视和充分肯定。金融衍生品定价理论的奠基人、1997 年诺贝尔经济学奖获得者、美国麻省理工学院荣誉教授罗伯特·默顿（Robert Merton）对于瑾的研究给予高度评价，认为她在新兴市场金融领域的研究引人注目，并收录为麻省理工学院金融学教学材料。2019 年秋，罗伯特·默顿教授还亲自来到中国，加入到“为于瑾而来”的队伍，担任于瑾教育基金名誉理事长。

于瑾一心扑在教书育人事业上，从不追求闪光的荣誉和响亮的头衔，在她心中，教师就是世上最不平凡、最伟大的工作。“讲好每一堂课，把工作做到自己的极限就不后悔”，这是于瑾做事一贯的标准，她先后为近 15000 名本科生和近3000名硕博研究生开设了“国际金融”“货币银行学”“金融市场与金融机构”等课程，精心准备了几百万字的教案，字斟句酌，每一门都被她打磨成“金课”。在学校，她的课好是出了名的，学生们疯狂抢课，课堂一再扩容。她对学生的好，也是出了名的。学生面对种种压力和焦虑向她倾诉，她经常鼓励他们“做人要洒脱，要看淡，要过得幸福”。她了解每个学生的状况，无微不至细心关怀，主动排忧解难，用尽心血浇灌学生成长。她对自己要求严格，也是出了名的。她淡泊名利，以身作则，用师德风范塑造学生品行品格品位。在她言传身教的影响下，有的毕业生选择成为光荣的人民教师，薪火传承；有的学生选择投身于偏远地区的建设，扎根基层。“于瑾把教书这件事做到了极致，把对学生好这件事做到了极致”，熟悉她的人无不这样感叹。

多年如一日的超负荷工作，透支了于瑾的身体。2018年5月的毕业季，由于劳累过度，于瑾不幸离世，在她挚爱的教师岗位上呕心沥血到最后一刻，年仅52岁。学校师生和昔日好友悲恸不已，告别仪式上近千名于瑾的学生从世界各地赶回，只为送别昔日的恩师。“执卷寻师空有愿，亲聆赐教更无期。”于瑾自身从来没有想要去改变谁，而是温柔地把爱传递给每个人，每个人都因为认识她而变得更平和，更善良，这大概就是精神的传承吧。“她是一位伟大的教师，真正的灵魂的工程师。”在那年举行的毕业典礼上，当于瑾的名字出现在屏幕上时，学校师生瞬间泪流满面，会场响起经久不息的掌声，表达大家对于瑾发自心底的爱与不舍。当于瑾去世的消息传到母校南开后，无论认识的和不认识的人，在悲痛和惋惜的同时，也被于瑾的家国情怀、坚守初心、燃尽芳华的故事深深打动，“南开人以于瑾为榜样，母校南开以于瑾为荣”。于瑾的家人、朋友、校友和学生们自发捐款，在对外经济贸易大学和南开大学分别设立了以于瑾名字命名的教育基金，用来奖励师德高尚的一线教师和志存高远的学子，续写于瑾未竟的事业。

2019年，在于瑾离世一周年之际，《人民日报》、新华社、《光明日报》、《北京日报》、《经济日报》和《中国教育报》等10余家媒体先后报道了于瑾的事迹，引起极大社会反响。《人民日报》高度评价于瑾“用生命诠释对教育的忠诚”。新华社发文称赞于瑾“既是弱女子，更是‘大先生’”。《光明日报》赞扬于瑾“将自己的才华用在塑造优秀的人身上，在教书育人中收获幸福”。

《中国教育报》在头版刊发于瑾传记《燃尽芳华照初心》，无数素不相识的人读后潸然泪下。9 月 18 日，中央电视台专题报道了于瑾的事迹，并深情地说，于瑾教授“节如风竹清如柏，言可经纶行可师”!

“心中有大爱，润物细无声。”于瑾的事迹在全国教育系统和教师工作战线引起巨大反响。2019 年 9 月，在迎来第 35 个教师节之际，教育部决定追授于瑾“全国优秀教师”荣誉称号，并号召全国广大教师和教育科研工作者以于瑾教授为榜样，学习她恪尽职守、教育报国的崇高信念，学习她无私奉献、默默耕耘的高尚情怀，学习她著书立作、潜心问道的治学精神，学习她立德树人、诲人不倦的仁爱之心，学习她热爱祖国、为祖国和人民奉献全部的家国情怀！

“大学之大，大师为根，大爱为魂。”于瑾用 28 年教坛人生和宝贵生命，诠释了一位人民教师“大爱无言”的师德风范。时逢于瑾逝世三周年之际，为了更好地弘扬于瑾精神，宣传于瑾的先进事迹，为我国教育事业的发展聚集更大的能量，现将于瑾老师的生前事迹，师长、同事、同学、学生的回忆追思，以及其主要学术成果结集成册，予以出版。囿于篇幅限制，部分所选学术成果进行了缩写改编。

于瑾教育基金会

2021 年清明节前夕